金融法学研究

王儒靓　秦菊香　李艳红／主　编
王宝娜　王立涛　李　杰／副主编

法律出版社
LAW PRESS·CHINA

编者说明

本书共收纳论文45篇，包括以下三个部分：第一部分是互联网金融的法律制度研究。自从2012年互联网金融的概念第一次被提出来后，互联网金融成为了理论界和监管层特别关注的热点话题，这一方面是由于互联网金融近来发展势态极为迅速；另一方面也是出于对金融创新背后可能包含的巨大风险的担心。但是目前就这一新兴事物，我国传统的金融监管法律制度并不能良好地与之相适应，而且我国目前的监管思路不太清晰，没有良好的解决办法。本部分着重介绍了我国P2P发展历程中遇到的问题，通过对互联网金融发展过程中的弊端进行深入剖析，创造性地为我国网络金融监管提出了一系列可行性建议。第二部分是民间融资法律问题。在社会主义市场经济高速发展的今天，有关民间融资的问题日益凸显，本部分以独特视角对民间借贷、融资担保、非法集资、中小企业融资等问题进行了科学分析，归纳出民间融资发展的不合理之处，针对性地提出了解决对策。第三部分是有关金融法学研究的其他问题。本部分主要涉及一些日常生活中不太常见但却不容忽视的金融法律问题，例如，现代农村金融服务问题、建设良好的证券交易环境问题以及生态制度研究问题。本书内容丰富、观点新颖，恳请读者批评指正，希冀在未来金融法学研究道路上继续前行。

编者　谨识

2017年6月2日

目　录

金融违法与金融犯罪

王儒靓[*] 瞿 恺[**]

一、金融违法与金融犯罪

金融违法,是指违反金融法律法规的行为,是对金融法律法规的蔑视和否定,是对现行金融法律秩序的破坏。因此,要通过追究法律责任、施加法律制裁否定违法,恢复法律秩序。以金融法律法规为准绳,既是准确追究金融违法,否定非法的重要条件,也是避免枉法、防止专横的重要保证。我国出台了《金融违法行为处罚办法》《中国人民银行行政处罚程序规定》《中国人民银行法》《商业银行法》《银行业监督管理法》《深化农村信用社改革试点方案》《金融机构反洗钱规定》《金融许可证管理办法》等一系列法律法规,其目的是防止违反金融法律法规。

金融犯罪,是指发生在金融活动过程中违反金融管理法规,破坏金融管理秩序,依法应受刑罚处罚的行为。近年来,金融机构内部人员违法犯罪呈逐年上升趋势,给国家财产造成了巨大损失,极大地损害了金融系统的信誉,已经成为制约金融改革和发展的重要因素。而金融犯罪与财产犯罪又有着一定联系和区别,首先,看其行为是否发生在金融活动过程中,行为是否表现为非法的金融活动;其次,看其行为侵犯的是否为金融管理秩序或是否主要为金融管理秩序。随着金融行业机构改革的深入,金融犯罪与经济犯罪又有着不可分割的联系,这样我们可以看出,金融犯罪属于经济犯罪,是经济犯罪的一个部分,而且必须发生在金融活动之中,必须是违反国家金融法律法规、破坏金融管理秩序的一类经济犯罪。

二、金融犯罪产生的原因

金融系统发生的破坏金融管理秩序罪以及金融诈骗罪等违法违纪案件,既有客观因素,也有主观因素;既有体制、机制不完善、改革不彻底等方面的原因,又有金融机构内部思想、管理、制度、队伍建设等方面的问题。具体来说,当前诱发金融违法违纪案件的原因主要有以下几个方面。

* 法学硕士,河北金融学院法律系主任,教授。研究方向:经济法。

** 金融学学士,江苏银行连云港分行赣榆支行。

（一）从思想根源来看

商品经济的消极因素是滋生金融犯罪的温床，随着计划经济向市场经济转轨，商品经济的逐利性引起人思想、价值观念的变化，容易诱发个别人的投机心理、冒险心理、侥幸心理。同时，人们的消费观念也在发生变革，超前消费、拜金主义、享乐主义日趋严重。加之社会分配体系还不健全，出现贫富差距。近几年，国有商业银行效益下降，特别是基层银行人员精减、业务量成倍增加，而员工收入相对减少，不仅与社会上的富裕阶层差距很大，与股份商业银行、保险公司以及国家公务员也有收入和福利待遇上的差距。这些都促使一些人产生交换心理、人情心理，甚至不惜以职务和职权之便以身试法。

（二）从社会法治来看

市场经济从本质上讲应该是法治经济，金融职务犯罪又是一种涉及刑法、民法、行政法、金融法、经济法等各种法律、法规的犯罪现象，因此，法律的完善与相应配套是十分必要的。我们国家市场经济条件下的立法活动一度处于滞后状态，金融产品不断创新，服务领域不断延伸，而相配套的规章制度和监督措施未能及时跟上，加上人们的法制观念淡薄，有法不依、执法不严的情况时有发生，金融秩序曾一度混乱，给犯罪分子留下许多可乘之机。

（三）从金融机构自身来看

体制不畅通、制度不健全。金融机构在向商业性转轨过程中，其制度上的漏洞和不充分之处易被犯罪分子利用职务之便加以利用。目前，对基层领导干部尤其是异地分支机构的领导干部还缺乏有效的监督制约机制，对权力制约措施研究不深，配套措施无力。一些基层单位负责人往往集人、财、物等权利于一身，仅依赖其个人的自我道德品质，上级疏于监督，同级难以监督，下级不敢监督，以致有些人不按规章制度办事，滥用职权，玩忽职守。这是基层金融机构领导干部违法违纪和职务犯罪案件高发的重要原因。

（四）有章不循，规章制度松懈

一些单位对执行制度、政策、法规不力，有章不循、管理混乱、违规操作的现象仍在一定程度上存在。规章制度形同虚设，起不到应有的防范与制约作用，这是许多金融职务犯罪案件屡禁不止的最直接原因，也是当前许多金融犯罪案件能够得逞的重要原因。

（五）风险防范意识不强，内部监督管理不到位

一些案件的发生与金融机构业务监管不力有直接关系。主要表现为内部监控缺乏系统性，还未真正建立起完善有效的内控机制和体系，对一些重要业务岗位监督制约失衡，内部控制静态的多，动态的少，预警的更少。上级对下级的监督和对职能部门的专业监督，在监督程序上不严密，起不到监督检查应有的作用。思想政治

工作薄弱,用人不当。金融机构是一个每天都与金钱打交道的特殊行业,金钱的诱惑力更为直接和强烈,少数单位和部门领导"一手硬、一手软",忙于抓业务,忽视了思想政治教育和法制教育,因此一些人拜金主义和享乐思想恶性膨胀,最终铤而走险。同时,由于金融业务大量增加,有的单位在用人上把关不严,一味重视关系户,使个别思想品德差、业务素质低,甚至有违法违纪行为的人仍留在重要工作岗位上。

1. 查处力度不够。有的金融机构对案件性质把握不准,该移交检察机关处理的没移交,仅作了内部处理;有的从自身经济利益和部门声誉出发,对发生在本部门的经济犯罪不深究、不严查,瞒案不报、压案不查,等问题大了才移交检察机关处理。还有对所谓"能人"下不了手,特别是对一时经营业绩虚假掩盖的经营者往往压案不查、查而不处、重案轻处,加大了案件侦破和挽回损失的难度。

2. 从科技防范来看,金融职务犯罪手段包括利用先进的技术伪造、变造各种证件、单据,以假乱真;钻检查人员"习惯查法"的空子,蒙混过关;利用计算机、信用卡和其他新业务作案。由于这些作案人员一般学历较高,技术精湛,高科技犯罪特别是计算机犯罪的隐蔽性强又难以防范,一般很难发现。加之金融业具有点多、线长、面宽等特点,特别是一些规模小、地处偏僻的基层营业网点的防范尤为薄弱,无疑给犯罪分子留下了空隙。

3. 从金融行业来看,近年来,随着商业金融机构市场化的逐步推进,证券业、信托业、保险业崛起,银行业不再拥有如往日的辉煌,面临其他金融机构的竞争压力,各方为了在竞争中取得优势地位,少数人从违规经营到不正当竞争,甚至搞起了非法活动。一些单位片面追求利润,违规操作,致使无法按严格的规章制度管理,也不能进行正常的稽核检查,少数职工便趁机作案。一些机构高息揽存、超范围经营、账外经营、抽逃资金等违法、违规行为时有发生,且涉及金额较大,屡禁不止,影响极为恶劣,具有极大金融风险,严重危及金融安全。

三、金融违法与金融犯罪的比较

金融违法的主体是指金融机构、金融机构的内部工作人员、金融机构的高级管理人员,而金融犯罪的主体是任何单位和个人。关于法律制裁的比较,金融违法是指行政处分和行政处罚;金融犯罪是指拘役、有期、无期、死刑、罚金、没收财产。二者的条款相比,追诉标准不同。

金融犯罪的现实表现是指危害性大、犯罪活动有预谋、有组织、团伙犯罪突出;手段智能化、专业化、内部作案或内外勾结突出;犯罪地域广,作案人成分复杂,具有隐蔽性,更趋向国际化。金融犯罪的特征,是指"宽""大""高""多",具体体现在:(1)涉及范围宽。从大量的案例来看,违法犯罪已经渗透到信贷、计划、会计、出纳、储蓄、国际业务等各个部门,涉及从吸收存款到票据结算、发放贷款、出具信用证等各个环节,既有一般职工,又有分支行级干部。(2)造成损失大。金融机构内部人员违法犯罪基本都是故意犯罪,大多有周密的计划,详尽的规避准备,加之符号货币又具有无特殊的物质形态,易携带、易洗钱等特点,使案发后抓获犯罪分子难、追赃难、造成损失大。(3)犯罪手段技术含量高。金融机构是专业很强的专业,近年来,大力加快电子化进程,在其中又融入了很强的技术性,导致内部人员利用职务犯罪兼有很强的专业性和技术性。违法犯罪活动暴露慢,侦破工作难度大,成为预防和打击金融违法犯罪的突出问题。有些利用计算机作案的,甚至是在犯罪分子交代后才得以彻底查清,取得证据。(4)具有犯罪后潜逃等恶劣动机的多。从犯罪的过程和目的来看,过去金融机构内部人员犯罪往往大都有一个由浅入深、从过失到故意,最终不能自拔的犯罪形成过程。而近几年的金融犯罪,许多犯罪分子在第一次作案时,就具有窃取资金潜逃的明确动机。

四、预防金融犯罪的对策和建议

(一)加强思想政治建设,健全风险防范机制

一是努力构筑廉洁自律、拒腐防变的思想道德防线。进一步增强领导干部的执政意识,牢固树立党的观念、大局观念、群众观念、创新观念和法纪观念,过好"政治关、权力关、金钱关、享乐关、亲朋关"。继续深入广泛开展以"爱岗敬业、遵纪守法"为主要内容的职业道德教育。在坚持正面教育、自我教育为主的同时,进一步加强内部管理,把"自律"和"他律"有机地结合起来,不断健全完善各项规章制度,提高金融职工的职业道德水平。二是进行艰苦奋斗教育。充分认识在改革开放和市场经济条件下,发扬艰苦奋斗精神的重要性和迫切性;深刻认识拜金主义、享乐主义的极端危害性,自觉抵制错误思想的侵蚀,从而自觉保持艰苦奋斗的传统,增强抵御腐败的能力。三是进行法纪教育,增强自律自控能力。必须加强纪律教育和法制教育,使广大党员干部确立法制观念,自觉地用法律和纪律规范自己的行为。同时,要利用查处的大案要案进行反面典型教育,起到警戒作用,增强党员干部的法纪意识和自我监控、自我约束的能力。

(二)加强与完善金融监管体系

为了防范金融职务犯罪、规范金融秩序,加强金融监管十分重要。加入世界贸易组织后,新的金融工具必将不断衍生并形成新的市场,对金融监管也不断提出新的课题和要求。因此,应建立起严密、规范、高效统一的金融监管体系,防止"入世"后,出现监管"真空"。

(三)加强与完善内控机制

一是提高对内控防范工作重要性的认识,通过责任控制、程序控制、内部牵制的操作,认识内控的重要性;二是确立内控防范工作责任,建立内控机制;三是不断健

全银行内控管理制度；四是切实加强对“人、物、要害岗位”三方面的内控管理；五是树立稳健经营、规范经营的思想；六是转变内控工作模式，提高内控管理的能力。

（四）规范权利运作

一是实行职权分解，加强对权力的制约。避免形成大权独揽和越权、擅权、专权、以权谋私。二是加强对人、财、物、要害岗位的内控管理，推行岗位轮换制度，定期对岗位进行交流轮换。三是实行权利运作公开。通过实行办事公开，提高权力运作的透明度，使权力在行使过程中能受到广泛有效的监督，防止幕后交易。

（五）加强综合治理，完善监督制约机制

一是建立健全党风廉政建设责任制；二是建立和完善“三重一大”集体决策机制，对重要干部任免、重要建设项目安排和大额度资金要经过科学论证、集体研究，规定程序办理；三是健全党内民主监督制度，明确同级监督权力和程序，保障同级党委、纪委对经营者的有效监督；四是建立健全政务公开、民主评议、职工群众参与管理的民主监督机制。

1. 对业务、管理部门和基层分支机构领导层的监督制约机制。一是严把金融干部“调入、选拔”关口；二是对此层面的领导干部，特别是“一把手”采取调整性交流、培养性交流、回避性交流、风险性交流、保护性交流、防范性交流等干部交流工作，预防违纪违法行为发生；三是对财务主管、电脑主管等重要岗位的委派制，委派工作要进一步延伸，掌握基层单位资金运作的全过程；四是对异地分支机构，建立纪检监察巡视员制度；五是实施对领导干部离任稽查和任期经济责任审计制度；六是确立金融系统工作人员财产申报制度，可针对领导干部和重点岗位人员进行。

2. 对操作员层的制约机制。一是建立健全严格的岗位责任制和风险控制为核心的管理制度。调整不符合内控制度的业务流程，重大业务须两个部门或者两人以上操作，相互制约；对要害岗位人员实行定期轮岗交流和强制休假稽核等制度。二是建立科学的计算机信息系统和网上业务的风险控制制度。三是对新开发金融业务实施跟踪内控制度，发现漏洞和隐患，及时采取相应的治理办法。

（六）完善金融立法，构建适应市场经济发展的金融法律体系

金融职务犯罪往往涉及各种法律、法规，因此法律的完善与相应的配套措施是十分必要的。建立严密的金融基础法律体系和金融刑法体系，消除金融立法的“真空”地带，是防范金融职务犯罪的重要一环。

（七）加强横向协作，建立完善的防范体系

金融职务犯罪具有一定的隐蔽性，需要司法和金融携手联合，方可及时有效地预防和惩治金融职务犯罪，既要加强金融系统内部职能部门的协调配合，又要大力加强横向联系，由金融机构与公、检、法等政法部门共同建立完善的防范体系。

总之，金融职务犯罪的有效防范是一项长期而复杂的工程。它涉及思想教育、

业务管理、落实制度、监督检查等多方面。概括来讲，必须坚持“打”“教”“管”“建”的四字综合防范治理办法——“打”就是加大打击职务犯罪力度，从重从快，有案必查，有罪必惩，营造浓厚的肃贪惩腐范围，震慑犯罪，建立法律防线，使人不敢犯罪。“教”就是加强政治、法律、道德教育，规范约束金融职工的思想，教育职工特别是青年职工遵纪守法，建立思想防线，使人不想犯罪。“管”就是坚持依法管理，加强内部监督制约机制，特别要建立和完善规章制度，实行用人责任制，把好用人关，用制度管人，并要规范金融活动中各项业务工作的动作，加强计算机应用的管理和控制，建立严格的金融秩序，形成制度防线，使人不能犯罪。“建”就是建立防范网络，搞好内外防范。要充分发挥社会各方面的作用，尤其是检察机关与金融部门的配合作用，成立预防金融职务犯罪工作指导委员会，并制定预防犯罪的意见和相关措施，从而形成全方位、多层次的防范金融职务犯罪的网络，开展卓有成效的预防犯罪工作。此外，要动员和发动金融职工、人民群众积极举报违法犯罪，真正做到群防群治，使职务犯罪分子无洞可钻，无机可乘。真正从源头上进行预防和治理，建立起“不想、不能、不敢”进行金融职务犯罪的“三不”机制。

经济新常态下 P2P 网络借贷的法律风险及其规制〔1〕

王宝娜* 邬 枫**

一、经济新常态下的两大转型

目前,我国正处于经济增长速度与物价增长速度同时下降的趋势,这表明我国经济已经进入转型期,高速增长后的调整期已经到来。经济增速放缓促进了我国产业结构的调整,在此状态下,我国政府颁布一系列政策加快产业结构调整,缩短产业结构调整周期,为经济的再次快速增长而做准备。本文通过其中两个方面说明我国经济转型期的调整思路,分析我国在新经济常态下的发展规划。

(一)经济增长方式的转型

在经历了改革开放带来的丰硕成果之后,我国成为世界第二大经济体,在对外贸易方面,我国已经稳居世界第一贸易出口大国,经济实力的提高确定了我国的国际地位,为全面发展提供了资金支持。在长期经济发展过程中,对出口的依赖逐渐增加,然而,随着全球经济形势走弱,出口型经济增长形式难以维持,企业投资回报率逐渐降低,传统生产方式对资源的浪费成为新经济常态下经济发展的研究对象。我国经济增长方式将逐渐向集约型生产、创新型发展、多资金来源、高投资回报、绿色、环保等方面转变。〔2〕

(二)经济管理方式的转型

作为我国新经济时期的发展指导者,政府应当对市场经济进行严格管理,通过政策及时调整市场。例如,我国在 2008 年的全球经济危机中及时出台宏观调整政策,4 万亿资金的注入,使我国经济在危机中平稳过渡,这体现了我国经济管理制度的灵活性和有效性。然而,如此规模的资金注入却导致我国在新经济常态下陷入货币结构失调状态。新经济常态下出现经济疲软状态,政府目前工作的核心是稳经

---

〔1〕 本文为河北省科技厅2014 年年度软科学研究计划项目“金融消费者权益保护制度研究——以河北省为例”,项目编号:14456219D。

* 河北保定人,法学硕士,河北金融学院副教授。研究方向:经济法。

** 河南信阳人,教育硕士,河北金融学院副教授。研究方向:英语教育。

〔2〕 参见刘伟、苏剑:《新常态下的中国宏观调控》,载《经济科学》2014 年第 4 期。

济、保增长,使我国经济平稳发展。我国新一届领导集体在稳定经济方面做出了较大努力,出台一系列政策,利用宏观手段调整市场经济,如加强第三产业建设、扩大服务出口业务、拓宽企业资金来源等,都是我国政府在新经济常态下经济管理方式转型的表现。

二、我国P2P网络借贷平台概述及运营模式

P2P网络借贷在我国发展时间较短,然而,经过近几年的发展,P2P已经呈现出不同的发展模式,对P2P网络借贷平台运营模式的分类也稍有不同。本文将P2P网络借贷平台运营模式分为5种,分别为纯中介模式、有担保模式、债权转让模式、电子商务模式和公益模式。网络在这5种运营模式中只起到了媒介作用,并没有达到平台所要求的效果。[1]

(一)纯中介模式

"人人贷"是纯中介模式的代表,在P2P网络借贷中,严格按照中介服务要求,积极服务借贷双方,促进借贷协议的达成,对二者借贷行为并不负责,仅仅提供服务平台,按照一定比例收取平台服务费用。借贷双方因任何一方违约之后,对另一方所造成的任何程度损失与服务平台提供方无任何关系。

(二)有担保模式

有担保模式是在纯中介运营模式的基础上附加服务项目,也就是对借贷行为的担保,该担保行为可由借贷平台提供也可来自其他和借贷平台存在合作的金融公司、个人等。在完成借贷服务后,出借人的权益受到多方面保护,提高了资金的安全性。

(三)债权转让模式

关于P2P网络借贷中的债权转让模式定义已经不同于以往的借贷,新经济常态下的债权转让合同并不在借贷双方之间签订,执行过程中放款在前,债权转让在后;或者是出借人主动购买平台理财产品,待资金总量达到一定程度后,由借贷平台进行理财产品债权转让,中间的债权关系不断发生变化,平台在过程中作为中间环节存在。然而,我国的这种债权转让模式风险较高,极易发生资金募集结束后,金融公司出现"跑路"的情况,出借人的资金安全无法得到保障。

(四)电子商务模式

电子商务模式是我国P2P网络借贷的主要模式,其中以阿里巴巴公司的"阿里贷"为例,阿里巴巴是我国最大的电子商务平台,拥有全球最大的用户群,大多数国

---

〔1〕 参见王希军、李士涛:《基于征信视角的P2P行业风险防范研究》,载《征信》2014年第8期。

内中小企业都在通过阿里巴巴寻找商机。[1]

然而,在寻找商机的同时,中小企业也在寻求资金支持,阿里巴巴通过“阿里贷”平台对中小企业进行信用评估,并将评估结果提交银行,从而使银行对贷款的发放做最后决定。电商模式有其自身的局限性,然而,由于其服务群体的迫切需要,电商模式成为众多模式中较为独立的一种。

(五)公益模式

该模式中的“公益”只是意义上的公益,并不代表是一种全免费的运营模式,在该模式下也要收取费用保证自身的运营,然而,在自身运营得到保障的基础上,该模式的运营则更趋于公益性。公益平台通过向低收入人群或中小企业发放低息贷款,所得利息维持自身运营,一般公益平台的对象较为集中,目的较为单纯。如“宜农贷”,主要面向广大农民,向地区农民提供低息贷款,促进农村地区经济发展的同时,也使自身的运营得以维持。

三、P2P 网络借贷的现状及异化

P2P 网络借贷区别于传统借贷,P2P 网络平台在借贷过程中扮演多重角色,获得多种收益,在使民间闲散资金得到充分利用的同时,也为市场注入了活力,促进了经济结构的调整。[2] 然而,在 P2P 网络借贷的发展过程中却出现了不同程度的异化,造成 P2P 网络借贷发展的不确定性,也为新经济常态下的经济调整埋下隐患。

(一)国外 P2P 网络贷款平台的发展现状

2005 年英国制定了第一份网络借贷平台协议,P2P 网络借贷的雏形开始出现,该协议拟定的目的是通过为中小企业发放贷款从而获得较高利润,而为了与银行业务分开并降低借贷风险,网络借贷的额度被限制在较低水平,在出现贷款风险时,也能够对出资人的资金进行有限的保护,降低其损失。网络贷款平台的兴起立即引起了许多国家的兴趣,并以迅雷不及掩耳之势在全球范围内蔓延开来。

P2P 网络借贷协议有效激励了其他国家对网络借贷平台建设的积极性,以美国“繁荣市场”网络借贷平台的建立为代表,它成为史上最成功的网络借贷平台,该平台的运营模式已经被大多数国家所认可。该平台通过建立客户信用数据库对贷款申请人进行信用评估,计算贷款风险,最终决定是否批准其贷款,以及确定其可申请贷款额度。“繁荣市场”只是作为一个服务平台,而不进行直接放贷业务,具体业务的完成有银行机构负责。依托完善的运营管理体系和良好的市场信誉,“繁荣市场”

---

〔1〕 参见梅夏英、姜福晓:《数字网络环境中著作权实现的困境与出路——基于 P2P 技术背景下美国音乐产业的实证分析》,载《北方法学》2014 年第 2 期。

〔2〕 参见刘宇梅:《P2P 网络借贷法律问题探讨》,载《法治论坛》2013 年第 1 期。

获得了巨大的成功，也成为网络贷款平台的经典案例。[1]

（二）国内 P2P 网络贷款平台的发展现状

P2P 网络借贷第一次在我国出现是在 2007 年，在我国东南沿海地区得到了快速发展，尤其是在广东、浙江、上海等中小企业集中的省市，成为民间投资与民间借贷的新形势。经过几年的发展之后，截至 2014 年年底，我国 P2P 网络借贷平台已达到 1200 家，涉及贷款金额超过 500 亿元，相关人员共计 60 万人参与其中，贷款合同额度超 800 亿元，并呈现出逐渐增长的势头。

我国 P2P 网络借贷发展极其迅速，呈现出规模化和专业化的发展趋势。绝大多数人对于 P2P 网络借贷平台的认识愈加深入，P2P 网络借贷平台的大量资金与高收益吸引了一大批高素质金融领域人才，促进了我国 P2P 网络借贷平台的再发展，以及高新技术的大量应用，使网络借贷平台急速扩张，为我国 P2P 网络借贷平台的异化埋下了伏笔。

（三）P2P 网络借贷平台在我国的异化

P2P 网络借贷平台建立之初的目的是通过提供借贷服务获取利润，并不是网络借贷平台直接提供资金，与银行借贷服务存在明显不同。然而，在经济利益驱使下，我国网络借贷平台开始涉足资金领域，直接提供贷款，从而获得更高利润。

我国 P2P 网络借贷平台目前主要采取两种运营方式，一种是直接吸引民间资本投入，并给予投资方一定回报，然后完成贷款发放工作，获取利息差带来的收益；另一种是 P2P 网络借贷平台不进行资金借贷投入，仅仅提供信用评估与风险评估服务，作为借贷行为的中间人存在。第一种网络借贷行为成为我国目前大多数融资借贷公司的主要经营模式，部分融资公司在完成资金集中后转移资产，最终破产的现象也时有发生。网络借贷平台管理上的缺失导致我国 P2P 网上借贷公司良莠不一，在经营方面也不具备规范性，这是我国网络借贷所存在的重要问题。[2]

我国各大 P2P 网络借贷平台都声称自己所从事的借贷活动是一种营利性的中介活动，并不直接参与资金活动。然而，在实际调查中发现，能够安守本分从事中介活动的公司少之又少，多数公司为追求更高的利润而参与借贷资金活动，这就是我国网络借贷的异化。一些公司借网络借贷名义进行非法集资，而金融监管的漏洞导致这种行为无法被及时发现，最终导致民间资金被大量转移并无法追回，金融危机随时可能发生。

四、P2P 网络借贷平台的法律风险分析

P2P 网络借贷是金融借贷活动在网络世界的体现，金融危机严重影响着所有的

[1] 参见陈丽琴：《P2P 交易法律问题研究》，载《产业与科技论坛》2013 年第 12 期。

[2] 参见张雪楳：《P2P 网络借贷相关法律问题研究》，载《法律适用》2014 年第 8 期。

金融活动,网络借贷也无法避免。我国经济进入调整时期,经济风险变数较大。互联网的应用在我国还不成熟,网络逐渐成为主要的犯罪活动领域,因此,新经济常态下我国网络借贷的风险更高。我国 P2P 网络借贷活动面临的风险并不仅仅如此,下面将从 4 个方面介绍我国新经济常态下 P2P 网络借贷风险,并进行分析。

(一)借贷人引起的法律风险

P2P 网络借贷能够使原本麻烦的金融借贷行为简化,同时满足借款人和贷款人的要求,网络借贷为三方都提供了巨大的利益,但是,借款人是所有风险的核心。首先,网络借贷平台的运营无信用性担保,服务中介活动的开展不包括直接参与资金运作,通过各种信息核实借款人身份,对借贷风险进行评估,确定风险发生后的处理机制。然而,在网络借贷过程中,对借款人的信息做假较为简单与方便,而且我国个人诚信数据系统并未联网运行,无法及时确认借款人的信用度,造成了因借款人引起的借贷风险。其次,我国 P2P 网络借贷在新经济常态下出现异化后风险大大增加,借款人的相关个人信息在私人借贷信息平台被收集,容易出现借款人信息被泄露的现象,甚至部分网络借贷公司倒卖客户信息,增加了借款人信息泄露的风险。最后,借款人在取得贷款后的资金使用无法被及时有效监管,网络借贷平台也无法及时跟踪每一笔借款的使用情况,导致资金流出后的监管漏洞,随时有资金流失的可能。[1]

(二)贷款人引起的法律风险

P2P 网络借贷是一个三方共同完成的行为,在整个过程中,资金的出借方承担着最大的风险,贷款人通过网络信贷平台管理个人闲置资金。然而,在网络借贷平台的管理过程中,很少对贷款人的资金来源进行调查,贷款人的目的也不得而知,通过网络借贷平台对来源不明的资金进行"洗白"的过程比比皆是。由于贷款人自身资金来源存在问题,即使借贷合同已经完成,这种活动也不具有法律效力,存在一定的法律风险。

(三)P2P 网贷平台可能引起的法律风险

借贷关系通过网络平台提供的借贷合同而维系,因为合同关系的存在,这种借贷关系被我国法律所规范和保护,也是在出现借贷纠纷时的唯一法律依据。P2P 网络借贷平台方便了借贷双方的同时,也给借贷平台带来了巨大的风险。

网络具有隐蔽性特点,P2P 网络借贷是一种通过网络平台而进行的一种虚拟金融借贷活动,借款人的资质由第三方平台进行评估,因此,借贷人的信用评估可以做假,最终导致借贷合同无法履行,甚至出现合同履行后的违约现象。然而,从借贷合同来看,第三方的居间合同无法在借贷纠纷中被法院采纳,也无法将第三方平台作

---

[1] 参见茅建中:《商业性 P2P 网络借贷的风险与法律规制》,载《人民司法》2013 年第 17 期。

为被告起诉。并且,由于 P2P 网络借贷公司为追求高利益而提高信贷利率,部分借贷合同高于银行同期借贷利率 4 倍,这种借贷合同无法得到法律保护,在合同到期后,提高了网络借贷风险发生的概率。

(四)第三方引起的法律风险

我国 P2P 网络借贷在新经济常态下出现异化,网络借贷平台作为第三方应当具有一定的中立性,第三方借贷平台的借贷模式包括担保型和债权转让型两种。在担保型借贷模式中,借贷平台提供资金作为保障,将借贷风险降低到最低限度。然而,在借贷过程中,融资公司与借贷公司私自添加杠杆,将贷款金额上限提高至其被允许的借贷限额的多倍,进而将会导致杠杆引发的风险。在债权转让型模式中,平台掌控第三方人员的账户信息,相关机构在平台内部实现自循环,相关转让交易在极隐蔽的情况下进行,然而,平台掌握如此多的信息,如果平台内部管理存在漏洞,因第三方导致的风险则会增加。例如,虚假债权转让合同、违规为客户提高信用度、违规帮助客户中标等一系列风险。

通过以上分析可以发现,网络平台是所有风险的集中体现,新经济常态下应当及时对相关风险进行监管,加强监管力度,规范我国 P2P 网络借贷行为,避免因借贷金额增加而导致的大规模金融风险。

五、P2P 网络借贷法律风险的规制

我国各界对 P2P 网络借贷的认识存在差异,然而,在对网络借贷监管方面依然存在争议,在我国新经济常态下,应当加强对 P2P 网络借贷的监管,防止相关风险的发生。

(一)分类管理

在我国新经济常态下,P2P 网络借贷为我国经济调整提供了大量的资金支持,然而,发展至今,一直没有较为明确的法律条文规定其性质。本文认为,P2P 网络借贷是一种民间借贷行为,而网络借贷平台提供的是一种借贷中间服务。P2P 网络借贷的异化导致其行为难以界定,传统借贷与金融理财无法明确区分。由于网络借贷运作模式的多样化,导致借贷平台从事非法融资交易,这种融资平台应由相关部门坚决取缔。对于从事金融理财服务的网络借贷平台,应当纳入金融体系统一监管。然而,对于统一管理之事却引起金融界的讨论,目前仍无法纳入金融系统的统一管理。

由于网络借贷与银行借贷行为都是我国金融服务行为,在涉及金额方面存在部分差异,但是,P2P 网络借贷的灵活性与高效性,为我国中小企业建设提供了大量的资金贷款,有力地支持了我国产业结构调整。为确保网络借贷能够为我国经济稳定提供长期保障,应当将其纳入金融体系统一管理,相关负责人也应当建立监管档案,

保证风险的可控。

(二)出台相关管理办法

P2P 网络借贷平台界于民间借贷与金融理财服务之间,因此,两种不同的身份应当区别对待。

对于民间借贷性的 P2P 网络借贷平台,我国应当加强相关立法,对借贷平台进行登记监管。例如,在日常经营过程中,P2P 网络借贷平台应当主动向当地金融管理机关汇报经营情况,地方金融、工商监管机构应当根据其规模合理定位其注册资本,注册资本不应低于 1000 万元。对于贷款人,其提供资金应当明确归属,该资金不应与其他人发生任何关系。贷款利率应当按照地区标准,低于银行同时期贷款基准利率的 4 倍。对于平台管理人员,需要具备金融专业知识,并且应当具有一定的实际工作经验,能够及时识别借贷风险并加以及时管控。在法律的制定过程中,应当明确借贷双方及借贷平台的个人义务,并且明确在风险发生之后的偿还顺序,对按照相关法律要求进行登记的机构、个人,应当及时清还债务。

对于从事金融理财活动的 P2P 网络借贷平台,纳入金融体系统一管理符合相关法律要求,应当按照网络借贷平台的特点制定合理的监管制度,明确相关平台、借贷双方的权力与义务。[1]

(三)个人征信系统完善

第一,要建立全国范围的个人诚信系统,实现各地区诚信系统的联网,相关系统与电信、金融、公安等进行信息共享,针对性的向借贷平台公开信息,并做到严格保密。

第二,网络借贷需要建立风险预警机制,对已经进入全国诚信数据库的相关成员进行实时监控,对个人诚信出现问题的人员应当建立风险预警,对已经完成合同的借贷人应当进行调查,防止风险的发生。

第三,建立 P2P 网络借贷限制制度,通过设定借款人诚信标准,防止诚信程度较低人员拿到合同,为网络借贷平台带来风险。在此过程中,应当加强对内部人员的监管,防止内部人员违规增信行为。

(四)中间账户的监管强化

P2P 网络借贷行为在进行借贷过程中存在资金的暂存现象,应当建立在资金暂存期间的第三方平台监管,防止网络借贷平台的资金管理风险。在 P2P 网络借贷中,借贷双方资金都由借贷平台管理,借贷平台自身管理将会造成巨大经济损失。建立第三方监管平台可以实现对这一借贷平台的资金监管,而第三方监管平台可以由商业银行来承担,防止因第三方监管平台导致的支付风险。第三方监管平台,应

[1] 参见王波:《P2P 技术服务引起的网络版权侵权问题研究与思考》,载《情报科学》2013 年第 4 期。

当做到不经手借贷资金，对借贷平台发生的异常资金流动，应当及时调查，防止 P2P 网络借贷平台内部的金融风险。

（五）平台自身的充分信息披露

P2P 网络借贷应当在日常经营过程中做到基本信息透明，基本公司信息应当在网站、公司显著位置展示。对于日常经营过程中的资金流向应当及时向金融监管部门汇报，并对经营过程中的风险评估及风险管理制度建设进行检查与统计并进行备案。完善的透明机制可以将风险控制在一定程度，防止因数据信息沟通不畅导致的金融风险出现。

（六）规范担保公司担保行为

对于 P2P 网络信贷公司的融资担保行为应当进行限制，这一业务的开展应当具有金融机构的相关许可，而网络借贷公司在没有得到允许的情况下开展融资担保业务不被承认，相关合同也不会得到法律的保护，并且，在缺少金融监管的环境下，金融风险将会随时发生，给多方造成损失。

（七）行业自律和内控机制

在我国经济进入调整阶段的情况下，我国 P2P 网络借贷得到了快速发展，相关网络借贷公司应当加强行为自律，严格按照法律要求开展业务，在保证客户信息安全的基础上，提高网络借贷平台与其他机构的信息交流程度。建立全面的管理、检查制度，规范从业人员行为，严控风险，防止客户信息泄露的同时，应当加强网络安全保护，从多方面防止风险的发生。

六、总结

我国经济高速增长时期已经暂告一段落，目前经济形势已经进入调整期，经济发展将会保持一种新常态。网络金融借贷平台的出现解决了传统银行借贷中的慢、少、高等问题，为中小企业融资带来便利。然而，在带来便利的同时，P2P 网络借贷平台却存在各种风险，需要金融体系的严格监管，防止因风险预防措施不足导致的借贷危机，保证我国在经济调整期的金融稳定、健康发展。

论我国商业银行监管法制存在的问题及其对策

王艳生[*]　刘一杰[**]

一、商业银行监管概述

（一）银行监管的概念

监管是监督管理的简称。监督是指一般性照看、主管或检查。管理是指决定、确立或控制；依一定规则、方法或确立的模式进行调整，依规则或限制进行指导；受管理性原则或法律的管辖。可见，监督管理是一系列制约措施的集合。本文中银行监管的概念是指政府对银行的监督与管理，即政府或权力机构为保证银行遵守各项规章、避免不谨慎的经营行为而通过法律和行政措施对银行进行的监督与指导。

（二）商业银行监管的目标

银行监管目标是实现有效监管的前提和监管当局采取监管行动的依据，也是银行监管立法目的之所在。我国银行监管目标分为以下 3 个方面：

1. 保护广大存款人和消费者的利益

银行的特殊财务结构决定了银行存款人是主要的风险承担者。存款人数量众多且很分散，监督成本高，他们既没有积极性也没有能力去监督和控制银行。由于信息不对称，一般情况下，存款人很难对银行的经营活动实施有效的监督管理。金融监管机构作为公共管理部门，代表存款人监督管理银行经营活动，保护存款人的利益。银监会在确定银行业监管目标时，将“保护广大存款人和金融消费者的利益”作为银行监管的首要目标。

2. 增进市场信心

金融机构作为信用中介，具有克服信息不对称的功能，能将零散、短期的储蓄转化为大量、长期的投资资金。但这种功能实现的一项重要条件就是，社会公众对中介机构有信心、对市场有信心。一旦公众对银行体系失去信心，就会发生挤提，对一国银行体系和金融安全产生影响。可见，增进市场信心对维护金融市场的平稳运

---

* 河北金融学院法律系副教授。
** 河北金融学院法律系 2012 级本科生。

行、发挥金融中介的重要作用至关重要。

3. 提高银行业效率

监管不是为了“管死、看严”被监管者，不能为了绝对的稳定而牺牲效率，而是要通过加强监管，降低风险，提升银行业的市场竞争力。安全与稳定并不是一个静态的概念，不排斥效率与竞争。监管者应致力于为银行创造一个公平竞争的市场环境，制止各种不正当竞争行为，确保市场主体平等的法律地位和市场机会。银行监管要在确保银行业安全与稳定的基础上促进银行业的公平有序竞争，创造出一种提高效率并鼓励竞争的局面。

二、我国商业银行监管法制的历史

(一) 监管的空白阶段(1949～1978 年)

中国人民银行成立于新中国成立前，成立后中国人民银行总行受国家直接领导，在省、市、县各级设立分行，这些层级的人民银行既受上级银行的领导也受当地政府的管理，是一种受双重领导的局面，既要执行上级银行的命令，也要配合地方政府进行相应的经济建设。由于这一时期我国实行的是计划经济，银行系统实行“统存统贷”，贷与存都是执行上级的指令。中国人民银行身兼两职，既是中央银行又是商业银行，几乎没有调节控制监管的自主权与独立性，只是按照计划把指定的资金分配给指定的单位，基本上没有监管，相应的监管法制也无从谈起，所以这一时期属于监管法制的空白阶段。

(二) 监管法制体系初步建立时期(1978～1983 年)

党的十一届三中全会以后，我国开始把工作重心转移到经济建设上，对内实行改革，对外实行开放，波澜壮阔的改革开放由此开始。银行业开始恢复 3 大银行：中国银行、建设银行、农业银行。随着经济的迅速发展，银行业的规模逐渐扩大，业务量剧增，银行业的安全性、稳定性变得日益重要，这就需要加强对银行业的监管。中国人民银行的双重身份已不再适应银行业的现状，监管工作成为人民银行的主要任务。因此，国务院在 1983 年下发《国务院关于中国人民银行专门行使中央银行职能的决定》规定：“人民银行不再从事对企业和个人的信贷业务，而是在国务院的领导下专门负责对全国金融行业进行监管，同时加强对金融行业的研究，做好宏观决策。”由此明确中国人民银行金融监管的职责，原中国人民银行的部分业务由新成立的中国工商银行承办。从而形成中国人民银行行使中央银行的职能，负责金融银行的监管，四大国有商业银行负责存贷款业务的格局。这一格局的形成标志着现代银行制度的初步确立，与此相应的监管法制也开始逐步形成。

(三) 加强统一监管阶段(1984～1992 年)

由于改革开放进程不断深化，经济持续增长，银行业务的范围也逐渐增多，业务量迅速增加,金融系统的竞争性不断增强,原先4大国有商业银行分业经营的局面逐渐打破,经营的领域、地域交叉覆盖,各行之间逐渐开始竞争。这一时期全国又陆续成立招商银行、兴业银行等10家股份制银行和2家住房储蓄银行,城、乡地区成立信用合作社。一些银行又组建信托公司,如中信公司,有的银行和信托公司又组建证券公司,金融行业开始出现混业经营。这一时期是我国金融行业迅猛发展的时期,新生事物不断涌现,但中国人民银行仍然主要依靠行政手段进行监管,主要集中于对金融机构的审批、业务范围及变更的审批。通过加强信贷管理,从而控制货币信贷的总规模。其间存在的主要问题是重审批、轻管理、重发展、轻监督,使这一时期的金融秩序比较混乱,一些金融机构存在较大问题,从而影响到整个金融行业的安全和稳定。

(四)分业监管阶段(1993~2003年)

这一时期由于经济发展过快,经济结构不平衡,以及金融秩序比较混乱,曾一度出现严重的通货膨胀、物价飞涨。为稳定经济和治理通货膨胀,1993年我国国务院颁布《关于金融体制改革的决定》规定:"国有商业银行不得对非金融企业投资……要与保险业、信托业和证券业脱钩。"1992年又设立证监会,证监会主要负责对证券行业的监管,至1998年对证券行业的监管职责全部从中国人民银行移交给证监会,证券行业从此完全由证监会负责监管。同年又成立保监会,中国人民银行对保险行业的监管职责随之移交给保监会,保监会专门负责监管保险行业。这样就形成"一行两会"分业监管的格局,"一行两会"的出现,标志着我国现代商业银行监管体系的形成。

(五)银行监管的专业化阶段(2003年至今)

2003年12月我国颁布第一部关于银行监管的专门法律《银行业监督管理法》,与《中国人民银行法》和《商业银行法》共同构成我国银行业法律体系的基础。《银行业监督管理法》的颁布和实施是一个极其重要的里程碑,对完善我国银行监管法制建设具有重大意义。银监会成立之初就提出"管法人、管风险、管内控和提高透明度"的理念,从而使银行业的监管更加符合市场需要,更科学更严谨。这一时期审慎监管的理念开始出现。随着我国银行业监管不断规范化,监管效率大大提高,监管效果越来越好,我国的银行监管逐渐向着专业化方向发展。

三、我国商业银行监管法制存在的问题

(一)银行监管职责不清

银监会设立以后,中国人民银行与银监会对商业银行的监管存在矛盾。《中国人民银行法》规定,中国人民银行对存款准备金、特种贷款、支付结算、外汇管理、反洗钱等业务有直接检查的权力。而《银行业监督管理法》规定:"银监会对市场准

入、日常运营、市场退出等方面有权进行监督和管理。”银行的存款准备金、特种贷款、支付结算、外汇管理及反洗钱这些也应该属于银行日常运营，对于这些方面中央银行和银监会都可以管，又都可以不管，这就可能造成对商业银行的监管或过多重复或疏于监管，这种监管权交叉与重叠，对维护金融行业的安全与稳定很是不利。

（二）监管体制存在缺陷

1. 分业监管困难

由于种种历史原因我国银行业采取的是分业经营，银行监管也是分业监管。现今我国金融企业数量众多，这些金融企业大体可分为3类：银行业、保险业、证券业，这3类金融企业之间在业务上存在非常密切的关系。例如，券商可以用股票做抵押从银行贷款，然后通过融资融券业务把这些贷款投入到股票市场，甚至有些券商和信托公司违规以高杠杆的方式把贷款投入股市从而造成股市的急涨急跌，进而影响到整个金融行业的安全。2015年的股市即由高杠杆引发，国家不得不投入巨额资金救市，防范金融风险。再有允许券商和基金进入同业拆借、证券回购市场，允许保险公司通过一些方式进入股票市场等。如今又相继成立一些金融控股集团，这些控股集团的经营范围非常复杂，集团旗下同时拥有不同行业的企业，如银行、证券公司、保险公司、基金公司、信托等。出现这种金融控股集团就会给分业监管造成一定的困难：第一，在行业经营范围的边缘相交叉的部分该由谁监管，怎么监管；第二，混合型金融集团又由谁监管，怎么监管。这些问题都有待于监管法制体系的进一步完善，虽然混合经营的金融控股集团给监管带来一些困难，但随着经济的发展、市场的成熟，混业经营应该会成为一种趋势，它会使银行、保险、证券、信托等行业深度融合。

2. 监管部门协调性差

现阶段我国金融领域的监管形成“一行三会”的格局，中国人民银行的主要任务逐渐转移到货币政策的制定，金融监管就由银监会、保监会和证监会负责。三大监管部门现在基本上处于条块分割、各负其责的状态，部门与部门之间协调性较差。在复杂的金融环境下，很多问题需要三大机构相互协调处理，协调变得非常重要而且必要。针对这种情况，2004年银行、证券、保险三大机构通过一份文件《三大金融监管机构金融监管分工合作备忘录》以期协调监管工作，并且成立“监管联席会议”作为协调机构，但这个“联席会议”做出的决定没有多少约束力，会议的相关文件也没有强制力。一旦三者意见不一致就很容易产生矛盾，导致对一些违规行为的监管出现真空，尤其是一些责任范围划分不清的地方更会如此。从而在整体上削减监管力度，减弱监管效果，导致金融秩序不稳定。

3. 银行监管的权威性不强

第一，银行的地方分支机构受地方政府影响太大，许多地方政府对所在银行的影响甚至比上级银行及银行监管机构的影响力要大,致使一些地方政府为加快经济发展,大量从银行贷款。有时严重违规的贷款也能从银行贷出,出现贷款方向不符合国家政策导向。甚至贷给根本无力偿还的单位,导致大量贷款无法收回,出现很多呆账坏账。第二,由于我国国有商业银行所占比重较大,金融监管制度尚不完善,也会使监管机构与金融机构存在一些关系,从而削弱金融监管力度。

(三)监管法制建设滞后

1. 监管法规不够完整系统

第一,尚未建立起一套完善的监管法律体系,各种法律之间有矛盾、冲突的地方,且有许多地方权责不明晰;第二,一些法规的制定滞后于实际情况,已不再符合现实情况的法律条文修改不及时;第三,商业银行市场准入监管的法律规定不够明晰、规范,缺少详细的规则,可操作性不强;第四,商业银行市场退出的法律极不健全,致使很多人都认为银行永远也不会倒闭,往往把国家当成最后的担保人,有些银行因此出现一些违规操作,从而增大金融风险。

2. 缺乏市场约束内部管理不严

市场约束是金融系统平稳运行的一个重要因素,也是商业银行监管体系中的一个重要条件。只有把市场约束和外部监管两者结合起来才能保证银行业能够安全稳健地发展。在外部监管的同时,也要让市场机制对商业银行的不良行为进行约束,因为商业银行也是企业,所以必须接受市场的选择,优胜劣汰。目前,我国银行业内部控制机制缺失,规章制度执行不严,操作过程中违法、违规问题时有发生,风险因素很大。如贷款发放审核不严,明知贷款存在很大风险,出于一己私利,也把资金放贷给机构或个人,出现很多人情贷、回扣贷等。这些贷款安全性极差,很多都会成为呆账或坏账,给银行造成很大损失。甚至个别银行责任人凭借手中的权力,把银行资金贷给放高利贷者,使这些资金处于极大的风险之中,这种情况在农村银行和信用社中比较多。

3. 银行危机救助法律体系不完善

我国在很长一个时期内,商业银行发生危机的情况很少,这与我国银行业的特殊情况有关,但随着我国银行业不断地与国际接轨,旧的格局已经打破,再加之商业银行数量迅速增加,难免会出现良莠不齐,个别银行因种种原因,可能已经存在相当大的风险,银行危机救助法律体系亟待完善。一个完善的救助体系可以在银行发生危机,做到有法可依,从而减少救助的盲目性,杜绝在救助过程中的以权谋私。

在国外金融业比较成熟的国家中,银行危机救助主要有3种法律制度安排:最后贷款人制度、存款保险制度和对陷入危机中的银行实行接管或并购重组制度。

《中国人民银行法》第28条规定:"中国人民银行根据执行货币政策的需要,可以决定对商业银行贷款的数额、期限、利率和方式,但贷款期限不得超过一年。"在我国金融监管是完全救助型的，中国人民银行为所有商业银行的最后贷款人，这在一定程度上使商业银行很容易出现投机行为和极端逐利行为。在经营时会违背法律和各种制度，为自身也为金融行业带来危险隐患。另外，我国存款保险制度刚刚建立，还存在许多不足之处，50 万元以下存款在银行倒闭以后可以获得全额赔付，这对中小存款者是十分有利的，但 50 万元以上的大额存款尚无较好的措施。

至于银行发生危机时实行兼并重组的问题在我国尚未出现，这个问题值得好好研究，也可以借鉴一些企业兼并重组中的成熟经验。对于产生困难的银行不失为一条出路。总体上，我国商业银行救助的法制体系急需建立，虽然有些零散的法律规定，但可操作性不强，又没有系统性。

（四）对监管者无再监管

银行监管者监管的效果如何，怎么评价以及出现重大监管失误时怎么处理，如何追查相关人员的责任。对于这些问题，我国尚未建立起一套完善的法律制度。这就有可能使监管者不作为或乱作为，也可能让监管者与被监管者形成形形色色的利益关系，导致监管者有法不依、监管无力或滥用监管的问题。

（五）监管者素质急需提高

从 2015 年开始的股市动荡，就从一个侧面反映出证监会人才的缺失，所出政策措施前后矛盾，救市方法极其笨拙，耗费大量的国家资金而没有达到救市的目的。2016 年年初熔断机制的设立，缺乏深入研究，走向与制度设计目标相反的方向，成为股市大幅下跌的诱因。由此事件可以发现监管者素质高低极其重要，关乎整个行业的兴衰，所以监管机构需要一套制度来不断提升监管者的素质。

四、完善我国商业银行监管法制的对策

（一）商业银行监管模式的选择

当今世界各国各地区的商业银行监管模式分为“统管型”和“分离型”两大类。属于统管型的国家有英国、美国、法国、澳大利亚等国家，这些国家都是将货币政策和银行的监管合二为一于中央银行。而“分离型”的德国、日本、加拿大则是将银行监管职责从中央银行分离出来，单独建一个银行监管机构。但在 1997 年统管型的代表国家——英国实行重大改革，保留英格兰银行独立制定货币政策的权力后，剥离其金融监管职能，成立金融服务局负责对金融行业的监管。英国监管模式的转变可以说是顺应历史潮流，也为我国金融监管提供一些有用的参考。分离型相对统管型有着独到的优势，其表现在 3 个方面：第一，中央银行的基本职能是制定和实施货币政策，金融监管非其主要职能，如合二为一，势必会减弱其主要职能；第二，中央银行并非是承担银行监管职能的最佳机构，中国人民银行制定货币政策是一种技术性非常强的工作，而银行监管则主要依赖法律和行政手段，两者截然不同；第三，权责

分离才是提高效率的关键。鉴于此,我国的监管体制仍应坚持“分离型”模式。

(二)逐步实施银行监管体制的改革

1. 明晰监管机构的权力和责任

在各国中,无论是实行“统管型”监管国家还是实行“分离型”监管国家,监管机构的权力主要来源于两个方面:第一,国家宪法与担保法的规定;第二,特定法律或法规的授权,或来自权力机关或上一级行政机构决议的再授权。因此,要想明晰银行监管的责任与权力,必须完善监管的法制体系建设。新的法律必须要具有规范性、效益型理念,要重视立法的整体性规划,避免与现有法律发生冲突和矛盾。同时,还要把现有法律之中已与实际情况不符的内容加以修改,相抵触的部分予以废除。

2. 加强监管机构之间的协调

由于我国没有一个统一的金融监管的协调机构,金融监管部门的协调机制主要是通过各金融监管部门联席会议等松散的组织来安排,已不符合我国金融改革发展的要求,因此,必须要建立和完善我国的金融监管协调机制。建议在“三会”之上设立一个协调机构,把中国人民银行的监管工作彻底剥离,让其集中精力制定货币政策,这个机构不负责“三会”的具体监管工作,让“三会”保持各自的独立性。其任务第一负责与外部各相关机构的协调、沟通工作,第二负责对内组织“三会”之间在跨行业监管和交叉覆盖领域的分工与合作问题。其优点:第一,“三会”格局不变,金融行业依然分业经营、分业监管;第二,能促进“三会”之间的沟通、合作与交流,从而提高监管效率;第三,可以有效减少监管成本。

(三)借鉴金融监管比较成熟国家的经验

随着经济的全球化,金融也在不断地全球化,大量的金融创新及金融控股集团的出现更在改变着我国传统的金融格局,各国在金融监管的过程中,积累出大量的监管经验,其中有很多地方值得我们借鉴。第一,确立安全与效率并重原则,即金融监管既要确保金融行业的安全与稳定,又要确保金融行业的商业效率,从而增强企业的生存力和竞争力。金融安全是大树的根,金融效率则是树的枝和叶,枝繁叶茂才能固本。金融效率的提高、金融业的发展才是保障金融的安全与稳定的关键。第二,监管方式从管理型转变到功能型。监管的主要作用应该是维护金融行业的安全与稳定,促进金融行业的发展,而不是去做市场的领导者,让市场按照自身的规律去发展。第三,在监管的标准上,从管资本转变到管风险,为此要深化我国金融监管体系的改革。改革主要内容:打破“条块分割”,按业务分类建立新的监管体系,监管机构与金融机构不再是领导者与被领导者之间的关系;改变监管方式以审批为主、监管部门的主要精力放在审核材料上,代之以“登记”为基础,监管部门的主要精力转向监管金融机构的业务经营行为;避免以行政手段和机制直接调控金融市场走向,监管要依法,既要保护金融行业的权益也要保护相关参与者的权益;金融监管要大力加强制度化建设,只有建立完善的制度体系才能确保监管目标实现。

(四)加快完善监管体系建设

鉴于我国金融监管体系中存在的一系列问题,以及国外金融监管成熟国家的成功经验,我国在完善金融监管法制体系过程中,既要立足于中国的特殊国情,又要适当借鉴国外的成功经验,从而形成一套具有中国特色的、科学的、规范的、统一的监管体系,并使之与国际通行的金融监管制度接轨。

1. 要加强我国金融监管法律体系的建设

第一,在落实好《银行业监督管理法》的基础上,要完善银行机构法,随着外资金融机构不断进入我国,应尽快制定一部有关外资银行的法律,从而在对其监管时有法可依。此外,还应对《信托法》《企业破产法》尽快进行修改,加紧制定城商行和农商行的相关法律法规,从而完善我国金融业机构法的法制建设;第二,要建立金融业业务法的法律体系,对现在已经实施的《外汇管理条例》《贷款通则》《储蓄管理条例》等一系列法律法规进行审定和修改。同时金融业务法的立法工作要及早进行,从而逐步建立起我国金融行业业务的法律体系,为金融行业的监管提供法律保障。

2. 要加强商业银行监管制度体系的建设

为更好地实施依法监督,除需建立一套完善法律体系,还需建立一套健全的监管制度。第一,在已实施的《银行业监督管理法》基础上进一步完善监督检查制度,把监管由静态监管变成动态监管,从事后监管变成事前监管,把现场监管与非现场监管相结合,逐步加强非现场监管。第二,根据《商业银行法》《银行业监督管理法》等法律法规建立金融企业信息披露制度,加强信息披露的及时性、强制性、增强规范性、准确性。第三,建立金融企业违法违规处罚制度,在《银行业监督管理法》和《商业银行法》基础上,明确处罚标准、加大处罚力度。

3. 健全金融企业内部控制监督制度

第一,在银行内部进一步完善现代企业制度,使银行内部权责分明,外部要政企分开。商业银行在严格执行国家货币政策的同时又要兼顾股东利益,二者不可偏废。第二,要健全商业银行监事会的监管制度体系。监事会成员必须要有独立性,应当对包括银行高级管理人员在内的财务及经营活动进行有效的监督和管理,进而增强银行内部的管理和约束机制。第三,健全商业银行内部管控、监督机制。商业银行在经营活动中必须要依法、稳健经营,内部权力要有制衡,程序之间要有制约,全过程要有严格控制,使银行的经营活动依法合规,最大限度地降低违法违规行为。

4. 健全商业银行监管的约束机制

在对商业银行监管的过程中,严格控制银行资本充足率固然重要,但在此基础上还要建立一套完善的商业银行监管机制。第一,要把对商业银行的外在约束和自我约束相结合，做到内外双修。第二，要加强市场对银行的约束，银行也是企业，它的经营行为必须按照市场规则由市场或银行客户加以监督和约束。第三，加强实时监管，充分利用监控网络系统，实施动态、全面地实时监管，收集银行各种信息，从而形成对银行经营运行过程的持续性、全过程监管。

（五）完善银行危机救助的相关法律

1. 改革最后贷款人制度

为更好地保障金融行业的安全与稳定，建立一套银行危机救助的法制体系十分必要。它是有效化解危机的一个重要保障，是防范金融风险的重要措施。当前我国银行危机救助的法制体系存在一定问题，应在充分借鉴国外成熟经验的基础上，对我国危机救助的法律制度进行改进，重点改革中央银行最后贷款人制度，减少商业银行对中央银行的依赖，加大商业银行自身的责任，加强对危机银行责任倒查力度，在此基础上做好银行接管制度和存款保险制度的完善。

2. 健全市场退出的法律体系

现阶段我国尚未建立起一套完善的商业银行破产的法律体系，虽有一部《企业破产法》，但其涵盖面比较宽，对于有其特殊性的金融行业而言有些规定和内容需要作相应的修改和改进。除《企业破产法》中有关企业破产的法律规定可原则上用于商业银行破产外，在其他的一些金融法律中也有一些相关规定，但不系统、不完整，总体而言，有关金融企业破产的法律法规呈碎片化状态。因此，急需建立一套完善的商业银行破产法律体系，从而形成比较规范的市场退出机制。这种机制可以是以《企业破产法》为主，但是根据商业银行的特殊性，必须在一些破产程序和制度上进行修正与改进，让普通企业与金融机构的差异性在破产规则上充分体现出来。另外还要制定更为详细的商业银行破产条例，出台商业银行破产的具体细则。

（六）完善存款保险制度

1. 建立集中的存款保险体制

现阶段我国的存款保险制度应实行集中存款保险制，也就是在全国统一建立一个存款保险机构。这种方式相比于多个机构而言最大的优点在于：它的实力比较强大，从而具备较强的应对金融风险能力。

2. 建立完善的组织模式

根据我国国情最好选择由政府和金融机构或其他有能力的机构共同出资创立保险公司，多方出资既能分散风险又能增强公司的资金实力，又有利于相互监督、相互制约，从而保障存款保险公司的良好运营和发展。

（七）加强对监管者的再监管

监管者虽然是实施监管权力的人，但对监管者也要进行再监管，这样才能保证其对监管工作的尽责。要加强对监管者的监管，就要建立监管责任追究机制。第一,建立问责机制,可在国家立法机关中(如全国人民代表大会常务委员会)设立专门机构对监管机构进行定期监管。第二,完善政府问责制,主要措施:监管者定期向政府机关做报告机制;政府通过对监管人员的任免进行问责;做行政检查,查出问题该做行政处理就行政处理,该移交司法机关则移送司法机关。第三,完善司法问责制度,采取内部问责与外部问责相结合的方式。第四,建立利益相关问责机制,即公众参与监管方式,参与相关法律制度的建立或直接参与到监管过程中。

五、结论

我国实行改革开放以来,经济迅猛发展,至今已成为世界第二大经济体,增长速度远超欧美,人民生活也发生巨大改变。其实这种经济发展速度,社会生活的很多方面是跟不上的,金融监管就是一方面。从 30 多年前的一家银行到现在的大中银行几十家、小银行不计其数,如今金融也成为经济的命脉。如果金融监管不到位,发生金融危机,就有可能导致经济崩溃。如今,金融监管变得极其重要,如何监管非常值得人们思考。

京津冀区域金融生态环境综合评价研究

王换娥*

一、金融生态环境的内涵

生物群落是由多种生物集体聚集而成,而多种生物群落就组建成了生态系统。生态系统的定义是生物群落与它们所处的环境通过能量交换而形成的系统。金融生态作为仿生态学的概念,为我们研究金融学提供了一个崭新的视角,从中国人民银行行长周小川第一次提出金融生态学后,金融学界对于金融生态环境的概念进行不断的剖析和研究,根据多个学者的论述,金融生态环境可以定义为存在在市场经济运行体制中的金融活动主体,通过一定的经济活动,如市场竞争或相互合作,最终形成的动态系统。这个动态系统具有一定的结构性,并且相对稳定。具体可见下图。

二、京津冀地区金融生态环境的特征分析

(一)京津冀地区金融生态系统的仿生性

随着京津冀地区经济的不断发展,京津冀地区的金融生态环境也在不断变化与发展。由于金融生态环境系统具有与自然生态环境相类似的条理与结构,因此,通过自然生态学的研究方法对金融产业进行研究是一个全新的领域,因此,金融生态系统具有仿生性的特征。

第一,金融生态系统具有一定层次特性。自然系统的发展具有一定层次性,同样,与自然系统类似,金融生态系统也具有一定层次特性。金融生态系统环境的形成受到多种因素影响,其中最主要的因素是金融主体所处的经济发展特征、社会特征、政治法律特征等,金融生态系统环境的形成是按照一定的层次划分,层次之间较为固定,因此,金融生态环境在一定程度上也具有较为稳定的特性。

第二,金融生态系统具有一定的动态性。金融生态系统与自然生态系统具有相似的结构和功能性特征,在自然界中具有优胜劣汰的生存法则,同样,金融生态系统中的主体在提供金融产品或服务的过程中,也会受到金融产品优胜劣汰法则的影

* 法学硕士,河北金融学院法律系副教授。研究方向:经济法。

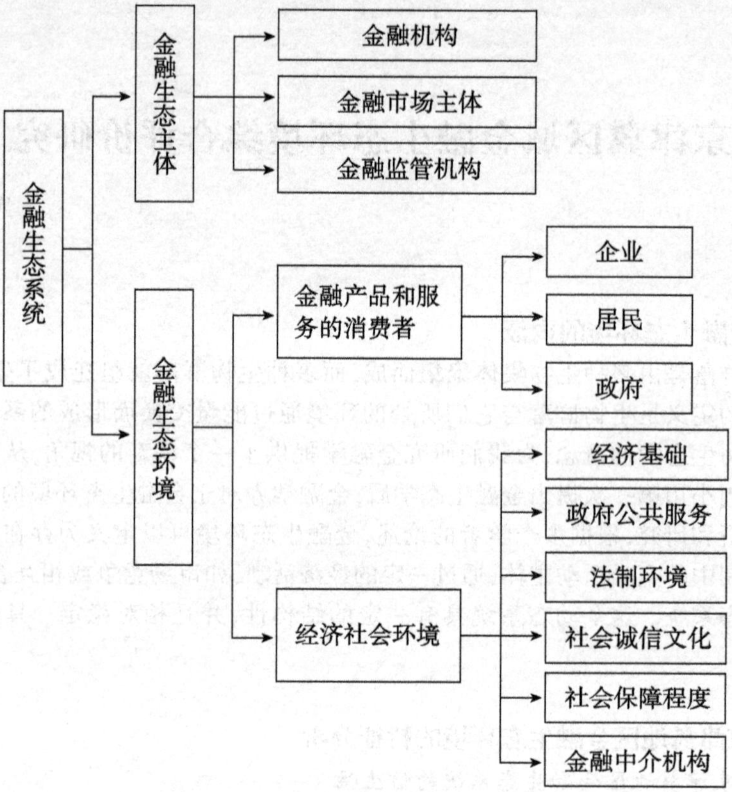

金融生态环境内涵

响。金融生态系统具有开放性和平衡性，使金融生态环境中的商品、资本、劳动力等要素自由流动，并由于优胜劣汰的原则达到一个动态性的平衡。

第三，金融生态系统受环境影响深刻。自然生态系统受到环境影响十分明显，外部环境的好坏直接影响到自然生态系统的稳定发展。同样，京津冀地区的金融生态系统也受到环境的深刻影响，金融生态环境的健康运行依赖于社会、政治、经济等的发展水平，良好的外部环境对金融生态系统具有优化的功能，反之，恶劣的外部环境会影响到金融生态系统的结构，甚至产生畸形的金融生态系统。

第四，金融生态系统的自我调节性。自然生态环境中的主体可以按照外部环境的不同，采取不同的生存方式，同样，金融生态环境中的主体也会由于外部环境的不同所采取不同的应对方式。金融生态环境通过内部结构的调整，衍生出新的金融工具，有助于解决金融竞争中出现道德风险，逆向选择等问题。然而，金融生态系统的自我调控机制仅具有一定程度的作用，当金融生态系统内部结构的变化过大，已经超过自我调节的限度时，原有的平衡系统会遭到严重的打击，甚至出现系统的崩溃。基于此点，我国一直实行具有中国特色社会主义为主导的金融市场环境。

（二）金融生态系统的特异性

金融生态系统具有仿生性，同样也具有特异性，这个特异性的主体是人的参与，金融生态系统存在社会中，由一定的社会组织构成，人的活动会由于政治、经济、社会等政策的不同采取不同的行为。

首先，金融生态系统的复杂性。与自然生态系统不同，金融生态系统的复杂程度更高，由于在金融生态系统中，人的活动既是供给者也是需求者，人在经济环境中会产生更多的“溢出”效益，使金融生态系统更加复杂。另外，金融生态环境的稳定发展受到外部良好环境的影响，由于金融产业本身就具有不稳定性和各种风险，因此，金融生态系统更为复杂，金融生态系统是经济发展一定阶段的产物。

其次，金融生态环境系统受经济和社会发展程度影响较大。金融生态系统是由金融生态环境和金融主体两部分组成，金融生态环境在金融产业发展中处于主导地位，不同的金融生态环境会产生不同的金融产品和服务，金融生态系统的运行依靠整个金融生态环境，因此，对京津冀地区金融生态系统的优化应当从现存的制度结构入手，有效抑制机会主义的发生。

三、金融生态环境指标的选取

文章在基于大量文献阅读的基础上，结合金融生态环境指标选取的基本原则，结合学者的相关研究成果和相关原理，将金融生态环境划分为 3 大类，分别为金融生态土壤指标，金融生态成长指标，以及金融生态空气指标。具体见表 1。

表 1　金融生态环境评价指标体系的建立

一级指标	二级指标	三级指标
金融生态成长指标	金融机构	金融产业增加值 金融机构存款余额 金融机构贷款余额 金融资产使用效率 金融深化程度
	股票债券市场	国债总额 境内上市公司数量 证券交易额

续表

一级指标	二级指标	三级指标
金融生态成长指标	保险市场	保费收入额 保险赔付额 保险深度
	企业	规模以上工业企业数量 工业总产值
	居民	规模以上企业利润总额 城镇居民可支配收入 城镇居民人均消费支出 农村居民人均纯收入
金融生态土壤指标	经济环境指标	人均 GDP 第三产业增加值 固定资产投资总额 房地产开发投资总额 社会消费品零售总额
	政策环境	进出口总额 外商直接投资 入境旅游收入 财政收入 财政支出 税收收入 税收财政收入比
	社会法制治安环境	交通事故发生数 火灾事故发生数

续表

一级指标	二级指标	三级指标
金融生态空气指标	安居环境	卫生环境状况 城市绿化 人均公共绿地面积
	教育人才资源	教育环境 公共图书馆 公共图书馆藏书量
	信用环境	企业合同违约率 信用文化普及情况
	社会信用指标	银行不良贷款比例 企业三角债比例

从表 1 可以看出,金融生态环境指标可以分为金融生态成长指标、金融生态土壤指标、金融生态空气指标。

金融生态成长指标是指能够在一定环境下,切实反映金融发展现状的指标,这些指标的二级指标包括金融机构、股票债券市场、保险市场、企业和居民,三级指标包括金融机构网点的数量、金融机构存款额、金融机构贷款余额、金融资产使用效率及金融深化程度来衡量;股票市场指标由境内上市公司数量、证券交易额及本地法人机构来组成;保险市场指标包括本地保险业务量、保费收入、本地法人机构及保险深度;企业指标主要包括规模以上工业企业数量、工业总产值及规模以上企业利润总额;居民指标主要包括居民人均纯收入、居民可支配收入、城镇居民人均消费。

金融生态土壤指标是指根据仿生学的原理,可以将金融生态土壤指标划分为三层,第一层为经济环境层,第二层政策环境层,第三层为社会的治安环境层。金融生态土壤指标三级指标中的经济环境层包括人均国内生产总值、第三产业增加值、固定资产投资总额、房地产开发投资总额及社会消费品零售总额;政策环境指标包括进出口总额、外商直接投资、入境旅游收入、财政收入、财政支出及税收财政收入;社会治安环境包括交通事故发生数、火灾事故发生数。

金融生态空气指标是指金融生态发展的外部环境,二级指标可以分为安居环境指标、教育资源指标、社会信用指标和信用环境指标。其中安居环境指标主要包括环境卫生状况、绿化覆盖面积、人均绿化面积;教育资源指标主要包括教育环境、公共图书馆数量以及公共图书馆藏书量;社会信用指标主要包括银行不良贷款比例、企业三角债比例;信用环境指标主要包括企业合同违约率、信用文化普度以及政府信用建设的法规制度执行情况。

四、京津冀地区金融生态环境分析

(一)因子分析

对于采用因子分析方法对金融生态环境指标进行分析,首先需要对原有变量进行 KMO 检验,根据相关系数矩阵列式计算,从结果可以看出结果服从卡方分布,且 KMO 检验观测值为 0.86,P 值为 0.0012,接近于 0,根据因子分析的检验标准,适合做因子分析。

表 2　KMO 和巴特利特检验

KMO 抽样适当性度量	0.86
卡方检验	1.625E4
磁盘空间占用情况	3021
显著性	0.0012

假设将京津冀地区生态环境设为 F,金融生态成长指标为 G,金融生态土壤指标为 T,金融生态空气指标为 A。金融机构为 g1,金融产业增加值 g11,金融机构存款余额 g12,金融机构贷款余额 g13,金融资产使用效率 g14,金融深化程度 g15;股票债券市场 g2,国债总额 g21,境内上市公司数量 g22,证券交易额 g23;保险市场 g3,保费收入额 g31,保险赔付额 g32,保险深度 g33;企业 g4,规模以上工业企业数量 g41,工业总产值 g42,规模以上企业利润总额 g43;居民 g5,城镇居民可支配收入 g51,城镇居民人均消费支出 g52,农村居民人均纯收入 g53。经济环境指标 t1,人均 GDP 为 t11,第三产业增加值 t12,固定资产投资总额 t13,房地产开发投资总额 t14,社会消费品零售总额 t15;政策环境 t2,进出口总额 t21,外商直接投资 t22,入境旅游收入 t23,财政收入 t24,财政支出 t25,税收收入 t26,税收财政收入比 t27;社会法制治安环境 t3,交通事故发生数 t31,火灾事故发生数 t32。安居环境 a1,卫生环境状况 a11,城市绿化 a12,人均公共绿地面积 a13;教育人才资源 a2,教育环境 a21,公共图书馆 a22,公共图书馆藏书量 a23;信用环境 a3,企业合同违约率 a31,信用文化普及情况 a32;社会信用指标 a4,银行不良贷款比例 a41,企业三角债比例 a42。

根据以上指标,通过北京市、天津市、河北省历年统计年鉴数据,使用 SPSS 20.0 对以上指标做因子分析,结果如下:

$F = 0.89G + 0.885T + 0.832A + 1.07$

$G = 0.725g1 + 0.875g2 + 0.65g3 + 0.72g4 + 0.87g5$

其中,$g1 = 0.875g11 + 0.735g12 + 0.765g13 + 0.725g14, 0.756g15$

g2 =0.782g21 +0.756g22 +0.652g3

g3 =0.876g31 +0.782g32 +0.721g33

g4 =0.832g41 +0.812g42 +0.722g43

g5 =0.725g51 +0.762g52 +0.561g53

T =0.875t1 +0.782t2 +0.315t3

其中,t1 =0.873t11 +0.633t12 +0.88t13 +0.78t14,0.73t15

t2 =0.791t21 +0.741t22 +0.812t23

t3 =0.875t31 +0.771t32 +0.821t33

A =0.312a1 +0.325a2 +0.732a3 +0.875a4 +0.782a5

a1 =0.873t11 +0.633t12 +0.88t13 +0.78t14 +0.73t15

a2 =0.873t11 +0.633t12 +0.88t13 +0.78t14 +0.73t15

a3 =0.873t11 +0.633t12 +0.88t13 +0.78t14 +0.73t15

a4 =0.873t11 +0.633t12 +0.88t13 +0.78t14 +0.73t15

(二)熵值法分析

作为一种常见的综合竞争力评价方式,熵值法是一种客观赋权法,该法依据评价指标承载的信息量来确定相应指标的权重,从而确定指标的最终得分。该法的原理如下:

1. 确立样本数据矩阵

我们假设被评价样本总体为矩阵 D = { X_{ij} }mn,其中个体 X_{ij} 表示第 i 个方案的第 j 个指标的数值,有:

$$D = \begin{pmatrix} X_{11} & \cdots & X_{1m} \\ \vdots & \vdots & \vdots \\ X_{n1} & \cdots & X_{nm} \end{pmatrix}_{m\times n}$$

n 表示有指标的个数,m 表示样本的个数,在本文分析中,$n = 37, m = 18$。

2. 数据的非负化处理

根据熵值法的计算要求,熵值法是计算出某一指标占同一体系指标的权重,因此,不需要对数据进行非负化处理。但是,假如出现负数,为避免熵值对数据的无意义,要进行平移。

正向指标,有:

$$X_{ij} = \frac{X_{ij} - \min(X_{1j}, X_{2j}, \cdots, X_{nj})}{\max(X_{1j}, X_{2j}, \cdots, X_{nj}) - \min(X_{1j}, X_{2j}, \cdots, X_{nj})} + 1, i = 1,2,\cdots,n; j = 1,2,\cdots,m$$

对于负向指标,有:

$$X_{ij} = \frac{\max(X_{1j}, X_{2j}, \cdots, X_{nj}) - X_{ij}}{\max(X_{1j}, X_{2j}, \cdots, X_{nj}) - \min(X_{1j}, X_{2j}, \cdots, X_{nj})} + 1, i = 1,2,\cdots,n; j = 1,2,\cdots,m$$

记标准化处理后的数据为 X_{ij}。

3. 计算第 i 个方案在第 j 项指标下占该指标的比重

第 i 个方案在第 j 项指标下占该指标的比重为：

$$C_{ij} = \frac{X_{ij}}{\sum_{i=1}^{n} X_{ij}} \qquad (j = 1,2,\cdots,m)$$

4. 第 j 项指标熵值的计算

第 j 项指标熵值 $e_{ij} = -k \times \sum_{i=1}^{n} P_{ij}(1\text{n}(P_{ij}))$，其中 $k>0$，一般令 $k = \frac{1}{1\text{n}\ m}$，则有，$e_{ij} \in [0,1]$，由于数据处理之前就已经对数据进行了非负修正，为此，e_{ij} 不会出现无数学意义的状况。

5. 第 j 项指标差异系数的计算

第 j 项指标，指标值 X_{ij} 的差异越大，对金融生态系统的作用越大，熵值就越小。则有：$g_j = 1 - e_j$，g_j 越大说明该指标越重要。

6. 第 j 项指标权数的计算

第 j 项指标的权数为：

$$T_j = \frac{g_j}{\sum_{j=1}^{m} g_j} \quad ,j = 1,2,\cdots,m$$

7. 第 i 个方案的综合得分

第 i 个方案的综合得分为：

$$P_i = \sum_{j=1}^{m} W_j * P_{ij}(i = 1,2,\cdots,n)$$

值越大，说明该指标越优，反之，越差。

五、京津冀地区金融生态环境优化建议

（一）优化京津冀地区金融主体的结构，完善产权制度

1. 完善京津冀地区产权制度，确保金融主体的活力

我国金融生态主体一直存在产权关系模糊和产权主体单一化的问题。对于以上问题的解决办法主要有两点，根据解决的优先次序不同可以分为明晰原有产权金融主体关系，再逐步放松市场准入和先扩大市场准入机制，再解决产权明晰的问题。然而，无论采用哪一种方式，都应当遵循以下原则：第一，明确个人、企业、银行、金融机构和国家利益的界限，区分各个主体之间的权力和责任。第二，在明晰产权的基础上，通过建立相应的激励机制来确保金融产业稳定平等发展。第三，产权改革顺序对于金融机构的发展十分重要，根据目前我国金融产业学者的研究认为，为有效

地降低成本,应当改造外围的中小金融机构,即先放宽准入机制再明晰产区。然而,这样的做法恰恰使我国金融产业发展缓慢,正确的做法应该是在对国有银行企业改制的基础上,再将准入的条件放宽。

2. 丰富京津冀地区金融主体的多样性,建立稳定的金融生态网

生物学家认为自然界的生态系统是具有相对的稳定性和复杂性,生态系统的复杂程度直接影响其稳定性,生态系统越复杂它的稳定性也就越高。生态系统通过食物链进行能量的流通,假如在生态系统中某一条食物链发生断裂,那么这条断裂的食物链就会被其他食物链所代替,从而确保整个生态系统保持稳定的发展。金融生态系统与自然生态系统一样,在全球金融化金融系统的背景下,应当丰富金融主体的多样性,形成多样化和多层化的结构,从而建立稳定的金融生态网。为了丰富京津冀地区金融主体的多样性,可以从以下几方面入手:(1)对证券、信托、保险等非银行行业进行大力发展,按照国外有关经验,非银行行业对于金融市场快速平稳的发展及金融产业的发展有着重要的作用。我国虽然非银行业务有了一定的发展,但是这些机构的规模和数量还不足以与国有银行相平衡,这样的环境不利于金融机构的良性竞争。(2)根据计划逐步发展民营银行和中小型金融机构,民营银行虽然在资产的存量上无法与国家银行相比较,但民营银行更具有灵活性,以营利为目的,能够丰富金融市场中的产品和服务,改善我国银行产业结构,打破国有企业银行的垄断局面。(3)修正金融市场发展方向,调整市场发展的顺序。我国金融生态结构的失衡是由多种原因所构成的,然而一个很重要的原因是市场发展的顺序有悖于经济发展的客观规律。目前为了调整金融生态结构主要从放松管制和创新工具的强化两方面进行,但仅从这两方面进行是远远不够的,应该将重心放在初级证券市场和货币市场上,增强政权市场的市场活力,确保资金流通的稳定性,从而提高证券市场的抗风险性。

(二)完善金融机构的自我调节机制

1. 建立风险预警机制和金融主体的淘汰退出机制

金融产业的优胜劣汰能够保证金融产业的健康与活力,这是金融产业发展的客观规律,也是市场发展的必然要求,然而,金融机构与一般企业不同,一旦涉及金融机构的退出会对民众产生较大的影响,甚至产生恐慌情绪,影响金融产业的平稳运行和经济发展。为了保证金融产业的顺利运行,应当建立金融机构风险预警系统,金融风险预警系统的对象金融机构,一旦出现危机就会相互"传染",因此,构建金融风险预警机制是保障金融系统平稳发展的第一道安全防线,能够保证金融机构平稳的运行。

另外,应当建立存款保险机构,确保金融机构的安全运行。目前,根据相关数据显示,全球共有60多个国家建立了存款保险项目,通过实践证明,存款保险制度能

够有效地减轻金融机构倒闭给社会民众所带来的影响,同时还可以免除政府对存款负责的无限责任。金融存款保险机构独立于中央银行之外,采用高度统一的方式集中管理,在我国存款保险机构应有国家和投保机构共同出资,增加存款保险机构的实力和权威性,在参保对象和保险费率上需要符合科学设计的原则,确保存款保险机构的顺利运行。

2. 提高京津冀地区金融生态系统的自我配置能力,逐步实现利率市场化

根据经济发展的客观要求,逐步实行利率市场化改革,是促进我国经济持续健康发展的重要方式之一。对于我国利率市场化的改革可以遵循以下目标:利率的形成需要依靠市场的资金供求情况,央行调控利率。按照利率的市场化改革次序应当先开放外币的利率,然后放开人民币利率;先放开贷款利率,再放开存款利率;先放开长期利率,再放开短期利率。循序渐进,最终形成以央行利率为基础的市场化利率。

3. 健全京津冀地区金融生态系统监管协调机制,确保对金融机构全面监督

根据对我国目前金融生态优化的相关成果显示,通过建立监管协调机制可以有效解决我国金融产业监管问题。2004 年 6 月我国金融机构的相关负责部门联合公布了金融分工合作的文件,明确了 3 家机构经常联系的机制,虽然在具体的协调内容中没有明确界定,但为了确保对我国金融机构的全部监督,应当按照业务性质实行主监管制度。主监管制度是指各类业务坚持分业监管,对于跨行业务或者业务界限不明晰的,根据其主要性质来界定监管机构,如果按照主监管性质仍然无法明晰主管单位,由金融监督协调委员会进行协调监督。

(三)优化京津冀地区金融的生态环境

1. 健全京津冀地区金融法律体系,为金融系统提供有力的法律保障

健全的金融法律体系能够对金融系统提供有力的法律保障,对于完善金融法律体系应当从以下几点出发:

(1)提高金融业务水平,健全金融产业的相关制度。为了改善金融主体的法律制度,首先,应该严格落实股东的法律责任,对贷款人的程序、质量管理、责任和权限作出明确的规定。其次,对商业银行法、证券法以及保险法进行完善和修订,在相关法律中明确股东的核心地位,对金融所有者的权利与义务以及内部控制问题进行阐述。再次,完善公司法,制定统一的企业清算办法,并对普通的清算程序和特别的清算程序进行区分,规范金融机构的业务终止机制和退出机制,确保债权人的权益。最后,加强金融产业法律监管水平,对诈骗犯罪的主体和适用范围进行扩大,对情节严重故意逃废的行为进行严惩。

(2)降低金融债权诉讼成本,加大金融胜诉案件执行力度。降低金融债券的诉讼成本,有利于提高社会效益,因此,为了降低金融债券的诉讼成本,应当从以下几

点出发:第一,对地方性的法院收费标准进行规范,对金融诉讼的双倍收费要加大规范的力度。第二,规范中介部门的收费,对于中介部门一些不合理的收费,应当进行减少,这样的行为虽然会减少中介部门的收入,但有利于整个金融产业的发展。第三,出台强制执行相关法律,对人民法院已经处理的案件加大执行力度,维护金融机构的合法权益。强制执行的相关法律应当从法律案件的立案、执行措施、债权人和债务人的权利义务、法律责任等方面进行详述。第四,建立银法联席会议制度,定期与不定期的胡同逃废债案件的审结情况,有利于司法机关加强对于案件的审理力度。对于金融产业的恶意诈骗案件,公安部门应当加大打击力度,构成犯罪的坚决给予打击。

2. 完善京津冀地区金融机构信用体系,规范金融的生态信用环境

信用制度建立的目的是保护守信用人的利益和惩治失信者,然而,在我国对于失信者的惩罚机制还没有形成,对于失信者没有严格惩罚力度,对失信者惩罚力度不足,实际上是对守信用者的一种利益侵犯,因此,为了解决信用问题,必须要从加强对失信者的力度惩罚上入手。

(1)构建金融机构信用体系。首先,需要在相关法律中明确不守信用的披露原则,对不守信用的金融机构名称予以公布,告知每个与其交易的企业。其次,加强工商行政部门、税务部门、银行的联合工作,对不守信用的金融机构银行停止贷款,工商部门不予年检,税务部门不予办理税务审核登记。最后,建立不良信用信息数据库,通过不良信息数据库,用户可以及时、方便地查询不良信用企业的相关信息。

(2)发展信用服务中介机构。信用服务中介机构的基本职能之一就是对信用数据的采集和评估,信用征信机构在将数据进行采集和汇总,通过数据的处理最终形成信用数据库。目前,我国缺少较高权威性的市场化信用中介机构,因此,要使我国引用市场得到充分发展,就需要规范信用服务中介机构的市场机制,利用优胜劣汰的法则培养出市场化较高的信用中介机构,根据我国实际情况,可以从以下三方面进行培养,第一,建立具有威信力的信用评级公司,对于通过信用评级的公司,提供更有利的发展机遇。第二,以政府引导为引导,公司自主经营为主的消费者信用评级服务企业,到时机发展成熟后,实行商业化和市场化的运营。第三,建立企业信用评级公司,可以借鉴世界发达国家的经验,加强与知名企业合作,不断提高信用中介机构的服务水平。

(3)建立和开放征信数据库。信息数据有效收集是保证数据开发与运营型的基础,现代信用制度的基本要求是建立开放性的征信数据,然而对信用数据在做到资源共享的同时,需要遵循以下原则:对公开信息和国家秘密进行明晰,对公开信息和商业秘密进行明晰,对信息公开和消费者个人隐私进行明晰。在西方发达国家,企业的信用信息和个人的信用信息对于中介机构都是公开的,而在我国只有政府职能

部门才能够获得相关信息,大量信息被闲置,因此,对于信息的征收,可以通过以政府为引导的正规中介机构来获得。

(4)加强金融产业的法律制度建设。由于我国的信用制度兴起不久,信用制度既缺少法律依据,也缺少法律保障,因此,为加强信用制度的法律建设,应当从以下几点入手:首先,明确信用管理的部门,划清职能和权限。其次,规范征信数据的使用范围。最后,保护消费者的合法权益,确保消费者对金融机构信用情况的知情权。

P2P 交易法律问题研究

陈丽琴* 王 彪** 郑 杰***

一、P2P 交易的运营模式及本质

P2P 交易，即点对点的个人网络信贷交易，它是互联网与小额信贷的结合。其先驱为2005 年在英国运营的 Zopa 网站，类似的网络贷款平台相继在美国、德国、巴西等地出现。2006 年随着宜信的建立传入我国，现在我国发展迅猛。P2P 交易模式为完全的信用贷款，不需抵押。借贷迅速快捷，可为缓解中小企业和中低收入者融资难的一剂良方。

P2P 交易的运营模式有线上交易与线下交易两种。线上交易的交易平台仅扮演中介的角色，既不吸储也不放贷；线下交易的交易平台除促成贷出者与借入者的借贷之外还实施信贷理财业务。不同交易平台的交易模式可通过其注册的公司类别显现出来：从事线上交易的网络平台多注册为商务公司，从事线下交易的多注册为投资服务或投资咨询公司。

对于 P2P 交易的本质，一部分学者认为是一种牵线搭桥的居间业务，适用《合同法》第 425 条居间合同的规定，网络贷款平台为居间人。大多数学者认为 P2P 交易模式属于民间金融的范畴，其载体网络借贷平台为经营金融理财业务的准金融机构，它从事着与金融服务相关的业务，但平台与借款人与放贷人之间并没有实际的债权债务关系，仅扮演着中介的角色。故网络借贷平台为经营金融理财业务的准金融机构，它与正规金融机构商业银行的借贷在客户群体、信贷模式、贷款合同的形式、贷款支付方式、贷款用途方面都有着很大的区别；与非吸收存款类贷款机构（汽车金融公司、消费金融公司、小额贷款公司）在设立条件、借贷客户群、逾期的责任承担上也不尽相同。因此，P2P 交易模式没有被列入正规金融交易的范畴，而属于民间金融。

---

* 河北金融学院法律系副教授。研究方向：民商法、经济金融法。

** 河北金融学院法律系 2014 级本科生。

*** 河北金融学院法律系 2014 级本科生。

二、P2P 交易面临的主要风险

结合银监会办公厅下发的《关于人人贷有关风险提示的通知》以及 P2P 交易的实际运营情况,P2P 交易面临如下风险:

(一)相关法律制度不完善造成的风险

由于 P2P 交易属于民间金融,故不能适用我国《商业银行法》《贷款通则》等正规金融所适用的法律法规,而只能按照《民法通则》对民事行为的规定,《公司法》对公司设立、组织结构的规定,《合同法》对自然人之间借款合同的规定进行运作。

根据目前的立法现状,直接导致 P2P 交易中的放贷人和网络平台法律定位不明确、对利率的规定不客观不准确以及贷款用途的不可控。仅是从"法律不禁止的即是合法的"角度去推理可以认为 P2P 交易的放贷人合法,但没有明确的法律规定。1991 年最高人民法院《关于人民法院审理借贷案件的若干意见》第 6 条:"民间借贷的利率可以适当高于银行的利率,各地人民法院可根据本地区的实际情况具体掌握,但最高不得超过银行同类贷款利率的四倍(包含利率本数)。超出此限度的,超出部分的利息不予保护。"目前对民间借贷利率一般都适用此规定,但 4 倍的规定是否合理值得商榷。包括 P2P 交易在内的民间金融的利率应当市场化,按照市场供求,通过经营成本的核算来制定,从而确保民间金融的可持续发展。我国的信贷政策对正规金融的贷款用途有严格的法律控制:如不得投资股市、房市;不得用于国家禁止的领域;不得发放无指定用途的个人贷款等,但对民间金融的贷款用途没有规定,仅在最高人民法院《关于人民法院审理借贷案件的若干意见》中指出从事"非法活动"的不予保护,但"非法活动"如何界定,诸如将贷款投入敏感性领域是否算做非法存在争议。P2P 交易中的放贷人目的是赚取贷款利息,中介人网络贷款平台目的是收取中介费用,他们并不关心贷款的流向,只关心借款能否还款。有些网络平台在贷款须知中列明不许从事违法活动、高风险活动和不正当交易,但由于没有相应的法律规范进行规制,该须知形同虚设。

(二)操作风险

根据《新巴塞尔资本协议》的界定,操作风险为"由于不适当或失败的内部过程、人员、系统或外部事件所导致的损失的风险。"[1] 据此,P2P 交易的操作风险主要包括贷前审查风险、贷后管理催收风险、内部欺诈风险、网络安全和支付结算风险。

1. 贷前审查风险

P2P 交易中负责贷前审查的为网络借贷平台,仅限于网络审查。网络借贷平台

---

〔1〕 马翘楚:《民间借贷网络平台法律问题研究》,中国政法大学 2011 年硕士学位论文。

根据不同的借款种类要求借款人以电子扫描的形式上传:户口本、二代身份证明、学生证、工作证明、半年工资流水、房屋证明、住址证明、电话详单、借款用途资料证明等。由于均为扫描件,伪造的可能性极大。商业银行贷款适用原件审查和面谈面签制度,但依然难以逃脱偶尔遭遇欺诈的厄运。与商业银行比较起来,P2P 交易中的贷前审查方式构成欺诈的可能性更大。

2. 贷后管理催收风险

P2P 交易中存在出借人、借款人、网络借贷平台三方当事人,出借人与借款人为借贷合同的主体,网络平台为牵线搭桥的中介。因借贷合同产生的损失应由主体出借人承担,借贷合同成立后,网络平台的服务费用已经得到,便不再具有防范风险的内在动力。而对于借款人的信息,出借人掌握得很少,二者处于严重的信息不对称地位,贷后管理和风险防范若由出借人进行将非常困难,这便导致贷后管理和风险防范不到位。对于催收,网站可以协助出借人进行,但借款人的住址电话都有可能为虚假,这便导致催收无法实现。

3. 网络安全和支付结算风险

网络为 P2P 交易的载体,其受软硬件、通信设备的制约较大,还经常受到病毒感染或黑客攻击,这都将造成一系列的损失。网络借贷通常要求借贷双方实名认证,借款人的很多重要信息都在网上,一旦发生信息泄露,后果严重。支付结算方面也经常会发生一些纰漏。

(三)信用风险

因 P2P 交易为信用交易,故个人信用体系不完善、信用评级制度不健全是产生信用风险的两大重要诱因,违约风险是其最主要的表现形式。

P2P 交易为信用贷款,不需抵押。信用级别较高的借款人可以较容易地获得借款,并可以获得较高额度的借款。由于目前我国个人信用体系不完善,信用评级制度不健全,故判断信用级别高低的依据包括个人身份信息、网络活跃度、网站交易记录、借款人在网站的信用积累。网络是虚拟的,借款人的个人身份信息真伪难辨,即便都是真实的对于体现借款人的信用状况也起不到实质性的区分作用;借款人在网络上很活跃并不能直接代表它的经营状况和信用状况多良好,二者没有必然联系;网站交易记录、借款人在网站的信用积累由于网络的特殊性都是可以人为操控的。在这种情况下 P2P 交易极容易出现逾期还款、欠款不还、恶意赖账、欺诈等违约行为,而且一旦出现违约,追讨欠款难度巨大,一般的追讨依据为借款人留下的电话和住址,但电话和住址都有可能是虚假的,网络借款人可能在违约后销声匿迹,导致出借人的借款无法追回,造成巨大损失。

(四)监管缺失造成的风险

根据上文对 P2P 交易操作风险、信用风险等风险的分析,可以看出 P2P 交易风险巨大,一旦发生大规模违约,必将影响到金融秩序和社会稳定。故对 P2P 交易进行监管非常必要。由于 P2P 交易自身特点,其监管机构可能涉及工商部门、通信管理部门、银监会、证监会,目前监管主体不明确,导致 P2P 交易的业务范围无人过问。

三、P2P 交易风险法律控制的具体措施

(一)对 P2P 交易进行专门立法

应当出台《P2P 交易管理办法》,明确 P2P 交易三方当事人的法律地位和权利义务。将网络借贷平台界定为民间借贷中介组织,将其组织形式、经营范围予以规定,对吸储、理财等非法活动进行限制和取缔;对放贷人的从业资格、贷款用途、不得使用暴力催债作出明确规定;根据借款人的收入水平确定其贷款的最高额度;规定贷款利率市场化。

(二)完善 P2P 交易的风险控制体系

1. 加强贷前审查。网络贷款平台应加强对贷款的贷前审查:对借款用途是否合法、风险大小进行判断;对借款人进行信用审核。将借款人的信息、借款用途尽可能完备的提供给出借人,是出借人参与到审查中。对于借款数额大或所处区域较近的借款人,可考虑借鉴商业银行贷款的面谈面签制度,当面核实借款人的借款用途和各类证明材料,力争把好第一关。

2. 加强网络贷款平台贷后管理和催收的主动性。一方面可借鉴金融机构贷款出售和资产证券化的风险控制方法,培养资产证券化操作的专业人才,并将资产证券化纳入金融监管体系;另一方面可设立风险准备金制度,准备金从网贷平台的佣金中提取,目的是将网贷平台由纯受益的主体演变为利益与风险相匹配的主体,将网贷平台作为借款人的保证人,二者共同承担风险。

3. 加强网络安全的监测,保持通信畅通。对于黑客袭击、病毒感染等网络风险可考虑保险转嫁方式转移风险。

另外,可以设立最高贷款额度、黑名单互换制度达到风险控制的目的。

(三)确立市场化的个人征信系统和信用评级制度

个人信用体系不完善、信用评级制度不健全是产生信用风险的两大重要诱因,故要切实调整信用风险就应加强个人信用体系的建设,确立市场化的个人征信系统,完善信用评级制度。个人信用系统包括个人基本信息、个人信用交易信息、社会公共信息和特别记录,建立个人信息系统,需要公安、工商、保险、海关、税务、银行等各部门的通力合作和资源共享;将政府主导的中国人民银行的征信系统推向市场,使其市场化,便于信息资源的公平利用。个人信用体系完备之后,信用评级制度会更科学合理。

（四）完善对P2P交易的监管

应明确监管主体，制定监管规范。P2P交易核心为借贷，故银监会应作为主要监管机构，对网贷平台的业务进行监管；工商部门对其市场准入、市场主体行为进行监管；通信部门对其备案，对于网站内容的合法性进行监管。三部门各司其职。

房地产企业民间融资危机分析及制度反思

——以河北邯郸市为例[1]

杜兴涛*

一、二元金融结构下的邯郸市房地产企业融资结构

(一)二元金融结构

二元金融结构是指正规金融体系和非正规金融体系在金融市场并存的金融环境。作为正常金融发展的产物,非正规金融机构在房地产行业的存在有其内在的合理性。尤其是在中国等新兴市场国家,正规的金融机构不能为房地产行业提供足够的资金支持,生产要素价格的高位运行为房地产企业民间借贷提供了发展空间。一般而言,民间融资活动具有小规模经营、地域性强和抗风险能力弱等特点,不能超越正规的信贷体系成为主要的融资方式。这种游离于政府和监管当局管控体系之外的融资渠道,一旦发展过于迅速必将为整体金融生态环境带来系统性风险,加之法律和制度的缺位,这种风险在短时间内会传导至其他组织机构、家庭和个人。

在二元金融结构背景下,邯郸市房地产企业通过民间融资需求资金支持,一旦资金链断裂,就会导致系统性金融风险,最终酿成邯郸市房企民间融资危机。房企融资危机是区域金融风险扩张的具体表现,如不及时加以防控和监管,将危及实体经济各个领域。

(二)邯郸市房地产企业融资结构

1.近5年邯郸市房企投资额增速概况

邯郸市房地产行业在过去的几年中,成为推动该市经济发展的重要引擎。在“十二五”规划的前3年,借助于城市市政基础设施投资计划、主城区改造等有利的政策条件,邯郸市房地产开发投资显著增加,投资额增速由2011年的6.5%增至2014年的23.6%。[2]

---

〔1〕 本文为2015年年度河北省社会科学基金项目“邯郸房企融资危机对河北省管控民间融资的借鉴及对策研究”的阶段性研究成果,项目编号:HB15FX034。

* 副教授,硕士研究生。研究方向:金融法。

〔2〕 参见韩延敏:《正确引导民间融资,力促邯郸经济健康发展——关于邯郸市民间融资情况调查分析》,载《河北工程大学学报》2014年第2期。

然而,与房地产行业蓬勃发展相伴而生的是开发商的大量涌入,房企利润空间大幅压缩。同时,该市较为缓慢的城市化进程、难以弥合的房企资金缺口和畸形的民间借贷市场,更加剧了房地产企业的资金需求。在诸多因素的共同作用下,邯郸市社会信用缺失问题逐步凸显、金融生态环境恶化,从而导致房企民间融资体系出现危机。2014 年 7 月以金世纪房地产开发公司资金链断裂、董事长跑路为导火索,邯郸房地产行业陷入严重的"资金荒"。2015 年 1 月至 7 月房地产开发投资额形成"断崖"式下跌,增速降至 -2.8%,最终使房地产行业陷入泥淖。

2. 邯郸市房地产企业的融资结构

社会经济某行业的迅速发展,必然带动该行业融资渠道和融资方式的改变。借助政策之力,邯郸市房企在 2011 ~ 2014 年飞速发展,房企的融资结构也日益多样。本文使用 2011 ~ 2014 年邯郸市贷款余额数据,以中国人民银行于 2014 年公布的民间融资占贷款余额比重(8.5%)为基础,估算出邯郸市民间融资规模由 2011 年 130.48亿元增至 2014 年 201.16 亿元,4 年间增幅约为 52%,同一时期金融机构贷款余额增幅约为 54%。同时,根据估算可知,2011 ~ 2014 年,邯郸市房企民间融资增速约为 218.9%(估算方法:邯郸市民间融资估算总量 × 邯郸市房地产投资额/邯郸市地区生产总值)。巨大的差异表明,二元金融结构在该市房地产企业中已经发生了严重扭曲。

若以邯郸市贷款余额增幅为该市正规金融机构发展的平均速度,则该市房地产企业民间融资(依估算)增速超过其 3 倍之多。这充分表明,民间融资及其需求在邯郸市房地产行业已发生严重扭曲,甚至部分房企将对民间融资的正常借贷发展成为非法集资。激增的民间资金需求量必然带来融资成本的上涨。数据显示,邯郸市民间借贷利率高达 20% ~ 30%,这也是大量房企资产负债率居高不下的原因。

年份	房地产开发投资额(亿元)	房地产开发投资额增速
2011	240.3	6.50%
2012	257.8	7.30%
2013	305	18.30%
2014	377.1	23.60%
2015	199.03	-2.80%

二、邯郸市房企民间融资的方式与特点

(一)民间借贷

民间借贷作为一种古已有之的民间融资方式,始终是非正式金融的主要资金来

源。民间借贷是指货币供求双方基于借款合同而产生的债权债务关系。邯郸市民间借贷可分为私人借贷、企业间借贷和以公司形式存在的地下钱庄。

私人借贷的借款主体是自然人,借款人仅以个人信用和人情关系作为担保,以借款合同作为联系借贷双方的法律纽带。私人借贷具有灵活机动、数额较小、利率低等特点,更多的发生在熟人之间,也正是基于此特点,私人借贷在邯郸市十分普遍。但由于房企资金需求量大,私人借贷方式难以满足其日常资金周转及投资需求,故在房地产企业中并不盛行。企业间借贷与私人借贷从本质上都是法律主体的资金拆借行为,但较私人借贷利率高、数量大,常用于满足房企经营需要,在邯郸市极为普遍。

(二)典当融资

典当融资是一种相对古老的融资方式。承典人基于典权对典当物享有占有、使用、收益等权能。当贷款人在债务期限届满不能偿还借款时,典权人即获得对典当标的的所有权。究其本质,承典人是基于设立用益物权进行典当,我国法律并未将典当融资方式纳入法律体系。从融资角度来看,典当融资是以中小企业和个人等小微融资者为主体,以短期资金为经营对象,典当标的多样,典当费率灵活。

邯郸市目前约有中通典当行等 8 家典当公司,主要经营财产权利质押典当业务、地产(外省、自治区、直辖市的房地产或者未取得商品房预售许可证的在建工程除外)抵押典当业务、限额内绝当物品的变卖、鉴定评估及咨询服务。在邯郸市房地产企业对于典当融资的需求主要集中在日常资金周转方面,且主要以不动产作为抵押。在邯郸市司法实践中,典当融资是纠纷的高发区域,尤其是对死当物品的所有权归属问题纠纷凸显。

(三)小额贷款公司

小额贷款公司是由自然人、企业法人与其他社会组织投资设立,游离于监管体系之外的信贷机构。小额贷款公司不吸收公众存款,以小额贷款业务为主要经营内容。与银行融资相比,小额贷款公司放款便利,贷款审核相对宽松、快捷,并且在利率和贷款方式上能够实现充分的意思自治,致使利率水平较客观的反映民间资金供求关系。危机发生前,小额贷款公司在邯郸市发展迅速,2013 年至 2014 年 9 月期间,邯郸市政府密集批复了 20 余家小额贷款公司的筹建。

小额贷款公司的准入门槛较低,由政府金融办负责,缺乏相对严格的审批程序,且融资过程中又缺乏信用监测和评级,易引发信用危机,进而影响资金市场的稳定。据了解,邯郸市有多家小额贷款公司在自有资金并不充足的条件下开展贷款业务,不仅自身风险积聚,也波及诸多家庭、企业和个人。

(四)其他融资公司

除上述融资渠道外,邯郸市房地产企业还有包括投资公司、商铺抵押、咨询公司等多种融资渠道。这些公司在金融监管体系外迅猛发展,成为导致邯郸市房地产融资非理性繁荣的主要推动者。资本的逐利性使这些公司忽略了对资金去向和风险防控的审查,加之政府主导的金融监管不能在其领域发挥作用,因而导致大量金融风险的滋生。

三、邯郸市房地产企业民间融资危机的制度反思

(一)区域金融支持体系构建缓慢

在区域经济发展的过程中,金融市场始终承担着为实体经济造血的功能,同时也具有良好的价格发现、优化资源配置和信息遴选作用。作为冀中南工业重镇,邯郸市对于资本市场的需求和现实的资本市场发展极不相称。

1. 银行业发展步履维艰,无暇顾及中小企业

在企业间接融资渠道中,银行贷款最为普遍。但随着利率市场化改革步伐的加快,尤其是存款利率浮动的放开,邯郸市内的商业银行必然通过降低贷款利率的方式寻找贷款企业,对贷款企业资质和信用严加审核,并大量兜售理财产品以弥补损失。市场化改革在很大程度上倒逼银行业调整自身的经营模式以适应市场需要,但从企业角度上看,配套的金融市场构建尚需时日,企业对于改革的适应也有一定的时滞,预期效果到来之前必将产生一段阵痛期,为危机的发生提供了条件。

2. 邯郸市区域股权交易市场停滞不前

融资危机是一个区域内金融生态环境恶化的集中体现。从金融学角度来讲,构建多层次资本市场,既可以优化资金配置,又可以将大量资金纳入监管体系之中以对抗金融风险,可谓意义重大。在区域资本市场中,区域股权交易市场扮演者重要角色。以美国为例,区域股权交易市场的历史远远长于全国性股权交易中心。早在1790年,美国第一家区域股权交易所——费城交易所成立,在近150年时间里,为费城企业发展提供了大量资金支持。在河北省内,较为活跃的区域股权交易市场是石家庄股权交易市场,其设立的"主板""成长板""孵化板"提升了区域资本市场对中小微企业的支持力度,也增强了资本市场服务实体经济的能力。比较而言,邯郸市虽然于2015年10月与石家庄股权交易所签订战略合作协议,但至今尚未建立邯郸市股权交易所,大批中小型房企仍只能通过借贷等方式融资,信用风险难以控制。

3. 区域间缺乏金融合作

区域金融市场的发展离不开区际间金融联系和金融合作。在对接京津的背景下,加强金融领域对接京津,增进与省内其他金融机构间合作,是邯郸市金融行业发展的重要举措。从邯郸市现有金融机构数量上看,外市城市商业银行在邯郸设立分支机构的只有少数几家,大量城市商业银行尚未进驻邯郸,非银行业正规金融机构也尚未形成聚集之势,整体金融环境欠繁荣,严重阻碍当地企业的发展。

（二）金融监管体系缺位

在我国金融领域逐渐放开的过程中，非系统性金融风险一旦突破一定界限，形成燎原之势，便会波及更大范围的金融体系，并通过企业上下游渠道将风险输送到其他城市甚至农村。在中国金融结构中，监管部门可以通过跨区域监管和防控，有效避免区域金融风险的出现，而实现监管的前提条件就是金融活动必须全部纳入监管体系之中。

从监管主体上看，金融业是一种特许发展的行业，其中银行的设立由中国人民银行审查核准，证券公司的设立由国务院证券监督管理机构审查批准，其他小额贷款公司、融资性担保公司等非正式金融机构的监管则是由各地金融办和工商局负责。这必然形成一种多头监管、权责不明、缺乏风险问责的现状。在一定程度上，这种监管模式节省了政府资源，达到充分放权的目的，但其内生性金融风险却难以防范。尤其在金融行业尚不发达的邯郸市，监管方法和技术仍待完善，在这种背景下，民间资金的投资方向和企业信用评级风险等压力只能由各金融公司自己承担，一旦借款者资信下降，资金无法回收，连金融公司自身都将卷入金融风险之中。

从监管内容上看，邯郸市民间金融监管主要有市场准入许可和打击非法集资两个方面。寻其本质，此属监管链条的首末两端，只有这两部分远未达到监管要求。民间金融具有多样化发展特点，风险的形成更多集中在中间环节，即在资金进入民间融资市场后的运作环节。这表明中间环节的监管是一个全面而系统的关键监管环节，在今后的民间融资监管中，风险预警指标采集、风险传导机制、信用评级、风险发生后的防范等内容都必须纳入监管系统之中。

从监管手段上看，目前邯郸市金融办在监管内容上停留在对民间融资企业的市场准入许可和非法集资领域，因此监管手段较为单一，仅仅依靠《公司法》《民法通则》等相关法律法规进行资格约束。〔1〕金融稽核、审计监督、风险评价、信息披露等多层级监管手段不能在民间金融领域配套跟进。

（三）民间融资法律体系尚未完善

民间融资是一个创造财富的过程，也是一个诱发风险的过程。民间融资中的任何交易都极易引发道德风险和逆向选择。这是人的道德素质使然，也是资本市场欠发达区域信息不对称、资源配置扭曲的结果。在这种金融环境下，制度约束和法律体系的构建尤为重要。完备的法律体系能够从融资形式和实质上对不符合金融业发展要求的投机者加以制约，以期在交易安全上最大限度保障融资主体的经济利益，在交易效率上保证各主体意思表示的真实，进而有效推动民间融资健康发展。从法律的动态演变过程上看，民间融资法律规制是“自由与管制”平衡点的不断选择

〔1〕 参见叶丽娟：《民间融资无序扩张存在隐忧——以邯郸市为例》，载《河北金融》2014年第3期。

过程，这个平衡点因不同发展阶段和不同地域而产生差异，在互联网金融日益发展的今天，这种差异更加明显。立法者如果不能因时制宜、因地制宜地开展修缮法律法规工作，就会造成法律漏洞和缺失。

结合邯郸市民间融资具体立法及司法实践分析可以看出，该市尚未制定出适合本市民间金融发展的法律法规。司法实践中的法律依据主要是《民法通则》《合同法》《刑法》等部门法，但这些部门法的相关法律法规不能形成一个完善的民间融资法律体系，对一些概念界定不明晰，导致在司法实践中大量疑难民间借贷案例的频繁出现。根据中国裁判文书网公布的邯郸市相关民间借贷法律裁判文书来看，大量关于民间借贷诉讼判决在不同审级大相径庭，从一审判决结果为刑事非法集资罪、非法吸收公众存款罪到二审改判定性为民事纠纷的判决书大量存在。邯郸市也尚未利用新《立法法》中设区市可制定地方性法规等规定推出关于邯郸市民间借贷纠纷等地方性法规，只有一些关于融资性担保抵押的细节性规定。

(四)政策失误导致民间融资无序扩张

邯郸市形成较大的地下资金市场，在很大程度上是政府政策导向偏差和市民缺乏理性投资理念、追逐高风险收益所致。从金融业发展与政府政策关系上看，任何政府政策信号均会对经济系统某行业基本面产生影响，这种影响可以是促进作用，也可以是抑制作用。同时，这种作用会受政府和市场的关系影响。在市场化程度较高、经济发达的地区，市场能够理性消化政策红利，充分利用政策引导资金在相关行业的资源配置，但如果市场受政府影响较大，产业布局明显依赖于政府，则政策信号很可能引起市场的过度发展，出现“非理性繁荣”。房地产行业相关上下游产业众多，任何关于房地产行业的政策异动都会影响整体经济运行。对于邯郸市而言，由于政策对市场影响显著，因此更容易引发市场扭曲。

邯郸市在危机发生前，针对发展和繁荣房地产行业出台了若干规定，这种政策信息带来的是非理性投资需求和大量开发商的高息融资，从而致使空置商品房供给过剩。危机发生后，邯郸市又于2015年5月发布《九条房产新政》，提出消化房企库存。短短一年时间，政策变动之大，足以反映出该市房地产行业发展对政策的过度依赖性。与产业政策并行的是投资者的非理性投资，通过对邯郸市金融市场运行情况分析可知，投资者尤其是自然人投资者投资渠道十分有限。从资本收益来看，银行理财产品和地下钱庄收益高于银行存款，政府政策驱使这些投资者增加对这类产品的投入，但高收益与高风险相伴而存在，在房企危机爆发后，投资者承受着巨大的风险，投资难以收回。

河北省非法集资的成因及治理对策

杜亚涛* 王 宁**

近年来,随着京津冀一体化进程,河北省经济发展势头良好,金融领域的改革创新不断深入,作为市场优化资源配置手段的民间融资活动日益活跃,但伴随而来的非法集资案件也呈现爆发的趋势。非法集资不仅影响社会稳定、扰乱金融秩序,而且处理不当容易激发社会矛盾,引起出资人集体上访、暴力维权和自杀自残等一系列连锁反应,需引起高度重视。

一、河北省非法集资的主要领域和特点

据统计,目前我省非法集资主要集中在投资理财、农民专业合作社、P2P 网络借贷三大领域,呈现出范围广、资金数额巨大、人数众多的特点。

(一)非法集资的主要领域

一是投资理财。这类机构起初往往以合法的组织形式作伪装,领取工商营业执照。例如,2007 年 6 月成立的黄金佳投资集团采用的就是有限责任公司形式,其总部位于河北省廊坊市,主营业务为标准金条的销售和回购,变相面向社会公众非法集资。这类机构多设在商业闹市区,门面装潢精美,通过虚假宣传招揽投资者,超范围从事生产经营活动,违反法律法规销售金融理财产品,以合法形式掩盖非法目的,普通群众很容易上当受骗。

二是农民专业合作社。农民专业合作社作为一种互助型的经济组织,以农村家庭联产承包为基础,由同类农产品的生产者、经营者和服务者自愿组建,实行自律管理。农民专业合作社运行的目的主要是为会员服务,包括提供有关农业生产信息和技术,购买、运输、销售会员所需要的农业生产资料等。有些农民合作社完全脱离服务职能,只管收钱,不管生产,突破会员的封闭性,跨区域收取资金,高息放贷赚取差价,最终导致资金链断裂,使投资者蒙受巨大经济损失。例如,河北省邢台市隆尧县三地农民专业合作社,打着惠民的旗号,把高息说成国家涉农补贴,受害群众涉及全国 16 个省、市,集资金额巨大,涉及集资人数众多。

* 河北金融学院副教授,法学硕士。研究方向:经济金融法。

** 河北金融学院副教授,河北农业大学在读博士。研究方向:农村金融。

三是P2P网络借贷。互联网在给人们的生活带来便利的同时,也成为一些集资诈骗者的新型手段。他们打着信贷公司的旗号,搭建P2P网络交易平台,面向社会公众以高额利息做诱饵,采取虚构借款人和资金用途、发布虚假的招标公告等手段吸收公众资金,之后突然关闭网站携款潜逃。也有一些人通过网络平台,以P2P为形式,主要进行线下的中介服务和资金拆借等活动。所谓P2P就是个人对个人,以网络为中介平台实现借贷。这是一种依托互联网而新兴的业态,但目前监管方面还比较欠缺,风险比较高。据公安部的数据统计,公安机关对全国70个涉嫌违法的P2P网络交易平台进行立案侦查,涉及的交易金额高达60亿元。此类依托互联网的新型集资行为也应引起重视。

(二)非法集资的新特点

一是非法集资形式多样,隐蔽性强。目前的非法集资活动往往以公司或其他形式的企业为依托,打着合法经营的幌子,以支持农业生产、贯彻国家产业政策为噱头,集资手法从单一的吸收存款、返还利息的方式,演变为投资理财、入股分红、项目开发等变相方式吸收公众存款,涉及行业众多,包括工业、商贸、建筑、房地产、医疗卫生和农业生产经营等。例如,2014年河北省邯郸市金世纪、万聚、卓峰等开发商非法集资、还本付息困难,涉及金额达93亿元,严重影响正常的经济金融秩序。

二是多种犯罪行为相结合,欺骗性强。非法集资活动往往与合同诈骗行为相交织,集资者会与投资者签订书面合同,明确双方的权利义务内容,约定高额利息,并在初期按照约定履行承诺,骗取投资人的信任,同时吸引更多的人加入投资队伍。为达到非法集资的目的,部分集资人会采用传销的方式,拉人头并进行洗脑教育,以至于出现"崩盘"现象,很多投资人不敢相信上当受骗的事实。

三是非法集资宣传花样繁多,煽动性强。为扩大集资领域,吸收更多的社会资金,绝大多数的集资人会不惜血本采用各种宣传手段。其一是通过知名媒体进行正面宣传报道,如2014年在隆尧县三地农民专业合作社出现兑付本息困难时,国内某知名新闻网站联合10余家主流媒体的报道,打消了投资者的顾虑;其二是聘请明星代言,或者利用名人效应,如廊坊市的黄金佳集团,其董事长肖雪曾是河北省政协委员、廊坊市人大常委会委员,并荣获"杰出创业青年"、全国"三八"红旗手称号;其三是积极参与社会公益事业,提高企业的知名度,让社会公众误以为该企业实力雄厚,盲目投资。

二、河北省非法集资持续高发的原因

(一)防范和打击手段单一,法律制度不健全

首先,各地对非法集资的打击主要运用刑事法律规范进行制裁,这种导向存在失衡问题。刑法具有谦抑性和事后性的特点,一方面能够用其他治理手段解决的问

题就不能动用刑罚;另一方面刑事法律规范也不能过分干预市场经济领域。其次,我国现行的法律规范中缺少对非法集资被害人的救济规定,非法集资尤其是集资诈骗犯罪,资金大部分被挥霍一空,很难追回,使被害者不能很好地通过法律途径实现自己的经济诉求,从而引发集体上访、暴力事件的发生,加重了非法集资活动的社会危害性。

(二)家庭闲散资金增多,投融资渠道不畅

非法集资的产生一个重要的原因在于融资渠道不畅通,单纯的制裁难以达到良好的治理效果。随着经济社会的发展,人民群众的生活水平有了明显提高,家庭闲散资金普遍增多,希望通过一定的渠道实现资金的保值、增值,但是银行存款利率较低,股市投资又缺乏专业知识和技能,市场提供的投资工具有限。一方面是群众缺乏投资渠道;而另一方面民营中小企业由于不能提供充足的抵押担保,信用评级与大型企业相比较低,导致银行普遍存在惜贷心理,中小企业融资困难。两者结合,就为不规范的民间融资提供了空间和可能性。

(三)外部监管不力,缺乏预警机制

非法集资活动扩散区域广、涉案人数众多,处置工作牵扯多个部门、职能划分不明确,难以形成监管合力。非法集资案件隐蔽性强,行为人经常采用合法的组织形式和合同关系,不易被发现。同时,非法集资活动从开始到最终"崩盘"会经历一段比较长的发展期,受害群众在其完全丧失兑付能力之前,往往抱有侥幸心理,而不愿报案。加之有关部门缺乏系统的监管机制和信息发现渠道,不能做到"早发现、早预防",事态扩大再进行惩处为时已晚。

(四)合法形式掩护,群众难以识别

在现阶段,非法集资活动隐蔽性强,经常打着商业经营、农业生产、绿色环保等旗号,并且与投资者签订书面合同,普通群众难以辨识。特别是一些非法集资者利用媒体和名人效应大肆宣传,许以高额回报。参与集资者缺乏相应的经济金融专业知识,法律防范意识不强,在"一夜暴富"的利益驱动下,心存侥幸,上当受骗。

三、防治非法集资行为的对策措施

(一)完善法律责任制度,保护部分被害人权益

1.实现民事责任、行政处罚与刑事制裁有机结合

对非法集资行为进行处理,应当符合刑罚所具有的谦抑性特点,[1]谨慎适用刑事罪名,如认定非法吸收公众存款罪应当明确"社会公众"的范围;集资诈骗罪中应

〔1〕 参见刘宪权:《刑法严惩非法集资行为之反思》,载《法商研究》2012年第4期。

当侧重审查是否具有“非法占有”的目的等。[1] 在谨慎定性的基础上，应当坚持民事责任和行政处罚为主的原则，只有这两种方法不能解决的领域，才能动用刑事制裁手段。

2. 将部分陷入生存危机的被害人，纳入民事救济范围

非法集资往往涉及面广，受害者人数众多，他们更关注案件的处理能不能挽回自己的经济损失。因此，在处理非法集资案件过程中，既要对违法犯罪人严厉打击，以维护正常的社会秩序和公共利益，又要努力实现法律效果和社会效果的统一，对那些由于参与非法集资陷入严重生存危机的被害人，应及时启动民事救济机制，防止由于疏导不利对经济社会产生的“次生灾害”。

（二）推进金融体制改革创新，畅通投融资渠道

非法集资产生除了行为人存在非法占有他人财产的不良动机，一个非常重要的原因在于缺乏畅通的投、融资渠道。所以杜绝非法集资活动，一味制裁是不够的，而应从制度上建立合理的民间借贷体系，满足需求资金的企业和投资者之间的良性互动愿望。这就要求充分发挥政府服务职能，推进金融体制改革与创新，发展普惠金融，合理规范、引导民间融资行为，充分利用互联网、大数据技术，创造出更多的适合中小企业和个人融资货款的新方式，解决群众理财渠道不畅等问题。同时，为中小企业发展提供政策扶持和便利条件，鼓励和引导民间投资，适应市场化运作的要求，规范民间投资和企业融资之间的关系，实现两者的有机结合、资源互补。

（三）加强协作配合，建立非法集资预警机制，形成打击合力

1. 发挥好“河北省打击非法集资领导小组”的功能

防治非法集资活动是一项社会系统工程，其作为涉众型经济犯罪，需要多部门共同配合查处。建议在“河北省打击非法集资领导小组”的统一指挥下，金融办、公检法、工商局、商业银行等相关部门加强协作配合，实现资源共享，建立完善的信息资源库，同时加强在个案处理、情况互通、政策研讨等方面的合作途径，并使之常态化、规范化。其中公、检、法部门在严惩非法集资案件行为人的同时，要将发现的问题及时反馈有关职能部门，以加强日常监管，避免类似的疏漏；行政执法部门应当切实完善案件线索移送制度，使公安机关及时介入固定证据，避免资金转移使受害群众的损失扩大；商业银行要严格按照《金融机构大额交易和可疑交易报告管理办法》，对资金流动量较大，短期交易次数频繁的异常资金进行监管，及时发现并报告非法集资行为动向；以便发现非法集资的苗头并及时遏制。

2. 建立“河北省非法集资预警与举报平台”网站

非法集资案件一旦爆发，受害者的资金很难收回，为充分保障人民群众的切身

〔1〕 参见彭冰：《非法集资行为的界定——评最高人民法院关于非法集资的司法解释》，载《法学家》2011 年第 6 期。

利益,应当按照“打早、打小”的工作方针,建立应对非法集资行为的预警机制。建议由河北省金融办牵头,多个部门配合,尽快建立统一的“河北省非法集资预警平台网站”,把该平台建设成为河北省非法集资的宣传与举报平台。利用该平台公布举报电话和邮箱等信息,方便群众提供涉嫌非法集资的线索,对相关举报内容应当及时登记、整理,移交行政执法进行调查处理。

3. 加大监督技术投入,防范网络非法集资行为

随着互联网的普及,网络非法集资活动日益猖獗。除加强市场准入监管,严格P2P网络借贷公司的注册条件,还应当加强技术投入,提高监管部门和办案人员的网络监控水平,建立全面的监测体系,及时掌握网络信贷公司的业务数据和工作状态,以更好地防范此类非法集资活动,同时应对经济犯罪的调查与起诉时面临的技术挑战。

(四)加强舆论宣传,增强公众防范与风险识别能力

1. 实施宣传报道问责机制

非法集资行为人利用媒体虚假宣传,人民群众多是在不明真相的情况下上当受骗。政府新闻主管部门应尽快启动对报纸、网络媒体宣传报道的问责机制,要求报纸、电视台、网络媒体自身应当对涉及某家公司、某些农民专业合作社的带头人的宣传报道时,进行严格审查,审慎处理相关稿件,如果事后证实宣传报道对象为非法集资,要对当事记者和相关负责人进行追责、处理。

2. 联合媒体和高校集中开展宣讲活动

政府新闻主管部门可统一安排部分电台、电视台、报纸杂志、网络等媒体开辟专栏,通过典型案例、专家点评等向公众宣传非法集资的形式和危害,引导公众自觉抵制非法集资高额回报的诱惑。另外,要特别利用好河北省高校大学生“暑期三下乡”社会实践活动平台。河北省“打击非法集资领导小组”可协调团省委在每年的暑期统一安排省内高校开展“防范非法集资的宣讲”大学生暑期社会实践活动,深入基层、面对面普及非法集资的危害,增强公众的辨识能力。

小额信贷公司法律问题研究

——以普惠金融为视角

邢 琳*

普惠的概念是普遍的、无歧视，来源于国际贸易领域，特别强调对弱势群体的倾斜性保护，在金融领域引进普惠的概念是对传统金融理念的极大颠覆。普惠金融的理念就是为传统金融机构服务不到的客户进行服务，给予低端客户和贫困人口更多的机会能够从事金融事务。正如2006年诺贝尔和平奖得主尤努斯教授说：信贷权是人权。将信贷与人权化等也就是说人人都有权利获得金融服务。只有每个人都拥有金融服务的机会，才能保证经济发展的普惠性，才能实现社会的共同进步，共同富裕，促进和谐社会的发展。

一、小额信贷公司面临的主要法律问题

(一)身份定位尴尬

为了规范小额贷款公司的发展，中国银监会与中国人民银行联合发布了《关于小额贷款公司试点的指导意见》，在该指导意见中小额信贷公司被界定为"企业法人"，因此，其受到《公司法》的约束与规制。但是，小额信贷公司的放贷行为显然属于金融领域，具有明显的金融机构性质，其运作也与众多的商业银行没有本质的差异。

鉴于小额信贷公司的性质，贷款的客户以及覆盖范围，其应该受到更为严格的监管。但是，一方面法律明确规定对赋予明确分身的金融机构——贷款公司、村镇银行等同样从事小额贷款的主体进行监督管理，但是小额信贷公司并不是金融机构，它是企业，因此不受《商业银行法》的监管约束；另一方面根据小额信贷公司的企业定位，其应该依据《公司法》进行管理，但是在《公司法》中缺乏对贷款业务的约束，这就使小额信贷公司陷入无法可依的尴尬境地。

(二)市场定位不清

发展小额信贷公司是为了引导资金流向欠发达地区，改善农村地区金融服务体

* 河北金融学院法律系副教授。研究方向：经济法。

系，支持新农村建设，促进“三农”问题的完善解决。同时在《关于小额贷款公司试点的指导意见》中要小额信贷公司坚持“小额、分散”的原则自主选择贷款对象，鼓励信贷公司为微型企业和农户提供信贷服务。但是，实际调查发现，小额信贷公司往往为了追求利润最大化，对小额贷款不感兴趣。小额信贷公司如果发放小额贷款，坚持为“三农”服务，就很难获得更多的利润，影响其市场生存竞争，这严重打击了小额贷款公司的积极性。如果小额信贷公司作为企业法人，那么其性质就是营利，而坚持“小额、分散”和服务“三农”的宗旨就会违背企业的定位。由此可见，小额贷款公司面临市场定位不清的困境。

（三）小额信贷公司资金来源问题

《关于小额贷款公司试点的指导意见》中规定了小额信贷公司资金来源的渠道：捐赠资金、股东缴纳的资本金以及不超过两个银行业金融机构的融入资金，且在金融机构所得融资不能超过资本净额的50%。在小额信贷公司资金来源的渠道中股东缴纳的资本金是公司运营的主要资本来源，是公司的自有资金，出现流动资金短缺时可以从银行融入移动比例的借贷资金来支撑自身的发展。由于小额信贷企业的性质及其份额构成，贷款业务主要靠自有资本来支撑，小额信贷公司实力和抗风险能力与出资人投入资金成正比。据调查，在我国的400多家小额信贷公司中大部分要靠外部不断注入资金来维持运营。由于小额贷款公司的商业法人属性，很难得到个人捐赠，使小额信贷公司资金来源匮乏，增加了不确定性因素。[1] 而《关于小额贷款公司试点的指导意见》中规定了小额信贷公司银行融资不能够超过资金净额的50%，如果小额信贷公司注册资金较小就会使融资额度较小，严重限制了信贷公司的融资方式与融资力度，影响到信贷公司的资金周转，导致小额贷款公司难以持续经营。

二、化解小额信贷公司法律问题策略

（一）明确法律定位

首先要肯定小额信贷公司的创新发展，它在商业运作及其服务对象定位上都是值得肯定的。而中国人民银行和银监会通过设立小额信贷公司来参与金融服务有利于解决中小企业的融资难与农业资源缺乏等问题，有利于激活农村市场提高农村偏远地区的资源利用率和配置率，完成小额信贷公司从民间金融向正规金融的转变。[2] 国家法律部门要明晰小额信贷公司的定位，可以设立《小额信贷法》，在法律层面确定小额信贷公司金融服务定位，制定相应的准入、退出机制与经营范围等。

---

〔1〕 参见欧梦柳：《小额贷款公司法律问题探析》，载《湖南工业大学学报》2011年第1期。

〔2〕 参见向玉兰：《小额贷款公司面临的法律问题及其对策》，载《湖南财经高等专科学校》2010年第2期。

可以先行试点，分两种方式运营：一种是能够提供综合性金融服务的小额金融机构；另一种是现行的“只贷不存”的贷款公司。但是，在试点小额金融机构之前，法律的制定要综合考量，确定严格的资格审查和审批程序。在经营过程中无论哪种模式都要坚持小额贷款的基本原则，实现“衔接资金链条，应急救急”的功能定位，为困难中小企业服务，为“三农”服务，实现小额、分散的贷款要求，保证人人享受到金融服务的权利，防止小额信贷公司在追逐利润的道路上忘记自身的社会责任。

（二）明确市场定位

小额信贷公司要想实现可持续发展就要找准市场定位，从“小额”可以看出其定位是大中型金融机构的补充，破解农村，小微企业的融资难问题。由于现有的一批政策性银行分支机构大多在大中城市，虽然覆盖面不小，但是相对来说还是少，难以满足乡镇企业的融资难问题，使融资难也越来越突出。依据政策完善地方小微企业发展银行以及小额信贷公司的发展是市场使然，自下而上建立一批帮助小微企业发展的金融机构，对解决大银行无法满足小地方的融资问题很有帮助。一方面，来自地方的信贷公司对当地的企业的发展比较了解，可以解决贷款与企业之间的信息沟通问题；另一方面，可以更好满足乡镇企业的分布广、分布散、类型多的特点，满足不同企业多种需求，充分利用市场经济规律，使小微企业更具活力。

（三）放宽资金来源，加强政府监管

放宽小额信贷公司资金的来源，允许公司在经营中扩大规模经营，允许增加股东人数与放宽股东资格有利于拓展公司的融资渠道，从而为民间的其他合法资金提供投资渠道。[1]

不仅要完善法律制度还要加强政府和行业的监管，促进整个行业形成良好的外部环境。鼓励监管部门成立小额信贷行业协会，制定行业规划、操作标准以及结构安排，并严格监督规章制度的完成情况。

三、结语

推行小额信贷体系是保障人的贷款服务权利，是普惠方式的一种。但是，小额信贷体系在推行过程中面临着诸多问题，最主要的原因就是行业刚刚发展，很多问题在起初没有意识到，特别是法律问题。文章结合当前的一些主要问题，提出了明确法律定位、明确市场定位、放宽资金来源加强政府监管 3 方面的策略，希望从根本上解决小额信贷公司的法律问题。

---

〔1〕 参见许飞剑、余达淮：《经济新常态下小额贷款公司信贷法律问题研究》，载《经济问题》2015 年第 10 期。

小微企业融资困境与法律对策

张雪菲* 边雪薇**

一、小微企业融资现状

(一)相关法律规定不完善

目前,汇总我国现阶段的小微企业融资的法律,并没有专门的一项规范小微企业融资的法律,所有的小微企业法律散见于《合同法》《民法通则》《刑事诉讼法》《公司法》《证券法》等。虽然国务院出台了一系列的法规和意见,中国银行业监督管理委员会也发布了诸如《银行开展小企业贷款业务指导意见》等一系列法规,但这些行政法规和规章立法层次低、效果有限、执行力低、没有专门的机构负责。《中小企业促进法》是中国第一个专门调整小微企业,特别是中小型企业的基本法律,该法分为七章,从金融支持、业务支持、技术创新、市场开发、社会服务、改善中小企业经营环境方面进行规定。但其中的法律法规大多属于指导性意见,并没有与之相配的专门法律对其延展,导致其在实际演练中缺乏可操作性。在内容上过于原则、过于规范,缺少具体的实施细则,无监督机制,无法和其他法律相配合。

(二)政府支持力度小

政府对小微企业的资金支持较大中型企业比较微薄,与小微企业的活跃市场,解决就业的贡献并不相称。但在市场准入方面,金融、电信、石油、电力等重要领域,虽然部分行业已向外资开放,但是仍不准小微企业涉及。此外,在政府提供方面,政府对资金的扶持实行多层级管理,间接降低对小微企业资金的支持。固然有科技技术创新资金和中小企业发展专项基金,但还是难以满足大多数小微企业对资金的需求。在机构管理方面,扶持小微企业的政策出自不同的部门,由工信部中小企业司负责协调,尴尬在所难免,而且分层管理体系尚未完善,工作落实大打折扣。

(三)融资渠道单一

筹集资金困难才是限制小微企业成长的重要因素,我国小微企业目前融资愿望仍然强烈,然而能力是短板。据数据分析,目前小微企业进行的融资方式,半数以上

---

* 河北金融学院副教授。研究方向:经济法。

** 河北金融学院2011级本科生。

是凭借自己所收益的积累资金。小微型企业除自己积累的资金外，其他金融机构所支持的资金也不多，社会中各类基金的流向对小微企业也很少。小微企业如果通过证券发行股票和债券的方式来进行筹集资金几乎是不可能的事情，原因是我国证券和股票类的资本市场并不发达，也没有多方面的金融市场为小微企业融资提高平台。

自己筹备资金和向金融机构借贷是我国小微型企业融资的重要环节，虽然自筹资金成本较低、风险很小，但是资金有限，不得不向银行贷款。由于小微企业自身没有很强的竞争力，社会信用制度还没有成立，银行不敢轻易放贷或放款额度较低，小微企业不能有效得到资金支持，从而阻碍其发展。据相关资料显示，有50%小微企业是通过自身筹集资金，通过银行融资的不到小微企业的1/5。即使证券市场上推出了创业板和中小企业板，表面上为小微企业筹集资金提供了方便之门，但是筹集资本成本太高，条件很难得到符合，小微企业可望而不可即。近年来，民间借贷异常活跃，非银行性金融机构如风险投资基金和小额贷款公司以及P2P，为小微企业提供了筹集资金的渠道和方法，但因为规模不大，作用不是很显著。在某些程度上解决了部分小微企业融资难的问题，不过法律对民间借贷的法律制度具有滞后性和不完整性，也随之产生一些违法犯罪活动和钻法律的空子，增加了小微企业借贷的风险。

二、小微企业融资难的原因

（一）小微企业融资服务支持体系尚不健全

首先，我国对支持小微企业的法律还尚未完善，在有效保护和促进发展小微企业方面，政府的政策监管力度、行业准入、反垄断还不够成熟，现有的法律制度及政策缺乏投入滞后并且无法落实到位。其次，小微企业自身创新能力薄弱，资金的滞后导致技术创新滞后，融资条件较差，财政支持系统尚未完善，社会服务体系不完善等种种问题。在行政支持系统领域小微企业发展还不完善，统一的指导和管理的专门机构缺乏，虽然商务部设立专门的中小企业司，但是不一样的行业仍属于不同的机构，小微企业散落在各个行业。由于行业规则不一致，很难做到一致妥善管理，从而造成小微企业管理部门很难作出一致规定，使服务小微企业工作的领导部门很难完成工作，也无法提高工作效率。

（二）政府财政支持力度不够

我国还没有一个完整的、系统的政策来扶持小微企业发展。政策的重点比较分散，缺乏政策链接，也有一些制度和财政资金使用过程中的障碍和管理机制。金融资本规模小，分散经营，许多政策措施，因为金融安全的具体实施缺乏，导致小微企业最不享受政府的财政支持。财政政策之间缺乏链接，没有明确目标定位，导致系统性、标准性的缺失,从而在一些方面上致使政府的权威性降低并影响了政策的实施。

(三)信用担保体系缺失

目前我国信用体系并不完善,缺乏统一、透明的信息系统,这与小微企业与外部筹集资金难易程度的信用度紧密相关。小微企业贷款困难,直接影响其运行机制,中小企业管理系统、金融系统比大型企业规范,但存在家庭经营和道德风险问题。而许多企业在资金的交易和融通关系中不重视信用,不重视拖欠贷款的现象,加上地方保护好、政府干涉和缺乏惩治失信行为的法律制度,导致逃脱银行债务的现象越来越厉害。如果企业违反约定,银行收回贷款的本金及利息非常难执行。与信用系统相比,担保制度才刚刚起步,但较少的资金担保机构、小、环节多、费用高、风险分担协调困难等因素之间的比例,恶劣条件和担保机构的影响,提升了小微企业筹集资金的困难系数。

(四)小微企业银行融资成本高

相对于大中型企业,大部分小微企业没有严格的财务制度,习惯性采用现金进行交易,缺少符合国家要求的财务报表和公司往来账户,商业银行没有充分、有价值的资料对其进行信用审核和评级。况且小微企业抵抗风险的能力不强,连续经营时间较短,破产甚至停业的比例更高。商业银行考虑风险涨价的因素,小微企业筹集资金定价高于大中型企业,使小微企业融资成本高。同时,商业银行为了保障所贷出去的自资金的安全性,在资料不对称的情景下,需要小微企业提供抵押或担保。小微企业自己承担抵押资产评估费、担保费,从而提高小微企业的筹集资金的成本,融资成本高是小微企业筹集资金时面临的普遍问题。

与此同时,银行对小微企业的贷款相比较其他大中型企业,其在发放程序、经办环节、评估监督等方面都大致相同。由于小微企业要求的每笔贷款金额很少,导致银行单笔贷款交易成本升高,所以,为大中型企业、小微企业筹集资金成本明显更大。更高的贷款利息,提高小微企业获得资金的成本,增加了筹集资金的困难,如果在困难紧张的货币政策下,小微企业通过公积金贷款和高利贷筹集资金,则导致大大增加融资。

(五)缺乏与小微企业相匹配的中小金融机构

在目前现有的金融机构中,我国缺少独立为小微企业提供资金支持的银行,因为部分金融机构得不到政策性的融资权,自己的困难得不到缓解,不仅无法满足小微企业资金的需求,而且部分非银行性质的金融机构从成立开始,至今没有从国家控股的制度中解放出来。

三、解决小微企业融资困境的法律对策

(一)加大政府重视力度

支持小微企业的发展是政府肩上义不容辞的重任,加大政府的鼓励力度,尤其是资金的支持,政府应在预算中加大对小微企业信用担保的投入支持力度,为帮助解决小微企业的借贷问题,一步步建成赔偿基金制度。此外,政府应该对小额贷款公司和担保公司进行政策监管和指导,放松政府的调控,进一步改善担保机构的环境,建立健全法律法规,制约政府部门的不合理干涉,降低担保机构不正当税费情况。同时,国家还应该支持小微企业和担保机构大范围的吸收社会各界的资金支持,寻找融资方向。

引导和扶持小微企业,要求具体的政府机关贯彻执行相应的政策和方案,建立独立和专门服务于小微企业的政府部门。依据企业的实际情况做好对政策的解读与分析,将政策传达给小微企业,建立健全中央和地方完善的行政体制。例如,行政隶属关系、资金配置、政府职能等,结合我国国情,从实际出发扶持小微企业的融资发展。

(二)加快法律法规建设

目前,《中小企业促进法》是调整小微企业筹集资金的基本法,虽然其他的法律条文、行政制度和政策性条文也有类似的规定,但至今还没有颁布小微企业筹集资金的专门性法律法规,尽可能快地出台相关法律法规,为小微企业平等构建筹集资金平台的建立提供法律依据,使小微企业做到有法可依,为以后的小微企业的依法行政提供法律制度保障。

国家还须根据小微企业筹集资金所面对的抵押不容易、风险较大、筹集资金成本高、难度大等问题,以现有的法律制度、行政政策和政策性条文等为基础,结合小微企业的发展要求,作出专门性的对小微企业筹集资金有帮助的独立性的法律。

国家应对作为基础法的《中小企业促进法》中不符合现状的地方加以明示和修订,确保其能够进入小微企业法领域成为小微企业的准则。而且,应确定双方的权利义务等法律问题,包括小微企业的资格、权利义务和责任、小微企业进入融资市场的"敲门砖"和准入证。

(三)财税支持小微企业发展的政策措施

增加对小微企业税收政策的支持力度;提升小微企业税负起步点;延长小微企业征收企业所得税期限并减少金额;将满足要求的小微企业服务示范机构纳入税收优惠政策范围;加大支持和鼓励金融机构对小微企业的扶持力度;对银行向小微企业贷款在一定时间内给予免征印花税的政策。

(四)着力构建小微企业服务平台及信用信息服务平台

为小微企业集群的综合服务模式是小微企业的服务平台。一方面,它为小微企

业与银行、担保公司、风险投资者等牵线搭桥；另一方面，它为企业提供了一个通用的技术，降低企业的开发成本，可以帮助企业在很大程度上节省资金。

小微企业担保机构健康有序的发展，除需国家政策扶持和政府监管，更需要小微企业成立行业协会，通过自身来完善小微企业社会服务体系，进而提高小微企业的整体素质。协会应根据国家相应的法律制度、政策，结合小微企业担保机构的具体实施状况，制订行业协会的规范性的章程和高标准的行业准则，并监督担保机构的运作，促使小微企业的担保机构做到规范的业务操作流程，提高小微企业的服务质量，逐步树立小微企业信用担保机构的执行力和公信力。

一步步扩大小微企业在票据、债券和短期融资券的发行规模，积极推进外汇市场发展，通过股票的质押和抵押来改善融资环境，从而使小微企业的信用评级和贷款保证风险也积极有效的发展。

首先，要建立全面的社会信用记录和监管系统，记录个人和企业的信用状况，并对其进行监督。记录信用活动中的守约或违约行为，经长时间的累加，这种征信记录便可以将个人、企业在经济活动中的各种状况进行综合性和系统性的反映。

其次，降低交易风险，要创建透明的社会和个人的信用信息网络系统，以便在资金交易时，双方能够在征信公共服务系统公开获取相对人的信用信息。不仅如此，为了发挥社会舆论的监督作用，有效打击信用缺失的行为，应成立对外开放的社会信用信息网络，促使我国信用制度的建立并完善和增强国民的信用意识。

现在我国各个地方的企业征信体系指标是不一样的，评估结果也是不尽相同，而且一个地方的征信评估结果在其他地方不一定能够得到认可。因此，我们要充分发挥全国企业信息公示系统和银行系统的作用，创造一个良好的市场环境，促进可持续信用体系建设。工商管理部门和银行系统应加强各区域的行业指导信用管理体系建设，加快企业信用档案建立，完善企业和个人的信用征信信息。向社会提供个人和企业征信记录的查询，依法公示企业的征信记录，并以此为基础制定我国统一的企业信用等级评定管理规章。

（五）拓宽融资渠道

扩大融资渠道也是解决小微企业筹集资金问题行之有效的办法，在经营小微企业比银行持有更多的信息。他们利用这些信息的优点，隐藏贷款合同谈判不利的事实，损害银行的利益，造成银行承担太多风险。小微企业应当增强自身的信用意识，控制自己筹集资金的方式，能够使金融机构感受到小微企业的诚意，增强银行对小微企业的信任，扩大对其资金支持的力度。

小微企业及个体工商户可凭本人有效身份证件和营业执照到其他小额贷款公司办理相关的手续，办理程序相对简单，与金融机构办理贷款不同，其不存在一系列复杂的办理手续，也不需要小微企业做出任何抵押和担保，只是依靠自己的经营状况以及自身和企业的信用信息为自己筹集资金。

此外，典当作为转让房的临时贷款融资形式，不需要典当信用高，只要典当材料来源合法，没有瑕疵，典当甚至不要求人们如何使用资金。典当比银行贷款的使用率要大很多。对于小微型企业典当贷款比银行贷款率要高很多。对于小微企业，典当确实是一种具有有效性、短期性、临时性、应急性的融资渠道。

新型城镇化进程中农户金融服务研究

赵建敏* 阚义阔** 杨会青***

党的十八大报告提出,坚持走中国特色新型工业化、信息化、城镇化、农业现代化道路。其中"新型城镇化"建设是我国现阶段推进新农村建设的重要战略部署。在新型城镇化进程中,必将产生大量的投资和消费需求,需要金融大力支持。新型城镇化的核心是"人",是从根本上解决转移农民的市民化问题,促进转移农民真正融入城镇生活,顺利完成向市民转化。所以,这对于以农户为服务对象提供的存款、取款、信贷等相关金融服务活动既是挑战也是机遇。要抓住这一历史机遇,继续加快完善农户金融服务,从而提升农民生活质量,完善我国农村金融体系,促进我国经济的发展。

一、新型城镇化中农户金融服务的含义

新型城镇化,即通过工业化、信息化、城镇化、农业现代化——"新四化"协调互动,推动产成融合,实现城乡统筹、城乡一体、生态文明、和谐发展的城镇化建设道路。新型城镇化坚持以人为本,着眼农民,以解决农户问题、提升农民生活质量为重要内容。新型城镇化进程中金融支持是必不可少的,尤其针对农民、农户的金融服务尤为重要。

农户,在不同领域有不同理解,我们所指的农户即农村住户,是指拥有农村户籍的居民户,既包括职业农户,也包括"新型城镇化"进程中新出现的兼业农户和放弃土地但仍有农村户籍的个体工商户等。

农户金融服务,是指各种金融机构针对这些农户提供的存款、取款、信贷等相关金融服务活动。新型城镇化不是简单的建高楼、建广场,其核心是农村人口转移到城镇,即农民从传统的农民变为新型农民的过程,强调的是"推动工业化和城镇化良性互动、城镇化和农业现代化相互协调",[1]在此过程中农民对金融服务的需求定

* 河北金融学院法律系副教授。

** 河北金融学院法律系法学本科生。

*** 河北金融学院法律系法学本科生。

〔1〕 参见党的十八大报告。

然与以往有所不同。

二、现阶段农户金融服务中存在的主要问题

（一）农户金融服务业务种类少，品种单一

我国农村金融市场的发展较之于城市相对落后，农村农户金融服务功能弱化，金融产品少，金融服务种类单调，基本上只有传统的存、贷业务，中间业务和汇兑业务等，种类很少。抵押、担保、承兑、贴现、承诺、咨询服务、代收代付等业务很少开展，信用卡业务、网上银行等业务更为缺乏，服务功能弱化，已不能完全满足新阶段农户对资金和金融服务的需求。

传统的融资渠道有四大商业银行、农村信用社等多个，但随着商业性金融机构退出农村金融市场，金融机构基本上只剩下农村信用社这一渠道。农村信用社农村金融服务的业务范围主要还是“存、贷、汇”这3种传统业务以及医疗保险，而一些新型的金融服务如基金托管、委托理财、衍生品避险服务，以及一些新兴的保险项目如储蓄型保险等，仍未广泛出现在农村金融市场，农村金融服务的种类仍旧单一。

（二）针对农村农户的保险业滞后

我国是世界上因自然灾害遭受损失严重的国家，自然灾害使农业承受巨大的风险威胁。但是我国农业保险的发展并不理想，不适应我国农业发展的需要。20世纪80年代末到90年代初期，我国农业保险曾经得到了较快发展，在保障农业生产方面发挥了积极作用。但20世纪90年代中后期以来，经营农业保险的商业保险公司纷纷对农业保险业务采取限制规模的措施以控制亏损。现在部分农村地区农业保险是空白，严重影响了农业稳步发展和农民收入保障。

（三）农户存款资金严重外流，难以就地转化信贷资金

改革开放以来，受商业银行趋利性的影响，以及农业高风险与商业银行稳健经营要求相矛盾的影响，农业银行逐步撤离了农村。但是在经济相对发达的城镇和民营企业多的农村，网点仍在扩张，它们在农村吸收储蓄存款，而对农户和涉农企业的贷款却又较少，致使大量农村资金流向中心城市和经济发达地区。另外，邮政储蓄、农村信用社也在营利动机的驱使下，通过储蓄存款不断地将大量农村资金向城市转移，或上存到中国人民银行，或把资金更多地投向获利机会比较大的非农领域，农户的存款资金并没有完全的转化为信贷资金，使资金脱离农村，造成农村资金严重短缺。即农户存款外流的问题严重，难以就地转化信贷资金。

（四）农村信贷业务存在不足

在新型城镇化进程中，农村资金市场的供求矛盾会越来越突出，新转化身份的农民为适应新型生活、生产的需求需要资金支持；留在农村继续农业生产的农民需要进行新型的农业生产，实现农业现代化，也需要资金支持。而现实是资金短缺、外

流等问题已经严重制约了农村经济的发展。与现实经济发展的需求相比,我国现在对农村地区投入的贷款总量仍然严重不足。尤其是对比全部金融机构的各项贷款余额,农村金融合作机构的贷款量更显现出增幅小、总量低的特点。尽管中国人民银行出台了一系列支持农村信贷投入的政策,效果却不十分明显。小额信贷业务的发展落后是其中的主要问题,严重影响了农村金融行业的发展。

三、新型城镇化中提升我国农户金融服务的建议

(一)健全农户金融基础服务设施

农户金融服务发展比较慢的一个重要原因是农村金融服务设施还较差,比如,网络、网点、支付清算体系等。加强农村的金融服务体系建设,加快推进农村地区支付清算的基础设施建设,提高农村地区金融机构支付业务处理的自动化水平和效率,从基础方面为农村金融发展创造一个好的条件。

中国人民银行要进一步完善农村资金清算系统,为农村信用社提供资金清算服务,并支持成立涉及全国的农村合作金融机构资金清算中心,进一步畅通中小金融机构汇兑之路,培育公平的支付服务竞争环境,解决农村金融机构资金清算汇兑难问题。

大力开发、完善农户金融服务设施,优化服务手段。在硬件方面,加强基础设施建设,继续提高ATM和POS、EPOS机的市场投放数量。开发运用先进的计算机、通信、语音、网络等技术手段,为农户提供丰富、快捷、方便的金融服务。尽快推广网上银行、电话银行等业务,利用网络技术,向农户提供以存款为基础的汇兑、结算、代理、投资、咨询、评估、理财等业务。

(二)大力发展农业保险,建立成熟的农业保险体系

农业生产不仅面临着市场风险,而且面临着自然风险,所以在农村应建立起多层次体系、多渠道支持、多主体经营的农村保险体系。尤其是在新型城镇化进程中,在农业现代化道路上,农村土地实行产业化经营模式,更应重视农业保险制度,避免自然灾害使农业承受巨大的风险威胁。中央文件明确指出,要加快建立政策性农业保险制度,选择部分产品和部分地区进行试点,有条件的地方可对参加种养业保险的农户给予一定的保费补贴。[1] 这是国家为农业保险提供的政策支持,当前,广大农民的保险需求在不断提高,农村保险市场在逐步扩大,但是农民参保意识差,收入水平不高,保费负担能力比较低,要根据农村实际,创新保险产品,研究开发适合在农村地区销售的险种。一是应尽快对农业保险进行专门立法,为农业保险的经营及其参与各方提供法律上的依据和保障;二是建立互助保险组织,逐步把农业保险业

[1] 参见2004年中央1号文件《中共中央国务院关于促进农民增加收入若干政策意见》。

务从商业保险中分离出来，由农民、农村经济单位自愿出资形成非营利性的合作保险组织；三是实行再保险，国家对政策性农业保险、商业涉农保险及互助性保险要实行与一般商业保险有区别的再保险。

（三）拓宽信用贷款业务领域

新型城镇化进程中农户的内涵在不断地更新，现代新型农民经营的产业和致富的途径也日趋广泛。已涵盖到农、工、商各个方面。因此，农户贷款的对象、范围也应涵盖所有生活在广大农村以及部分进城的农民。同样，农户贷款的用途也在不断地拓展，除传统的农林牧副渔，还包括农户家庭工商业、家庭农庄、农产品的服务、流通、加工业等。在经济发达的农村地区，农户贷款中家庭工商户、规模种养户是投向的重点，投量最大的是工商户。因此，农户信贷业务不能局限于支持传统农业生产，更需要从当地农户经济的发展现状出发，找准农户经济发展的增长点和信贷支农的切入点，增加农户信贷有效投入。农户经济的特点是生产、消费、经营混为一体，资金使用投向界限模糊，互变性强。一般而言，农户在资金使用上是先生产，后消费；先储蓄，后经营。从农村的经济现状来看，目前农户消费贷款的主要用途为购建住房、购买汽车、子女就学、添置耐用消费品、操办红白喜事等费用。随着农民消费观念的进步，农户消费贷款具有较大的发展空间。为适应农户生活消费性贷款的合理需求，农村信用社等金融机构要改变固有的以生产贷款为主的传统观念，适应国家"刺激消费、扩大内需"的财政政策，对农户的生活消费贷款按照"积极稳妥"的原则，根据农户家庭的经济承受能力，给予大力扶持，不断提升农户的生活层次和质量。

（四）建立农村资金回流机制

为了解决农村信用社等金融机构贷款"非农化"现象，现有的措施主要是参照国际惯例，通过国家规定贷款比例达到贷款支农目的。农村信用社等农村金融机构贷款流向的"非农化"与农村、农业经济的低回报率有直接联系，只要农村和农业经济的回报率一直处于较低状态，资金流向的"非农化"现象就不易消失。所以，一方面，要建立农村资金回流机制，继续深化针对农村信用社本身的改革，使农村信用社成为真正意义上的合作金融，杜绝政府参股或干预管理决策；另一方面，政府必须放弃对农村经济、社会生活的干预，以释放农村和农业经济增长的潜力，从而恢复农村金融机构发放农业贷款的信心和动力。

（五）完善农村信用社的服务水平

农村信用社作为重要的农村金融机构，要加强对农户的服务意识，应当尽可能地简化农民信贷手续，完善"一条龙"的信贷服务体系，同时杜绝农村信贷中的腐败问题，以此促进农户贷款的积极性。

（六）完善民间金融

民间金融主要指在公民之间、公民与法人之间、公民与其他组织之间发生的，而又没有官方监管、控制的金融活动。我国农村区域民间金融盛行,主要表现即村民间借贷,这是一种直接的、灵活的融资形式,是现实中一种重要的直接融资、投资渠道,是农村金融的重要组成,也是对银行信用的一个很好的补充,为农村经济发展做出了贡献。但在实际生活中因其借款手续不规范、财务信息掌握不足、农民依法维权意识弱等原因,农村借贷也存在诸多问题,因此,必须采取措施规范农村民间借贷,减少风险因素。首先,要完善相关立法。尽管我国已经相继颁布了一系列法律法规,可以作为规范农村民间借贷方面的法律依据,但是现有的立法或者是对农村民间借贷缺乏针对性,或者是法律效力低,不能有效地规范农村民间借贷。为适应新型城镇化进程中经济的需要,国家应尽快制定并颁布实施《民间借贷法》,对民间借贷的性质、对象、原则、运作方式等用法律条文加以规定,使民间借贷有法可依。其次,地方政府要积极对农民做好普法教育,广泛宣传民间借贷的有关规定,引导农民规范借贷行为,使农民能够使用规范的手续开展农村民间借贷活动。同时,通过规范借贷合同的签订环节、重视借款合同的担保等方式加强农村借贷的自我规范。

农村金融服务供给的激励与保障

赵秀丽*

金融是现代经济的血液,在市场经济条件下,成熟的金融市场和完善的金融服务是经济发展的重要保障。一直以来,“三农”问题是我国社会发展中的重大基础性问题,金融在农村发展中的作用日益受到关注。金融在助力破解“三农”难题中的羸弱和不足以广受诟病。通过科学的制度设计,完善农村金融体系,为农业和农村经济发展提供金融支持是党和国家高度关注的重点改革领域之一,历来将农村金融作为促进农民收入增长的重要力量和政策工具。[1] 然而已经实现高度市场化的金融服务与市场化程度不足的农村社会之间的乖张,成为制约农村金融改革的“瓶颈”。解决中国农业和农村金融服务不足问题,待市场机制在农村的逐渐成熟,尚须时日;单纯依靠行政力量的强制,则有违金融服务的市场逻辑。因此,从“需要国家干预”理论出发,研究农村金融市场的供求状况,在金融服务的供给侧启动农村金融改革,通过相关法律制度的完善,保障和激励金融机构向农业和农村提供有效的金融服务,应是当下农村金融改革的突破口。

一、农村金融供给与需求状况分析

回顾我国农村金融发展的历史过程,我们发现在不同的历史阶段,农村金融市场的供求关系随着农村社会的发展呈现出阶段性特征。

(一)第一阶段

新中国成立之初,农业的生产方式仍然沿袭传统的生产方式,农业发展基本不需要融资需求,农民的金融需求也仅仅是为渡过生活上的暂时困难而进行的生活上借贷,这种借贷通过自然人之间的借款或实物来实现,由于熟人社会的社会关系属性,这种借贷带有互助、帮扶的性质。偶尔也存在半经营性质的需要支付利息的“高利贷”,由于这种行为并不能得到法律的认可,而带有“地下”色彩。也就是说,在这一阶段,农民的融资需求极其微弱,并且基本可以通过民间借贷得到满足。

---

* 河北金融学院法律系教师。

〔1〕 查阅相关政策、文件发现:改革开放以来,所有涉及农民收入增长的政策、文件中,尤其是1982年以来关于“三农”的12个“一号文件”,无一例外地都把农村金融发展摆在极其重要的位置。

由于农业的天然弱势和极低的农业生产技术水平，农业发展的基本任务和目标是解决温饱，农业生产基本不存在剩余，农民的储蓄需求尚未出现。加之意识形态的原因，农民也不存在投资等层次的金融需求。

（二）第二阶段

随着农村经济体制的改革，主要是农村土地制度的改革，农业生产方式发生了极大变化，家庭承包经营基础上的统分结合双层经营体制得以确立。家庭生产有一种形象的说法："交够国家的、留足集体的、剩下都是个人的。"由于农民生产的积极性有了极大的提高，同时叠加农业生产技术因素（主要是化肥的推广）发展的作用，农业生产开始出现剩余，农民种粮开始有"余钱"。为了将农民手中的资金集聚起来，支援城市建设，国家的金融政策引导农民逐渐产生储蓄需求。农民将卖粮的余钱存入银行和农村信用合作社等金融机构，逐渐产生了农村金融市场。

对于农业的融资需求而言，统分结合的经营体制决定了农业基础设施建设投资主要依靠集体经济组织来完成。由于农业产业的特殊性，集体经济组织的农业融资并没有采取市场化的方式，国家财政支持和政策性金融是农业融资需求的基本供给方式。

需要特别指出的是，储蓄这种随着农业和农村地区发展自然出现的金融服务需求，实质上却是对农业、农村和农民的盘剥。农民将农业生产的盈余存入银行和信用合作社（它实际上一开始就没有发挥信用合作的功能），而这些金融机构转而将资金通过贷款的方式投入城市和工商业领域，"穷人（农民）的钱存起来给富人用"，它就像抽水机一样，抽干了农村和农业经济的血液。加剧了城乡发展差距，使农业更弱、农村更穷、农民更苦。

（三）第三阶段

随着社会经济的发展，农业和农村经济政策的调整使农村金融需求日益强烈。首先，随着农村集体经济组织在农业生产中的作用日渐式微，农业生产及农业生产的投资主体逐渐的转向农户为主，而且随着长时间的经营积累，农民也具备了一定的投资能力。其次，保持土地承包经营权长期不变的土地政策也刺激了农民对农业生产投资的积极性。

除了农业生产外，农村的非农产业成为蓬勃发展的重要领域，一方面，这些产业的发展需要大量的金融融资支持；另一方面，这些产业的发展也使部分富裕起来的农民产生了投资、理财类的金融服务需求。

然而农村金融服务的供给并没有随着农村金融需求的发展而有所调整。在农村地区，出现了严重的金融供给与金融需求的断裂和矛盾。

二、农村非正规金融乱象——金融服务不足的必然结果

经济社会发展催生制度需求，立法和政策调整必须回应社会需求，这就是诱致

型制度变迁的逻辑。如果制度供给对社会的需求回应无力或者错位，社会需求就会在合法的制度之外催生大量的非正规做法，来弥补制度供给的不足，实现自我“突围”。

我国金融制度发展基本上沿着城市市场体制改革的路径演进，忽视了农村金融市场的需求，长期以来，国家管理部门忽视农村金融市场的多样性，而照搬城市金融市场的管理。[1] 因此，在农村地区大量非正规的金融活动日益活跃起来。

首先，随着城市资本市场的发展和成熟，其示范作用逐渐影响到农村的资本价格。由于利率市场化的滞后，储蓄的投资功能逐渐丧失。特别是随着货币购买力的下降，偏好储蓄传统的农民日益恐慌，对于回报率更高的投资理财类金融产品产生强烈需求。然而由于正规金融市场上难以提供相应的金融服务，在需求决定供给的市场逻辑中，各种类型的非正规集资、融资活动在农村地区泛滥起来。信用合作、众筹、非法集资甚至金融诈骗等各类活动交织在一起，对于金融监管和社会秩序带来了极大的困扰。人民群众的财产安全频受损失，由于往往涉及群体事件，又带来社会稳定的难题。

其次，由于农业以及相关涉农产业自身的特点，如生产周期长、来自自然的风险大、市场波动难以预测等，致使农户及相关产业的企业融资困难，融资成本高。由于直接截断资金流入农业产业，导致农业产业化程度低，农业规模化难以形成，机械化、信息化发展滞后，农业产业链延伸缓慢。这种状况不仅严重削弱了农业的基础地位，还制约着农民收入的增加和农村地区社会经济的发展。

最后，由于农业企业和农户急迫、正当的融资需求和农民急迫正当的投资需求两个因素的叠加，使基层政府在金融市场监管中，难以区分非法与违法，不知所措，出现了各地掌握标准不一，违法者与受害者认定困难等问题。反过来这种暧昧的监管态度又激励了非法金融活动在农村地区的泛滥。

上述问题的本质是农村金融服务供给与需求脱节后，市场自我救赎的畸形表现。要解决这些问题就必须运用经济学原理对金融市场供求情况以及影响因素进行分析，寻找制约和影响金融制度在农村地区失灵的原因，并运用法社会学理论为正规金融在农村地区的萌生和成长预设环境。

三、金融市场在农村的失灵

按照市场经济的基本原理，市场的需求会通过价格机制决定供给的类型和规模。如前所述，农村地区有强烈的金融服务需求，为何正规金融不去占领这一市场，提供相应的金融服务呢？这一问题可以从微观经济学中厂商的行动逻辑中找到

[1] 参见范子辰：《我国农村金融需求与供给问题浅析》，载《改革与开放》2010年第18期。

答案。

（一）金融服务的成本

根据经济学的基本原理，“成本—收益”分析是厂商行为的基本逻辑。基于利润的考量，决定厂商市场行为的主要因素包括价格和成本，供求状况或者需求度强烈程度决定价格高低，满足消费者需求的代价是成本，二者之间的差是利润或者收益，决定着厂商的行为策略。对于金融机构来说，开展农村金融业务面临信息不对称、不充分，交易的不确定性以及不完全市场产生的巨大交易费用。[1] 对于金融市场而言，金融消费者的理财服务需求信息是很难获取的，特别是对于人口聚集程度不高的农村地区搜寻具有潜在理财服务消费意愿的农民是需要消耗巨大成本的。这种成本在城市地区由于人口密度高，金融机构通过网点的布设可以很低的成本获得金融服务消费者。如果把这种信息获取成本考虑进去，就不难理解为什么金融机构不能提供对专门针对农民的金融理财类服务了（事实上，金融机构也并不会拒绝农民到城市金融机构购买理财产品，也就是说具有强烈投资理财意愿的农民金融消费者，会主动承担金融消费的信息成本，进入城市接近金融服务提供者，完成金融消费，而这些消费者通常比一般的消费者具有更强的消费能力）。

此外，由于金融消费具有很强的专业性，对于文化素质和金融消费知识整体相对偏低的农民，金融消费契约的订立过程也要消耗相对更多的交易成本。

（二）金融风险

风险也是影响市场上服务提供者行为的重要因素，尤其是在金融市场上，风险控制是金融企业的竞争关键，因此，金融企业特别重视业务风险的防范。对于基本的信贷业务，从借款人资信考察、项目评估、偿债能力分析到贷款条件安排、担保要求、贷款发放条件和方式等，金融企业无不倾注大量精力耗费巨大成本。对于经过商业登记并实行严格簿记管理的工商业企业，金融企业的风险相对较低，风险控制的难度和成本也相对较低。担保——作为最核心的风险控制手段，城市的工商业企业和城镇居民从产权制度上拥有可资抵押的财产和权利。相反，农业企业和农民相对来说风险控制的难度要大很多，金融企业资信考察需要支付的调查成本较高。更重要的是，在现有产权法律制度中，农民可以抵押的财产权利非常有限。虽然并没有数据表明，对农民放贷具有更高的风险，但是在现有的信贷风险责任制度下，信贷人员不愿意承担这样的风险，严重制约了金融企业向农民投放信贷资金的意愿，农民的融资需求难以得到满足。

四、现有农村金融市场政府干预的措施及其失灵

针对农村金融服务不足进而制约农业发展和农民增收的现实情况，政府试图通

[1] 参见王煜宇：《我国农村金融法律制度的演进逻辑与路径创新》，载《法学论坛》2009年第5期。

过对金融市场的干预解决农村金融服务供给不足的问题。其主要的制度和政策措施主要包括：

(一)设立农村信用合作社

农村信用合作社由来已久,1950年中国人民银行《筹设农业合作银行的提案》明确提出农村信用社是组织农民自助的基层信用组织。农村信用社设立的初衷是"农民在资金上互帮互助",解决农民的金融服务需求问题。从最初的制度设计上看,其运作模式为:农民组成信用合作社,社员出钱组成资本金,社员用钱可以贷款。

但是这个信用合作社,从来都不是农民自愿组成的,而是官方一手操办的。最初的信用社,大部分出资来自国家,农民的出资只占很少部分。50多年来信用社的体制虽然改了很多次,但"官办"是一以贯之的。[1] 此外更重要的是农村信用社针对农民的金融服务主要是储蓄业务,通过在农村地区垄断性的揽储,将农民手中的闲散资金积累起来,但是在贷款的投放上并没有明显的偏向农民和农业,大量信贷资金通过农村信用社这个抽水机,转移进入城市工商业。农民的融资需求作为最核心、最重要的金融服务需求没有得到很好满足。

(二)设立农业发展银行

中国农业发展银行作为中国唯一一家农业政策性银行,成立于1994年11月,其主要职能是按照国家的法律、政策,以国家信用为基础筹集资金,承担国家规定的农业政策性金融业务,代理财政支农资金的拨付,为农业和农村经济发展服务。作为政策性金融机构,其效用主要在于金融市场失灵情况下的政府补救,当然这种补救对于农业这样具有基础性并天然弱势的产业来说是十分必要的。但是政府能够提供的政策性资金的规模相对于广阔的农村地区和农业产业是有限的,在市场体制的大环境和大趋势下,其作用不能过于乐观。

(三)涉农贷款奖补政策

中央财政对农村金融机构和涉农贷款进行奖补,是强农惠农政策的重要组成部分。通过各种奖励、税收优惠、财政贴息等措施,一方面降低了金融企业涉农贷款的经营成本,鼓励金融企业提高涉农贷款的比例;另一方面也降低了农民和涉农企业的融资成本。但是由于规模限制,并且没有打消金融企业对信贷风险的真正顾虑,因此,涉农贷款奖补政策的作用大打折扣。

(四)设立村镇银行

村镇银行是指经中国银行业监督管理委员会依据有关法律、法规批准,由境内外金融机构、境内非金融机构企业法人、境内自然人出资,在农村地区设立的主要为当地农民、农业和农村经济发展提供金融服务的银行业金融机构。村镇银行的建

[1] 参见蔡四平:《基于功能视角的农村金融组织体系重构研究》,中南大学2006年博士学位文论,第8页。

立,有效填补了农村地区金融服务的空白,增加了农村地区的金融支持力度。村镇银行作为新型银行业金融机构的主要试点机构,拥有机制灵活、依托现有银行金融机构等优势,自2007年以来取得了快速发展。截至2014年12月,全国共有村镇银行1547家。村镇银行的成立对我国农村金融市场供给不足、竞争不充分的局面起到了很大的改善作用。但同时村镇银行本身也有诸如成本高、成立时间短等弱点,而且面临着来自其他金融机构的威胁,其发展前景不一定十分乐观,村镇银行依然还有很长的路要走。

这些政策措施,在一定时期内对于缓解农业和农民资金不足、金融服务供给不足等问题发挥了一定的作用。但是,总体来说,这些制度和措施并没有解决城乡金融市场的巨大差距。农业和农民在金融市场上的低待遇并没有解决,农村"金融贫血"现象依然存在。

五、农村金融服务供给的法律保障与激励

回顾我国农村金融法律制度变迁历程,无论是计划经济时期农村金融制度的反复,还是市场经济转型时期政府实施的一系列农村金融法律法规改革措施,均采取了政府供给主导的自上而下的强制性变迁方式。[1] 然而只有"让市场在资源配置中发挥决定性作用",对市场问题的解决才能真正奏效,政府对金融市场的干预也应该以市场机制本身作为干预措施的载体。使干预措施政策效应渗入和融合市场机制,最终实现金融市场供给和需求的均衡。

(一)完善多层次的金融服务主体体系

农村金融市场广阔,单一类型的金融服务主体难以做到全覆盖,因此应该根据农村金融市场的需求特点,推动多层次的金融服务主体体系的形成。

针对短期、小额的融投资需求,可以由合作制金融机构甚至规模更小的信用合作社、资金互助社等机构来满足。由于小规模的金融供给产品收益低,如果按照传统金融的运营方式,难以控制和降低成本。利用合作制金融的信息优势和熟人社会间的伦理约束机制可以大大降低信息搜集成本和违约风险。

村镇银行和邮政储蓄银行应发挥其网点布局优势,重点解决农民的储蓄和小额消费性信贷需求。

农业银行等国有商业性银行应针对农民的投资理财需要提供更多的金融理财类产品,为了降低运营的成本,这些理财类产品可以通过其他金融机构的网点发售。

对于农户和农业企业规模较大的生产经营性融资需求,需要逐步地市场化,实现各类金融机构的竞争机制。合作制金融发挥信息优势,村镇银行发挥成本优势,

〔1〕 参见王煜宇:《我国农村金融法律制度的演进逻辑与路径创新》,载《法学论坛》2009年第5期。

大型商业银行发挥规模优势,完成对金融需求市场的全覆盖。

由于农业的基础性战略地位,对于农业基础设施建设投入,仍将在很长一段时间内,坚持国家投入为主的方式。因此,对于大型农业基础设施的金融支持仍需要依靠政策性金融机构。

(二)建立信息提供的激励制度,建立社会征信体系

信息成本是农村金融市场供需博弈中的重要问题。农民的融投资需求和资信信息都难以搜集。因此,应该发挥农村基层组织和地方政府的作用,通过社会征信体系的建立,为金融机构掌握风险信息提供条件。此外,应当建立符合农民职业身份和生活习惯的失信惩戒机制,培育信用价值,提高信用担保的实际效果。

(三)完善农民的产权制度改革,提高担保能力

风险是农村金融市场中的核心问题,农民担保能力直接影响了其获取信贷资金的可能性。《中共中央关于推进农村改革发展若干重大问题的决定》肯定农村金融是现代农村经济的核心,提出"扩大农村有效担保物范围""建立政府扶持、多方参与、市场运作的农村信贷担保机制",有利于提升农户和农业企业的信用等级,有利于金融机构控制信用风险,有利于扩大农村信贷的供给。[1] 一方面,要完善农民的产权制度,赋予农民更多的财产性权利,并通过《物权法》《担保法》的修改使农民拥有的诸如土地承包经营权、林权、宅基地使用权等权利可用于抵押,而且需要进一步完善这些权利的流转机制推动流转市场的建立,为抵押权的实现创造条件。另一方面,也要完善涉农信贷的担保方式,降低涉农贷款抵押率要求,采用灵活的信用保证等方式,这就要求降低对于涉农贷款安全性控制,降低信贷机构和相关业务经办人的风险责任。

---

〔1〕 参见高圣平、刘萍:《农村金融制度中的信贷担保物:困境与出路》,载《金融研究》2009年第2期。

论区域产业结构调整中政府角色

——兼论地方投融资中政府与市场的关系

周明勇*

一、引言

在当代市场经济体制下，社会资源配置体系分为市场机制的资源配置体系和政府财政的资源配置体系。但两种配置方式各有其优缺点，在政府或市场两种资源配置方式中，市场配置主要是依靠私人市场竞争主体对超额利润实际为对超额剩余价值追求，在价值规律的作用下，市场主体在利益博弈中来实现纳什均衡，[1] 从而达到实现资源配置的目的，其盲目性大、效率低，容易导致整个区域经济的周期性波动；而政府配置资源是以社会整体利益为目的，通过计划的方式直接调控进行，作为弥补市场失灵的一种有效手段，其优点是计划性强、效率高、力度大，其缺点是由于实施主体的“非天然人格”具有较强的“负外部性”。因此，在区域经济的发展及区域产业集聚区的形成过程中，由于牵涉地方产业结构系统的变化、土地等稀缺资源的利用，应当由政府进行主导；产业集聚区建立后，则主要应当由市场去进行调节运行。

在我国区域经济发展的实践中，产业集聚区、工业园或产业园等地方投融资项目建立是目前地方政府引导地方经济发展或调整产业结构的主要方式，是实现地方产业结构升级、优化地方资源配置的主要具体方式。因此，区域经济发展健康与否的关键是如何处理产业结构调整中的政府角色定位。而针对产业结构调整中政府与市场的关系，首先，应当分析和借鉴其他地方投融资存在的问题；其次，在现在的制度政策范围内，对政府角色需要进行合理定位。

二、我国地方区域产业结构调整投融资中存在的问题

目前我国地方产业结构调整主要以地方政府调控为主，具体通过地方政府投融

---

* 河北金融学院法律系副高级教师，中国人民大学法学院经济法博士。研究方向：经济法、金融法、法经济学、制度经济学。

〔1〕 参见[美]道格拉斯·G. 拜尔、罗伯特·H. 格特纳、兰德尔·C. 皮克著：《法律的博弈分析》，严旭日译，法律出版社1999年版，第15～19页。

资建立工业园、产业集聚区、引入适合当地的高新产业或进行产业结构重整来引导地方经济发展。实践中,主要存在的不利于地方或区域经济发展的问题包括项目实施前和实施中两个方面。

(一)项目实施前存在的问题

项目实施前存在的问题主要是,首先,财政体制不完善,地方政府事权与财权不匹配;其次,行政管理与经济管理职能混淆;再次,规划不科学,缺乏系统性、全局性规划;最后,缺乏正确的政绩观,问责机制不完善。

1.财政体制不完善,事权与财权不匹配

我国目前虽然规范了中央和地方财政收入分配,但二者之间的事权并没有进行合理划分。除国防、外交、中央机关行政费用等基本上由中央承担全部开支外,其余大部分支出,都是地方各级政府承担,并且由于没有《财政转移支付法》又不同时进行或者甚至根本就没有配套资金转移。因此,一些应由中央财力来承担的事务却由掌握绩效考核权的上级有关部门不断交地方来承担,有时还发生中央出政策地方出钱等现象。这种事权和财权划分不清楚,促使了地方政府不得不依靠举债来加速地方经济的发展,加大了中央与地方政府之间的博弈成本,促使了地方政府不得不依靠举债来加速地方经济的发展。这样,一旦地方债务发生危机,不但会导致政府信用危机,更重要的是可能引发全国金融危机。[1]

2.行政管理与经济管理职能混淆

政府职能主要分为行政管理职能、经济管理或调控职能、国有资产监督职能。从职能的制度特征及法理来看,行政管理职能是由行政法来规制,其保护的法益主要是行政秩序和社会秩序;行政法是以权力为本位,从规范论来看,行政行为"法不允许的都禁止的",更强调的是在法律授权范围内被动依法行政。经济管理职能是由经济法来规制的,其保护的法益则是社会整体利益为本位兼顾私人利益的经济持续和协调发展秩序,是矫正市场失灵,运用市场机制和政府调控的耦合实现资源的最优配置;[2]从规范论来看,经济管理行政具有公私融合的特点,要求管理主体为实现整体利益的主动性和灵活性但又不同于私法的功利性,更强调的是市场失灵时有所为和矫正后的有所不为;行为虽然也应当是"法律不禁止的,都是允许的",但更强调的是非功利性和符合整体利益的合目的性。国有资产所有者职能,则强调的是防止国有资产流失和实现国有资产的保值增值。当然,国有资产又分为经营性国有资产和非经营性国有资产,笔者认为,非经营性国有资产主要是以非营利为目的,实现其保值和防止流失;而经营性国有资产则是以营利为目的,更强调实现其增值。

---

〔1〕 参见邓建宏、王坤:《财政分权视角下的我国公共财政体制改革》,载《中南林业科技大学学报》(社会科学版)2009年第5期。

〔2〕 参见徐孟洲著:《耦合经济法论》,中国人民大学出版社2010年版,第22~23页。

因此,经济管理职能与国有资产所有者职能分开,主要是指国有资产监督机构针对为实现经济调控职能而非营利性职能的资产进行保值和预防流失的监督,经济调控作用则由经济管理职能的机构实施以调整产业结构、引导经济健康发展;而所有与经营职能分开,主要是国有资产监督机构针对经营性或营利性国有资产的保值和增值进行监督;其营利的职能则由经营性公司按市场机制进行动作,以实现国有资产的保值和增值目的,其中,更强调的是增值目的。

"政府既是行政管理主体,市场规则的监护者,又是经济活动的参与者,是投资主体;既是调节主体,执法者,又是调节客体,资源的垄断交易商。当两种身份、两种职能发生利益冲突的时候,地方政府往往倾向于后者,而且越往基层这种倾向越明显。"[1]这便使地方政府间的竞争不单纯限于经济利益的竞争,更重要的可能是地方官员为自身政治生涯而展开的竞争。当中央为了与分权让利的改革相适应,将部分计划、财政、金融等方面的权限下放时,各地方政府出于各自利益考虑必然会利用权力追求经济的高速增长,将大量资金投向那些具有竞争性、高收益营利性的理应由市场主体参与的项目。如此,政府越位现象严重,应该退出的领域没有退出;这种越位与缺位的存在不但使各地方政府该负担的财政支出没有减少,反而增加了新的支出重点,使其不得不通过各种途径筹集资金,从而增加了地方政府财政风险或债务负担。[2]

3. 规划制度不健全、缺乏综合性长远规划理念

首先,规划缺乏持续发展和包容性发展的理念,规划滞后导致结构"瓶颈"效应。如某市一条高级公路,规划宽为9米,但因资金不足,将规划改为7.5米,结果公路修好后,由于车流量太大,一方面经常出现交通事故,变成一竣工就成了"瓶颈"工程;另一方面,没有长远规划,道路两边因私人建筑林立,不到3年就形成了一个自然集镇,在第8年道路扩宽时,因当年规划没有长远考虑,倍增了拆迁成本,还导致了几个严重的拆迁纠纷。

其次,缺乏系统性规划,虽然其与产业结构政策、产业布局政策、产业技术政策同质,[3]但实际规划相当片面,并没有从全局对相关配套项目进行综合规划。例如,在产业集聚区的规划中,没有充分对周边的房地产及污水处理问题从布局上进行综合规划,从而可能导致环境事故,影响周边居民的生活质量。

(二)项目实施中存在的问题

项目实施中存在的主要问题是,首先,地方投融资平台公司性质定位不正确、治

〔1〕 武少俊:《2003~2004年宏观调控:地方与中央的博弈》,载《金融研究》2004年第9期。

〔2〕 参见李桂芹:《小论我国地方政府债务问题的成因和治理途径》,China's Foreign Trade,2012年第4期。

〔3〕 参见史际春:《论规划的法治化》,载《兰州大学学报》(社会科学版)2006年第4期。

理机制不健全;其次,缺乏正确的政绩观、为追求政绩违规超规划投资埋下了一系列潜在风险和隐患;再次,项目融资过分依赖于土地财政所引发的一系列问题;最后,缺乏正确的政绩观,问责、监督机制不完善,还可能导致权力寻租。

1. 投融资平台公司治理机制不健全,政经不分、政企不分、政资不分

地方投融资平台公司依靠各级地方政府信用而成立的现代企业,以其资产依托政府资源以项目预期收益融资,并将所融资金投入基础设施建设、重点和支柱产业,实现地方或区域宏观调控战略任务和国有资产保值增值任务。其主要职能为:一是投融资职能。一方面,为引领地方经济发展方向,通过所融资金弥补地方建设资金的不足;另一方面,负责偿还建设项目的贷款本息,代表政府行使出资人权利义务。二是项目管理职能。三是引资合作职能。为吸引外来资金,开展对外合作,发展重点和支柱产业,实现各级政府宏观调控职能。[1]

但在各地的实际操作中,平台公司一方面以营利为目的,另一个方面又变成了地方政府的工作职能机构,其经营权、管理权、人事权都实际直接归属于地方政府,这样,地方政府"既是行政管理者,又是经济管理者,也是国有资产所有者"。因此,导致相应的行政、经济、所有者三种职能混淆,表现为政经、政企、政资不分,公司治理机制不健全。

2. 缺乏正确的政绩观、为追求政绩违规超规划投资

在现行的制度下政府政绩评价考核往往缺乏群众公认而只是由上级领导和组织决定。因而,上级制定并分派给下级行政组织的各项发展指标和任务,其完成情况就成为下级官员升迁、荣誉评价、考核的主要依据,这必然导致某些地方政府只注重短期利益和局部利益,关注上级领导和组织的满意度,而对地方投融资项目因形象工程而违规超规划投资,从而可能因政府债务导致损害政府信用或金融政策及宏观调控的长期利益和整体利益。如安徽某市高教园区的建设中其教育投资公司就在没有征地的前提下,超出该市人大及政府批准的投资额度4亿多元违规超规划投资建设,导致项目竣工后难于交付,引起了融资投资单位及施工单位与政府一系列的债务纠纷。

3. 缺乏正确的政绩观,问责、监督机制不完善,还可能导致权力寻租

地方政府债务的监督主体应包括人大及其常委会、政府、纳税人。但由于前述的政企、政经、政资不分,地方政府及平台公司在产业结构调整中政府既是运动员又是裁判员,因此,地方投融资实务中缺乏正确的政绩观,问责、监督机制还相当不完善。首先,很多地方平台公司的领导都是政府的重要领导或直接由政府主要领导所领导,而地方人大及其常委会又与地方政府同级,实际上,根本无法取到应有的监督

---

[1] 参见罗曼黎:《论地方政府投融资平台的转型发展》,载《中华建设》2011年第8期。

作用。其次,内部监督机制主要取决于政府主要领导的监督,而目前地方政府主要领导干部任期短和调动频繁,又没有建立责权利效相统一原则下的问责机制,政府内部的监督机制也未充分发挥作用。最后,由于缺乏纳税人公益诉讼制度,所以纳税人监督效率也大打折扣。因此,权力无有效的制衡,政府财政配置资源的过程中还可能因其"负外部性"而容易导致权力寻租,从而影响产业结构调整的效率。

4. 融资方式缺乏创新,土地财政加剧债务及房地产系统风险

目前由于财政体制的财权与事权不匹配,地方投融资项目中资金缺口比较大,在实际操作中地方政府因融资方式缺乏创新,主要都是依靠土地收入或其未来的收入作抵押或合作条件来融资。而现行的土地出让"招拍挂"制度及收益为预算外收入的财政制度促进了地方政府对土地资产的过分依赖。其表现为:(1)工业用地、商业用地及居住用地综合捆绑操作,导致房地产业中"地王"频出,从而引致"地王"地块的周边地价高攀助推房地产调控风险;(2)由于土地的稀缺性及政府垄断性、房地产市场的信息不对称性、不完全竞争性,房地产大部分消费者相对于房地产商而言处于弱势地位,加上银行的按揭制度,土地财政制度就导致了相关市场的连锁反应,土地财政风险与房地产金融风险互相传导,〔1〕导致现行的房地产政策调控造成房价越调越高而成为"空调"。也就是说,造成了"住房供求已经失衡,房价面临全面失控"〔2〕的局面,如不及时改革,市场还将出现大起大落。

因此,"土地是地方政府可以支配的资源,以地招商引资便成为主要手段;而土地在商品化后又是具有极高收入预期的生产要素,对其多征、多占、多卖势在必行。"〔3〕这种以地谋发展模式的主要弊端就是:"地方政府的经济增长过于依赖土地;地方政府收入过于依赖土地出让收入和与城市扩张相关的建筑业、房地产业税收;城市建设过于依赖土地出让和土地抵押融资。这种高度依赖土地的增长方式,形成地方政府债务风险、中央银行金融风险,也放大了宏观经济波动。"〔4〕

三、产业结构调整中政府角色定位

从制度经济学理论来看,制度是"集体行动对个人行动的控制",〔5〕是一个社会的博弈规则,是一些人为设计的型塑人们互动关系的约束。它"构造了人们在政治、

〔1〕 参见李兰英、李伟:《我国房地产金融风险向土地财政风险传导的博弈机制分析》,载《天津财经大学学报》2012年第7期。

〔2〕 社会科院报告:《住房供求已失衡 房价面临全面失控》,http://suzhou.house.sina.com.cn/news/2013-05-09/07333139193.shtml,最后访问日期:2013年5月10日。

〔3〕 刘守英:《以地谋发展模式的风险与改革》,载《国际经济评论》2012年第2期。

〔4〕 同上。

〔5〕 [美]约翰·康芒斯著:《制度经济学》(上),赵睿译,华夏出版社2009年版,第75页。

社会或经济领域里交换的激励”。[1] 从法经济学的理论来看,制度是利益博弈的产物也是解决冲突的博弈的均衡解。均衡是博弈所达到的稳定状态,是各方都能接受的利益均衡点。一旦利益博弈主体为追求超制度利润而采取违法行为,打破法律制度设计的利益均衡点,就应当受到相应的惩罚以增加其违法成本,从而恢复制度设计的利益均衡状态。因此,法律制度就是利益博弈的均衡解,是“旨在创设一种正义的社会秩序”。亚里士多德将正义分为分配正义和矫正正义,其中,分配正义所关注的是在社会成员之间权利、权力、义务和责任的配置;矫正正义主要涉及的是当一条分配正义规范被违反时,对其进行矫正使其回到分配正义规范调整的范畴。[2]

因此,在区域产业结构调整中如何定位产业集聚区政府与市场的关系,笔者认为,针对上述分析的地方投融资中存在的问题,应当分项目实施前和实施中两个阶段,运用制度经济学、法经济学在现有国家政策制度规定的范围内对政府角色制度进行合理创新。

(一)项目实施前的政府角色制度构建

区域产业结构调整中政府角色的制度创新,就必须是在现行中央制度范围内的局部或区域制度创新。因此,在项目实施前应当:首先,呼吁建立地方所有权制度,构建专门机构处理产业区事权与财权问题;其次,分开产业集聚区行政、经济管理和国有资产所有者职能,实现平台公司调控经济的目的;最后,构建科学、系统化的规划制度,预防规划滞后导致的结构失衡和经济损失等问题

1. 呼吁建立地方所有权制度,构建专门机构处理产业区事权与财权问题

地方政府财权与事权不匹配,在地方制度层面是无权解决的,尽管财政转移支付制度不健全,但其作用不可忽视。因此,在现有制度下,缓解或呼吁制度构建的具体方法为:首先,呼吁建立地方所有制度,即根据五级财政建立五级所有权,当然,这种地方政府所有权的权能要受到适当的限制,即某些权能还应当归中央所有,以实现社会整体利益最大化。同时,通过制度规定,应当将国有资产分为经营性国家资产和经济调控性国有资产和其他非经营性国有资产,实现与行政职能、经济管理制度、国有资产所有者职能相匹配的国家所有权制度。其次,呼吁完善转移支付制度、制定《转移支付法》。最后,新区财政机构还应当在产业集聚区构建过程中设立兼职或专职的机构,向上级争取可预测的转移支付资金和解决产业区融资缺口的特殊政策,以便为融资方式创新打下基础。

2. 分开产业集聚区行政、经济管理和国有资产所有者职能,实现平台公司调控

---

〔1〕[美]道格拉斯·C. 诺思著:《制度、制度变迁与经济绩效》,杭行译,韦森译审,格致出版社、上海三联书店、上海人民出版社 2008 年版,第 1 页。

〔2〕参见[美]E. 博登海默著:《法理学:法律哲学与法律方法》,邓正来译,中国政法大学出版社 2004 年版,第 330 页。

经济的目的

现代社会政府职能分为行政管理、经济管理和国有资产所有者职能,应当相应有三次权能分开,即中国人民大学刘文华教授的“三三三开”理论,行政管理权与经济管理权分开、经济管理权与国有资产所有权分开、国有资产所有权与企业经营权分开。[1]

在产业集聚区项目实施前,为了解决行政职能与经济管理职能分开,解决政府既是裁判员又是运动员的问题,笔者认为应当:首先,机构分开,人员分开。即行政机构应当与平台公司等经济管理机构分开,而不能“一套人马现场牌子”从而使行政职能与经济管理职能不分。其次,行政管理人员不能同时兼任园区项目或平台公司管理人员。最后,国有资产监督机构只监管预防资产不当流失和监管资产运用中的合法性和合目的性的问题,而不直接参与经管。

3. 构建科学、系统化的规划制度,预防规划滞后导致的结构失衡和经济损失等问题

在区域产业集聚区的规划中,可能存在的主要问题有:一是规划理念滞后,可能给以后的区域发展增加调规和拆迁成本等从而阻碍经济发展;二是没有从资源节约型和环境保护型的两型社会理念出发,对如垃圾和污水等配套环境规划缺乏系统性考虑,对产业区的生活污水缺乏封闭性生态治理规划,可能导致生活污水污染等环境问题。

因此,针对规划问题,首先,规划应当对未来的发展规划留有空间,以减少不应当有的拆迁或其他成本,实现可持续发展;其次,有系统规划的理念,如对生活污水可规划封闭的污水处理系统,规划设计要做到污水处理后不能直接排入自然,而是要求将处理后的水卖给区域环境绿化单位,由绿化直接再次净化后,进入大自然,这就能杜绝污水处理厂非法排污而使水环境的负外部性内部化了。

(二)项目实施中的政府角色制度构建

区域产业集聚区项目实施过程中政府角色的制度创新,应当:首先,完善平台公司的治理机制、实现地方政府引导经济发展及结构调整的角色;其次,建立房地产“价格倒逼”机制,拓展融资创新方式,防患政府债务及金融系统风险;最后,构建合理政绩观、完善问责制和公众参与制度。

1. 完善平台公司的治理机制、实现地方政府引导经济发展及结构调整的角色

平台公司从体制上虽然如前所述,从人员和机构两方面,落实了行政职能、经济管理职能和所有者职能的分开,但只是形式,实质上还存在以下问题:很多人认为,平台公司是公司,为了使平台公司的国有资产保值增值,就应当与其他市场主体一

---

[1] 参见刘文华著:《中国经济法基础理论》(校注版),法律出版社2012年版,作者序言第15页。

样,要以营利为目的,其治理和运行都应当按照市场机制进行。如目前平台公司的贷款和发行政府债券的条件,与其他市场主体是一样的,如发行债券前3年的平均利润足以支付债券1年的利息。因此,平台公司的治理不仅要做到形式上的行政、经济管理和所有者三职能分开,而且要做到实质分开,政府经济管理和调控职能要有进有退、有所为有所不为,使政府财政配置资源的职能真正落实。

在产业集聚区的形成中,则主要体现为:一是集聚区形成的平台公司的经营目的是非营利性或营利性,应当避免以营利为目的利用政府资源与其他市场竞争主体争利,强调引导产业结构调整和区域经济发展的目的。二是集聚区项目资金应当专款专用、独立核算,特别是项目营运财务不能与平台公司其他项目或竞争性项目的财务相混淆;产业区一旦建立,政府则应当有所不为,就需要退出经营市场,而任由其他市场竞争主体运行。三是平台公司的性质应当强调经济调控和管理性"去行政化"特性,应当尽量维持公司高管人员的稳定性和去行政化的特性,从而使平台公司从实质上转变为地方政府调控经济的机构。四是应当加强管理项目转移支付资金、定期向社会公布应当收取的收入和转移支付的资金等合法的项目资金来源,为项目融资提供合法的依据。五是构建合理的政绩观、完善问责制度。

2. 建立房地产"价格倒逼"机制,拓展融资创新方式,防患政府债务及金融系统风险

区域产业集聚区的项目资金主要两部分组成:其一是企业本身营运所需的资金,其二是房地产及包括道路、污水处理等配套政府基础设施所需的资金。第一部分当然由被招商的企业提供,但第二部分除房地产开发由房地产企业通过自有资金和贷款外,都由地方政府提供。

因此,针对第二部分资金,在区域产业集聚区的形成中,笔者认为,首先,应当根据统计分析,预测产业区形成后的收益额,政府财政中可能用于产业区还贷的转移支付额;其次,主要通过融资创新,如房地产收入信托制度、地方政府债务证券化,对项目进行融资;最后,合理调整土地财政制度,实行房地产价格政府指价政策,规范房地产二级市场,形成房地产"价格倒逼机制",即在政府规定的指导价格范围内竞争出让土地,并对恶意抬高土地出让价格者进行严惩等措施,将经济增长点引导至其他实业中。

3. 构建合理政绩观、完善问责制和公众参与制度

为了预防产业集聚区形成过程中的超规划实施或权利寻租,以及可能存在的相关机构或人员的不作为,需要对地方政府机构及其官员构建合理的考核机制,完善问责制与公众参与制度。

首先,建立合理的考核机制和政绩观。这就要求:第一,根据经济法责权利效相统一原则,明晰政府角色的责、权、利和力,要求法律制度拟制的角色应尽的责任、拥

有的权利或权力、涉及的利益和效益必须合理安排，协调一致；都应当各尽其责，各享其权。[1] 第二，要构建合理的考核机制。具体来说，一是政绩考评既要看显绩，又要看潜绩。二是用科学的发展观评判领导干部政绩，各级政府官员在政绩观方面应该发生如下转变：(1)从以注重GDP为主向“以人为本”的政绩观转变；(2)从单纯向自然索取、注重发展速度向与自然和谐相处、注重质量和效益转变。[2]

其次，完善问责与公众参与制度，推动行政问责的法治化，完善监督约束机制。问责任制，问责制源于“人人皆可问责”的现代法治理念，不管是官员还是民众，只要有过错而且没有免责理由，违背了自己的角色担当，就应当承担责任。将概括和具体的角色担当、问和责结合在一起，强调现代社会中的角色及其义务，并施以有效的经常性督促，若有违背或落空则必当追究责任。[3] 具体而言，应当建立地方政府投资和债务责任终身追究管理制度，对各级地方政府债务分管领导和直接责任人视其情节、后果轻重，可依法终身追究行政和刑事责任。

最后，完善公众参与制度，完善项目监督机制。地方政府债务的监督主体应包括政府、人大及其常委会、舆论与纳税人。其上述方法为：一是政府监督属于内部自我监督；二是人大及其常委会监督；三是完善舆论监督，主要是通过电视、广播、报纸、杂志和网络等公共媒体发挥监督作用，必须确保这些渠道的畅通。

---

〔1〕 参见徐孟洲著：《耦合经济法论》，中国人民大学出版社2010年版，第76~77页。

〔2〕 参见张晨、夏燕：《从传统政绩观到科学发展观：地方政府官员行为的异化与矫正》，载《经济研究导刊》2010年第9期。

〔3〕 参见史际春：《论地方政府在经济和社会发展中的权与责》，载《广东社会科学》2011年第4期。

农村中小企业融资障碍与法律对策

秦雅静[*] 梁文婷[**]

我国到2020年前将建设成为一个小康社会,在进行新农村建设时,乡村中小企业为我国的经济发展发挥了极大的促进作用。尤其是乡村中小企业解决了农村剩余劳动力的就业问题,推进了科学技术的创新。但是,由于我国政府对中小企业的支持力度不够,法律制度不健全,金融机构对乡村中小企业融资存在有信贷歧视,企业筹集资金存在较多困难等导致中小企业融资难,阻碍了乡村中小企业的持续健康发展。因此,在新农村建设中,进行小康社会建设时如何解决乡村中小企业筹集资金困难问题是急需解决的。

一、我国中小企业融资的概念及现状

(一)中小企业融资的界定

农村中小企业又名乡村中小企业,以下简称乡村中小企业。中小企业常常是说那些位于乡村,处于县或县域以下的小型企业或者说是微型企业,对许多区域而言,乡村中小企业的前身即为曾经的乡镇集群。这些集群与所处地域的各种活动联系比较密切。乡村中小企业中占比比较大的一部分即为市里企业的延伸。现阶段,由于乡村的地域环境,社会环境和经济社会环境的约束,我国乡村中小企业融资较为困难。为了使乡村人口尽快脱贫,使我国打造小康社会的目标早日实现,支持和构建乡村中小企业已经成为推进乡村经济和社会进步的必要方法。

(二)我国中小企业的融资特点

乡村中小企业和城市大中型企业极为相似,但它本身就具有与其他企业不一样的地方。这和中国社会长期以来的经济特点密切有关。与市里快速发展的经济相比而言,乡村经济都比较缓慢,产业链不健全,生产具有易变性,贫困人口占比高等特征。导致乡村中小企业在决策主体、运营规模和经济发展领域等方面具有自己的独特性质。

首先,乡村中小企业的决策主体即农村人口,即农村居民和乡村群体经济组织。

* 河北金融学院法律系讲师,博士研究方向:经济法、侵权法、金融法。

** 河北金融学院2012级法律系本科生。

其次,乡村中小企业的运营规模大多较小,受制于乡村并不快速发展的经济情况,乡村中小企业的规模十分小。经营范围只有个体零售业、乡村旅店住宿、乡村农家乐、建造业、加工零售等行业,企业人员大部分只来自乡村或是失业人员。因而,乡村绝大多数时候难以构成标准的产业链,企业和企业联系偏少,致使乡村中小企业发展较为困难。

最后,乡村资源有限导致乡村企业的经济难以得到快速的发展。乡村中小企业自身概念的界定也局限了它的定位必须是处在乡村,即乡村这个十分落后的社会群体中。相对于经济发展快速的城市地区而言,乡村的资源不足而且存在运营范围小、人力资源不足、技术水平缺乏。故而,在目前这些状况下,乡村企业的经济发展常常会落后于城市里的企业,出现融资"瓶颈"的情况会更多。

二、日本中小企业融资经验启示

(一)日本中小企业融资现状

日本主要由政府直接支持中小企业,并通过政策扶持中小企业,解决融资困难的问题。

第一,日本具有较健全完善的中小企业管理组织体系。日本不仅创设了一个非常有特色的中小企业金融体系,而且以创设法律的形式保证实施。日本政府非常重视并且促进立法发展,早在 1948 年,日本创设"中小企业设备现代化基金贷款系统和设备租赁系统",支持中小企业融资。

第二,制定和完善的中小企业金融机构的政策。日本创设中小企业的金融体系,替中小企业支持服务。机制主要包括设立中小企业金融财政管理所需的长期资金,为中小企业提供融资;建立国家金融财政,为小企业提供微型融资;建立商业公共财政,为中小企业提供贷款、债券、外汇管理等全面的金融服务。这些金融机构通过使用财政资金为中小企业提供融资。

第三,创设和完善中小企业的信用担保体系。日本对中小企业的信贷担保体系主要是由信用担保协会的信用担保,以及完全由政府资助的系统和信用保险公司为中小企业信用提供担保。信用担保体系和信用保险系统支持的使用,也被称为信用体系的完成。信用担保协会为中小企业,提供安全保障和信用担保。日本通过该系统以改善中小企业缺乏信用,减少金融机构的借款风险,促进中小企业筹集资金。

(二)日本中小企业融资的启示

首先,建立和完善中小企业融资担保体系,建立和完善保护中小企业的法律制度是解决中小企业发展的关键。例如,日本《小企业创新发展法》《中小企业的金融财政法》等。我国现有的中小企业法律规定主要有《城镇集体所有制企业条例》,我们应该提高中小企业信用的法律保护系统。

其次，政府加强制定中小企业发展的政策及其施行措施。日本中小企业的健康发展与政府的支持不可分离，中小企业发展来自政府的支持。加强中小企业发展的政策支持是提高中小企业的竞争力的有益实践，如英国、美国、德国、日本和其他发达国家通常是给中小企业财政援助和税收让步。这些政策有力地促进了中小企业的发展，我国很有必要进一步加强政府的支持。

再次，促进资本市场的改革，扩宽筹资途径。基于中小企业的发展在强国的经验表明，直接融资是中小企业的主要融资渠道，快速发展和扩张的一些中小企业，不能偏离发达资本市场的直接筹资。当前中国的资金市场还处于发展中，尤其是中小企业直接筹资的途径极其狭窄。要积极推动中国资本市场的改革对中小企业融资的渠道扩张。

最后，加强融资体系和融资工具的创新。目前，我国中小企业筹资困难和资金环境与日本有很多相似的地方，故而，日本中小企业金融支持措施尤其是支持金融机构的政府政策和信贷保险制度的有效结合，为中小企业融资提供担保融资对中国具有借鉴意义。一方面，建议政府创设和改进支持中小企业金融体系的发展，通过提供筹资优惠政策，加强中小企业的外部融资；另一方面，中小企业需要不断提高自己的企业竞争力和盈利能力，并积极利用金融产品和金融服务以满足金融需求。

三、我国乡村中小企业融资存在障碍的原因

(一)从政府的角度来研究农村中小企业融资困难的原因

1. 政府的扶持力度不够大

乡村中小企业存在融资阻碍很多时候的缘由是国家的支持力度小，以及欠缺现在施行的市场经济制度。政府扶持政策习惯性地向大企业倾斜，乡村中小企业会很容易就失去政策支持的机会，因此，其生存和发展固然会遭到限制。

2. 法律政策明显缺失

融资法律体系尚未健全。目前，只有《公司法》等少数法律对乡村中小企业的融资起到了一些规范作用，我国缺少一部对农村中小企业起到有效保护作用的法律，特别是在乡村企业进行贷款和申请信用担保等方面。我国《中小企业促进法》积极作用巨大，但也有很大的局限性，保护乡村中小企业权益的法典迫切需要出台。

(二)从金融机构角度研究农村中小企业融资困难的原因

1. 金融机构对中小企业的金融歧视

商业银行谋求利益最大化本质和信贷歧视，让乡村中小企业在集资时遇到困难情况增多。在当前经济状态下，一个企业信誉的外在表现关键是企业的规模和产品市场的占有率，以及表明企业的信誉度的企业财务状况。这些情况表明，乡村中小

企业远比不上市里企业，这也是乡村中小企业在筹集资金方面远不如大企业的原因之一。

2. 金融机构的信贷审批程序复杂

国有商业银行的贷款审批程序十分严格和烦琐，办理好一笔贷款一般需要耗费几个月的时间，程序多时需要时间还会更多。但是，筹资少、时间紧迫则是乡村中小企业筹集资金的特点之一。有调查指出，大部分企业自己放弃借款是因为时间成本自己支付不起，部分企业即使申请到了借款，市场的先机已经被其他企业争先抢走。可见审批程序繁冗、时间代价高等造成乡村中小企业集资困难。现实中融资机构办理贷款必须通过完整的审批程序，而复杂的贷款审批程序导致一些有资金需求的中小企业对银行贷款望而生畏。

(三)从企业自身的角度来研究农村中小企业融资困难的原因

1. 信用度低而造成的信贷受阻

大部分的乡村中小企业都觉得不按时还款是一件很正常的事，晚几天没问题，所以银行在对乡村中小企业进行贷款审批时往往比较严格，由于企业的信用度较低，银行的借款得不到及时的归还，很难实现自身的债权，给银行留下了信用不良等极为不好的印象，这样银行在审批融资时就会更加严格，甚至不愿意再向乡村企业融资。

2. 抵押、质押担保能力薄弱

乡村中小企业信誉非常低，同时缺少必需的冲抵财产。农村经济比较落后，大多数中小企业分布十分扩散，由于它们的资金十分有限，所以乡村中小企业所有能运转的钱用以维持平时的经营，固定资产的投放偏低。因此，企业缺乏抵押物，满足不了银行必须的高标准贷款条件。所以乡村企业的抵押担保功能薄弱，企业不容易成功获取金融机构的抵押融资。

3. 中小企业自身素质不高

一些企业常常不会按时还款，更甚者有钱也不愿还款，还款意思薄弱，企业员工整体素质不高、信用度低，这也是企业常常难以获得银行的信用贷款的原因之一。企业内部会计报表反应的消息不明确，缺乏健全财务文件。企业的收支状况，反映了一个企业的经营能力，会计报表不健全，缺少公开信息，难以反映出企业的经营状况，所以银行在贷款时着重看的还是企业的偿还能力。

4. 中小企业人才匮乏

中国农村中小企业的员工大多是农民，一般活动在乡村的人口都是剩余的劳动力，而这部分人一般受教育较少、素质不高，能力强的人都跑到大城市去发展，企业极难注入新鲜血液。因此，企业就很难利用到先进技术，缺乏运营管理的进一步认识，这在一定程度上也约束了企业的发展。乡村企业大多数都是自营企业，农村企业领导人掌握的运营知识薄弱,领导者缺少远大的卓识和高明的见解,缺乏前沿的筹资理念,难以替企业筹划出一份合理筹资计划。因此,乡村中小企业的发展受到了很大的局限。

(四)从社会角度研究农村中小企业融资困难的原因

1. 我国尚未健全中小企业的信用担保体系

近年来,各类担保机构都有极为迅速的发展,在很大程度上解决了乡村中小企业融资"瓶颈"的问题。但是,由于我国缺乏中小企业信用担保体系,乡村中小企业的信用度较低,担保机构常常是畏缩担保甚至是不敢担保。

2. 民间融资体系还不规范

由于乡村中小企业信用度低、经营规模小,大多数的银行都对乡村中小企业有信贷歧视,慎贷甚至是不愿贷款给乡村中小企业,所以乡村中小企业只能从其他渠道去获取资金。这些途径主要包括向熟悉人借钱,或者向民间组织借贷支付高额利息等。民间借贷不需要烦琐的手续,只要当事人双方在私下甚至是口头达成协议即可,这种方式手续简单甚至是不需要手续,对急需资金的企业来说非常便捷。但是这种方式缺少法律规范,一旦两方出现纠纷,缺少有效的救济途径。

四、完善我国中小企业融资法律制度的建议

(一)政府为中小企业融资创设健全的金融环境

1. 制定法律法规

对中小企业融资困难的问题,国家应该引起高度重视。制定专门保护中小企业融资的法律法规,让中小企业融资难的问题纳入法制化的轨道。完善现有法律制度,通过修改或者增减法律规定的方式,为中小企业的融资创造良好的法制环境。

2. 政府要制定措施来缓解中小企业融资问题

政府可以依据各个地方的不同情况分别出台一些优惠税收政策,为企业减轻一些资金压力,这样企业可以将结余资金用来日常经营。政府也可以通过向企业出台一些补贴措施,支持企业做大、做强,鼓励企业进行技术创造,扶持企业将产品销售到外省甚至外国,给企业贷款援助,满足乡村中小企业资金需求,进一步改善乡村中小企业资金紧缺的情况。

3. 政府应该创建和改良中小企业扶持政策体系

政府应以保障乡村中小企业利益作为出发点,对威胁市场环境的个人和组织给予严厉的处置,替乡村中小企业建造一个美好的市场环境,这样企业才可以得到健康的运营,不断前进。各地政府应该设立一些专门扶持乡村中小企业的机构,当企业需要帮助时可以得到快速有效的帮助。

4. 创建信用评审制度

乡村中小企业的信用度低一直制约着企业的融资，政府应该在乡村中小企业努力提升自身信誉的基础上设立一些专门机构，由这些机构出具具有公正价值的信用评价，并将企业的信用评审等状况记录在系统中，以便于银行的查询，从而解决银行与企业两方信息不确定的问题。

5. 规范民间资本融资

在银行贷款困难的情况下，民间融资成为一种解决融资困难的重要途径，所以民间借贷市场非常活泼，在某些地方甚至也替代了银行的功能。[1] 不过，民间借贷尚不规范，需要国家作出一些强制性的法令规制。同时，制订计划对现有社会中的部分民间闲置资本加以筹集，提升资本利用度，以达到互利共赢的目的。[2]

（二）金融机构应因势而为

1. 积极推出金融创新产品

金融机构应该多推出一些可以解决乡村中小企业融资"瓶颈"的金融投资产品，以便于乡村中小企业进行筹资，如票据贴现、个人委托贷款、商贷通、助保贷等，一些模式已经取得了很好的尝试效果。[3]

2. 大力发展主要服务于中小企业的区域性银行

目前，民营银行数量太少，能为中小企业服务的更是屈指可数，政府应该大力发展地市级以下的民营银行，银监系统应放宽审批，加快民营资本准入。

3. 完善中小企业金融体系

创设中小企业的金融体系，主要包括设立中小企业金融财政管理所需的长期资金支持体系。建立国家金融财政，为小企业提供微型融资；建立商业公共财政为中小企业提供贷款、债券、外汇管理等全面的金融服务。

（三）中小企业弥补自身缺陷

1. 改变自己的经营理念

在这个科技日益发达，技术飞速进步的时代，乡村中小企业必须转变自己的经营理念，时代在进步，理念也应该不断随之进步，不能与现实脱节，要建立健全现代经营制度，提升自身的社会竞争力，这样企业才能在社会大潮中不断向前，企业才会做大、做强，各个金融机构才会愿意贷款甚至愿意主动提供贷款。中小企业要立足自己的主业，不断创新提高质量、降低价格、促就业，经得起诱惑，特别是要借鉴改革开放以后的发展经验，不盲目跟谁，把自己变强，才能把自己的企业变得坚不可摧。

---

〔1〕 参见薛有芸：《我国中小企业融资问题的探索》，载《现代企业文化》2013年第15期。

〔2〕 同上。

〔3〕 参见庞金峰：《中小企业融资难的原因分析与如何解决》，载《商情》2011年第1期。

2. 健全中小企业财务制度

乡村中小企业应该建立健全企业财务会计报表信息，加强审计，加强部门管理，完善企业内部治理结构，可以将财务信息公开到自己的网站上，做到真实透明，提升企业的信用形象。

3. 改善中小企业的管理制度

我国乡村中小企业大部分属于民营性质，部分都延用以往家庭类型的管理办法，乡村企业人员的素质不高，缺乏现代企业制度的管理经验，极大地限制了企业的发展。企业领导者应该带头学习现代化的管理制度，引进管理队伍，改变部门管理形式，提升员工的诚信观念，提高企业在社会上的竞争力。

4. 坚持诚信，反对欺诈

企业应该按时将贷款归还给银行，做到诚实守信，公开财务信息、债务情况，做到公开透明不欺诈，建立信誉评级系统，具有较高的信用评价指标。

（四）创设和完善中小企业信用及信用担保体系

创设和改进中小企业的信用担保体系首先要建立信用担保协会，用以改善中小企业缺乏信用问题。信用担保协会的信用担保完全由政府资助的系统和信用保险公司为中小企业提供信用担保。信用担保协会为中小企业，提供安全保障，信用担保协会可以申请中小企业保险负债。还可增加建立拥有独立性、按市场化方式运行的中介服务机构，解决信息使用者的不对称性。另外，可以建立专门为中小企业融资的担保机构。不断拓宽融资渠道，严格市场准入制度，建立高效的信用担保制度。

河北省农村土地流转情况调研报告

魏博洋* 张严冰**

农村土地流转是市场经济发展的必然选择，它有利于实现土地资源的优化配置，将农民从土地上解放出来。但目前河北省农村土地流转情况不容乐观，需采取有效措施加快推进农村土地流转。

一、河北省农村土地流转调研

为获取第一手材料，确保信息资料的真实性，笔者成立了专门的团队在2013年7月至9月对保定、唐山、承德和石家庄4个地区的村庄进行了实地走访和问卷调查，详细了解了这些地区的农村土地流转情况，并得出了如下信息：从省农业厅我们了解到，截至2013年，河北省农村土地流转已达1251万亩，占家庭承包耕地总面积的15%，而且通过流转，经营规模日益扩大，比重已到达60%。这主要是由于河北省各政府职能部门一直重视和不断改进农村基本经营制度，加强了农业经营体制的创新，同时不断对生产关系进行调整。河北省在对农村土地流转进行积极推进的同时，还不断培育新型主体，极大地激发了内生产力。目前，全省粮食、蔬菜、棉花、中药材种植专业大户达到9028户；有关种植业养殖业的农民合作社现已发展到2.97万家；同时，植物保护服务组织建立了5772个，农机专业化服务组织达到了4780个。2013年11月1日历时四审通过的《河北省农村土地承包管理条例》正式生效，与此同时，河北省开始进行土地承包经营权等级试点工作，为使农民的合法权益切实得到保障，还建立了一套行之有效的农民负担监管机制。此外，为加快农村土地承包经营权流转步伐，河北省还全面开展了农村土地确权工作，并为农民和集体进行登记颁证。

为确保农村土地承包经营权的有序流转，提高农民的生活质量和抗风险能力，河北省鼓励、支持多种形式的农村土地流转方式，如转包、转让、出租、入股、合伙等。此外，还大力引导农村土地向专业大户、农民专业合作社、专业种植大户流转。

* 河北金融学院副教授，硕士。研究方向：经济法、金融法。

** 河北化工医药职业技术学院讲师，硕士。研究方向：经济法。

二、河北省农村土地流转中的问题

笔者经过历时3个月的走访调研发现，现阶段河北省农村土地流转存在众多问题，致使农村土地流转规模小，集中程度较低，不仅阻碍着农业的快速发展，还损害了农民的利益，对社会的安定也造成了一定程度上的威胁。具体而言，河北省农村土地流转中的问题主要体现在以下几个方面：

（一）农村土地流转产权制度不合理

产权制度不合理主要造成了三方面问题的发生：首先，我国相关法律虽然明确规定农民集体是农村集体土地所有权的主体，但是没有详细阐明农民集体的含义，在实践过程中难以界定农村集体土地所有权主体，使其无法获得法人资格，难以承担与其相对应的民事权利与义务，直接导致了农村集体所有权无法得到法律的有效保护；[1]其次，由于受流转市场不成熟、农民对土地依赖性强、相关法律不健全等多方面的影响，农村参与流转的土地较少，造成了流转障碍；最后，受产权分散的影响，在农村土地流转实际工作中，农民之间时常会因土地的权属问题而发生纠纷，这类问题发生后没有专门的政府部门进行处理，不利于农村土地所有权属的管理。

（二）农村土地承包经营权流转程序不规范

目前，河北省乃至全国范围内的农户在土地流转中缺乏对签订书面合同的重视，笔者在走访调查中发现，在农村土地流转中有43%的农户是以口头协议的方式进行流转，具有书面协议的占比为36%，而具有第三证明的只有17%。由于口头协议和未经相关部门审核的书面协议不具备法律效力，农村土地流转一旦出现纠纷在很大程度上会损害到农民的合法权益，打击到农民的积极性，从而制约了农村土地流转的推进。

（三）短期租赁土地现象严重

通过走访调研，笔者了解到，河北省农村土地转包一般有三种情况：一是由于农户自身原因进城务工或定居到城镇中，远离了土地，致使土地长期无人照看；二是一些有能力有眼光的农业大户看好了农业的发展前景，想扩大自身的农业生产经营规模；三是受家庭人口数量的影响，没有能力对土地进行耕种。他们大多以合同的形式将土地转包给他人，所以产生的土地纠纷较少。此外，土地流转手续较为烦琐，大多数农民感觉麻烦；农民还有以后从事土地经营生产的打算，这样他们便会将土地暂时性的转出，因而较多采取短期租赁的方式。笔者通过走访调研发现，仅有14%的农户愿意将土地长期出租，而84%的农户更多的是愿意短期出租土地，因为当他

---

〔1〕 参见刘卫柏、李中：《新时期农村土地流转的方式及其现实意义》，载《安徽农业科学》2011年第22期。

们在打工过程中遇到各类问题而生活无法得到保障时,他们可以回到农村依靠土地进行农业生产经营,从而满足自身的生活需求。但是短期土地流转方式有许多弊端,由于租期时间较短,土地转入方为实现经济效益会在短期的时间内对土地不加节制的利用,难以对土地进行改良和养护,这样对土地就造成极大的破坏。调研还发现,农户出租土地的年限一般在1~5年,5年以上的很少,10年以上的仅有0.1%。对于长期出租土地的农民,他们更加希望土地流转能够随时中止或调整出租条件,因为土地是他们的生活保障,他们大部分的收入来自土地。

(四)农村社会保障制度不健全对土地流转造成了阻碍

近年来,国家和河北省政府越来越重视农村的社会保障制度建设,但是有关农村社会保障的政策和法律法规依旧较少。2010年我国出台了《社会保险法》,条文中对农村社会养老保险和合作医疗进行了较为详细的规定,但由于全省农村数量较多,难以对地区进行全面的覆盖,而且覆盖到的地区也缺乏较为有效的监督,实施效果并不良好。此外,地方性的政策制度缺乏法律保护,在政策实施过程中缺乏较高的法制化、规范化,因此,土地依旧是农民最基本的社会保障。

三、加快推进农村土地流转的对策建议

河北省土地流转存在众多问题,农村土地流转产权制度不合理,土地承包经营权流转程序不规范,短期租赁土地现象严重,而且农村社会保障制度不健全。这些问题不仅阻碍着农业的快速发展,还损害了农民的利益,因此,要采取有效措施加快推进农村土地流转。

(一)完善流转立法

国家应制定相关法律,不断完善农村土地承包经营权流转。首先,明确产权。产权不明是造成各类土地纠纷的重要原因,也是农村土地流转的一大障碍。因此,应明确产权,推动农村土地的顺利流转。其次,加强农村社会保障建设。土地是农民赖以生存的生产资料,是他们生产、生活的物质保障,只有完善农村社会保障功能,才能使农民消除顾虑,从而转出土地推进农村土地流转。

(二)依法推进农村土地流转,解除农民后顾之忧

政府和相关部门在农村土地流转中要起到引导作用,依法实现土地的合法流转;监管部门要以相关法律为依据,正确处理农村土地流转中出现的各类问题,如土地流转中的农民补贴、土地中介机构的法制化建设等。同时,还要建立健全农村社会保障制度,如社会保险、社会福利、优抚安置、农村合作医疗、就业等,切实帮助农民解决因转出土地而造成的顾虑,实现农村土地流转的健康可持续发展。[1]

---

〔1〕 参见王甲午:《辽宁省农村土地流转现状及对策建议》,载《农业经济》2011年第12期。

（三）加大农村土地流转政策法规宣传力度

村委会和各级相关部门通过形式多样的宣传方式向农民宣传土地流转的政策和法律法规，使其认识到土地流转的重要意义。为营造一个良好的农村土地流转发展环境，要积极利用电视、网络、手机短信等现代化的媒体形式大力宣传农村土地流转的各类规章措施和优惠政策，提高农民对土地流转的认识，并积极投身到土地流转工作之中。

综上所述，随着市场经济的快速发展，河北省农村土地流转加快了步伐，但是农民的土地权利依旧受到多方面的制约。为推进土地流转的快速发展，需要完善流转立法，依法推进农村土地流转，加大农村土地流转政策法规宣传力度，不断解决农民的后顾之忧，实现土地流转的健康可持续发展。

保定市新农村养老保险现状调查研究与对策分析

耿　平*

日前,国务院召开全国城镇居民社会养老保险试点工作部署暨新型农村社会养老保险试点经验交流会议,决定加快新农保试点进度,在本届政府任期内基本实现制度全覆盖。可见国家目前对农村养老保险的重视程度。人口老龄化是一个世界性的问题,也是世界人口的发展趋势。据统计,目前我市老龄人口已接近全市的13%左右,而我市传统的养老方式和产业结构现状无力安置日益增加的老年人口,无力承受老龄社会所带来的沉重压力,我们的目标是真正的老有所养。

一、建立和完善新农村养老保险的必要性

农村养老保险是社会保障制度的一个子系统,现在我市城镇居民的养老保障已得到基本解决,而农村社会保障却还处在试探阶段。随着社会的发展,计划生育政策的推行,家庭结构小型化,传统的家庭保障功能削弱。同时,土地的保障功能弱化,人口老龄化程度日益加深,使建立和完善农村社会养老保险变得十分紧迫。国家"十一五"规划提出了要坚持统筹城乡经济社会发展的基本方略,决定在积极稳妥地推进城镇化的同时,按照生产发展、生活宽裕、乡风文明、村容整洁、管理民主的要求,扎实稳步推进新农村建设。建立和完善农村社会保险制度是衡量新农村建设成效的主要标志。

建立和完善农村养老保障制度势在必行:第一,建立和完善农村养老保险制度是新农村建设和构建和谐社会的必然要求。构建和谐社会要求逐步扭转城乡、区域发展差距扩大的趋势,统筹城乡发展。让城乡在社会保障制度上逐渐一体化,使城乡社会保障制度得以接轨,让农民和城镇企业人员一样享受老有所养的权利。第二,人口老龄化趋势要求建立农村养老保险。人口老龄化是全球化的趋势,目前我国农村人口老龄化的趋势日趋严重。据资料统计,2014 年我市农村 65 岁以上老人占 7.4%,到 2030 年这一比例将上升到 17.4%,这使建立农村养老保险更为迫切。

---

* 河北金融学院法律系副教授,硕士。研究方向:诉讼法。

二、保定市农村社会养老保险存在的问题

(一)宣传力度不够,对社会养老保险还存在认识上的误区

由于某些基层干部对社会养老保险工作的宣传不到位,所以一些农民对新农村养老保险了解不多,总觉得很新鲜,而且有点不太相信。缴纳保费,许多农民误认为是政府巧立名目集资摊派,对于个人能否从中受益持怀疑态度,尤其是社会养老保险的投资回报期一般都很长,他们更担心政策变、领导换、贬值难兑现、上当又受骗,许多农民认为与其将钱投入"无底洞",还不如留给子孙以期善待。虽然部分适龄农民也投保,但大多是出于部分村干部的压力和从众心理。

(二)覆盖面窄,保障水平低

我市现行的农村社会养老保险制度是完全积累型的个人账户制,养老金水平完全取决于账户积累期限和积累规模,投保期限越长、缴费金额越多,收益就越多。其实质更类似于一个低保障、低缴费水平的农民养老保险个人储蓄计划,如大多数地区农民投保时都选择了保费最低的2元/月的投保档次。在不考虑通货膨胀等因素的情况下,如果农民在缴费10年后开始领取养老金,每月只能领取4.7元。如果一次性缴费100元,对于现在20岁的人来说,到60岁时开始领保险金时,每月也只能拿到104元。这样的保障水平显然难以满足农村老年人的生活需求,难以真正实现养老保险的功能。

(三)管理水平差,基金的保值增值能力低

由于农村养老保险基金采取属地化的管理方式,并下放到县级,而保定市很多县级财政为"吃饭财政",难为当地的农村养老保险提供财政补贴,资金挤占挪用的现象还时有发生。由于机构不健全,缺乏专业人才和严格的管理制度,养老保险管理工作问题较多,其中突出的是养老保险基金管理问题。为了基金的安全性和有效性,养老保险基金主要存入银行和购买国家财政发行的债券,而不能直接用于投资。然而,近几年,我国银行已连续几次降息,政府若按投保之初承诺的利率兑现养老保险金,必将背负很高的赔付率,这意味着政府收取的保费越多,赔付越多,包袱越重,困境越深。

三、落实与完善新型农村社会养老保险制度

建立新型农村社会养老保险制度,是加快建立覆盖城乡居民社会保障体系的重要工程,是促进农村改革发展的重大惠农政策,对确保农村居民基本生活、推动农村减贫和逐步缩小城乡差距、维护农村社会稳定意义重大。

(一)坚持政府对新农保的主导地位,加大宣传教育力度

采取广大农民喜闻乐见的形式进行宣传,如采取电视、广播、标语、文艺下乡演

出等方式,使农民逐步认识到参加社会养老保险的重要性和必要性。要注意在广大农民中树立典型,充分利用其示范带动作用。村干部要将村民身边的人和事作为教育素材,切实从农民的利益出发考虑问题,想群众之所想,将动员工作落到实处。

(二)增加政府公共财政投入,逐步扩大覆盖面及提高新农保养老金待遇

在推进新型农村社会养老保险制度的过程中,无论是中央政府或是地方政府都承担着不可推卸的职责。纵观世界各国的社会保障,从其诞生之日起,都是由政府组织实施的一种政府行为。政府应加大对农村养老保险的扶持力度,加大公共财政对农村社会养老保险的投入,提高标准,扩大覆盖面。

(三)加强立法工作

促进农村社会养老保险工作的规范化和法制化。保定市新农村社会养老保险试点工作开展几年来,大批农村老年人已从中受益,但迄今为止我国仍没有一部关于社会保障方面的基本法律,新农村社会养老保险工作要按照建立"五统一"管理体制的要求,逐步建立包括《社会保障法》《社会保险法》和《养老保险法》几个层次的法制网络,使养老保险工作逐步走向法制化和稳定发展的轨道。

我国民间借贷法律制度的完善

穆玲芝*

民间借贷是社会经济发展的必然产物,但它不是正规融资,虽能活跃金融市场,却也增加了金融机构的不稳定性。例如,在民间借贷过程中极有可能会发生高利贷、非法集资、非法吸收公众存款等违法行为,或者约定的借贷利率违反法律规定。因此,出台统一的民间借贷相关法律,明确民间借贷的法律地位,规范民间借贷的发展,加强民间借贷的监管,能够促进民间借贷市场的完善,充分发挥民间借贷的作用,预防民间借贷的风险。

一、我国民间借贷的法制现状

尽管目前民间借贷依然存在诸多问题,但有关民间借贷的具体规范其实并不少,主要包括:宪法、法律(如《民法通则》《合同法》《公司法》)、行政法规(如《非法金融机构和非法金融业务活动取缔办法》、国务院《关于鼓励和引导民间投资健康发展的若干意见》)、地方性法规(如《温州市民间融资管理条例》)、司法解释(如《关于鼓励和引导民间投资健康发展的若干意见》)、部门规章(如《贷款通则》)。从以上可以看出,我国关于民间借贷的相关法律数量不少,且从不同侧面对民间借贷进行了调整,但其法律规则的零散化和不协调,使民间借贷在实践中没有明确统一的标准,重复规定、相互不能衔接等问题普遍存在。2014 年 3 月的《温州市民间融资管理条例》及《温州市民间融资管理条例实施细则》也并未规定对民间借贷进行严格的审核和监督程序,无疑增加了民间借贷得风险。因此,我国民间借贷市场风险高,急需相关专门立法保驾护航。

二、我国民间借贷法制存在的问题

我国现行法律对民间借贷的调整缺乏专门法律规范,使相关民间借贷很多基本问题无法确认,实践中带来了风险。主要问题包括:

(一)民间借贷主体不明确

目前,实践中对民间借贷的放贷人没有统一标准,借贷行为营利与否并不是确

* 河北金融学院法律系副教授,硕士。研究方向:金融法、经济法。

认是否为民间借贷放贷人的标准;有地下钱庄,也有如财务公司、贷款公司,它们是只贷不存的金融机构。2015 年 9 月 1 日起实施的最高人民法院《关于审理民间借贷案件适用法律若干问题的规定》规定,民间借贷不管有偿还是无偿,只要不违反年利率 36% 的规定,法律都是允许的。我国《非法金融机构和非法金融业务活动取缔办法》第 4 条规定,禁止非法发放贷款,这是非法活动。由此可以看出,对于以营利为目的,连续的民间借贷,无论放贷主体是什么形式,必须要经法定国家机关核准并登记,否则是违法的。2010 年《贷款通则》修订稿规定,作为放款人的非金融企业和个人,即使未经批准,也可以从事放贷行为,但其放贷总额、笔数和利息收入要符合法律要求。[1] 可见,该法对民间借贷主体准入的管制放松了,扩大了借贷主体的范围。现有法律并没有明确禁止企业作为民间借贷出借方,但是明确规定了公民与企业之间的借贷属于民间借贷,对于企业与企业之间的借贷是否属于合法的民间借贷,则没有突破企业与企业之间不可以进行资金拆借的规定。

(二)民间借贷利率的规定不合理

最高人民法院《关于审理民间借贷案件适用法律若干问题的规定》提高了民间借贷的年利率上限要求,由原来不能超出银行同类贷款利率的 4 倍(即年利率 24% 左右),提高为年利率 36%,法律不保护年利率超过 36% 部分。即使如此,上限的规定依然与目前无序的民间借贷市场和风险现状不太适用。

对发放高利贷仅仅不保护其超过 36% 以外的利率,任意约定高利率的后果最多是超过的部分不予保护,这使得高利贷发放者的违法成本在司法实践中几乎为零。另外,实践中,多数民间放贷人想尽办法掩盖高额利息的不法行为,如预先将利息在本金中扣除,差额部分为利息,规避法律对民间借贷利率的上限规定。

(三)民间借贷缺乏监管机制

监管,即监督管理并引导。目前,我国仍没有一套适用于民间借贷的监管体制。对于民间借贷,我国还处于摸索时期,还存在监管主体缺位、监管形式不完善等问题,而且没有明确的法律规范对于民间借贷行为该怎样监管、什么时候可以介入监管、监管的力度如何等问题作出具体规定。民间借贷行为监管主体的缺位导致国家职能部门之间互相推诿责任,民间借贷长期缺乏规范的监管,这种无序发展的状态隐藏了非常多的不安全因素,不仅阻碍了民间借贷的健康发展,对于国家金融秩序也具有非常严重的危害性。

三、其他国家或地区民间借贷制度及对我国的启示

(一)美国的民间借贷制度

美国的金融市场一直以来都是最为发达的。在美国,不仅正规金融市场呈现鼎

---

[1] 参见施陈继:《刍议民间金融的法律规范问题》,载《浙江金融》2014 年第 3 期。

盛发展的趋势,就连非正规金融市场也具有相当重要的作用,这离不开美国政府在实践中不断探索的努力和其采取的正确态度。当民间借贷产生时,美国政府没有过分抵制其发展,而是结合自身发展实际,肯定了民间借贷的合法性,明确了民间借贷在金融市场中的地位。被阳光化的民间借贷充分发挥了它的积极作用,促进了美国的中小企业经济的快速发展。美国在20世纪50年代通过了《小企业法案》,作出了中小企业管理局负责监管和审查中小企业投资公司的合规性规定,并且严格限制了中小企业的融资资金的用途。美国并没有完全放任民间借贷的发展,对民间借贷的利率作了明确的限定,规定了借款利率的最高限额,基本利率通常在6% ~16%,并且可以根据具体的借款资金用途、数额等因素上下浮动。

(二)印度的民间借贷制度

印度在1935年成立了储蓄银行,曾试着对"土钱庄"(类似于我国的地下钱庄)实行现代化银行的金融监管模式,但最终因遭到"土钱庄"的抵制反抗而没有成功,而且没有阻挡住"土钱庄"等民间金融在印度依旧盛行的趋势。现在,印度通过注册或者由储蓄银行管理的方式对民间非正规金融机构进行监督。印度对民间非正规金融机构采取的这种积极主动的监管,有利于及时准确掌握有关民间金融机构的活动信息,也充分保证了民间金融在整个金融市场中的积极作用,还表明了印度对民间金融活动的安全性、稳定性的高度重视。印度政府为了使正规金融市场和非正规金融市场在印度金融市场整体中呈现出全面和谐发展的景象,主要通过以下方式管理民间金融:第一,创造丰富的金融服务类别,除了满足人们的贷款需求,更要加强满足人们对于储蓄、理财和保险的需求。第二,加强鼓励、引导非正规金融机构的金融活动进入正轨,使其规范化。

(三)我国台湾地区的民间借贷制度

我国台湾地区的民间借贷也产生了非常久的时间,从起初传统的民间互助会、钱庄到后来兴起的租赁公司、中小额贷款公司,再到现在的地下期货公司等金融力量。民间借贷在我国台湾地区得到迅速发展,迄今已经有一半以上的居民加入民间借贷活动中,由于我国台湾地区民众对于民间借贷具有热情高涨的参与积极性,以及我国台湾地区的正规金融活动对于民营企业采取严格的管制,使我国台湾地区的民间借贷迅速发展起来。在民间借贷等非正规金融活动进入金融市场后,我国台湾当局采取了严格的监管政策,表现在:1960年取缔非正规金融活动、1975年打击地下钱庄、1989年大清理地下投资公司。我国台湾地区还打击并取缔具有黑社会性质的地下融资组织,整顿了互助性较强或规范化的民间借贷组织,才允许其合法化。

(四)上述国家和地区民间借贷制度的启示

美国、印度以及我国台湾地区民间借贷制度的实践经验,对于完善我国民间借贷的法律制度有着重要的借鉴意义,我们可以从中得出以下启示:

第一,加紧对民间借贷活动相关的法律法规的制定,给予民间借贷合理化身份。我国现阶段的金融制度存在许多不尽如人意之处,还不够完善和成熟。一方面,金融机构存款利率比较低的事实情况造成银行非常珍惜对中小企业的放贷。另一方面,在我国互助性民间金融机构是比较缺乏的。现阶段我国产权不明的农村信用社,以政府出资为主,但在治理中存在不民主等重大问题,使其民间互助性质不明显,使其营利性成为首要的价值追求。这种情况下法律没有严格的规范,很容易出现民间借贷活动的混乱,所以急需一部法律通过明确民间借贷主体、限制借贷利率等规范民间借贷,为金融市场保驾护航。

第二,改变现行的监管思路,正确认识民间借贷的法律地位。民间借贷活动应运而生,有效地补充了正规金融体系的不足,在金融市场中具有不可或缺的作用。民间借贷活动有其存在的必要性,不应该也很难被完全消除,所以我国政府可以试着改变原有的对于民间借贷的抵制态度,支持并引导民间借贷活动正式进入正规金融体系中,使非正规金融体系与正规金融体系实现相得益彰的发展局面。

四、我国民间借贷法律制度的完善建议

通过总结国外(或地区)民间借贷的先进经验,分析我国民间借贷的现实发展,笔者认为,我国建立民间借贷专门立法应包括以下几个方面。

(一)明确民间借贷的主体

严格限制商事性民间借贷放贷人准入的资格。依据我国现行的相关法律法规规定以及民间借贷活动的发展现状,可以通过以下两种方式来限定商事性民间借贷放贷人的资格。第一,要想具备放贷人的资格,必须拥有比较高的注册资本。自然人在准入资格的方式上,可以通过注册予以确立作为民间借贷放贷人主体的资格,且不应过多被要求注册资金;但是,在对外责任上不减轻,仍应承担无限责任。第二,严格依法审查申请人的资格,既要对其进行形式审查,也要对以合法形式掩盖非法行为的情形予以揭露,进行实质审查。在设立商事性民间借贷放贷人准入门槛时应警惕强迫交易、高利贷、雇佣黑社会性质的组织收债等违法犯罪行为进入借贷市场。我国民间借贷的专门立法可以通过以下几个方面重点审查放贷人的资格:是不是有犯罪记录、借贷记录是不是清白的、过去有没有破产记录等,如果公司的高级管理人员有犯罪前科则不能被准入。

对于企业之间的借贷行为,分情况对其合法性进行判别。企业之间一般会基于业务往来而发生借贷行为,然而放贷企业作为非专门从事借贷业务的主体,是有别于以营利为目的的商事性民间借贷放贷人的,企业之间的业务往来非常必要也不可避免,所以企业之间的借贷行为也比较普遍,应该有条件的承认企业之间的部分贷款的合法地位。我国可以借鉴国外的立法经验并结合我国各地方司法实践的探索,

在未来相关立法中不仅保留并加强对企业之间借贷的监管，而且列举出企业之间的部分合法借贷，肯定其准确的法律地位。如企业自有资金进行暂时调配的行为；相关企业之间出于业务往来不可避免的借贷行为；企业为了解决内部职工工资薪酬或者用于合法的生产经营活动，且没有违反法律、行政法规强制性规定的借贷行为。

（二）合理限制民间借贷的利率

民间借贷的利率水平与民间借贷的规范性息息相关，因此，合理限制民间借贷的利率成为规范民间借贷的核心问题。笔者认为，规范民间借贷的利率，首先要为民间借贷合理地设置利率上限，并明确规定超过借贷利率应承担的法律责任。

在不损害国家、社会公共利益或者他人合法权益的前提下，借贷利率可以突破年利率36%的限制，国家不宜过分干预，应该保护借贷双方当事人的协商意愿，以促进借贷双方的可持续发展。可以把放贷人种类、贷款性质和用途等作为确定借贷最高利率限制的影响因素，然后根据具体情况做出不同的合理限制：第一，放贷人种类。因为放贷人一定会承担借款追不回来、延误项目运行进度等风险，作出商事性民间借贷利率可以适当高于民事性民间借贷利率的规定是合理且必要的。第二，借贷是否有担保。无担保的借贷人承担的风险可能更高，为了促成这种贷款的达成，规定其利率可以高于有担保的借贷利率。第三，借款用途。贫困地区的公民极有可能为了满足自己的日常生活消费需要而向亲戚朋友借钱，这种消费性民间借贷具有特殊的地位，国家可以通过法律规定较低的利率上限，以保证这些贫困地区居民日常生活的正常进行，使弱势群体的合法权益得到更好的保护。

明确规定超过借贷利率应承担的法律责任。我国目前民间借贷市场中存在许多不稳定、不安全的因素，例如，有经验的放贷人通常会选择依靠黑社会的暴力力量等非法手段实现催债，这种行为具有非常大的社会危害性，我们必须利用严格的刑事手段以达到打击民间高利率借贷、暴力催债等违法犯罪行为的目的。我们可以对民间借贷利率水平作出两个界限，然后分别规定相对应的法律责任。比如，确定一个放贷利率上限作为承担刑事责任的标准，在此限额以上的放贷就要受到刑事处罚；再确定一个相对较低的利率水平作为要求高利率放贷人承担民事责任的标准，如果借贷双方约定的借贷利率超过此利率上限，却不足以构成追究刑事责任的条件的，我们可以通过追究民事责任予以保护借款人的合法权益。

（三）完善民间借贷的监管体制

国家对于民间借贷的监管制度对于规范发展民间借贷具有非常重要的意义，因此，我们应该重视监管工作的落实，改革现有的监管制度，使监管力度得当，充分发挥民间借贷在金融市场中的正面效能，推动经济持续健康稳定发展。

完善市场准入机制。以审慎监管为原则制定严格的市场准入机制，通过加强严谨的行政监管、合理限制主体成员、限定机构业务范围等法律规制降低经营过程中的风险,保障民间借贷市场在一个公平竞争的平台上大展身手。

建立风险监测预警机制。在出现问题时,利用风险预警机制,可以在第一时间内作出风险等级和类别的准确判断,及时处理风险,让民间借贷风险稍一露头,就将其铲除,从而加强监管的效果,从事后监管转为事前预防,有效地降低风险对金融市场造成的不利影响。

对公众建立信息披露的规范体系。可以要求企业按照规定披露财务状况、资金的用途、运行效益等状况,让信息处于公开透明的状态,便于民间借贷融资主体查知,提高投资者识别风险的能力,并尽可能做出较为正确的投资决断,从而有效避免风险、及时处理风险。公安机关、人民法院等监管部门应该充分利用职权,协调配合中国人民银行,加强对民间借贷的监管和查处力度。

另外,还应加强民间借贷征信体系建设,对征信系统进行规范管理,为民间借贷主体的需求提供相应的服务,如信息查询、信用额度查询等。

信用卡业务的法律关系

李艳红* 董 浩**

随着我国市场经济体制的确立,商品经济的日益繁荣,过去传统的支付方式已不能适应多成分、多渠道、多元化的市场经济活动。客观上,要求引进能为社会提供多功能金融服务的新型交易工具。信用卡正是现代科学技术和市场经济活动相结合而产生的先进金融工具,并且正在逐步走入寻常百姓家的日常生活。自1985年中国银行发行了中国第一张信用卡以来,国内各银行始终不断探索,寻求自己的发展之路。1999年中国人民银行颁布实施了《银行卡业务管理办法》,使中国的信用卡产业又迈上了一个新台阶。近年来,中国各大银行开始陆续发行真正意义上的信用卡,信贷消费对中国百姓已经不再陌生,这些都宣告了中国的信用卡时代已经来临。

美国是世界上最早发行使用具有现代意义信用卡的国家,随后便迅速流行至全世界,我国也于1985年有了最早的信用卡,至今已有30年的历史。然而,我国的信用卡发展同西方发达国家相比仍处于起步阶段,就法律上而言,目前我国还缺少专门的信用卡方面的法律,其规定也只是散布于民法、刑法、金融法规中,无法有效地规范信用卡交易行为,影响了信用卡的发展,导致信用卡交易纠纷层出不穷。为防范交易风险,充分发挥信用卡的优势,本文拟通过对交易当事人之间法律关系的深刻剖析,指出信用卡交易的本质特征。

一、信用卡的定义与功能

(一)信用卡的定义

我国把信用卡一般定义为"信用卡是银行金融机构、专营公司向信用良好的消费者发出的一种可以购物、支付劳务费以及支取部分现金的信用凭证,是一种国际上广泛流行的先进的新型支付手段和结算工具"。[1]

(二)信用卡的功能

信用卡本身所具有的一系列功能特征使其能够得到快速的推广和普及。一般

---

* 河北金融学院研究生部主任。研究方向:金融法。

** 河北金融学院2015级硕士研究生。

[1] 韩振起著:《金融风险与法律防范》,南开大学出版社2000年版,第253页。

来说,信用卡的功能主要有以下几点:

1. 支付结算,是信用卡最基本的功能。持卡人在发卡机构的特约商户进行购买商品或接受服务时,只需要用信用卡签单消费支付即可,无须以现金支付,减少携带大量现金的不便。

2. 消费信贷,即透支功能,是信用卡最本质的特点。在一定限度内持卡人可以凭信用卡进行透支消费,即先买下商品,以后再补足款项。从实质上讲,这就是发卡行向客户提供的消费信贷。

3. 汇兑功能,是信用卡相对于传统结算方式的优势所在。汇兑是汇款人委托银行将款项汇给外地收款人的结算方式,是银行的一种结算业务。信用卡没有地区和货币的限制,若是当持卡人使用的是国际信用卡时,在国外就能无须兑换货币而直接凭卡在特约商户购买产品、服务或结算其他旅游费用等,且能通过国际信用卡组织的网点周转资金。

4. 灵活存取功能。信用卡也是银行卡中的一种,普通银行卡在自动柜员机上实现的存取款功能,信用卡同样可以实现。但是从信用卡设计的初衷来讲,其目的主要是以透支功能刺激消费,存取功能并非它的主要功能。因此,银行对于信用卡存款不给予利息或只有极低的利息,而对于信用卡取现则征收较高的利息费用。[1]

5. 信用中介功能。在发卡机构核准发放信用卡之前往往要调查申领卡人的信用状况,在信用卡结算过程中,通常可收集到有关的资信状况。发卡机构在这方面的优势使其具有了可靠的信息可信度和权威,这种权威可以促进双方的互信从而完成交易。

二、信用卡交易当事人之间的民事法律关系

信用卡交易的当事人主体有发卡人、持卡人以及特约商户。发卡人即发行信用卡的机构,美国信用卡相关法律规定,信用卡发行的任何机构即为发卡人,其中也包括信用卡的代理人。而我国的《银行卡业务管理办法》规定,我国只有商业银行才能发行信用卡,即发卡人在我国特指商业银行。持卡人是指在银行设立了账户并且申请开通信用卡并得到准许的组织和个人。特约商户是指受理信用卡消费、转账的营业性场所,包括装有 POS 机的实体商户和使用账号支付的网上商场等虚拟商户。特约商户一般在开展接受信用卡支付业务前,都会与发卡机构签订协议,并在一定期间内与发卡机构进行资金结算。

---

〔1〕 参见焦志勇:《信用卡冒用的民事法律问题研究》,首都经济贸易大学2014年硕士论文,第8~10页。

(一)发卡人与持卡人的法律关系

1. 存款法律关系

信用卡的一个基础性的功能在于持卡人可以在发卡行处办理存取款业务,显然双方存在着存款的法律关系。但是,对于存款法律关系的性质,学界却存在许多完全不同的看法,主要有以下几种:

(1)大陆法系国家和地区看法

大陆法系国家认为存款合同的性质是消费保管合同,“又称种类物保管合同、不规则保管合同,是指以种类物为标的物的且其所有权应转移于保管人的保管合同”。[1] 我国学者史尚宽认为,唯消费寄托作为寄托之一种契约,当事人之意思非以使用代替物为目的,而系以保管为目的,虽非保管其物本身,而系保管其价值,然仍不失以保管为目的之契约。例如,银行存款为消费依托,而银行返放款为消费借贷。

(2)英美法系国家看法

英美法系国家认为,存款合同的性质是借贷合同,是银行与客户之间最基本的债权人与债务人的关系。银行替客户收取货币和票据,但收取的资金并不是以信托方式为客户保存,而是银行对该资金的借贷,同时承担偿还义务。因此,存款合同在银行与客户之间货币所有权转移是大陆法系和英美法系均认同的观点,他们形成的是债券债务关系。

2. 委托结算的法律关系

信用卡的消费记账、取款、支付结算功能使双方形成了委托结算的法律关系,体现在两个方面:(1)持卡人通过信用卡进行款项支付汇兑时,发卡行根据持卡人授权将特定款项准确、及时汇到持卡人指定账户,此时持卡人是委托人,发卡行是代理人,形成了法律关系中的委托代理关系;(2)持卡人在特约商户消费后,以信用卡支付,此时持卡人将和特约商户间的资金结算关系委托给发卡行处理,发卡行根据授权将应付款项从持卡人账户扣减,转账到特约商户的账户。在这种委托代理关系中,持卡人充当委托人,而发卡行充当代理人。

3. 消费借贷的法律关系

持卡人在成功获取了信用卡之后,可以根据双方事先约定的协议,允许持卡人在规定的信用额度和期限内进行透支,并在约定期间内还款。持卡人持卡购物消费后,如未能在银行规定的免息期内偿还透支金额,则视持卡人与发卡人之间产生了消费借贷法律关系。此时发卡行为债权人,一方面享有收回透支项本金和利息的权利,另一方面还在还款期限内持卡人不履行还款义务根据相关章程收取罚息,根据

---

[1] 孟楠:《我国信用卡交易安全机制法律问题研究》,华东政法大学2013年硕士学位论文,第7~8页。

2016年4月15日中国人民银行《关于信用卡业务有关事项的通知》规定，将取消滞纳金，由发卡机构和持卡人协议约定违约金。

（二）发卡人与特约商户的法律关系

1. 委托代理说

委托代理说认为二者之间成立委托代理关系，但各学说对哪一方为委托人哪一方为代理人仍存在争议。第一种观点认为，发卡行是委托人，特约商户是代理人，特约商户接受发卡行的委托依其指示允许客户以刷卡方式完成交易；第二种观点则认为，特约商户是委托人，而发卡行作为代理人来收取或消费货款。在委托代理关系说中，第二种观点即特约商户是委托人的委托代理关系说类似于金融结算服务关系说，但不同的是在金融结算服务关系中发卡行作为服务提供方无须承担特约商户和持卡人之间因提供货物或服务的原因关系合同中存在瑕疵而产生的责任。[1]

2. 债务承担说

债务承担说认为发卡行凭借与持卡人签订的特约商户协议，通过先清偿持卡人对特约商户的债务，再向持卡人追偿。债务承担有两种类型：免责债务承担和并存债务承担。免责的债务承担说认为，持卡人刷卡签字后，发卡机构需承担起持卡人因购物消费对特约商户产生的债务，同时持卡人对于特约商户所负债务关系得到解除，发卡机构承接特约商户的债务权利成为新的债权人。并存的债务承担说认为，在信用卡交易中，发卡行加入特约商户与持卡人之间的基础法律关系与持卡人一起成为债务人，同时持卡人对特约商户所负给付义务并不消灭，特约商户可以分别向发卡机构及持卡人主张同一债权。

3. 独立担保说

独立担保说是德国学者所主张。独立担保说对信用卡法律关系的定位较为准确：作为担保义务人的发卡行，只要消费签购单符合持卡人与特约商户的约定，特约商户就有权向发卡行请求付款。

（三）特约商户与持卡人的法律关系

持卡人在特约商户消费，特约商户通过提供商品或服务，两者形成了买卖合同关系。但是由于这个法律关系的内容不是同时履行的。通常是持卡人先签账消费，再由发卡人进行付款清算并担保履行。特约商户与持卡人的法律关系是信用卡法律关系产生的基础和前提，同时又与信用卡支付关系相互独立。

三、结论

几十年的发展使信用卡作为一种个人信贷消费方式，改变了我国相当一部分的

[1] 参见徐桂芬：《信用卡法律关系研究》，中国政法大学2010年硕士学位论文。

消费观念和支付方式，它的方便、快捷以及安全是发展的重要原因。但是，受社会环境和立法现状的影响，信用卡当事人之间的矛盾日益突出，影响持卡人利益，对信用卡产业健康发展形成阻碍。本文从信用卡多方面的当事人，粗浅分析发卡人、持卡人以及特约商户之间的法律关系，为信用卡矛盾纠纷中各方的责任寻求法理依据，期望在发展构建和平衡当事人利益关系上发挥一定作用。

农村民间金融法律监管制度完善

王宝娜* 邬 枫**

农业与其他产业相比具有周期长、风险高、收益比例较低的特点,近年来,农村金融面临信贷资金和小额信贷不能满足农户需要,融资渠道不畅通等问题。[1] 农村民间金融在安全性和稳定性上不如正规金融,具有高风险性和投机性等缺点。再加上传统思想、社会因素、法律限制等原因,农村民间金融法律地位未被承认,缺少有效规制,导致资金风险因素增加。由此,加强农村民间金融法律监管,完善相关制度体系是促进其走上正轨的有效手段。坚持全面看待农村民间金融,采取相应措施促进其积极作用的发挥,促进其更好地为农村经济发展服务,为社会经济发展服务。

一、我国农村民间金融的概况

经济与金融制度不均衡导致出现民间金融,由于受历史因素影响,我国长期限制民间金融的发展,但是,我们不可否认民间金融作为市场经济发展的产物是一种普遍现象。与正规金融相比,民间金融具有较强的适应性和效率。从这个意义上讲,民间金融在一定程度上是正规金融的补充,因而,对待民间金融的发展,我们应以引导,促进其走向正轨的思想为指导,推进民间金融的合法化,提升信誉度,降低违约风险。为进一步明确农村民间金融的发展状况及法律监督机制的建设现状,我们有必要进一步了解农村民间金融的几种形式、特点及作用。

(一)农村民间金融概况

农村民间金融是一种游离于制度法规边缘的金融活动,其形式多种多样。以下列举几种农村民间金融借贷形式,民间借贷是发生于农户之间的自由借贷行为,在我国农村金融体系中发挥重要作用。从目前的发展状况来看,民间借贷形式占农村金融中的比例较大,具有十分重要的地位。究其原因,一是受小农经济思维影响,发生于农户之间的借贷行为具有较高的信任度,且利率较低;二是手续简单、速度快。当然民间借贷存在很大的风险性。金融合会,会员可以申请借贷,此种形式的借贷

* 法学硕士,河北金融学院副教授。研究方向:经济法。

** 教育硕士,河北金融学院副教授。研究方向:英语教育。

〔1〕 参见成晋:《农村民间金融现状及规范发展研究》,载《人民论坛》2015 年第 8 期。

曾经产生过严重的负面影响,风险也较大。农村合作基金会,该形式是继人民公社后发展起来的民间筹集资金的形式,曾经以服务公司的形式出现,但后因风险大被取缔。私人钱庄,该形式通常采用低入高贷的形式牟取利益。以高利率将农户的闲散资金收入钱庄,再以高利率贷款给其他农户,这种中介形式被国家抵制,发展不稳定。

(二)农村民间金融的特点

我国幅员辽阔,不同区域的农村民间金融呈现出不同的特点,但总体而言也具有一些共性特征:其一,自发性和盲目性。农业生产投资大、风险高,农村生产生活中生产资料的不均衡导致农村民间自发借贷行为,伴随农村经济的发展,自发的借贷行为越来越多。由此也引发许多问题,借贷的盲目性,为追求高额利润忽视金融风险,具有较大盲目性。其二,欠规范性。由于农村民间借贷行为是自发形成的,运作过程中缺少规章制度进行规范,缺少法律法规的保护导致农村民间金融不规范,埋下风险隐患。其三,地域性。农村民间借贷双方通常距离较近,一般是村民之间或亲戚之间,因而地域舆论能够在一定程度上起到约束债权关系的作用。其四,不确定性。除了地域性的民间借贷外,也有跨区域的借贷行为,地域性能够通过舆论压力对双方进行约束,同时借贷双方也对彼此较为了解。但是跨区域的借贷行为,双方往往不能准确获取有效信息,如收入情况和信用情况等,因而造成这种借贷形式的信息不确定性和高风险性。其五,广泛性。随着农村经济的发展,同时民间借贷数额和范围也在不断扩大,加上我国农业人口众多,借贷总额非常之多。农村民间金融在地域分布和借贷金额上都具有广泛性,这种广泛性也增加了监督和管理的难度。

(三)农村民间金融的作用

首先,农村民间金融的积极作用。从历史的发展上看,农村民间金融对农村经济发展起了一定积极作用。伴随市场经济的发展,在城乡统筹发展的进程中,尤其近年来政府鼓励农村土地的适度规模化经营,农村民间金融为农户的农业生产提供了资金来源。具体而言,其积极作用体现在以下方面:一是拓宽中小企业融资的渠道。中小企业需要扩大规模或遭遇困难时,许多企业会选择民间金融组织,原因在于民间金融借贷程序简单,方便快捷。所以农民民间金融在一定程度上有利于促进中小企业的发展,尤其是农村商品经济的发展。二是利用民间闲散资金。农村民间金融能够将农户手中的闲散资金聚集起来,有效发挥其对农村经济发展的作用,合理配置农村金融资产。三是有利于建设完整的金融体系。农户和农村企业长期以来面临融资难、贷款难的问题,农村民间金融的发展恰恰能够作为正规金融机构的补充,因而,有利于起到完善金融体系建设的作用。

其次,农村民间金融的消极作用。农村民间金融具有欠规范性、盲目性、自发性等特点,因而在操作过程中面临较高的风险性。一是易发生民事纠纷。农村民间金融活动一般不需要规范的操作手续,缺少法律规范,单纯依靠道德约束。部分农户信用意识不强,或遇到经济困难等无力偿还,借贷活动的违规操作等一系列因素,容易引起民事纠纷。二是易引发局部金融危机。农村民间金融活动游离于国家法律法规、制度之外,缺少金融监管和正确引导,因此,容易引发局部地区的金融危机,造成经济困难。三是不利于国家的调节和控制。农村民间金融虽然将农户的闲散资金聚集起来,但是由于借贷活动较为频繁,且徘徊于银行体系之外,非常不利于国家对信贷规模掌握和调节,影响货币政策的实施。四是影响正规金融机构的发展。农村民间金融的发展在一定程度上对正规金融机构形成制约,因为二者具有共同的贷款业务,存在替代关系。[1]

二、农村民间金融法律监管现状

2009 年国务院颁布的相关规定中指出,非公有制资本可以进入金融服务行业。[2] 2010 年,国务院提出应进一步拓宽民间投资的范围,允许兴办民间金融机构。一系列法律法规的出台,有利于利用民间资本解决企业发展的困境。虽然我国在法律法规的制定上对民间金融的看法有所转变,但是尤其在农村民间金融法律和监管方面存在许多障碍。

其一,农村民间金融法律监管缺位。目前我国现行的金融法律大多是关于商业银行及城市金融等方面,农村民间金融法律监管缺位现象严重。由于缺少明确的法律规定,农村民间金融无法实现有效监管。即使是在《商业银行法》《民法通则》等法律条文中能依稀找见关于农村民间金融的相关法律,但是缺乏针对性,可操作性差,无法作为有效监管的依据。近年来,我国对农村民间金融的政策日渐宽松,制定了《农村资金互助社管理暂行规定》等文件,虽然能够起到一定的补充和作用,但由于法律效力差,依然没有改变我国农村民间金融法律监管缺位的现象。

其二,农村民间金融监管主客体不明确。明确的主客体是民间金融活动监管的前提,首先,监管主体方面。我国正规金融机构的监管主体是中国人民银行、中国银行业监督管理委员会。农村民间金融不属于正规金融体系,因而在金融监管问题上不被重视。民间金融活动在 2003 年以前由中国人民银行监管,自中国人民银行机构改革后,成立银监会,但并没有明确民间金融监管的主体。当前,我国农村民间金融监管主体比较分散,中国人民银行负责制定民间金融政策;银监会通常从宏观上

---

[1] 参见夏蜀:《完善地方金融管理体制的制度分析与政策建议》,载《中国浦东干部学院学报》2012 年第 6 期。

[2] 参见吕军书、李茂:《加强我国农村民间金融法律监管的途径分析》,载《河南师范大学学报》(哲学社会科学版)2011 年第 6 期。

进行管理,但对于农村民间金融管理并没有具体的方针政策。监管主体的不明确,导致农村民间金融活动只能依靠行业内部进行自我调整。在缺少监管主体帮助和约束情况下,农村民间金融活动常出现违规行为,或被不法个人或组织利用,不利于正常金融秩序的维护。其次,监管客体方面。由于农村民间金融活动的形式种类繁多,加上立法的不完善,对于这些种类的民间借贷活动很难区分和界定。这些形式的民间金融活动,有些对和谐金融环境建设以及金融秩序的维护构成威胁,应进行管理或对非法组织予以取缔,但不能一概而论,将所有的农村民间金融活动都予以打击。实际上,我们应肯定农村民间金融的积极作用,发挥其对区域经济发展的重要作用。亟待解决的问题是细分农村民间金融活动,对于有利的组织加以引导,对于不利的组织加以管制。

其三,农村民间金融监管方式单一。当前我国针对农村民间金融活动出现的问题行为,最为常见的监管手段就是禁止,对民间金融开展的各类活动采取统一的标准。采取严厉的监管方式虽然能够对非法金融组织取缔,但是过于严厉的打压也往往起不到实质的效用。因此,不灵活的监管方式对农村民间金融的健康发展非常不利,且与当前农村经济的发展规律相违背,更不用说达到监管的效果。农村民间金融活动存在较大的风险性,作为监管主体应通过完善法律法规对其进行引导。

总之,对当前出现的一些非法集资等事件进行反思,经济发展需要大量资金和中小企业发展资金短缺之间的矛盾催生了民间金融的发展。同时,农村民间金融的非阳光化、缺少必要的风险防控机制、借贷主体风险意识不足、法律监管缺位、主客体不明确、方式手段单一等诸多问题,表明控制农村民间金融风险、引导农民民间金融的健康发展、发挥金融法律的监管作用现已成为亟待解决的问题。

三、我国农村民间金融法律监管制度完善

农村民间金融在农村经济的发展中具有一定的积极作用,农村民间金融的地位、作用、特点及发展现状均要求必须对其进行法律监管。为此,我们要以促进农村地区的稳定与发展为前提,结合各地区的现实情况,加强对各农村地区民间金融的监管。树立科学的监管理念、制定完善的法律法规、明确监管主客体、力争全方位、多角度完善农村民间金融法律监管制度。

(一)树立科学的监管理念

为改变社会对农村民间金融活动的看法,改变社会重视正规金融机构、轻视民间金融的倾向,监督机制的完善首先要正确认识农村民间金融,逐渐推进其合法与公开化。合法化是农村经济发展的现实要求,同时也是完善金融体系的必然要求。实际上,随着市场经济的高速发展,现有的金融机构已经不能满足需要,民间金融刚好能够弥补正规金融的不足和缺陷。所以,我们要正视民间金融的重要作用,建立

相关保障性法律制度逐渐实现民间金融的规范化管理。

(二)制定并完善农村民间金融法律法规

制定农村民间金融法律法规是在立法上对其是否合法予以明确规定,要在法律中明确规定农村民间金融机构的资金要求、组织规模、利率标准、业务范围等,明确说明细节,确保农村民间金融活动的开展实现"有法可依"。[1] 明确规定民间金融活动主体的责任和义务,为实现农村民间金融的合法化,要制定专门的监管法律,对非法民间金融等概念和组织形式进行详细界定,以便对合法和非法进行区分。在监督管理制度方面,还要建立严格的市场准入和退出机制、检查制度、风险防控制度、信息公开制度等。

关于明确监管主体和监管客体,一方面,农村民间金融的监管主体应由中国人民银行担任,发挥其防范和化解金融风险,维护金融秩序的重要职责。加强对农村民间金融的调查统计和风险监测,发挥其管理职能。另一方面,为全面加强对民间金融的监管,还应发挥民间金融协会的监督作用,对其实施适当监管,严格检查其组织形式、财务制度等情况。

对监管客体实施差异化管理,由于各地区的差异性,农村民间组织形式也略有不同,因此,在监管过程中还应不断丰富监管内容。对不同的监管客体制定有针对性的标准,进行分类管理。对于有利于农村经济发展的金融活动,应承认其合法性,借助制度等手段放宽市场准入条件,促进其发展。对于非法民间金融,要严厉打击,对扰乱金融秩序的行为坚决予以管制。

(三)实施动态的管制方式

农村民间金融法律监管制度的完善要从实际情况出发,监管方式的选择也要与农村民间金融相结合,进行动态管理。转变传统的静态监管方式,关注农村金融活动的始末,尤其注重建立事前预警机制,对民间金融机构存在的风险持续跟踪,时刻防范。可考虑建立事前备案制度,通过事前审核和控制规避风险,同时,健全农村民间金融的监测,打造监测系统,实时掌握农村民间金融组织的情况。除了预先备案制度,还要做好事后的风险救助工作,建立存款保险、准备金、外部援助等制度。当前,政府的监管作用一般适用于系统内的风险行为,而对于系统外的监管还需要借助市场规则和社会力量的约束。

对于政府监管作用不能有效发挥的情况,需要行业自律和社会力量的监督作用。首先,行业自律是国际公认的监管辅助力量。在农村民间金融活动开展中,民间金融行业协会应承担行业交流、自律的影响功能,降低信息不对称导致的风险,尤其要在协调监管和激励方面发挥一定的作用。其一,进一步提升农村民间金融组织

[1] 陈青青:《对我国民间金融监管缺位的思考》,载《时代金融》2011年第18期。

成员的法律意识,自觉遵照法律规范执行金融活动。其二,促进各组织之间的交流与沟通,了解行业发展情况,为各民间金融组织遇到的问题献计献策,促进各组织的正规化、自律化、健康化发展。同时,还可组织建立农村行业自律性组织,加强监督和引导,为各民间组织发展提供良好的平台和环境。其三,引入社会监督力量。社会监督力量是农村民间金融法律监督作用发挥的又一辅助力量。为发挥社会监督力量,应做到:第一,加强社会大众的金融法律知识学习,提高大众的风险防范意识,可借助媒体进行宣传和教育;第二,发挥会计、审计事务所等机构的积极作用,强化监督和管理。

简言之,农村民间金融法律监督制度的完善是当务之急,若不改善当前民间金融监管缺位等窘境,势必会阻碍农村经济的健康发展。

论上市公司商业秘密的保护

王艳生[*] 石 磊[**]

一、商业秘密的概述

(一)商业秘密的概念

我国对于商业秘密的规定具体体现在《反不正当竞争法》中。商业秘密是指不为公众所知悉、能为权利人带来经济利益、具有实用性并经权利人采取保密措施的技术信息和经营信息,如产品配方、客户名单等。该信息是不能从公开渠道直接获取的,带来的经济利益或者竞争优势既包括现实的也包括潜在的。

1998 年 6 月 12 日前国家工商行政管理局作出的《关于商业秘密构成要件问题的答复》对商业秘密构成要件的解释为:一是该信息不为公众所知悉,即该信息是不能从公开渠道直接获取的;二是该信息能为权利人带来经济利益,具有实用性;三是权利人对该信息采取了保密措施。

综上,商业秘密的 4 个构成要件缺一不可,即不为公众所知悉、能为权利人带来经济利益、具有实用性且权利人采取了保密措施。

(二)商业秘密的特征

在对商业秘密基本概念了解的同时,把握商业秘密所具有的基本特征。具体如下:

首先,商业秘密的秘密性。1995 年 11 月 23 日前国家工商行政管理局发布的《关于禁止侵犯商业秘密行为的若干规定》中规定:“不为公众所知悉,是指该信息是不能从公开渠道直接获取的。”包括所有者或所有者允许知悉范围以外的其他人、同行业或者该信息应用领域的人。权限条件下尽量避免内幕交易的发生。

其次,商业秘密的实用性。商业秘密是对企业生产经营具体的技术方案和经验策略,体现以直接或间接使用于生产经营活动的信息,以现实或将来潜在的方式影响。

再次,商业秘密的保密性。商业秘密是采取了保密措施的,包括订立保密协议,建立保密制度及采取其他合理的保密手段,从而最大限度维护企业利益。

---

* 河北金融学院法律系副教授。

** 河北金融学院法律系 2011 级本科生。

最后,商业秘密的价值性。商业秘密其自身所蕴含的经济价值和市场竞争价值,能给权利人带来经济利益。商业秘密作为企业核心竞争力的重要组成部分,有着不可或缺的地位及作用。

(三)商业秘密与专利

商业秘密作为知识产权的一种形式,区别于其他形式,有自己独有的特点。商业秘密保护和申请专利保护,是权利人为了保护自己的专有技术成果的两种途径。根据具体情况,不同的选择以达到最佳的效果,发挥最大的作用。

我国《专利法》规定,专利是指发明创造,即指发明、实用新型和外观设计的总称。商业秘密不同于专利权,没有对抗特定人范围之外的善意第三者的功能,专利是不允许重复研发的,在法律的空间效力内,对许可合同当事人外的任何第三人,无论是用什么手段获得与专利相同的方案,都不能为经营目的对其实施。只要是不通过非正常手段即使获得了权利人的商业秘密,依然为善意占有。

(四)信息披露与商业秘密保护

信息披露,是法定的强制给发行人的义务,旨在最大限度地保护投资者的利益,是保护中小投资者利益的必要手段。上市公司在发行、上市、交易的过程中需按照法律的相关规定公平、公正、公开,及时、准确、完整地向所有的投资者和证券市场披露相关信息,从而维护证券市场的公共秩序。

商业秘密,含有企业的技术、经营等具有核心竞争力的信息。为维护企业的合法权益,增强企业的竞争力,法律保护企业秘密以使其权益不被侵犯。因此,如何协调上市公司信息披露和商业秘密保护的冲突这两个矛盾成为关键,把握二者的权衡成为经济发展过程中企业必须经历并去解决的问题。

二、中外商业秘密侵犯及保护形式比较

(一)美国商业秘密侵犯及保护形式

英美法系国家对上市公司商业秘密侵权行为以诚信公平界定。以美国为例,在《侵权行为法重述》及《统一商业秘密法》中规定该行为为:恶意第三人直接以不正当手段(包括引诱他人违反保密义务)获取、使用、泄露商业秘密的行为;商业秘密的使用人未经所有人的明示或默示同意,违反保密义务,使用或泄露商业秘密的行为;他人不正当获取商业秘密,第三人又以不正当手段自该他人获取、使用、泄露的行为等。在现实生活中,新的侵权形式层出不穷,如故意损毁。1996 年美国《反经济间谍法》率先将损毁商业秘密行为列为经济间谍行为,表明美国立法部门的高度重视。

美国对上市公司商业秘密进行法律保护最初通过判例法,后结合判例法,先后发布了 4 份保护商业秘密的法律及法律性文献,建立了较为科学的保护立法,形成了全面的商业秘密法律保护体系,为各国借鉴。其以民事保护为主,先建立起关于

商业秘密和侵权行为的界定等较为全面的民事法律保护体系，再对涉及国家利益和州级或国际市场竞争的商业秘密进行严厉的刑事保护。

（二）大陆法系国家商业秘密侵权及保护形式

以日本的《不正当竞争防止法》为例，大陆法系国家主要以公平竞争为基础界定上市公司商业秘密侵权行为。规定侵犯上市公司商业秘密的行为主要包括：不正当获取行为；恶意或重大过失的获取行为；因恶意或重大过失而获取、使用或披露不正当行为披露的商业秘密。善意无过失地获取、使用或披露由不正当行为披露的商业秘密；事后恶意行为。

作为大陆法系国家典型的德国，其上市公司商业秘密保护体系以1909年的《反不正当竞争法》为中心，由民法典、刑法典等若干相关法律构成，尤其以刑事法律保护。作为从德国法律借鉴较多的我国，应正确把握其"重刑轻民"的利弊，扬长避短以灵活对上市公司商业秘密进行最大保护。

（三）我国商业秘密侵犯及保护形式

我国《反不正当竞争法》第10条明确规定，侵犯商业秘密的行为主要有：以盗窃、利诱、胁迫或者其他不正当手段获取权利人的商业秘密；披露、使用或者允许他人使用以前项手段获取权利人的商业秘密；违反约定或者违反权利人有关于保守商业秘密的要求，披露、使用或者允许他人使用其所掌握的商业秘密。同时，若第三人明知或者应知前述三种行为，获取、使用或者披露他人的商业秘密，也视为侵犯商业秘密。

我国通过立法，从民事、刑事、行政角度对商业秘密进行全方位的保护，特别是我国刑法，对于商业秘密给予极大的保护力度。

三、对上市公司商业秘密保护的调查与分析

针对上市公司商业秘密的保护，结合实际案例情况进行调查分析。2012年同城同行业的三一重工和中联重科再次被推到风口浪尖。11月14日中联重科集团在集团内部系统最新发布了《工程机械行业之耻：三一重工三爆商业间谍案》三大案件。这3起案件分别是三一重工设立所谓新洛普咨询公司，非法窃取中联重科等34家同行企业的商业秘密；三一重工雇佣黑客组织攻击中联重科OA系统，窃取中联重科商业秘密；三一重工在本地高校毕业生中发展商业间谍，通过派遣间谍与技术手段窃取中联重科商业秘密。而且这三大案件都是公安机关已经侦破的案件。其中三一重工在湖南本地高校毕业生中发展商业间谍的案件令人咂舌，而此次涉嫌"非法获取计算机信息系统数据罪"被汉寿县公安局刑事拘留的三一重工经营计划总部市场部调研员黄镜明就是其中之一。

在中联重科对商业秘密的保护上，始终以配合公安机关与三一重工打一场"间

谍”与“反间谍”的“持久战”为方式，加强对涉及自身利益的商业秘密侵害问题上的保护力度。同时，企业本身也要思量在商业秘密保护体系上的漏洞，不断完善内部保护体系。

另外，商业间谍案件多涉及员工竞业禁止，公司制定保密制度的同时要与劳动者签订有关保守商业秘密以及竞业禁止的相关协议，一要考虑违约责任，二要考虑侵权责任。因此，企业尤其涉及商业秘密的公司在运作过程中，对于人事调动问题不能仅将它作为一个内部问题去考察，否则给企业带来的损失是无法度量的。企业在涉及商业秘密的业务上，对于知晓商业秘密的技术人员、高管人员，在双方平等协商订立的合同中需要明确对企业商业秘密进行保密的义务和责任，签订竞业禁止协议。也可以在不违反国家和当地相关法律法规关于此项的强制性规定下，在不以损害劳动者权益为前提下，以高额的违约费用来约束知晓人。这种通过约定来明确企业和劳动者双方保守秘密的义务及违反约定时所应当承担相应责任的方式，有利于更全面地保护企业的商业秘密不被泄露，维护企业及权益人的经济利益。同时，当企业发现发生自己的商业秘密被侵犯的行为时，公司可先和侵权人协商解决，要求其停止侵权行为。如果协商无果，可再向工商行政管理部门投诉，并就相关赔偿事宜向法院起诉，要求追究侵权者的刑事责任，以更好地维护企业利益。

四、上市公司商业秘密保护立法现状及存在的问题

（一）上市公司商业秘密保护立法现状

1. 上市公司商业秘密民事保护的立法现状

民事法律保护在上市公司商业秘密法律保护体系中是最为全面、及时的救济手段。1987 年实施的《技术合同法》规定的“非专利技术”的概念及保护方式，是最早直接体现商业秘密特征的立法。后《合同法》《民事诉讼法》及 1993 年通过的《反不正当竞争法》对于商业秘密均作出明确的规定。1993 年通过的《反不正当竞争法》更是我国成文法第一次对商业秘密的概念及侵犯商业秘密的行为作出了具体、全面的规定，对于我国商业秘密法律保护具有重大意义，使我国商业秘密法律保护有法可依。

2. 上市公司商业秘密刑事保护的立法现状

我国 1979 年《刑法》中没有侵犯商业秘密罪的相关规定，只是通过“泄露国家机密罪”和“间谍罪”对秘密信息进行保护。为解决刑事立法上的真空，1992 年最高人民法院、最高人民检察院《关于办理盗窃案件具体应用法律的若干问题的解释》规定“重要技术成果”等无形财产属于盗窃罪中规定的“盗窃的公私财物”，通过盗窃罪对部分侵犯商业秘密的行为适用刑事责任。1997 年《刑法》修订，是我国第一次对商业秘密给予较为全面的刑法保护，加入了“侵犯商业秘密罪”。我国现行刑法规定

侵犯商业秘密罪属于侵犯知识产权罪的一种。由此,仅仅是通过损害结果区分罪与非罪。

(二)上市公司商业秘密保护存在的问题

1. 现行法律对商业秘密权属性质的规定模糊

我国《反不正当竞争法》以禁止利用不正当竞争的方式对商业秘密的权属性质予以规定,将商业秘密作为一种竞争手段。《刑法》中明确规定侵犯商业秘密给商业秘密的权利人造成重大损失或特别严重后果的分别予以处罚。对于在经济交往中常见的商业秘密转让、商业秘密许可等经济行为,我国立法并没有明确商业秘密权属属性,缺乏法律依据而对商业秘密的保护具有削弱作用。

2. 缺乏严格统一的商业秘密保护的法律

迄今为止,我国并没有一部专门的保护商业秘密的法律,现行法律对商业秘密的保护相对分散。主要以《反不正当竞争法》为主,其他在《刑法》《民事诉讼法》《行政法》《劳动法》《合同法》等法律中。由于各法的侧重点和立法主旨存在差异,致使在实际操作中难以保证协调统一。在世界经济日益蓬勃发展的今天,多元化新形势下,一部专门保护商业秘密的法律制定,将有利于市场主体利益的保证,企业经济的发展。

3. 网络环境下对商业秘密侵权举证及责任分配问题

基于互联网产生的电子化证据的认定与收集是商业秘密侵权诉讼中面临的新问题。电子证据不仅具有一般证据的真实性、合法性和关联性的特点,而且具有高科技性和无形性、易改动性和易消失性、存在性和多样性的特点等。

这些特点体现在现实生活中无疑加大了举证难度。发生纠纷时,权利人更是对于侵权人获取商业秘密的途径和程度无从知晓。在“谁主张,谁举证”的制度下,是十分不利于权利人的。

五、针对上市公司商业秘密保护的建议

(一)信息披露与商业秘密保护的权衡

1. 信息内容保护细分化

上市公司信息披露中重大事件的信息若公开会损害公司的利益,抑或不公开对上市证券的价格市场不会产生影响,可以不公开。在信息内容上划分,也正如美国SEC关于重大标准的规定:“一个理性投资者在决定是否购买证券时会认为该信息是重要的实质可能性。”

2. 信息披露方式有限化

信息披露方式包括公告和报告两种。对于符合信息披露的重大事件,又对上市公司构成重大影响的商业秘密的信息,法律可以规定上市公司不必向社会公众公

告,可以以报告的方式向证券交易所和证券监管部门公开。对信息有限披露,其限制性可以防止内幕交易,保护企业权利人权益。

(二)完善商业秘密竞业禁止制度

首先,竞业禁止制度的实质在于保护企业的商业秘密和优势竞争地位,因此,设立安全机制保障企业机密是必要的。但现行法律对劳动者竞业禁止补偿标准不明确。实践中专业性技术性的人员就业面窄,竞业禁止容易导致择业难现象。另外,一些企业各种不合理的竞业要求,使得劳动者迫于压力缺失保护。因此,立法应当明确一个具体的补偿限度。

其次,我国《劳动合同法》对劳动者违反竞业禁止义务的违约金和赔偿金条款之间的关系不明确。

最后,在我国法定竞业禁止制度中,主体范围仅仅包括有限公司和股份有限公司中的董事和经理,这对于我国市场主体日益呈现的多元化的特点显得过于狭窄。

综上,完善上市公司商业秘密竞业禁止制度的要求日渐突出。

(三)明确损害赔偿的范围和计算方法

损害赔偿应当保护直接和间接两种损失。直接损失可以根据开发商业秘密的重置或现行市场价格计算,包括商业秘密侵权行为使权利人财产直接减少的部分、权利人为制止侵权行为,防止损失扩大所支付的直接费用及为查阅收集证据材料所支付的费用。间接损失指商业秘密权利人预计收入的减少。一旦侵权,对权利人权益成果造成极大后果,这对于间接损失计算的赔偿便显得额外的必要。

除此之外,现实中商业秘密计算实际损失时往往牵扯其他因素,难度较大。现行立法中"在计算权利人损失额时,首先计算实际损失额,当计算实际损失存在较大困难时,可以计算侵权人因侵权行为所获得的利润"的顺序不符合实际要求,应该给当事人选择的权利,提供以方便全面的方式保护权利人权益。在计算赔偿额时,当事人双方如果达成一致,法院应尊重当事人意志。

(四)建立法定赔偿金制度

对于法定赔偿金制度,我国台湾地区和美国版权法中均有确立,这种制度并不罕见。法定赔偿金制度,即由法院按照法律规定的固定赔偿数额确定侵权人的赔偿责任。

实际案件审判中,在权益人权益受到侵害时,在"谁主张,谁举证"的法律规定中,因时间、地点等原因,以及我国企业不健全的财务制度,权利人损害和侵权人利润相关证据有时难以找到。为维护良好的市场竞争秩序,法定赔偿金制度这种替代性推断方式应为我国所借鉴。但是对于具体数额的确定,应结合我国国情和社会经济发展的实际,参考我国其他知识产权法律及有关司法解释的规定,具体问题具体分析。

（五）制定专门的商业秘密保护法

迄今为止，我国没有一部专门保护企业商业秘密的法律，是企业在发生商业秘密被侵犯时权益人利益得不到及时保障的关键性因素。在知识经济发展的今天，企业的技术、经营生产生活信息的价值加大，现行法律对商业秘密的保护相对分散，各法的侧重点和立法主旨存在差异，在实际操作中难以保证协调统一，此时拥有一套统一相对完整的法律保护体系显得尤为重要。

因此，当前我国应该结合国内外上市公司商业秘密保护的具体举措和法律规定，取其精华，去其糟粕，立足于我国国情和实际，制定一部专门的商业秘密保护法，建立一套完善的企业商业秘密保护体系。它可以有效解决各部门法规定内容的冲突，是最直接最有效的保护商业秘密的手段。它的制定是社会大发展的结果需要，在多元化新形势下将有利于市场主体利益的保证，有利于企业经济的发展。

六、结论

在经济全球化大背景下，国际经济贸易的发展，我国对外开放力度的加大，商业秘密的保护已然成为各国重视和保护的对象。股东知情权和商业秘密保护的冲突是现代公司经营模式的必然产物，如何确保股东和公司的“双赢”，确保双方的利益，需要相关配套完善的法律程序，更需要二者之间自治协调处理。

对于我国商业秘密的保护，有必要结合国际大背景环境下优秀的技术经验，与国际惯例接轨制定完善的商业秘密保护法。结合我国的具体国情，对于我国商业秘密刑事、民事保护的不同侧重点上，协调一致并发挥最大，维护上市公司合法权益。

本文通过对商业秘密概念要素条件的介绍，结合国内外法律对商业秘密的规定，以便清晰、更好地认定商业秘密。在对我国上市公司商业秘密法律保护问题进行系统分析中，结合实际，提出一些粗浅的建议，希望有助于企业对商业秘密的管理和保护，维护企业的合法权益，让企业在不断发展中通过商业秘密所拥有的竞争优势带来更大的经济利益。

证券交易异常情况的法律规制

王换娥*

一、我国证券交易异常情况法律规制的现状

(一)《证券法》中关于证券交易异常情况的规定

我国《证券法》第114条规定:"因突发性事件而影响证券交易的正常进行时,证券交易所可以采取技术性停牌的措施;因不可抗力的突发性事件或者为维护证券交易的正常秩序,证券交易所可以决定临时停市。证券交易所采取技术性停牌或者决定临时停市,必须及时报告国务院证券监督管理机构。"这就明确了交易所在一定情形下采取技术性停牌或临时停市措施的职责。《证券法》上与证券交易异常情况处置有关的另一个条款是第120条,其规定"按照依法制定的交易规则进行的交易,不得改变其交易结果。对交易中违规交易者应负的民事责任不得免除;在违规交易中所获利益,依照有关规定处理"。该条被认为确定了"交易结果不得改变"原则,从而对证券交易异常情况中的取消交易措施之实施,构成一定的制度障碍。

(二)证监会系列部门规章的相关内容

证监会一直致力于证券期货信息安全事故的预防工作,于2000年发布了经国务院批准的《证券交易所管理办法》,第30条规定:"证券交易所应当制定具体的交易规则。其内容包括:……(七)证券交易所的开市、收市、休市及异常情况的处理;……(十二)其他需要在交易规则中规定的事项。"要求交易所须在交易规则中规定"异常情况的处理"的内容。与《证券法》第120条相呼应,《证券交易所管理办法》第33条规定:"证券交易所应当在业务规则中对证券交易合同的生效和废止条件作出详细规定,并维护在本证券交易所达成的证券交易合同的有效性。"这就要求交易所须在交易规则中对证券交易的生效、无效等作出详细规定。其于2012年11月发布了《证券期货业信息安全保障管理办法》,并发布了配套规范《证券期货业信息安全事件报告与调查处理办法》,为保障证券期货信息系统安全运行,加强证券期货业信息安全管理工作,提供了具体规范和引导,并确立了证券期货业信息安全保障工作中"谁运行,谁负责;谁使用,谁负责"、安全优先、保障发展的原则。此外,证

* 河北金融学院副教授,法学硕士。研究方向:经济金融法。

监会会同证券业协会,发布了证券期货行业的一系列技术规范和标准,其目标同样在于有效预防和化解证券交易异常情况。

二、证券交易异常情况法律规制的不足

(一)法律法规的缺失较为严重

1. 相关法律位阶较低

在目前阶段,我国《证券法》更多是涉及证券交易在正常情况下的规定,由于证券市场的不确定性,证券交易手段技术的不完善,证券交易操作的不恰当,都有可能导致证券交易异常情况的出现,而《证券法》中相关的规定比较宽泛,对于证券交易异常情况的相关规定,显得不够具体。对于涉及证券交易异常情况的规定更多地停留在规范、管理办法的层面,而当异常情况出现后,准备的临时管理规范,其约束力和效力相对较弱。[1]

2. 临时性政策代替法律法规

证券交易异常情况是证券市场的一种非正常状态,近年来,各个国家和地区的主要证券交易所不时会遭遇交易异常情况。例如,2006 年东京证券交易所的“活力门危机”,2010 年美国的“美股千点大跌事件”事件,我国 2000 年出现的“机场转债事件”、2007 年的“ST 亚星对价事件”、2013 的“光大乌龙事件”等。由于交易异常情况会对证券市场的参与者和市场秩序产生极大的破坏力,而且市场并不容易控制,当事件发生时,我国证券监管部门更多地针对这一事件实施临时性的政策,并没有在之前运用法律手段去维护市场。即便是在事件处理的过程中,发现了法律的疏漏,也仅是事后在证券交易的法规中添加一部分限制性的规定,其实际的可操作性比较弱。

(二)法律规制的可操作性较弱

1. 对证券交易异常情况的情形界定模糊

《证券法》并未对证券交易异常情况的范围及类型作出明确规定,仅有一个条文间接涉及,即《证券法》第 114 条“因突发性事件而影响证券交易的正常进行时,证券交易所可以采取技术性停牌的措施;因不可抗力的突发性事件或者为维护证券交易的正常秩序,证券交易所可以决定临时停市”。这条规定,并不能全面反映证券交易异常情况的类型,当出现证券交易异常情况时很难适用。许多证券交易异常情况如重大过错、技术故障等并没有得到证券法的规制和调整。

---

〔1〕 参见邓小勇:《创新背景下我国证券公司合规风险管理研究》,载《金融发展研究》2013 年第 7 期。

2. 对证券交易异常情况处置措施的规定片面和简单

《证券法》作为规范证券市场的基本法，也仅是原则性地规定了发生交易异常情形时可以采用技术性停牌、临时停市等措施，而对于这两种措施的启用条件、程序并没有详尽的说明。例如，其第 114 条规定：因突发性事件而影响证券交易的正常进行时，证券交易所可以采取技术性停牌的措施；因不可抗力的突发性事件或者为维护证券交易的正常秩序，证券交易所可以决定临时停市。而层级较低的法律规范中也存在相同的问题。例如，《上海证券交易所交易规则》中，规定了交易结果无因性之后，增加了因不可抗力、交易系统故障等原因产生严重后果的交易，可选择适当措施抑或认定无效。此外还规定了"显失公平的交易"，经交易所研究采取必要措施，并上报证监会。上述的两项条款中"适当措施"很显然区别于认定无效，也不同于已有规定的技术性停牌及临时停市，具体所指并不详尽。此外，对于限制访问、暂缓交收、协商补救等在实践中有所应用的措施并未进行规定。我们认为，只有依据严格的程序证券交易异常情形才能得到更及时有效的处理。以"光大证券 8 · 16 事件"的处理为例，证券交易所之所以受到市场质疑，是因为人们对于其是否充分履行了法律及业务规则规定的自律管理职责存在争议。这也反映出现有业务规则的规定过于原则，从而导致严重缺乏可操作性，其并无针对光大证券"乌龙指"交易和关联的整个市场连锁效应的处置规定。面临这种执行标准不明确、程序规定模糊的情况，若选择取消交易或者停市等措施，会使因此而受到影响的相关当事人质疑其决策的权威性。

3. 对交易结果不得改变的规定过于绝对

《证券法》第 120 条规定了"交易结果不得改变"的原则，遵循相关法律法规进行的交易不得改变交易的结果。这种硬性要求虽然一定程度上能够保证《证券法》第 114 条的规定，如果一些因人为差错或技术故障等导致的明显存在重大误解、重大异常的证券交易结果，我们仍然予以维护，实际也是违背了证券市场"三公"原则。这个决定太过绝对，"不得改变交易结果"条款的适用范围必须有所限制。我们认为，应该将重大误解导致的错误交易、第三方行为以及技术故障等导致的交易异常情况排除在外。

4. 证券交易异常情况处置的程序与标准缺乏规定

在《证券法》中关于交易异常处置情况仅仅规定了交易所依职权采取措施时，需要及时向市场公告以及向证监会报告的要求。对于处置措施的具体实施缺乏具体规定，这样既难以保障交易所及时有效的行使职权，又难以对交易所的处置权进行合理的约束和限制。一方面，法律的存在是确立起市场的参与者们赖以遵循的规则标准，所有的市场参与主体进行市场交易活动都能够找到相应的行为方式标准；另一方面，法律以其强制力作为保障约束市场参与主体的行为，迫使他们遵循已经确立的市场制度或者在他们违反市场行为时给予惩罚和制裁。证券交易异常情况的处置,会涉及交易参与主体的各方利益以及证券交易所自身结构性利益冲突的防范,如果没有实体性的要求,仅仅依靠原则性的规定,难以保障市场参与者的权益。[1]

三、证券交易异常情况法律规制的完善

(一)完善相关法律体系

1. 尽快出台关于证券交易异常情况的专门法

法律是有位阶的,目前关于证券交易异常情况的法律,最专门的法律当属《证券法》,而这部法律需要顾及的是整个证券行业,对于证券交易异常情况的规定较少。毕竟证券交易异常是证券交易市场的特殊情况,宏观很难把控,随着我国证券行业的快速发展,证券交易异常情况频繁出现,严重扰乱了证券交易秩序,给市场和投资者带来巨大损失。为了更好地规范证券交易市场,出台关于证券交易异常情况专门法的时机已经成熟,为以后更好地处理证券交易异常情况奠定法律基础。

2. 将临时性政策融入法律法规中

由于我国的证券交易市场还不完善,对证券交易异常的处理,仍然处于比较薄弱的环节。当证券交易出现异常时,我国目前更多是出台临时性的政策,这样只是处理了单一的具体问题,涵盖的范围比较小,而这种临时性政策的时效性相对较短,并不能起到明显的作用。因此,把临时性政策通过整理,融入相应的法律法规,是一个不错的选择,这样可以提升其效力,也更有针对性。

(二)提高法律法规的可操作性

1. 明确证券交易异常情况的法律界定

目前,我国证券法中关于证券交易异常情况的规定比较简单,何种情况的出现属于证券交易的异常情况,如何去辨别,没有明确的规定。因此,应该在条文中增加因不可抗力、技术故障、人为因素等其他突发事件影响的情况,完善证券交易异常情况的定义,为稳定证券市场做出努力。

2. 细化证券交易异常情况的处置措施

我国《证券法》中仅规定了技术性停牌和停市两种措施,无法灵活处理各种突发状况。并且在针对不同情况时,对现有规定的实施标准也应当作出补充规定,例如,并没有明确在采取临时停市或者停牌时,实施多长时间以及多大范围。交易所在适用的时候也存在诸多问题,不同的措施究竟是采取细致的启动规定还是按照证券交易所自由裁量,是进行事前审批还是事后由证监会进行审查更为合理,这些问题仍

[1] 参见王啸远:《我国券商风险管理问题及风险控制研究》,载《金融发展研究》2014年第5期。

然不确定。就闪电崩盘而言,采取停牌或者停市虽然可以收到一定效果,但是流动性受到了严重影响,因此并不算是最佳方式。通过以上分析不难看出针对证券交易异常情况处置的规定仍然有许多细节处需要详细列明,比如,限制访问、暂缓交收等措施应当写入法律中,同时应更多的赋予交易所以自由裁量的权利,方便及时应对突发状况。

3. 引入重大差错和撤销交易制度

我国在证券交易异常的情形认定中,遗漏了"重大差错"的情形。在交易过程中难免会出现信息传递差错,导致的交易价格、交易数量与交易者的真实意图相背离,这便产生了证券交易中的"重大差错"(这里的"重大差错"主要是人为导致的,即在业务实施、流程衔接、操作运行等环节中人为出现重大误差)。在现实中,我国已经出现过该类情形引发的交易异常情况,如 1994 年 1 月 26 日的"广州广船乌龙事件"以及 2013 年 8 月 16 日"光大乌龙事件"。引入该制度,已经具备实践的基础。今后,我们应依据交易异常情况的客观表现以及国外证券交易所的相关经验,引进和完善"重大差错制度"。尽管我国已从制度层面设计了临时停牌、临时停市、暂缓交收三种处置措施,但是比较欧美国家,仍有改进的空间,应当尽快引入国外成熟的撤销交易制度。在我国的证券市场发展史上,出现过证券交易所宣布交易无效的情形——"327 国债事件"。在"327 国债事件"中,交易所的处置措施便是典型的撤销交易。"由于证券交易制度的目标在于提供健全的交易设施,并保证证券价格公平、有效地形成。这就要求证券交易信息必须能够准确反映市场真实情况。而不符合市场真实情况的错误交易必然影响交易信息的真实性、准确性,且会对市场参与者造成误导。"按照严格的程序保证错误交易能够得到及时、公开、确定的处置,国外很多交易所都针对错误交易建立了完整的撤销交易制度,从国外交易所的经验来看,撤销交易的方式可分为依职权的撤销和依申请的撤销,引入这两种方式对完善我国的证券交易异常情况处置制度都具有重大的意义!

4. 完善交易异常处置程序和标准

现有的证券交易异常处置程序不够完善,标准不够明确,当证券交易异常情况真的出现时,针对不同的责任主体,如交易部门、交易主体,如何去承担责任?以怎样的方式程序去进行处置?由谁去处置?需要如何去认定?以什么方式去解决?由谁去主导?这些都要在法律条文中作出明确规定,以便各责任主体按照法律的规定去执行,去承担责任。

P2P线下交易模式的法律性质分析

陈丽琴[*]　尹　日[**]　马帅锋[***]

一、P2P简介

P2P——个人网络信贷,意为以网络平台为中介进行的个人对个人的、一对一的信贷行为。P2P于2005年最早产生于英国,其后在美国、日本、中国等世界各地相继出现。在P2P交易中,网络平台不参与具体交易,仅是作为一个中介服务机构为借款人与出借人借贷的实现提供信息服务、工具支持等并收取中介费,具体利率的确定、协议的签署、违约责任的承担都在借款人与出借人之间进行,与网络平台没有实质性的关系。

由于P2P自身制度的不完备以及监管的空白,目前尚属民间金融的范畴。个人网贷相对于其他民间借贷有其自身的优点:以互联网为依托,强调人人参与,信息量大,审查成本低,透明度高;贷款无抵押,而且便捷迅速;中低收入者和中小企业可以通过个人网贷实现快速融资。

二、P2P线上交易与线下交易的界定

目前,P2P的交易模式可简单划分为线上交易与线下交易。

(一)线上交易

线上交易即为传统的P2P,又可细分为网络平台承诺保本与网络平台不承诺保本两种运营模式。由于我国目前个人征信体系不完备,各网络平台为了更多地促成交易,采用承诺保本运营模式的居多。不论哪种模式,网络平台、借款人、出借人的角色相对于传统的P2P并没有实质性的变化,只是在承诺保本的模式下网络平台增加了一项负担:在借款人违约的情况下,网络平台先为出借人垫付本金,这等于将网络平台的信用加入了交易中,减少了出借人的后顾之忧,增加了交易的成功率。

(二)线下交易

P2P线下交易即网络平台只给借款人和出借人提供一些交易的信息,介绍贷款

[*] 河北金融学院法律系副教授。研究方向:民商法、经济金融法。

[**] 河北金融学院法律系2014级本科生。

[***] 河北金融学院法律系2014级本科生。

流程、信贷理财计划,具体的交易程序和手续由 P2P 的相关机构与出借人、P2P 的相关机构与借款人分别去完成,出借人与借款人之间并没有直接的行为。出借人和借款人可能是现实存在的,也可能是由网络平台或其他利害关系人杜撰出来的虚拟的人,网络平台也由中介服务平台演变成了资金枢纽平台,网络平台不可避免地参与到了借贷交易中。通俗一点说,即出借人将要出借的款项存放于网络平台,网络平台将该款项进行期限与数额的拆分后,分别贷给适应的借款人。

三、P2P 线下交易模式的法律性质

对于 P2P 线下交易模式的法律性质,目前存在两种观点:一种为债权让与;另一种为非法集资。

(一)债权让与的含义与条件

债权让与为债的移转的一种,是指在不改变债的内容的情况下,债权人发生变更,即债权人将债权全部或部分转让给第三人。债权让与具有非要式性、无因性等特点。一项合法有效的债权让与应具备以下条件:

1. 须存在有效债权;
2. 须被让与的债权具有可让与性;
3. 须债权人与受让人达成合意;
4. 须通知债务人;
5. 债权让与的立法依据。

在现行法中,我国《民法通则》和《合同法》都有关于债权让与的明文规定:

我国《民法通则》第 91 条:"合同一方将合同的权利、义务全部或者部分转让给第三人的,应当取得合同另一方的同意,并不得牟利。依照法律规定应当由国家批准的合同,需经原批准机关批准。但是,法律另有规定或者原合同另有约定的除外。"依《民法通则》的规定,债权让与可以是全部让与也可以是部分让与,但须经过债务人的同意,并且不得通过转让债权而牟利。

我国《合同法》第 79 条:"债权人可以将合同的权利全部或者部分转让给第三人,但有下列情形之一的除外:(一)根据合同性质不得转让;(二)按照当事人约定不得转让;(三)依照法律规定不得转让。"第 80 条:"债权人转让权利的,应当通知债务人。未经通知,该转让对债务人不发生效力。"

我国《合同法》中债权让与可以是全部转让也可以是部分转让,与《民法通则》的规定相同,但构成要件中须经债务人同意《合同法》规定只须通知债务人即可,相当于放宽了债权让与的条件。另外,我国《担保法》中允许债权作为交易的标的,从法的适用原则"后法优于前法,特别法优于一般法"不难得出:债权让与可以是全部转让也可以是部分转让,只须通知债务人即可发生效力,并且现行法允许通过债权

转让而牟利。

P2P线下交易模式符合债权让与的条件:

1. 网络平台与借款人之间存在有效债权

据调查,目前P2P线下交易资金的出入一般不是通过网络平台机构或公司的账户而是通过高管或CEO的个人账户出入,我们可以对P2P线下交易模式作以下理解:网络平台以高管等人的个人名义向有借款需求的借款人甲贷款,从而在网络平台与甲之间形成了借贷关系,网络平台为债权人,借款人甲为债务人。由于此种借贷是以私人名义进行的,所以这一借贷关系是受法律保护的,因为我国目前的法律禁止非金融机构放贷,但对符合法律规定的私人放贷是予以保护的:我国《民法通则》第90条规定:"合法的借贷关系受法律保护";《合同法》第十二章专门规定了借款合同。综上,借款人与网络平台之间存在有效债权。

2. 网络平台与借款人之间的债权具有可让与性。

网络平台与借款人之间的借贷关系以货币作为标的物,属于金钱之债,金钱之债具有可让与性,不属于《合同法》第79条规定的不可转让的情形。

3. 网络平台与出借人达成合意

在P2P线下交易模式中,通常的操作方式为网络平台与出借人签署协议,将取得的对借款人的债权全部转让给一个出借人或者将债权进行数额或期限的拆分部分转让给多个出借人。

4. 完成了通知债务人的程序

网络平台在完成了与出借人和借款人的实质运作之后,会将出借人与借款人重新对应起来,在二者之间签订一个借款协议,这实质上就等于通知了借款人:网络平台对其享有的债权已经转让给了出借人。

(二)非法集资

1. 非法集资的定义与认定条件

依照最高人民法院《关于审理非法集资刑事案件具体应用法律若干问题的解释》的规定,非法集资是"违反国家金融管理法律规定,向社会公众吸收资金的行为"。非法集资具有非法性、公开性、利诱性和社会性特征,该解释第1条规定其认定条件包括四点:(1)未经有关部门依法批准或者借用合法经营的形式吸收资金;(2)通过媒体、推介会、传单、手机短信等途径向社会公开宣传;(3)承诺在一定期限内以货币、实物、股权等方式还本付息或者给付回报;(4)向社会公众即社会不特定对象吸收资金。

2. 非法集资的立法体现

非法集资从刑法规定来看,主要包括非法吸收公众存款罪、集资诈骗罪两个罪名。

非法吸收公众存款罪由我国《刑法》第 176 条明确加以规定，是指违反国家金融管理法规，非法吸收公众存款或变相吸收公众存款，扰乱金融秩序的行为。该罪侵犯的客体为金融管理秩序。客观方面非法吸收公众存款包括两种情形：一是不具有法定主体资格而吸收公众存款；二是虽具有法定主体资格，但采用高息揽储等非法方法吸收公众存款。变相吸收公众存款是指行为人违反法律规定以集资办项目等非存款的名义吸收公众资金的行为；主体为一般主体，既可以是个人也可以是单位。

集资诈骗罪则规定在《刑法》第 192 条、第 199 条中，是指行为人以非法占有为目的采用诈骗的方法非法集资数额较大的行为。本罪侵犯的客体为金融管理秩序和公司财产所有权；构成此罪客观方面要具备三个要件：一为“采用诈骗的方法”，二为“非法集资”，三为“数额较大”；主体为一般主体；主观方面必须具有非法占有的目的。

3. P2P 线下交易模式可能会演变为非法集资

(1) P2P 交易的网络平台不具有合法融资的主体资格

P2P 线下交易实质上是网络平台与出借人签订协议将出借人的款项暂存于网络平台待适合的借款人出现后再将款项贷于借款人，实质上可以界定为一个资金枢纽平台，融资之后再进行放贷。

我国目前具有融资资格的主体必须符合《商业银行法》和《公司法》的规定，一般要由银监会或证监会批准。P2P 交易的网络平台目前的存在形式基本为科技公司、商务公司，投资服务公司，不在合法的金融机构范围之内，不具有吸收存款等合法融资的法定主体资格。具备了非法集资“非法性”的特征。但是否将 P2P 线下交易一概界定为非法集资，还要参照相关的法律规定分别处理。

最高人民法院《关于审理非法集资刑事案件具体应用法律若干问题的解释》第 3 条规定“非法吸收或者变相吸收公众存款，具有下列情形之一的，应当依法追究刑事责任：(一) 个人非法吸收或者变相吸收公众存款，数额在 20 万元以上的，单位非法吸收或者变相吸收公众存款，数额在 100 万元以上的；……”基于这一规定，P2P 交易的网络平台融资在 100 万元以上的，可以将其认定成非法集资，100 万元以下暂可不入刑。

(2) P2P 交易的网络平台具有向社会公众即社会不特定对象吸收资金的特点

P2P 以互联网为依托，强调人人参与，信息量大，这是个人网贷的一个优点，但同时这也会成为 P2P 网络平台构成非法集资的一个要件。

社会性是非法集资的一项重要特征，最高人民法院《关于审理非法集资刑事案件具体应用法律若干问题的解释》第 1 条规定：“违反国家金融管理法律规定，向社会公众(包括单位和个人)吸收资金的行为，同时具备下列四个条件的，除刑法另有规定的以外，应当认定为刑法第一百七十六条规定的‘非法吸收公众存款或者变相吸收公众存款'：……（四）向社会公众即社会不特定对象吸收资金。”

P2P交易中借款人和出借人通过网络平台确立借贷关系，通常相互都不认识，交易平台与借款人和出借人之间也不熟识，网络本身覆盖面大、流通快这些特征必然使参与到P2P交易中的借款人与出借人数量非常多，显然符合社会公众的特点，网络平台向出借人吸收资金属于向社会公众吸收资金。

根据我国《刑法》和最高人民法院《关于审理非法集资刑事案件具体应用法律若干问题的解释》第3条“非法吸收或者变相吸收公众存款，具有下列情形之一的，应当依法追究刑事责任：……（二）个人非法吸收或者变相吸收公众存款对象30人以上的，单位非法吸收或者变相吸收公众存款对象150人以上的；……”的规定，P2P线下交易中网络平台吸收资金针对的对象达到150人以上的，可以认定为非法集资。

四、对界定P2P线下交易法律性质的建议

P2P交易模式作为一种新近出现的借贷方式，其积极作用应当予以充分肯定，工商管理机关应当制定统一的准入制度确立符合法律规定的运作模式，根据其特性确定相应的风险防范机制和监管制度，引导并促使其向健康的方向发展。

对于P2P线下交易模式，只要网络平台依照符合债权让与条件的方式进行运作，应认定为债权让与，进而达到引导促进P2P交易健康发展的目的。但如果网络平台运作过程中违规操作吸收资金，并符合了非法集资数额、人数方面的要求，则认定成非法集资，绝不可为了其发展而姑息纵容。特别是对于诸如淘金贷的集资诈骗行为更应予以严厉打击。

协调政府管制和社会自治机制下的管控民间融资对策研究

——以河北省为例[1]

杜兴涛*

一、民间金融政府管制和社会自治的概念及协调

(一)民间金融政府管制和社会自治的概念

1. 民间金融政府管制

从经济社会发展来看,政府管制是经济发展到一定时期的产物。在市场化和自由经济发展阶段,市场交易行为日益频繁,随之而来的是交易安全问题、利益分配问题和结构性社会问题。为解决市场经济自身引发的各种市场失灵问题,政府管制应运而生。政府管制是指地方政府或者中央政府基于一定的管理目的,依靠法律赋予的权利,对社会经济各种主体和经济行为进行有强制力的管理控制,以求保证经济的平稳运行和社会的长期稳定。我国民间金融行业处于市场化改革的进程中,二元金融结构下金融管控机制处于构建的初级阶段,民间金融制度缺陷凸显,需要完善民间融资法律体系和相关制度,以保证民间融资领域的交易安全和市场的公平竞争,于是政府金融管制成为新兴市场国家金融监管的重要手段。民间金融监管难度大,隐秘金融行为难以被察觉,因此,政府管制的强制性、法制性和政策性可以通过公权力机关逐渐渗透至民间融资各个领域,具有权威性、强制性和指引性。

2. 民间金融社会自治

社会自治是指社会经济各主体为谋取自身发展而减少政府政策规制和干预,并通过各种社会自治组织管理其交易行为,保证市场经济的效率。从理论上讲,社会自治是与政府管制相区别的社会经济管理工具。社会自治以地区或行业的交易习惯、行规行约、市场规则为基础,由社会自治性组织通过法律具体授权行使管理职能。民间金融交易从其历史沿革上看,是在正规金融渠道无法满足市场资金需求

[1] 本文为2015年年度河北省社会科学基金项目“邯郸房企融资危机对河北省管控民间融资的借鉴及对策研究”的阶段性研究成果,项目编号:HB15FX034。

* 河北金融学院法律系副教授。研究方向:金融法。

时，由市场自发产生的金融行为，也是金融行业市场化改革的必然结果和不可或缺的环节。从其发展过程上看，民间融资种类、形式、规则的发展速度较快，且基本形成一套潜藏的交易规则，政府管制民间金融，具有一定时滞效应，容易出现政策效果滞后的现象。如果通过社会自治民间金融组织对其本行业的交易行为进行管理和风险防控，可有效保证管理效率。

（二）民间金融政府管制和社会自治之间的矛盾及协调

金融行业的政府管制和社会自治之间始终存在固有的矛盾。从权利来源上看，政府金融管制是每个公民部分权利让渡的结果，而金融社会自治是通过市场或金融行业自治协会进行，是市场内部权利的再分配，不涉及权利的让渡。因此，二者间成此消彼长的态势。政府过多地拥有管理权限，意味着市场行业自治的权利过少，进而产生金融抑制的状态。如果政府较多的放权给市场金融自治组织，则交易效率和监管效率将有所提高，但也存在监管强制性不足和“监守自盗”的发生。因此，如何协调政府管制和社会自治，是管控民间融资中亟须解决的问题。

结合国内外金融治理理论和实践，世界范围内协调金融领域政府管制和社会自治大致有两种方式，即有限政府理论和新公共服务理论。有限政府理论认为，政府不应是“全能政府”，政府和市场是同为两种金融治理手段，但各自功能不同。政府的功能是保护市场的有效性，应承认政府监管的必要性。然而，政府不能肆意将监管的触手延伸至民间金融各领域，而应只履行基本的职责，将其他职责交由市场行业自治组织解决，保证市场化的基本方向。具体到民间融资上，政府应对民间融资中有可能对金融秩序和交易安全产生严重后果的行为加以约束，确保民间融资在金融市场上的安全性。而将具体交易习惯、交易规则和交易中的审查交由行业自治组织负责，做到“小政府、大市场”。新公共服务理论在肯定市场自治的基础上，也重新定义了政府职能。该理论认为，政府的职能应当是服务，因此，政府的角色应当由“划桨”转变为“掌舵”，帮助市场一起寻找漏洞并提出解决方案。在民间金融管控领域，政府应当只承担同服务行政类职能，并不直接支配和命令管理关系，对本地区民间融资进行非强制性建议或指导，协助有关机构拟订民间借贷合同、制定民间金融机构管理制度等。

民间金融涉及国计民生诸多领域，存在潜在区域性风险，因此，在金融风险的监管、融资企业信用风险监控上必须明确政府的监管职责，社会自治作为辅助配合。民间融资的发展是不同利益主体在意思自治的基础上为满足资金需求而发展的产物，存在诸多利益诉求，因此，在交易的具体过程、交易的规则、纠纷化解上应主要由民间融资行业自治机构管理，政府只需通过服务型行政行为、政策建议及法律法规等方式予以支持。

二、河北省民间融资发展现状及管控中存在的问题

(一)河北省民间融资现状

2014年河北省融资数据显示,河北省2014年上半年民间融资规模大约500亿元,占河北省2014年社会融资总量约9.6%,且逐年上升。从民间金融机构发展上看,近年来河北省民间金融机构从数量和业务范围上都显著增加,小额贷款公司数量年已跻身全国前五名,融资性担保公司超过600家,注册资本金超过400亿元。2014年河北省典当行新增37家,新增分支机构12家,典当融资正逐渐向全省扩展。从民间融资利率上看,河北省企业民间融资加权年利率约为15.3%,向企业、个人和民间融资机构借款利率分别为18.8%、14.0%和23.6%。若以中国人民银行于2015年10月公布的贷款基准利率4.75%为标准,各种形式的民间借贷利率均徘徊在法定的4倍利率上限附近,有部分利息收入不受法律保护。

(二)河北省民间融资管控中存在的问题

河北省民间融资主要以政府管制为主,管控权限集中在政府和相关国家机关。分析政府管制内容可以看出,管控内容分散、覆盖面狭窄、手段单一,没有体现出“小政府、大市场”的服务型政府理念。在社会自治方面,河北省虽也存在行业协会,这种行业协会本质上是交流研究平台,并未出台对本行业的管控规章或规则,进而无法和政府管制形成配合。长期以来,这种政府管制和社会自治的不协调,不仅阻碍了河北省金融管控的步伐,也浪费了优质的社会管理资源。

1. 政府对民间金融的监管作用发挥不充分

在风险防范过程中,政府的角色应当是一个严格的监督者,始终贯穿金融风险监管的各个阶段。河北省对民间金融的监管缺乏系统性,导致金融风险始终处于监管的边缘地带,地方政府在民间融资的管控中越位缺位现象严重。例如,非银行民间融资机构是金融风险的高发区,但关于金融机构的监管只停留在《公司法》等上位法之中,河北省政府没有针对民间金融机构的特殊性进行差异化对待。其原因在于金融领域仍然具有较多的计划经济色彩,地方政府金融政策必须服从于中央,缺乏一定自主性。而民间金融的特点之一是显著的地缘性,地方政府金融管制的意义是在能够立足于本省金融业发展的实际基础上,制定符合本省发展要求的系统、全面、根本性的政策法规。

2. 管制方式单一化

在民间融资的政府管控中,政府的职能是通过行政服务类行为帮助金融主体弥补交易中存在的漏洞,规避交易风险。实践中,河北省金融管制部门往往以强制性行政行为为主,政策具有显著的指令性,政策设计僵化,且多为行政干预。除此之外,河北省金融管制部门的监管措施主要是直接行政管理,政策直接作用到金融主

体上,缺乏灵活性。合理的政府民间金融管制中,政府应当大量使用间接管理的手段,通过协商、服务、法律、评估等方式进行管制。

3. 社会自治缺失

民间金融治理中,交易的具体过程、交易的规则和地区社会信用保障上应由民间融资行业自治机构负责。河北省至今仍无民间金融管理的自治性机构,虽然担保、典当等行业成立了属于自己的行业协会,但是从行业协会章程中主要涉及协会会员的活动、业务的培训、技术交流,没有对本行业进行监管的内容。

三、政府主导建立以社会组织为主体的民间金融风险监控体系

(一)建立专业、综合性金融风险管控机构

河北省民间金融机构缺乏有效市场准入和行为监督,造成大量金融中介在自身不具备风险防控能力的条件下从事民间融资业务。而风险防控是金融业发展的底线,因此需要由政府主导,并通过其强制力构建金融风险管控体系,将民间融资监管纳入银行监管体系中,从而降低我国"影子银行"运行风险,保证系统性风险在可控的范围内。

对民间金融机构的监管具体可从两个方面进行。首先,由中国人民银行和银行业监督管理委员会负责对本省新设立的民间金融机构进行市场准入监管,重点是对金融机构经营范围,人员组成和注册程序进行审查,全省金融监管当局制定民间金融机构统一的最低资本充足率、注册资本金数额,并比照商业银行监管方法对其进行核算。由于不同类型的民间金融机构风险和经营方式不同,因此,应在设立最低基础上进行差别化调整,针对高风险、高杠杆率的融资担保等机构,适当提高准入门槛,做到防患于未然。其次,对民间融资过程进行监督。民间融资具有隐蔽性,必须阳光化方能进行有效的风险防范,因此应借鉴银行监管的经验,通过存贷比、资产负债率、坏账率等指标构建基本风险评估机制,并逐渐建立民间金融机构风险监测系统。目前,河北省民间融资机构的准入主要由地方金融办负责,从监管能力和监管技术两方面看,都不适合作为民间融资主管单位,必须由中国人民银行和银监会等专业的金融监管部门进行监管。

(二)建立政府监督、社会运作的融资主体评级机构

民间借贷市场之所以利率高企,除市场流动性不足外,信息不对称是一个很重要的因素。目前,河北省乃至全国在民间融资领域都尚未形成一个有效的民间信用评级机制。资金的供给方在提供资金之前,不能通过民间融资信用评级机制了解资金需求方资信状况和偿债能力,对放款的回收很难产生合理预期,不得不通过提高利率规避风险。

融资主体信用评级必须始终在政府严格监管下进行,但评级机构须为社会自治

下的第三方机构。在这个过程中,应明确政府和评级机构权责归属,既要确保评级过程的公正性,又要保证评级结果的有效性。在评级机制构建中,应重点考虑评级机构的选择问题。民间融资信用评级机构必须由具有良好评级资质的第三方机构担任,政府可参照对债券信用评级机构的选择过程进行选择,全面了解评级机构的评价标准、评价方法和评价指标设置情况,并针对河北省不同地区产业集群的群体信用给予服务型建议,第三方评级机构必须对评级结果负责。

(三)构建政府、市场相配合的河北省经济社会征信平台

民间融资究其本质,是信用条件下的资金拆借,政府若想对民间融资各方面全面系统检测,必须对各主体信用进行调查。因此,在有效的信用评级机构设立后,还要搭建全省经济社会征信平台和登记系统,既要约束资金需求者行为,也要约束资金供给者行为。在征信体系构建中,征信主体的选择是首要解决的问题。根据国际经验,征信主体往往分成政府主导和市场主导两类。以美国为代表的一部分国家主张通过纯市场化手段进行征信,征信机构独立于政府。以法国为代表的部分国家则强调政府征信的重要性。在法国,征信机构只存在于国营征信机构。

政府主导的征信系统主要负责全省企业和个人基本信用记录,如个人基本信息、职业、家庭状况、收入、信贷记录等,以便政府充分了解债务人的基本信用情况。此层次重点应处理好个人隐私权和信用数据收集的矛盾,不允许任何超越个人隐私权的信用信息披露。在基本信用征集完毕后,应采取社会自治的征信系统,以行业自治性组织为主体,针对该行业所必需的信用信息进行征集和披露。这样既可保证公权力有效渗透至信用体系,又给予不同行业充分的自主性选择,保证了征信体系的灵活和高效,使资金供求双方在最大程度上实现信息的对称。例如,对于房地产企业,由于该行业有着较高的资金需求,因此,房地产行业可组织机构对房地产企业信用审查,最大限度地保障行业的安全发展。在征信体系搭建完毕后,政府应出台相关征信制度法规,尽快将征信制度用法律的形式加以明确,保障信用征集的强制性。

四、建立社会自治组织参与的交易规则和管理办法

在交易领域,协调政府管制和社会自治的关键是明确何种交易需要政府强制规范。为充分保障交易的效率,政府应只对交易的宏观原则和需要打击的交易行为进行规制,采取负面清单制度,保证"无禁止即自由"的治理理念。而社会自治机构则应根据本行业发展特点,制定相应的行业内交易规则。在纠纷解决上,应采取多元化纠纷解决机制,政府推动相关法规制定,而行业自治机构负责简单纠纷的调解和协调

(一)制定社会自治组织参与的民间融资交易规范

民间融资具有隐蔽性,长期以来各地尚无通用的市场规范,从而使河北省民间

融资方式混乱，交易规则欠明晰。与政府管制相比，民间金融行业内社会自治组织对于本行业的交易通则、规范和有利于提高交易效率的惯例更加了解，因此，针对交易领域的民间金融管控需由社会自治组织参与，而政府则需对行业自治组织进行合法性审核和宏观管控或给予服务型行政指导。

在河北省2014年民间融资纠纷中，自然人之间或非融资机构法人间借贷纠纷所占比例最高。在民间借贷领域以信用和承诺作为仅有的担保，依靠熟人间的人情关系进行借贷，借贷双方甚至没有有效的借款合同。针对上述融资方式的监管，应首先成立相关行业自治组织，对交易的程序、担保规则等进行详细的规范，政府则应侧重服务型行政干预。[1] 政府服务型行政干预类似于中央银行对商业银行定期的窗口指导，虽然不直接影响被指导主体行为，但政府指导具有较高的公信力，足以达到提示和指导的目的。

(二)制定《河北省民间融资管理办法》

民间融资纠纷解决应以多元化为原则。从我国现行法律体系上看，河北省解决民间融资纠纷的法律依据主要有《民法通则》《合同法》《商业银行法》《非法金融机构和非法金融业务活动取缔办法》《刑法》等。这些法律法规和规章分散于不同法律位阶，且不同法律间存在冲突和界限模糊的现象。例如，《刑法》中的集资诈骗犯罪、非法吸收公众存款罪和正常的民间融资边界不清的问题。在上述诸多立法缺陷并存的背景下，在此原则指引下，政府作为政府规章的制定机关，应充分行使其规章制定权限，借鉴温州模式之经验，并结合本省实际情况制定《河北省民间融资管理办法》，厘清合法融资和非法集资边界，规范民间金融机构审查登记制度，明确各种法律禁止的非法转贷、非法经营和冲突交易等行为，在利率市场化的基础上明确民间借贷利率，明晰法人间借贷是否合法。法律在约束交易双方行为的同时，还应约束政府行为，分配金融监管、风险监测和预警的责任归属，制定完善的追责机制。

[1] 参见李俊：《论民间金融治理的政府管制与社会自治》，载《企业经济》2015年第9期。

收入再分配的经济法调节

——以河北省为例[1]

杜亚涛* 赵建敏** 王换娥***

党的十八届三中全会通过《中共中央关于全面深化改革若干重大问题的决定》，该决定为深化改革进行了整体部署和顶层设计，其中提出要“形成合理有序的收入分配格局”。收入分配制度关系人民群众切身利益和社会经济的稳定发展，目前我国在收入分配领域存在差距过大和分配不公的突出问题。健全的法律制度是实现分配正义的重要保障，而经济法是体现国家对经济生活适度干预和宏观调控的法律部门，其对再分配领域具有重要的调整作用。

一、经济法是再分配法

国民收入的分配分为初次分配和再分配，初次分配是指在物质生产部门对各种生产要素和产品的分配；再分配是指在初次分配的基础上，由政府干预对要素收入进行再次调节的过程。从法学角度来看，初次分配主要由民商法调整，为调动市场主体的积极性，促进经济总量提升，在初次分配中效率优先于公平，必然产生较大的收入差距；再分配领域则需要以利益均衡和公平优先为理念，通过国家的宏观调控，缓解收入差距过大的趋势，逐步消除分配领域的不公现象，实现实质公平，这就需要经济法发挥作用。

经济法是伴随着生产力的发展和国家职能的转变而逐渐建立起来的。在自由资本主义时期，经济运行靠价值规律和市场机制自发调节，将经济完全置于国家统治之外，正如托马斯·潘恩所说的：“管得最少的政府就是管得最好的政府。”但随着生产社会化程度的不断提高，市场调节的盲目性、滞后性和唯利性等弊端逐渐暴露，社会化大生产和消费需求之间的矛盾不断激化，从而导致通货膨胀、罢工失业、经济

---

[1] 本文为2014年年度河北省社科基金项目：《收入再分配的经济法研究——以河北省为例》的阶段性研究成果，项目编号：HB14FX037。

* 河北金融学院副教授。研究方向：经济法。

** 河北金融学院副教授。研究方向：经济法。

*** 河北金融学院副教授。研究方向：经济法。

垄断等各种社会问题。人们对国家职能的认识开始发生转变，希望国家通过“有形之手”调控经济运行，解决市场失灵问题，经济法由此作为一个独立的法律部门应运而生。[1] 经济法作为国家调控和干预经济运行的基本法律形式，其主要通过市场规制法和宏观引导调控法对再收入领域进行调节，前者主要是通过反垄断法破除行业收入差距，抑制垄断和不正当竞争行为的不当收益；后者则主要通过税收制度、财政转移支付和社会保障制度等，对城乡居民和区域差异发挥收入的再分配功能。

二、收入分配领域存在的问题及成因——以河北省为例

（一）收入分配领域存在的突出问题

改革开放以来，我国经济发展迅速，社会财富不断积累，生活水平普遍提高。但各种矛盾和问题也逐渐显现，贫富两极分化、利益分配不公、收入分配格局失衡等现象引起公众的不满，严重影响和谐社会的构建。收入分配领域的不平衡主要表现在行业之间、城乡之间和地区之间。

1. 行业收入差距显著

表 1　河北省各行业就业人员平均工资一览（2012 年）

国民经济行业	就业人员平均工资（元）
农林牧渔业	13,669
采矿业	62,061
制造业	36,613
建筑业	31,241
交通运输、仓储和邮政业	45,696
信息传输、计算机服务	50,628
住宿和餐饮业	25,645
金融业	60,304
卫生和社会工作	37,427
文化、体育和娱乐业	33,453
公共管理、社会保障和社会组织	33,498

数据来源：根据《河北经济年鉴》（2013 年）资料整理。

〔1〕 参见漆多俊：《经济法再分配功能与中国收入分配制度改革》，载《中共中央党校学报》2008 年第 2 期。

河北省城镇非私营单位工资最高的金融业和最低的农林牧渔业职工年平均工资相差46,635元,差幅高达77.3%。由于我国的市场竞争机制尚不完善,一些关系国计民生的重要行业由国家政策扶植,在市场竞争中处于优势地位,甚至形成行业垄断,如金融业职工收入普遍较高。而一些传统行业,本身利润不高,人力资本投入较低,劳动供给总量较为充裕,工资水平普遍较低。

2. 城乡居民收入差距大

表2 河北省城乡居民家庭人均收入及恩格尔系数一览

年份	农村居民家庭人均纯收入(元)	城镇居民家庭人均可支配收入(元)	农村居民家庭恩格尔系数(%)	城镇居民家庭恩格尔系数(%)
1978	114.06	276.24	—	—
1980	175.77	400.56	56.06	60.08
1985	385.23	630.72	50.03	49.96
1990	621.67	1397.35	49.05	51.16
1995	1668.73	3674.16	56.81	46.22
2000	2478.86	5661.16	39.50	34.39
2005	3481.64	9107.09	41.02	34.56
2010	5957.98	16,263.43	35.15	32.32
2012	8081.40	20,543.44	33.87	33.60

数据来源:根据《河北经济年鉴》(2013年)资料整理。

通过数据分析,1985年农村居民家庭人均纯收入为385.23元,城镇居民家庭人均可支配收入为630.72元,城乡居民收入差距是1.64倍;1990年达到2.24倍;2005年是2.61倍;2010年是2.72倍。城乡收入差距呈现扩大的趋势。农村居民家庭恩格尔系数较城镇居民家庭下降缓慢,虽然农村居民的食品支出总额占个人消费支出总额的比重不断下降,但由于其个人收入基数小,所以购买力和财富积累较城镇居民还有较大的差距。

3. 地区收入差距明显

表 3 河北省各市在岗职工工资总额及平均工资(2012 年)

地区	在岗职工工资总额(元)	在岗职工平均工资(元)
河北省	23,127,983	39,542
石家庄市	3,458,698	39,669
承德市	991,389	37,787
张家口市	1,359,977	35,615
秦皇岛市	1,469,190	44,824
唐山市	4,203,240	45,838
廊坊市	1,844,049	44,886
保定市	3,127,206	34,912
沧州市	1,959,814	40,114
衡水市	892,111	32,800
邢台市	1,533,594	36,278
邯郸市	2,288,715	38,225

数据来源:根据《河北经济年鉴》(2013 年)资料整理。

由于各地区在气候条件、自然资源占有、政策扶植等方面存在差异,导致区域经济发展不均衡,进而影响各地职工个人收入。如河北省城镇非私营单位在岗职工平均工资最高的唐山市和最低的衡水市相差 13,038 元,差幅达 28.4%。

(二)收入分配问题产生的原因分析

1. 生产要素分配失衡

市场经济条件下的分配制度以要素分配为原则,具体包括劳动力要素、土地等自然资源、技术和资本等。我国人口众多,劳动力相对过剩,劳动力市场长期供过于求,导致一些劳动密集型行业,如农林、建筑、服务业的劳动者收入普遍低于平均水平。在我国,土地等自然资源由于其公有性质,市场配置作用较小,技术和资本要素的收益增长速度较快,在分配中占有优势地位。占有较大资本比例和固定资产的企业,在同等经营环境下处于竞争优势地位,生产成本较低、抗风险能力强,从而可以获取更多的资源成果和垄断利益。而那些占有资本要素较少、规模小的企业则往往被激烈的市场竞争所淘汰,在社会分配中处于不利地位,最终产生一种“马太效应”,

即富者愈富、贫者愈贫，贫富两极分化。[1] 这说明市场经济在促进各种生产要素按供需关系配置的过程中，满足效率要求的同时，也会导致初次分配领域的差距扩大，而要解决贫富两极分化问题，就需要再分配领域发挥国家调控职能，采用经济、财政、法律的手段实现社会财富相对公平分配。

2. 城乡二元体制障碍

长期形成的城乡二元经济体制、户籍障碍、社保制度等，影响市场资源合理配置和社会利益的公平分配，是造成城乡居民收入差距扩大的主要原因。新中国成立以来，为实现工业现代化和保障国家安全的需要，我国实行了城乡分治的策略。户籍制度区分城乡身份，导致公民一出生就决定了其获得收入的基本途径和资源。虽然2014年7月30日备受关注的国务院《关于进一步推进户籍制度改革的意见》正式公布，规定：要进一步调整户口迁移政策，统一城乡户口登记制度，全面实施居住证制度。但受经济发展水平和城市总体承载能力等因素的制约，不可能一步到位。城乡收入差距不仅表现在货币收入上，更重要的是非货币收入待遇的区别，如教育资源、医疗卫生条件、养老保险及其他社会福利方面，与城镇居民此相比还存在明显差距。国民收入在分配制度也体现出向工业和城镇倾斜的特点，工农业产品价格的“剪刀差”，使农业积累向工业领域转移，农业财政支出比例只占农业在国民收入中比例的1/2～1/3，与农业在国民经济中的地位严重不符。

3. 法律体系不健全

法律制度不完善是形成我国收入分配不公的深层次原因，从经济法的角度来分析，还存在涉及收入分配调节领域的诸多缺陷，如反垄断法、财税法、社会保障法等。反垄断法在西方国家被称为经济宪法，在我国经济体制转轨过程中，几乎所有的工业专业经济部门被撤销，其职能由企业承担，进行市场化运作，但由于部分行业关系国计民生，如金融、电信、能源、交通运输等，国家给予了政策和资金方面的大力支持，形成行业壁垒和垄断局面，从而造成行业和企业之间收入差距显著。我国的《反垄断法》还存在很多不足，如对行政性垄断规制力度不足、反垄断实施机制不健全等，影响了法律实施的效果，增加了协调成本，难以解决因垄断造成的收入差距问题。

在财税法方面，国家主要是通过收税调节居民收入差距，但从《个人所得税法》的实施情况来看，我国的个税起征点较低，对收入差距的调节功能有限；制度外收入存在避税问题，法律监管不到位等。国家和地方政府对低收入群体和欠发达地区的财政转移支付还存在专项立法缺失、权力配置不合理等问题。

从社会保障制度来看，由于长期受二元经济体制影响，我国城乡社会保障制度

---

[1] 参见刘解龙：《我国收入分配改革的系统性缺陷及其弥补》，载《长沙理工大学学报》（社会科学版）2013年第1期。

发展严重失衡,从而导致城乡居民收入差距进一步扩大。虽然 2010 年《社会保险法》的出台确定了"广覆盖"的适度普惠型原则,同时将农民工和失地农民纳入社会保险范围,但在适用主体、保障项目、财政资金等方面还存在区别待遇,对缩小城乡居民收入差距的作用有限。

三、发挥经济法对收入再分配的调节作用

经济法体系中的市场规制法和宏观调控法,都对国民收入再分配领域发挥着重要的调节作用。

(一)市场规制法对再收入领域的调节

市场规制法主要包括《反垄断法》《反不正当竞争法》《消费者权益保护法》等单行法,其对收入再分配领域的调控主要表现在排除市场障碍,恢复正常的市场竞争秩序。重点要完善和发挥《反垄断法》的作用,阻断垄断行业的高额利润,实现行业间的收入公平分配。

1. 加强行政性垄断的规制

我国在推进经济体制改革和政府职能转变的过程中,形成了一批行政性企业,主要分布在金融、电力、铁路、煤炭、石油、航运等领域。这些行业通过垄断地位形成竞争优势,获取了高额的垄断利润,导致行业之间、垄断企业职工与其他劳动者之间的收入严重失衡;同时,这些行政性公司既享有经济权利,又拥有一定的行政权力,容易造成官商勾结、贪污贿赂等不良现象,其危害程度尤甚于经济垄断,与法治社会建设的要求格格不入。因此,《反垄断法》应当旗帜鲜明地打击各类行政性垄断,阻断垄断利益,调节国家和企业之间的分配关系,进一步完善针对垄断企业的特别收益金制度和利润上缴制度,适当增加垄断行业利润上缴的比例,逐步缩小行业之间的收入差距。

2. 完善《反垄断法》实施机制

要想发挥《反垄断法》的现实作用,科学的立法是前提,实施机制的完善是关键。《反垄断法》实施效果较差,主要原因就在于其实施机制存在缺陷。

首先,设置专门的反垄断执法机构。目前,我国共有 3 个反垄断机构:国家发改委下属的价格监督检查与反垄断局,负责调查价格垄断协议;国家工商总局下属的反垄断与反不正当竞争执法局,负责调查滥用市场支配地位限制竞争的行为;商务部下属的商务部反垄断局(反垄断委员会办公室),主要负责审查经营者集中行为。但是,涉嫌垄断的案件通常情况比较复杂,必然导致互相争抢或推诿责任的情况。建议该改变目前分类监管的模式,将 3 个反垄断机构进行职能合并,组建国家反垄断局。同时可以借鉴美国的司法模式,即反垄断机构负责调查,将裁决权交予法院,美国司法部反托拉斯局和联邦贸易委员会可依据《谢尔曼法》将涉嫌垄断者起诉至

联邦法院,由法院对案件做出最终裁决并追究法律责任。

其次,扩大反垄断的诉讼主体。《反垄断法》虽规定了对反垄断执法机构决定不服的行政诉讼权利,但是没有明确规定哪些人有权利提起反垄断的行政诉讼。按照最高人民法院的司法解释,只有受到垄断经营行为损害的企业才能提起反垄断行政诉讼,却没有将诉权直接赋予消费者。这显然违背了《反垄断法》的立法精神,反垄断一方面是为了促进市场经济各要素的合理配置,另一方面是为了维护广大消费者的合法利益,因为高额的垄断利润最终要由消费者买单。因此,立法应当赋予消费者诉讼主体资格。

最后,合理配置反垄断的举证责任。由于民事诉讼遵循“谁主张,谁举证”的原则,反垄断维权对原告的举证责任要求较高,而如市场占有份额等证据,普通公民和组织要想从垄断企业中获取是十分困难的。因此,举报人只要提供初步证据或者其中的一项证据,反垄断机构就应当介入调查,发挥公权力的强制性;对信息不对称导致的反垄断维权困难,建议实行举证责任倒置,由企业证明自身不存在垄断行为,这样才能更有效地保护消费者的合法权益。

(二)宏观调控法对再收入领域的调节

市场经济下宏观调控是为了弥补价值规律自发调节的盲目性和滞后性,国家运用经济法手段采取间接干预的方式,实现对收入再分配的调节。具体法律制度包括预算法、税法、财政法、金融法等,其对收入再分配的调节作用是最全面也是最有效的。针对目前我国收入再分配领域存在的突出问题,下面将主要通过财政制度和税收制度的改革完善,着力解决城乡居民和区域收入差距问题。

1.完善财政转移支付法律制度

财政是国家干预经济的重要手段,国家通过财政收入和支出制度对国民收入进行调节。财政收入主要通过税收制度实现,在此主要探讨财政转移支付对收入再分配的调节作用。由于财政支出的划分与事权紧密联系,而我国各级人民政府的职责和事权划分尚不明确,因此,我国的财政转移支付目前还基本处于无法可依的状态,资金的拨付和使用随意性较强,现实生活中还存在“跑部钱进”的不正之风。

财政转移支付是平衡区域经济发展的重要手段,包括纵向转移支付和横向转移支付两种方式。西方发达国家受凯恩斯经济理论的影响,将财政转移支付作为干预经济和分配领域的有力手段,进行了较为完善的立法,并根据不同时期的特点和要求,明确了转移支付的重点方向。例如,美国20世纪60年代的转移支付主要是为改善城镇的公共实施,70年代主要投向落后地区,80年代则只要支持和促进大都市发展。我国要想促进区域经济发展平衡,缩小地区间收入差距,也必须依靠财政转移支付的规范化、法制化。建议出台专门的《财政转移支付法》,确定转移支付的部门及权限,规范转移支付的方式和程序,明确监管机制和法律责任。同时,修改《预算法》,将财政转移支付内容纳入国家和各级政府的预算程序,增强资金投向的科学性、目的性。现阶段,为解决地区之间、城乡之间的收入差距问题,首先应当加强自上而下的纵向转移支付力度,中央财政应当向经济落后地区和农村倾斜,不能单纯按照税收返还方式进行财政转移支付;加强横向转移支付,借鉴国外立法经验,如《德国联邦基本法》第106条规定:"联邦和各州有平等权利要求从日常收入中支付各自的必需费用。联邦和各州的支付需要,应该加以协调以达到公正平衡,以保证联邦境内生活水平的横向一致性",进一步明确帮扶标准和责任。

此外,还应当加大社会保障方面的财政支持力度,并适当向农村倾斜,逐步实现城乡一体化。扎实推进农村养老保险改革试点,扩大新农合报销范围,多渠道筹集社保基金,加强社保基金的科学运作和监管制度。增加低收入人群的隐性收入,使广大人民群众获得基本的生存保障和公共服务。

2. 充分发挥税收调节收入再分配的作用

税收不仅是国民收入的重要来源,而且是国家调节经济和收入再分配的重要手段。目前,我国的税收法律制度总体而言没有充分发挥对国家、集体和个人利益的有效调节,国家在一定程度上还存在与民争利的现象,税收未能很好地发挥调节居民收入的作用,税收政策也没有体现区域经济发展的不均衡性。

建议在个人所得税方面,应当本着实质公平的立法原则,调整个税起征点、超额累进税率和层级,通过减少累进层级、加大级差,减轻中等收入人群的纳税负担,增加高收入人群纳税金额,进一步缩小收入差距。目前,我国的个税改革方向是"逐步建立综合与分类相结合的个人所得税制",以分类征收为主,按照工资薪金、劳务收入等项目实行源头扣缴,保证收入先行入库;兼顾"家庭"课税,适当将医疗支出、住房支出、抚养或赡养支出等纳入税收抵免范围,多退少补。[1] 引入家庭申报制度,有利于现实实质公平。"一刀切"的单一税制对家庭负担沉重的纳税人是不公平的,个税改革应当将纳税人的家庭情况,包括扶养人口、按揭贷款等情况计入抵扣因素,这样才能实现以人为本和税收公平。推行综合税制和家庭申报制度,必然使个税征收更加复杂,需要完善社会信用体系和金融配套机制,建立公民个人税号,实现个税系统的全国联网,有效监控隐性收入,避免财产漏报、偷逃税款的现象。

同时,应当根据不同地区的经济发展情况,制定差异性的税收政策,适当向中西部欠发达地区倾斜,给予更多的税收优惠政策。这样不仅可以促进收入在不同区域的再分配均衡,而且有利于吸引资金从发达地区投向落后地区,以促进落后地区的发展,逐步缩小地区间的收入差距。

---

〔1〕 参见施正文:《分配正义与个人所得税法改革》,载《中国法学》2011年第5期。

新常态下 P2P 网络借贷的法律风险防范

邢 琳* 李海燕**

一、P2P 网络借贷概述

(一)P2P 网络借贷概念

P2P(peer to peer)是一个互联网学理概念,中文译为“点对点”,它表示了互联网的端对端信息交互方式和关系发生的特征。该交互方式是在对等的网络中实现的,不需要通过中间工作站平台。而 P2P 网络借贷是指个体和个体之间通过网络实现直接借贷,我国国内通常称其为“人人贷”。P2P 网络借贷的模式主要表现为个体对个体的信息获取和资金流向,在债权债务苏醒关系中脱离了传统的资金媒介。P2P 网络借贷平台通过网络为投资人和借款人提供了一个网络借贷交易平台。借款人可以在该平台上发布借款请求;投资人则可以通过该平台,将自己暂时不用的闲散资金根据个人偏好分散出借给那些信用良好的借款人。

(二)P2P 网络借贷的历史沿革

P2P 网络借贷款作为一种将小额度的资金聚集起来借贷给有资金需求人群的商业模型,其社会价值主要体现在以下 3 个方面:即满足个人的资金需求、发展个人信用体系和提高社会闲散资金利用率,由 2006 年“诺贝尔和平奖”得主孟加拉乡村银行的创始人穆罕默德·尤努斯教授首创。

P2P 网络借贷模式的雏形,是由 4 个英国人共同创造的。2005 年 3 月他们创办了全球第一家 P2P 网贷平台 Zopa,该平台在伦敦上线运营。现如今,Zopa 已将自己的业务范围扩展至意大利、美国和日本,每天线上的平均投资额达 200 多万英镑。在 Zopa 成立的第二年,美国首家 P2P 网络借贷平台 Prosper 正式成立。

目前,国外知名的 P2P 网络借贷平台主要有英国的 Zopa、美国的 Prosper 和 Lending Club、德国的 Auxmoney、日本的 Aqush、韩国 pop-funding、西班牙的 Comunitae 以及巴西的 Fairplace 等。其中,以英国的 Zopa 和美国的 Prosper 最有代

* 河北金融学院法律系副教授。研究方向:经济法。

** 河北金融学院法律系 2012 级本科生。

表性。[1] 国外网络借贷平台模式从2007年引入中国以来，国内P2P网络借贷平台蓬勃发展、百花齐放，迅速形成了一定的规模。

中国的P2P网络借贷平台从2007年至今大约经历了4个阶段：

第一个阶段为2007～2012年，这个阶段是以信用借款为主的初始发展阶段，我国国内首家P2P网络借贷平台于2007年在上海正式成立，该平台的成立让许多敢于尝试网络投资的投资者对P2P网络借贷模式有了一定的认识和了解。

第二个阶段为2012～2013年，这个阶段是以地域借款为主的快速扩张阶段，在这一阶段，网络借贷平台开始逐步发生变化，有一些在线下具有民间放贷经验同时又关注互联网创业的创业者开始尝试成立P2P网络借贷平台。

第三阶段为2013～2014年，该阶段是以自融高息为主的风险爆发的时期，在这个阶段，开发网络借贷系统模板的技术变得更为成熟，在淘宝网店几百元就可以买到网络借贷平台的前期模板。

第四阶段为2014年至今，该阶段主要以规范监管为主的政策调整时期，在这个阶段，国家鼓励互联网金融的发展，在政策上给予了P2P网络借贷平台大力支持，这让很多一直关注网络借贷平台但又害怕政策风险的企业家和金融巨头开始尝试进入互联网金融领域，组建自己的P2P网络借贷平台。

(三)P2P网络借贷的发展现状

自2007年8月我国第一家P2P贷款网站——拍拍贷成立以来，许多家P2P网络借贷平台相继涌现，影响范围不断扩大，交易数额日益增长。根据网贷之家公布的数据显示，截至2015年12月底，网贷行业运营平台数量已经达到了2595家，与2014年相比增长了1020家，2015年的绝对增量超过2014年，再创历史新高。截至2015年12月底，广东、山东、北京三地运营平台数量排名全国前3位，其运营平台数量分别为476家、329家、302家，这三地的运营平台数量占全国运营平台总量的42.66%。到2015年12月底，平台运营数量排名前6位的省市都集中分布在我国的沿海地区。

随着各地支持互联网金融发展政策的逐步出台，2015年湖北、四川、贵州等我国内陆省份的网络借贷也呈现出现快速发展的趋势。2015年新增网络借贷平台1500多家，这些新增网贷平台平均注册资金约为3885万元，与2014年的2784万元相比增长了1000多万元。

截至2015年12月底，我国网贷行业总体贷款余额总量已经达到了4394.61亿元，与2014年的1036亿元相比增长幅度约为324%。到2015年年底，北京、广东、上海三个地方的网贷贷款余额累计达到3498.18亿元，占全国网贷贷款余额总量的

[1] 参见官大飚：《我国P2P网络借贷发展存在的风险及其监管对策》，载《台湾农业探讨》2012年第5期。

比例高达 79.6%，位居全国的前三位。其中，北京的网贷贷款余额超过 1800 亿元。2015 年年底我国已经有 128 家网贷平台的贷款余额在 5 亿元以上，与 2014 年的 36 家相比增长幅度高达 256%。2015 年 47.64% 的网贷平台综合收益率为 12% ~ 18%；4.94% 及以上的网贷平台收益率为 24%；4.01% 的网贷平台综合收益率在 8% 以下；27.73% 的网贷平台综合收益率在 8% ~12%；15.68% 的网贷平台综合收益率在 18% ~24%。

二、P2P 网络借贷存在的法律风险与形成原因

（一）P2P 网络借贷存在的法律风险

P2P 网络借贷是一种新型互联网民间借贷模式，具有信息透明、可以跨地域交易等优势。P2P 网络借贷平台不仅具备上述优势，其进入门槛与其他行业相比也相对较低。虽然 P2P 网络借贷具有自身的一些优势，但是，在其迅速发展的过程中也隐藏着一系列法律风险。P2P 网络借贷面临的法律风险主要包括以下几个方面。

1. 信息不对称使信用评级存在风险

目前，我国国内的 P2P 网络借贷平台在评价借款人信用时主要依据的材料是借款人自己提供的身份证明、缴费记录、财产证明、熟人的评价等信息。这种信息在一定程度上不具备真实性、客观性的特点，这是因为：首先，借款人提供的这种证明信息极易造假，这对信用评价来说是一种错误依据；其次，即使借款人所提供的信息是真实的证明材料，但也存在一定的片面性，无法通过这些材料全面的了解借款人的信息，从而做出正确、合理、客观的信用评价。因此，借款人提供的不真实和不客观的信息造成了信息的不对称，从而使信用评级存在风险。[1]

2. P2P 网络借贷的资金来源和渠道难以审查

P2P 网络借贷的资金主要来源于出借人的闲散资金，这些资金在一般情况下属于出借人从正当渠道获得的正当、合法的资金，但是也不能完全排除这些闲置资金中可能存在的非法资金的可能性。与此同时，一般情况下 P2P 网络贷款平台缺乏审查资金来源的手段。因此，在各种情况下这些缺乏审查资金来源手段的网络平台就很有可能面临被犯罪分子当成洗钱工具或者从事高利贷的风险。

3. 追究违约责任时比较困难

借款人无法按照合同的规定按时还本付息是 P2P 网络借贷平台面临的主要违约责任。在 P2P 网络借贷的过程中，P2P 借贷平台扮演的仅仅是借款人和出借人的中介者的角色，在 P2P 网络借贷的过程中，P2P 借贷平台并没有真正的参与到借款

[1] 参见孔非凡、江玲：《我国 P2P 小额信贷模式存在的风险与对策建议》，载《西部经济管理论坛》2013 年第 1 期。

人和出借人的交易中去,在这个过程中 P2P 平台只是为借贷双方提供相关的融资信息并进行配对服务,从而协助借贷双方顺利完成借款活动。相对于线下的相关金融活动而言,P2P 网络借贷交易具有一定的虚拟性,这种虚拟性会使 P2P 平台在审核借款人提供的信息时存在困难,这就使其所面临的信用风险高于其他同类型的线下金融机构。目前,国内的一些 P2P 平台采取了一些新的手段去降低信用风险,如手机绑定、对借贷双方进行身份验证、收入证明、视频面谈等,尽管如此,P2P 网络借贷平台还存在一些更为关键和重要的信息和资料,如借款人征信记录、借款人的财务状况、借款用途等。以上这些情况都会使 P2P 网络平台在面临违约责任时存在一定的局限性。

4. P2P 平台沉淀资金的安全性比较低,有可能被平台的其他人员挪用

P2P 网络贷款平台在进行交易活动时会涉及大量的资金,在这个过程中交易资金必须通过 P2P 平台才能实现资金的流转,这是 P2P 平台在进行交易资金流转时比较突出特点,这就会产生交易资金无法即时打入借贷双方账户的情况,从而就会产生一定数量的在途资金。[1] 这些在途资金是由 P2P 平台掌控的,在这种情况下很容易出现平台的内部人员非法挪用沉淀资金、非法集资等违法犯罪行为。

5. 面临贷后资金的用途难以监管的风险

P2P 网络借贷平台在借贷双方之间充当的是中介的角色,在 P2P 网络借贷平进行交易的借款人在签订合同时承诺的资金用途和实际的资金用途是否一致,是否会将资金用于非法用途,P2P 网络借贷平台无法进行有效的监管。

6. 无法切实有效地保护借贷双方金融隐私权

国内的 P2P 网络借贷平台为借款人和出借人提供了一些发布借贷信息的网络信息平台,但是,这些 P2P 网络借贷平台一般都会要求借款人提供相关的身份信息和财产信息,同时也会要求出借人提供相应的信息,如果该平台的安全技术不过关,对借贷双方信息的保护不严密,就会给借贷双方的金融隐私权造成威胁。

(二)P2P 网络借贷法律风险的形成原因

通过分析 P2P 网络借贷存在的法律风险,分析和总结了产生这些法律风险的原因。P2P 网络借贷法律风险的形成是由多种原因造成的,这些原因主要包括以下几个方面。

1. 与 P2P 网络借贷相关的征信体系不健全

与世界上的发达国家相比我国征信业的发展历史相对较短,目前,我国在对国内征信市场管理方面和征信活动的基本规则方面没有相关的法律依据,我国征信市场法律制度的缺失使我国征信经营活动缺乏统一的制度规范。在我国建立的 P2P

〔1〕 参见李爱君:《民间网络借贷平台的风险防范法律制度研究》,载《中国政法大学学报》2012 年第 5 期。

网络借贷平台也没有形成自身的征信制度和征信体系,大多数的 P2P 网络借贷平台在进行信用评级时使用的资金信息基本上都是借款人自行提供的身份信息和财产信息,导致网络借贷平台的信用评级始终缺乏客观性、合理性和正确性,也会对资金提供者的资金安全造成威胁。

2. 资金来源的审查机制不健全

P2P 网络借贷平台用于交易的资金主要来源于出借人的闲散资金,这些资金的来源途径可能是合法途径,也可能是非法途径,因此,P2P 网络借贷平台是否具有完善的资金来源审查机制显得尤为重要。但是,就我国目前的情况来看,我国国内的 P2P 网络借贷平台由于缺乏审查资金来源的手段造成其资金来源的审查机制不健全,从而使 P2P 网络借贷平台的资金来源和渠道难以审查。

3. P2P 网络借贷的信息审核技术不完善

与其他一些线下交易的金融活动相比,P2P 网络借贷交易具有一定的虚拟性,P2P 网络借贷交易的虚拟性要求 P2P 网络借贷平台必须具有完善的信息审核技术。就我国目前的情况来看,我国国内的 P2P 网络借贷平台缺乏完善的信息审核技术,使我国 P2P 网络借贷平台在面临违约责任时具有一定的局限性。

4. P2P 网络借贷的监管主体不明确

自 P2P 网络借贷平台诞生以来,由于其性质一直模糊不清,使我国没有明确的管理部门对其经营行为进行监管,从而使对 P2P 网络借贷平台的监管处于真空状态。由于 P2P 网络借贷平台是为借贷双方的资金交易提供服务的网络平台,网络平台借贷双方的交易会涉及大量资金,对其经营行为的监管是否到位,直接关系贷款人的资金安全,因此,监管主体的不明确可能会导致 P2P 网络借贷法律风险的形成。

5. 缺乏完善的资金监管体系

P2P 网络借贷交易的借款人是否按照合同承诺的资金用途使用资金,这对于交易资金的资金安全显得尤为重要,如果借款人没有按照合同承诺的资金用途使用资金,就会对交易资金的资金安全造成威胁。因此,需要 P2P 网络借贷平台对贷后资金的资金用途进行监管。由于我国国内的 P2P 网络借贷平台缺乏完善的资金监管体系,使我国 P2P 网络借贷交易的贷后资金用途难以监管。

6. 缺乏与 P2P 行业相关的行业规范

P2P 网络借贷平台作为一种 P2P 借贷和网络借贷相结合的互联网金融服务网站,虽然它只是互联网中众多网站的一种,但是它所经营的业务涉及借贷双方的利益,如果其运营不当,可能会产生一些不良的影响。但是其在注册成立时和其他的公司一样,没有规定专门约束其经营行为的特殊条件,不仅如此,在 P2P 网络借贷行业中也没有形成统一、细致、规范的行业操作规范,给予 P2P 网络借贷平台比较大的自由运行的空间。但是,此种自由的运行空间很容易出现 P2P 网络借贷平台的工作人员为了自身的利益，泄露借贷双方金融隐私的情况。

三、P2P网络借贷法律风险的防范措施

我国国内P2P网络借贷平台的出现和发展，在一定程度上解决了小额贷款者的资金需求，也为投资者提供了一个新型的投资平台。虽然如此，P2P网络贷款平台也存在一定的法律风险，这些风险不仅影响借贷双方的合法权益，也对该行业正常的市场秩序造成了一定的影响，因此，应该采取相应的措施减少和防止这些法律风险的发生。

（一）完善个人信用认证体系，建立完善的征信体系

要防止借款人的个人信用风险，必须完善个人信用认证体系，建立完善的征信体系。P2P网络借贷平台应规范平台对客户信用的审核程序，加强平台对借款人的身份和相关材料的审查核实，合理地利用联网的核查系统，审查核实客户身份资料的真实性，对客户的身份进行有效识别，同时还要根据相关材料对客户进行信用评级，以此来完善个人信用认证体系。

与此同时，为了建立完善的征信体系，首先，建立P2P网络借贷行业内部的征信体系并规定统一的信用评价标准，建立黑名单互动机制；其次，实现与外部征信系统的积极对接，加强与其他行业的信用信息沟通；再次，建立信用惩罚机制，防止提供虚假信息行为的发生；最后，在征信体系建立的过程中还要注意对借贷双方隐私进行保护，防止泄露借贷双方金融隐私情况的发生。

（二）完善资金来源的审查机制

资金来源的审查工作对于P2P借贷平台而言是一现非常重要的工作，资金来源是否合法关系到相关当事人的切身利益。因此，P2P网络借贷平台应该建立和完善资金来源的审查机制，设立专门的资金来源审查部门，由该部门的人员对资金的来源进行审查，以此来实现资金来源的合法化，防止法律风险的发生。

（三）完善信息审核技术

完善的信息审核技术对于P2P网络借贷平台有着非常重要的作用。如果对出借人提供的信息和资料的审核技术不完善会使P2P网络平台在面临违约责任时存在局限性。因此，P2P网络借贷平台在完善自身信息审核技术的同时还应该加强行业合作，建立信息审核联动机制，以此来提高平台的信息审核水平，防止法律风险的发生。

（四）引入第三方资金托管模式

P2P网络借贷平台的借贷交易会涉及大量的资金，这些资金很有可能会被平台的工作人员挪用，为了防止平台工作人员挪用借贷资金的情况发生可以引入第三方资金账户对交易资金进行监管。这样，借贷交易既可以在线上进行，也可以从线上

方式到线下方式进行，既提高了交易的速度和效率，又保证了交易资金的安全性，防止了法律风险的发生。在引入第三方账户监管交易资金时要对第三方账户的正规性和合法性进行审查，还要制定相应的法律法规来规范第三方机构的经营行为，保障第三方账户的安全。

（五）完善资金监管体系

P2P 网络借贷的借款人是否按照合同承诺的资金用途使用资金对于交易资金的资金安全显得尤为重要，为了确保交易资金的资金安全不仅仅需要借款人自觉按照承诺的资金用途使用资金，还需要 P2P 网络借贷平台对资金用途进行监管，为了更好地进行资金监管活动，借贷平台应该建立完善的资金监管体系与专门的资金监管部门，由专门的资金监管部门和人员负责资金监管工作。只有这样才能保证交易资金的安全，防止法律风险的发生。

（六）建立和完善相关的行业规范

建立和完善相关的行业规范不仅有利于促进该行业的健康有序发展，还有利于防止 P2P 网络借贷法律风险的发生。P2P 网络借贷平台内部的工作人员应该严格遵守相关的行业规范，规范自己的行为，按照行业规范的要求对借贷双方的金融隐私进行保护，防止法律风险的发生。

手机银行监管法律制度的完善

张雪菲[*] 王 静[**]

一、手机银行监管法律制度的现状

我国手机银行监管法律制度几乎相对处于空白的状态，相对于迅速发展的手机银行业务，手机银行监管法律制度则显然处于滞后状态。我国手机银行监管法律制度的现状主要表现在以下几方面：

1. 我国《合同法》对电子合同的效力进行了规定，承认手机电子合同具有效力；我国《电子签名法》也确立了手机电子签名具有效力。

2.《电子银行业务管理办法》第一次将手机银行纳入了电子银行的监督管理范畴之中，规定建立健全手机银行业务风险管理体系和内部控制体系，设立相应的管理机构，明确手机银行业务管理的责任，有效地识别、评估、监测和控制手机银行业务风险。并规定银行开办手机银行业务需具备的条件和应提交的文件材料，规定开办手机银行业务适用审批制，建立健全手机银行风险管理体系和手机银行安全、稳健运营的内部控制体系等；手机银行《电子认证服务管理办法》规定申请电子认证服务许可应提供的材料、电子认证服务机构应保证提供的服务和应履行的义务以及信息产业部对电子认证服务机构进行年度检查并公布检查结果，若电子认证服务机构向信息产业部隐瞒有关情况、提供虚假材料或者拒绝提供反映其活动的真实材料的，由信息产业部依据职权责令改正，并处警告或者 5000 元以上 1 万元以下罚款等。

3. 我国《电子银行安全评估指引》对电子银行的安全评估作了详细的规定，由中国银监会负责对手机银行安全进行评估，评估机构对金融机构安全策略的评估，不仅要评估安全策略、规章制度和程序是否存在，还要评估这些制度是否得到贯彻执行，是否及时更新，是否全面覆盖手机银行业务系统。我国《电子支付指引》则规定客户与银行签订的电子支付协议应包括的内容、办理电子支付业务的银行应公开披露以下信息、电子支付指令的发起行应建立必要的安全程序，对客户身份和电子支付指令进行确认等。

---

* 河北金融学院副教授。

** 河北金融学院 2011 级法学本科生。

此外,各商业银行也对手机银行业务作了相关的内部规定,这些规定也是手机银行监管法律制度的重要组成部分。但总体来说,我国并没有形成与手机支付相配套的法律监管体系。

二、手机银行监管法律制度中存在的问题分析

对我国手机银行监管法律制度的现状进行分析,可知其主要存在以下几方面的缺陷。

(一)监管体系不够完善

由于手机银行是创新型产品,发展速度迅猛,目前我国手机银行监管法律制度中,实质上明确提到手机银行的有《电子银行安全评估指引》以及《电子银行业务管理办法》,这是由中国银监会发布的。除此之外,提到手机银行监管法律制度问题的法律法规很少,而且电子银行业务不仅包括手机银行业务,还包括网上银行业务、电话银行业务以及其他利用电子服务设备和网络,由客户通过自助服务方式完成金融交易的银行业务。因此,我国在法律层次上缺少对手机银行监管的专门法律规定和立法规定。一般来说,关于手机银行这种电子金融的法律规定应该包括国家以及银行监管当局两方面规定,显然目前我国除《电子银行业务管理办法》外,其他法律基本都是空白的状态,国家级的《商业银行法》等都未对手机银行有相关的规定。另外,银行监管当局的《电子银行业务管理办法》也缺乏实际可操作性和系统性,只是一个框架性的粗线条规定,没有与手机银行相配套的法律法规和实施细则,无法满足迅速发展的手机银行的需要,因此,难以实现对手机银行的有效监管,会形成大量的法律漏洞,也无法实现法律的震慑监管作用。

(二)监督管理部门缺乏合作

由于手机银行业务涉及复杂的产业链,不仅包括中国银监会和中国人民银行,还包括信息产业部、审计部、公安部、证监会等各部门,而我国手机银行业务主要由银监会进行监管,这种监管方式很可能会形成监管真空的局面,会造成各部门职责分配不清、效率低下等一系列的问题。不仅会造成手机银行监管意识滞后,也会造成监管部门自身业务素质的滞后低下,因此,要求银监会、中国人民银行、信息产业部、审计部、公安部以及证监会等各部门应当建立健全合作协调机制,进行权力合理配置,完善手机银行监管法律体制,不能出现各自为政和监管漏洞等问题。

(三)缺少对监管信息的披露

就目前我国手机银行信息披露方面来看,我国普遍缺少对监管信息的披露或者监管信息披露相对滞后,真实性没有保障,尤其是对风险信息的披露十分匮乏,仅仅是披露一些最基本的信息。我国目前仅仅通过银监会颁布的《商业银行信息披露办法》对银行信息披露作出相关的规定,但手机银行信息披露要涉及的问题非常复杂,

仅仅单靠办法中少数且最基本的规定并不能应对手机银行的高风险性。而且手机银行的无纸化操作以及交易记录可以加以修改的特征,加大了监管的难度,使手机银行存在严重的安全问题。各国监管当局都对信息的披露、市场的透明度和约束给予非常大的重视。我们需要对手机银行监管信息披露问题制定专门的法律法规,提高银行的透明度公开化,不仅让消费者了解银行运作实施情况,也使监管部门能够及时发现问题,解决手机银行存在的高风险问题。有效及时的信息披露制度可以让各种或许会诉诸法律的事件发生率降低到较低水平,达到对风险的预防控制作用。

(四)缺少对消费者的全面保护

消费者在手机银行交易中处于弱势的地位,手机银行安全问题、诈骗问题、个人信息安全问题、键盘记录以及远程控制的问题、黑客侵入的威胁都令消费者十分担忧、不仅如此,有些银行甚至收取各种明目的费用欺骗消费者,严重损害了消费者的知情权、隐私权、自由选择权、公平交易权等,而在《电子银行业务管理办法》中仅规定在电子银行服务协议中银行应向客户充分揭示利用银行进行交易可能面临的风险、银行已经采取的风险控制措施和客户应采取的风险控制措施,但对手机银行监管的责任分配、银行和消费者各自的权利和义务没有具体明确的规定。这样若消费者的权益受到了侵害,则很难及时准确地拿起武器来维护自己的权益,寻找救济,所以在手机银行的立法中应该注重对消费者权益的保护。

三、完善我国手机银行监管法律制度的建议

(一)建立健全相关法律法规

我国目前还没有与手机银行相配套的法律法规来规范手机银行的发展,在法律层次上需要制定一部专门的手机银行法,这部专门法是实体法和程序法的结合,不仅规定手机银行的监管原则、监管目标、监管机构、监管机构的职责、监管法律责任等,而且需要规定手机银行监管的程序性方面的问题。另外,要制定切实可行的实施细则,与法律相配套的手机银行管理办法调理,详细具体的规定手机银行监管机构的职责分工、银行的法律责任、监管信息披露制度等,制定专业性与综合性相结合的法规,使对手机银行的监管具有可操作性以及系统性。

目前的《电子银行的管理办法》虽然也规定了相关的规则,但是原则性太强,仅仅是对相关的问题作了框架性的规定,国外发达国家在手机银行监管制度方面的立法经验较为丰富,因此,我国可以随时观察跟踪国外手机银行法律监管的新动向以及手机银行风险防范情况,在我国现行的《电子银行业务管理办法》基础上,制定补充相关的手机银行监管操作指引以及管理指导,将相关的标准和要求详细化,以手机银行业务为中心,制定相关的监管法律法规,进一步明确手机银行客户以及银行之间的权利义务关系,对手机银行可能存在的风险加以控制。

（二）深化各监管部门合作协调机制

随着手机银行业务的创新发展，手机银行的监管涉及中国人民银行、银监会、证监会、保监会以及信息产业部等多个部门，因此，不能仅仅依靠银监会对所有手机银行的市场准入、信息披露、风险控制、责任承担进行监管调控，要有专门的法规对各部门的监管职责和协调方法加以明确，使中国人民银行、银监会、证监会、保监会以及信息产业部等监管部门间相互配合，建立信息共享平台，建立联合风险管理委员会，负责协调跨行间的业务风险管理与控制。明确手机银行管理、调控等各个环节的主要权限、职责和相互监督方式，有效隔离手机银行应用系统、验证系统、业务处理系统和数据库管理系统之间的风险，相互沟通解决争议的问题，开展行业内以及跨行业的合作机制。并且可以与司法机构和立法机构之间建立联动机制，做到不同的监管机构互联互通和信息共享，及时处理危害安全的行为。

应根据我国具体的国情，结合国外的经验，加强深化监管体制的改革，各个部门应该站在市场的角度，协同监管、相互配合、深度合作，各监管部门之间实现信息资源的共享，共同促进手机银行业务的发展。

（三）加强对客户权益的法律保护

手机银行的监管目标，就是要保护客户的合法权益，维护正常的交易秩序。客户的需求是手机银行发展的直接动力，只有让客户满意，切实保护客户的权利，才能实现手机银行业务的发展。银行在与客户签订手机银行服务协议时对手机银行服务过程中可能产生的权利义务关系必须加以明确。首先，对于客户来说，应当明确保护客户的权利，如隐私权、公平交易权、自由选择权等。其次，对于银行来说，银行应该履行自己的义务，接到客户的支付指示后，识别与验证客户的真实、有效身份，并应依照与客户签订的有关协议对客户作业权限、资金转移或交易限额等实施有效管理，履行对客户资料和交易记录的保密义务、信息披露的义务，发现假冒手机银行的非法活动后，应向公安部门报案，并向中国银监会报告。最后，对于监督管理部门来说，应依法进行监督，对于损害客户利益的行为进行及时的通报和制止，确立法律责任的承担。

与传统银行相比，手机银行由于信息存在不对称性和交易的虚拟性，客户更加处于弱势地位，因此客户的利益面临更大风险，只有在手机银行充分获得客户的信任后手机银行才能获得长足的发展，在这方面日本的经验就值得我们借鉴学习，日本在手机银行安全方面做得十分出色。手机银行法律监管的目标是把客户的利益放在首位，优先保护客户的利益，因此在手机银行监管法律制度中，应该注重加强手机银行信息的透明度和公开化方面的内容，维护客户的合法利益。

（四）拓宽信息披露渠道

就手机银行的监管而言，信息披露更应成为重中之重，主要是因为手机银行不同于传统银行的柜台交易和纸质操作的特性以及手机交易记录可以不留痕迹的修改等特征。因此,必须建立完善的信息披露制度。首先,建立多层次的信息披露体制,银行披露、监管部门监督披露以及竞争对手、新闻媒体的披露相互结合。多媒体多渠道的信息披露使手机银行信息披露更加及时便捷。其次,应该确保披露信息的真实性和实用性,用易于理解的方式向客户说明手机银行的各项操作流程以及相关信息知识。最后,对于违反信息披露的应该加大处罚力度,明确具体应负责的部门和人员,加大信息披露制度的公信力。

(五)加大惩罚力度

对于那些违反相关监管法律法规的行为应该及时严厉的制裁,因手机银行系统存在安全隐患、银行内部违规操作和其他非客户原因等造成损失的,银行应当承担相应责任。银行在开展手机银行业务过程中,违反有关法律法规和行政规章的,中国银监会将依据有关法律法规和行政规章的规定予以处罚。建立健全风险赔付机制,提高银行自身的风险控制能力。

银行自身也应该遵守相关法律法规,履行自己的义务,严格约束自己,建立手机银行业务重大安全事故和风险事件的报告制度,并保持与监管部门的经常性沟通。出现手机银行系统被恶意攻破并已出现客户或银行损失,手机银行被病毒感染并导致机密资料外泄等情况应及时向中国银监会报告。只有各主体、各行业相互配合、互相监督,履行各自的义务,才能建立营造一个自律、公平、健康的社会环境,才能促进手机银行得到快速的发展。

虽然目前我国手机银行仍存在很多缺陷与不足,与发达国家存在一定的差距,但由于手机银行具有的方便性、高效性、安全性等优势,拥有传统银行、网上银行等无可比拟的优势,相信随着手机银行监管法律制度的不断完善,其安全性会不断提升,更多手机银行消费者的合法权益能得到更好的保护。

证券纠纷行业调解制度的应用

赵建敏* 吴 帆**

一、证券纠纷行业调解制度概述

(一)证券纠纷行业调解制度的内涵

证券纠纷行业调解是指由证券业协会设立的调解组织为中立机构,以双方当事人同意为基础,通过说服、疏导、调和等方式,促使当事人在平等协商基础上自愿达成调解协议,从而解决双方证券纠纷的活动。行业调解是多元化纠纷解决机制的重要组成部分,中国证券业协会是国内率先规范开展行业调解的行业自律组织之一。协会纠纷调解机制的内容包括:调解组织机构、调解人员、调解程序、保障机制。协会证券纠纷调解机制具有以下特点:行业性,协会纠纷调解机制形成于行业,服务于行业,从调解组织机构性质、调解员的组成、调解案件受理范围、联合调解机制、调解统计分析工作等方面看,都具有鲜明的行业性;专业性,协会证券纠纷调解专业委员会和调解员队伍汇集了大量证券行业精英,具有丰富的证券业务经验,专业性是协会高效、合理地解决证券纠纷的基本保障;公益性,协会调解源于行业,服务于行业;高效性,协会证券纠纷调解机制程序简便、方式灵活、调解期限较短。协会的权威性和专业性也有助于提高纠纷解决的成功率,这些都有利于降低调解成本,提高调解效率。此外,协会证券纠纷调解机制还具有非诉性、合意性等调解的一般特性。

(二)证券纠纷行业调解制度的意义

证券纠纷行业调解的应用有利于保护投资者的合法权益。投资者是证券交易的参与者,其利益与市场稳定息息相关,但地位相较证券机构而言处于弱势。证券纠纷行业调解制度,不仅降低了解决纠纷的程序复杂度,而且较诉讼方式更加快捷,也更加能充分地体现纠纷双方的公平地位,充分体现自我意愿,为保护消费者正当利益提供体制性保障。

证券纠纷行业调解的应用使行业协会的法定任务完成得更充分。《证券法》明确表明了证券业协会的法律义务是调解证券纷争,证券纷争调解机制的完善,对改善证券行业经营,减少证券纠纷,提高行业协会服务质量有积极作用。

---

* 河北金融学院法律系副教授。

** 河北金融学院法律系2012级本科生。

证券纠纷行业调解的应用有利于促进社会和谐稳定。证券纠纷行业调解制度，不仅成本低廉，而且效率较高，能够及时便捷地处理证券纠纷，更好地稳定证券市场，化解人们之间的矛盾，从而促进社会和谐稳定。

（三）证券纠纷行业调解制度的发展过程

2011 年 6 月我国公布了《证券纠纷解决机制经营方法（试行）》和《证券纠纷解决规则（试行）》等一系列规范；2011 年 9 月中国证券业协会成立了委员会，专门管理证券纠纷调解工作；2012 年 2 月成立了调解中心；2012 年 6 月发布了证券纠纷调解业务的规则；2012 年 7 月证券业协会运用网站，建立了专门调解证券纠纷的领域。2012 年中国证券业协会、最高人民法院等 16 个机构一起公布了有关进一步推动冲突调解行动的指示、创建健康诉讼与非诉讼相贯通的冲突处理体制的一些看法。2012 年 8 月和 12 月分别招聘了证券纠纷解决人员。

2013 年 12 月国务院办公厅明确指出要创立多元化纠纷管理机制及其对接机制，供给无偿服务给中小投资者。

2016 年 1 月中国证券业协会对 2012 年 6 月公布的“两法一则”进行了修订，变更为“一法一则”。我国《证券法》表明了中国证券业协会的法定地位，但到目前为止并没有得到比较有效的贯彻落实。

（四）证券纠纷行业调解制度的现状总结

我国的证券纠纷调解机构设置垂直双层的组织架构，以实现调解工作的统一管理，属地解决的理念为指导。申请、受理、选择调解员、确定调解日期、最后达成调解协议，这是调解程序的一般步骤。调解的证券业务纠纷包括协会会员与投资者之间、会员之间以及会员与其他利益相关者之间的纠纷。委员会主要进行指导、研究工作；证券纠纷调解的调解员管理、协调、日常组织和外联等工作由作为协会的内设机构的调解中心来负责。达成的调解协议无强制约束力，需通过其他途径保障实施。证券业协会调解组织为了提升调解协议的效力，加强与法院、仲裁机构的协作关系，推动建立调诉对接、调仲对接等机制。

二、我国证券纠纷行业调解制度存在的问题

证券纠纷行业调解制度的应用在一定程度上有效地解决了证券纠纷，保护了投资者的合法权益，也使纠纷双方当事人在平等自愿的基础上达成合意，和平解决了问题。然而，该项制度在实践中仍然具有局限性。

（一）证券纠纷行业调解制度缺乏立法保障

我国《证券法》第 176 条第 5 项明确了中国证券业协会法定的证券纠纷调解机构的地位，然而目前我国的证券纠纷解决机制在实践中确实缺乏具体的法律规定；将调解作为有效合法的有法律保障的手段去解决证券纠纷，在立法上也还没有体

现，虽将其纳入立法规划，但是立法不是一朝一夕就能完成的。可见，将我国证券纠纷行业调解机制提上立法日程的任务是一条漫长而艰巨的路途。

(二)调解的权威性和公正性不高

调解的权威性和公正性影响着投资者是否选择调解作为维权途径。我国目前各个自律组织各行其是，在调解工作上没有相互联系，整个大调解结构松散，各部门在调解时会在很大程度上考虑自身利益，以自我利益为基础对纠纷进行调解，导致调解有一定程度的不公正，调解的权威性也受到了影响，使投资者对证券行业调解的信赖程度降低，给调解带来负面影响，不利于证券纠纷行业调解制度的充分应用。

(三)投资者在证券投资中处于弱势地位

投资者在调解中的地位同样会影响其是否选择调解的方式来解决证券纠纷。普通调解一般适用自愿管辖原则，即调解必须在双方有共同调解意愿的基础上，不违反法律法规的相关规定，由相关调解机构进行调解，调解的结果是当事人双方合意的表示，是各自真实意思的表达。反言之，如果有一方不接受调解，或者在调解中故意刁难、拖延时间等，就会使调解无法正常进行。大部分情况下，投资者是处于弱势地位，证券经营机构的意愿或抵制往往会使证券纠纷无法顺利解决，调解难以开始或进行，不得不选择以诉讼的方式解决纠纷，从而容易使投资者的合法利益受到损害，造成资源的浪费。

(四)调解后续工作的忽视导致行业漏洞

证券纠纷行业调解制度调解一般包括前、中和后3个环节，做好调解后续工作对调解在解决纠纷中的真正作用有积极的意义。笔者认为调解的后续工作包括督促纠纷双方当事人及时按照协议履行义务；让投资者对证券知识有基本的了解，从而加强投资者的风险意识；对每一次调解的纠纷进行总结归纳，总结调解经验，整合调解方法，不断为完善证券纠纷行业调解制度奠定基础。调解协议本身不具有强制执行力，双方当事人有可能不按约定履行，若调解员能在一定程度上进行监督，会在一定程度上保护调解协议的有效实施。

(五)调解协议的强制执行力和公众的认可度低

根据我国《民事诉讼法》《关于审理涉及人民调解协议的民事案件的若干规定》《人民调解法》的相关规定，具有强制执行力的调解协议只有有给付内容并由人民法院制作的和经人民法院确认的调解书，其他调解达成的调解协议相当于民事合同，只具有民事合同的效力。即通过调解解决证券纠纷形成的调解协议只具有民事合同的效力，不具有强制执行力。这使当事人更愿意选择有强制保证的诉讼，而非具有便捷、有效、经济的调解方式，不仅造成司法资源的浪费，而且由于没有强制力的保障，即使经过调解使纠纷得以解决，调解决议书生效，当事人也有可能因为协议不具强制执行力而不认真履行或不履行协议约定的义务，导致调解有花无果。

三、他国证券纠纷行业调解制度比较与经验借鉴

(一)他国证券纠纷行业调解制度比较

1. 美国的金融 ADR 制度

美国《1934 年证券交易法》规定,消费者如果选择以仲裁方式解决纠纷,证券机构就必须以仲裁的方式解决纠纷。而在仲裁结案前,如果争议双方意图达成调解,则可以申请进行调解。最终协议具有强制约束力。2007 年 7 月美国证券业自律组织整合了美国证券交易商协会(National Association of Securities Dealers, NASD)和纽约证券交易所(New York Stock Exchange,NYSE)证券仲裁和调解的业务,成立金融业监管局(the Financial Industry Regulatory Authority,FINRA)。调解的程序为:先由当事人提出申请,然后 FINRA 纠纷解决中心审查是否符合受理范围,接着选择调解员并确定调解时间地点、调解费用及调解结果等。FINRA 证券纠纷调解机制调解的纠纷大致分为 3 类:一是券商之间的纠纷;二是券商与其雇员的纠纷;三是券商与投资者的纠纷。就实践而言,较多当事人选择调解方式主要是因为举证困难。以双方最终调解达成的合意为准,该调解协议具有强制约束力,会员为避免受到处罚,会主动履行调解协议。总之,美国的证券纠纷调解制度具有当事人自主性、过程保密性、调解专业性以及高效率、低成本等特点。

2. 日本金融 ADR 制度

2004 年日本制定《诉讼外纠纷解决程序的利用与促进法》,明确了日本 ADR 制度的具体框架和运行思路。接着日本金融 ADR 制度在有关调解金融纠纷解决机制的理想门径的公布和金融商品交易法的修订下,踏上发展正轨。日本金融 ADR 包括消费生活中心斡旋、纠纷解决机构制度、行业内部的投诉与纠纷解决机制以及国民生活中心 ADR。最具代表的是指定纠纷解决机构制度,首先,由相关纠纷解决机构向日本金融厅提出申请,通过审查后,由政府指定为行业纠纷解决机构;其次,由金融机构与政府指定的若干纠纷解决机构中的一家缔结“同意实施程序基本合同”;再次,由纠纷解决委员处理纠纷;最后,争议双方均按照自己的真实意愿接受或者拒绝和解方案,但纠纷解决委员可以提出有一定约束力的“特别调解方案”,除了消费者已提起诉讼等特别原因,金融机构必须接受调解。总之,日本金融 ADR 具有适用对象全面、行政指定和监督、民间行业团体主导实施、对金融机构的强制适用等特点。

3. 英国的金融申诉专员制度(Financial Ombudsman Service, FOS)

金融申诉专员制度从用于处理一般民众对政府部门的申诉逐渐扩展到私法领域,在金融领域形成了一种重要的纠纷解决机制,即 FOS 制度。FOS 的纠纷处理流程一般为:当事人先向 FOS 管辖的金融机构内部投诉处理机制投诉,进入处理程

序;若未进入 FOS 正式处理程序,由 FOS 在正式调查前组织调解或协商,若未成功则由裁决人进行调查询问并出具裁决报告;之后会告知各方具体的裁决意见,如双方接受则纠纷解决;如仍未能达成一致,则进入最终申诉裁决阶段,此时由申诉专员经过调查和听证后出具最终裁决意见。裁决出具后,如消费者不接受该裁决,则有权向法院起诉;如消费者接受该裁决,则对双方均发生强制效力。如金融机构不接受该裁决,则消费者可以直接向法院申请执行裁决。总之,英国 FOS 制度具有统一性、收费合理性和消费者倾向性等特点。

(二)国际证券纠纷行业调解制度的经验借鉴

1. 完善管理平台,改进调解程序、优化调解规则

根据我国现有的证券纠纷调解申请平台,我国应当不断完善调解专区,加强管理平台的专业化程度,化简调解程序,注重细节问题,不断优化调解规则,提高调解的自主性;专业性,严格筛选调解员,对调解员的专业水平保持较高要求,并在从事前进行培训。

2. 收归行业内分散调解,以调解加裁决以保公正

我国目前各个自律组织各行其是,在调解工作上未相互联系,整个大调解结构松散。因此,应当将这些分散的行业内调解统一起来,由金融监管局主导运行。同时,在调解程序中,应当突出保护消费者,即启动和终止调解程序由消费者单方决定,金融机构必须接受。在一定程度内,协议结果对消费者相对方有单方约束力。采取“调解加裁决”的方式能使证券纠纷得到最大限度的公正解决,通过具体制度向金融消费者倾斜的设计确保实质公平。除此之外,对于金额较少,案情较简单的纠纷,可以强制先进行调解。

四、完善我国证券纠纷行业调解制度的建议

(一)完善证券纠纷调解机制的立法

我国《证券法》第 176 条第 5 项明确了中国证券业协会法定的证券纠纷调解机构的地位,但目前我国缺少在证券纠纷解决机制上的法律法规。首先,将证券纠纷调解解决机制纳入《证券法》,完善证券纠纷调解解决的法律依据,提高相关的法律位阶;同时确保当事人以调解方式解决纠纷时有法可依,能够通过有效的途径维护自己的合法权益,充分保障该制度的权威性。其次,完善立法,赋予证券交易所调解职能。现行《证券法》对交易所是否能够开展证券纠纷调解工作,没有作出明确的规定。但庆幸的是,能否积极履行调解协议义务的证券公司,可以由证券交易所其拥有大量专业精通、丰富实践经验的人才来督促。因此,在明确交易所调解职能的前提下,可以在交易所内部设立专门的纠纷调解组织,负责调解会员之间、会员与客户之间、会员及投资者与上市公司之间的民商事纠纷。

(二)提高调解的权威性和保证调解的公正性

要充分发挥我国证券纠纷行业调解制度的作用,首先,要保证调解具有权威性,调解具有公正性。首先,要坚持在“一个大调解”的前提下,加强各个相关部门的联系,协调好各部门的工作,使各相关部门在组织协调和统一规范上有共同的目标和信仰,在调解工作上加强联系,促进协调。其次,加强证券监管与证券纠纷调解制度的联系,明确服务要求,将证券经营机构内部投诉机制的建立纳入监管指标,充分发挥证券市场客服平台、现有互动的作用。最后,严格按照相关法律法规及政策、部门规章或规范性文件,对证券纠纷调解的程序和相关参与者的权利义务进行全面规范。在法律上确认相关调解部门或机构的地位,使其具有法律的保障,提高调解的权威性。

(三)提高投资者在证券投资中的地位

投资者在调解中处于弱势地位,容易使调解结果不公或者调解难以进行。提高投资者在证券投资中的地位是使我国证券纠纷行业调解制度更好发展运用的前提。笔者认为,一方面,要坚持调解自愿的原则,不对投资者是否选择调解进行干预。另一方面,要适当引导和强制证券经营机构自愿接受调解的选择权。参考香港“调解为先”的运动,调解前由行业协会做出“调解优先”的承诺,或者在协议中约定当出现纠纷时优先采取调解的手段解决问题。借鉴境外的做法,在《调解规则》等规章和政策性文件中明确规定证券经营机构在纠纷出现时必须参加到调解程序中。

(四)加强调解后续工作的进行

调解员的职责包括调解前、调解中和调解后3个环节。行业调解的作用不仅仅在于它提供了新型、便利的纠纷解决机制,更重要的是提高了行业自律性,促进行业的规范运行。笔者建议在具体案件调解结束后,各地区调解员要做好定期汇总案件的工作,分类统计并统一上报调解中心。调解中心在接收后,进行整理研究,及时协调行业内及行业间的规则制定冲突;对于严重、影响面较广的类案可以采取上报证券业协会的方式,使相关部门参与其中,共同制定弥补措施,修补行业漏洞,避免此类纠纷的再次发生,为证券业的健康发展提供保证。与此同时,调解员应对投资者进行简单的专业知识讲解,尤其在涉及实践中风险控制的方面,加强投资者的风险投资意识。

(五)赋予调解强制执行力、提高公众的认可度

通过调解解决证券纠纷形成的调解协议只具有民事合同的效力,不具有强制执行力,使当事人更愿意选择有强制保证的诉讼,容易造成司法资源的浪费。所以,笔者认为赋予调解强制执行力、提高公众的认可度是增加调解方式运用率的砝码。加强调解协议的执行力、提高公众的认可度,要做到:首先,要保证证券经营机构在调解协议生效后,无条件地按照协议履行,结合行业自律原则,规定若违反协议,有不

履行、不完全履行或者履行迟延等情况,应当给予相应的处罚。其次,证券监管部门要充分发挥监管的作用,积极支持和配合证券纠纷调解机构的工作,并授予证券纠纷调解机构有向证券监管部门提出意见和建议的权利,证券监管部门应当认真听取并在一定期限内作出回复。最后,要提高调解的公众认可度,不仅要赋予调解强制执行力,还要提高调解的公开透明度。所以要充分发挥舆论监督的功能,设立调解旁听席位,让与纠纷无关的群众旁听,提倡和号召广大群众进行监督,并对结果进行公示。对积极配合、参与调解工作的群众,进行相应的奖励。

生态制度研究方法创新研究

——以地方投融资为例的法统计学方法创新

周明勇*

引言

马克思主义经典理论对人类社会的基本矛盾采用"四分法",即生产力与生产关系、经济基础与上层建筑是人类社会的基本矛盾,同时认为,"人们奋斗所争取的一切,都同他们的利益相关"。因此,刘文华老师认为,在人类物质生活领域,社会整体利益与个体利益的矛盾是存在并贯穿人类社会始终的基本矛盾。但是,集体利益包含社会整体利益,但当两个个人组成集体时,该集体就不能称为社会,特别是在现代社会,一个地方政府的部门与地方政府、该政府部门与部门官员个人,都存在集体利益与个体利益的冲突。因此,从法律制度研究的视角来看,笔者结合社会学、法社会学及法益理论等基础理论,[1]采用"两分法",人类社会基本矛盾归纳为"集体利益与个体利益的矛盾"。但是,如何发现、探索利益博弈基本矛盾的客观规律,如何研究、分析并运用生态制度,传统的"行而上"法哲学、强调"效率"而难顾"公平"的法经济学等研究方法都显得有些力不从心。统计学是从现象中归纳、探索并检验规律的学科。因此,构建以法律及现象为研究对象的法统计学研究方法是生态制度研究方法的创新。

一、社会制度变迁的根源及生态制度内涵法统计学分析

法统计学是综合法经济学和制度经济学研究方法,以广义的制度和法律为研究对象,探索和发现"生态、正义"的"应然之法"即应该是这样的法律制度,矫正与"应

* 河北金融学院法律系副高级教师,中国人民大学法学院经济法博士。研究方向:经济法、金融法、法经济学、制度经济学。

〔1〕 在德国刑法学笼罩在黑格尔的观念论之下时,维也纳耶林等研究却为法益概念奠定了理论基础。由宾丁与李斯特提升为刑法体系的基本概念,至此,法益概念获得德国刑法学中的核心地位。耶林认为:法律的目的是平衡个人利益与社会利益,实现利己主义和利他主义的结合,从而建立起个人和社会的伙伴关系。参见张文显著:《20世纪西方法哲学思潮研究》,法律出版社1996年版,第20页。法益是指由法所保护的、客观上可能受到威胁的人的生活利益。参见张明楷著:《法益初论》,中国政法大学出版社2000年版,第25~167页。

然之法”相背离的“实然之法”即现实生活中存在的法律制度,实现现实生活中法律制度的生态化即符合客观社会发展规律的法律制度。运用法统计分析方法对人类社会实践及其发展历史的分析归纳为集体利益与个体利益的对立统一;其不但是存在于人类物质生活领域、精神生活领域,而且是贯穿人类社会始终的、永恒的基本矛盾。正是这对矛盾的运动导致了社会非正规制度及国家和法律制度等正规制度的产生。

(一)集体利益与个体利益的矛盾是最基本的社会矛盾及制度的根源

集体利益与个体利益的矛盾是在人类物质生活和精神生活领域支配、贯穿人类社会始终的基本矛盾。这对矛盾的运动是人类社会一切制度的源泉。

首先,集体利益与个体利益的矛盾,不但存在于人类物质生活领域,而且存在于人类精神生活领域。其中,物质生活是基础,精神生活是推动人类文明发展的动力。人类文明包括对外在的自然界和内在的人类本性的控制。人类在对外在的自然界的控制,即通过劳动获得或潜在获得物质财富。在这个过程中,由于人的能力的差异,合作所获得的财富大于个人,但是,合作的前提是按贡献公平分配。于是,合作就形成集体利益,而公平分配及合作的分歧就形成了集体利益与个体利益的矛盾。当社会进化到氏族部落或国家产生后,这对矛盾就转化为社会整体利益与个体利益的矛盾。因为,天赋人类的基础即生存权,由于人人都有生存权,这就要求实现自己的生存权不能损害或剥夺他人的生存权。但在远古时代,是人吃人的社会,人本身就是一种能给别人生存的食物。人类为了不至于因互相冲突、战争、杀戮而导致人作为一个种群而灭亡,于是在物质资料的生产过程中,就开成了控制人类内在本性的关系即安全的制度保障。例如,一些动物或古代的部落形成了互不侵犯的领地,如果一旦侵犯就以战争或相似的杀戮来制止这种行为。因此,从生产物质财富的过程中,为了保护自身及所创造的物质财富的安全,也要求建立控制别人或自己内在的本性的各种制度,故集体利益与个体利益的矛盾不但存在于物质生活领域而且也存在于精神生活领域。

其次,社会整体利益与个体利益的矛盾包含集体利益与个体利益的矛盾,并且后者一样是存在于人类社会始终并且永恒的支配人类社会存在和发展的最基本矛盾。当集体利益与个体利益的矛盾有机统一、协调发展时,就促进人类社会的发展,否则,就阻碍社会的发展。其一,人作为群体性动物,当面临着动物的攻击、自然灾害或其他种群的攻击等集体利益危机时,如果不维护整体利益,就可能导致包括自己在内的整个种群灭亡。其二,在我国计划经济时代,由于过分强调社会整体利益而忽视了个体利益即个人私利的激励,导致因生产力低下而创造的物质财富缺乏,从而最终损害了个体利益,阻碍了人类文明发展。相反,西方资本主义社会过分强调个体利益,如2008年美国次贷危机引起的世界金融危机,导致了社会集体财富的缩水,也同样阻碍了人类文明的进步。其三,在现代社会,社会整体利益不仅是抽象社会人的整体利益,而且由于社会是一个包括一切生物的有机整体其整体利益也包括生态平衡利益。在地球生物圈上人与其他生物是共生的,如果过分强调人的利益,特别是强调个别人的个体利益,而损害生态环境,导致特定的物种灭绝,最终将会因生物链断裂而导致人类自身的灭亡。因此,“应然之法”即“应该是这样法律”是体现集体利益与个体利益矛盾运动规律的相对静止的外在表现,是生态制度的本质属性。

(二)生态制度的本质是近似的“应然之法”

在人类社会发展史中,集体利益与个体利益的矛盾,在特定时间和范围内是相对均衡、静止的,但矛盾运动是绝对性与相对性的、绝对运动与相对静止的统一,这就要求有体现其博弈均衡相适应的制度。当二者不协调时,就会自发调整而达到新的均衡,这要求制度变迁以形成新的与其利益博弈新均衡相适应的制度。因而作为利益博弈规则的制度也应当是相对静止与绝对运动的统一。当集体利益与个体利益处于相对静止、均衡发展阶段,其制度是稳定的。当矛盾打破旧的均衡而建立新的均衡时,就要求制度变迁,构建新的利益博弈规则即新的制度。因此,“应然之法”是理想的、自动的体现集体利益与个体利益矛盾运动规律的制度。

然而,制度是人制定的“现实之法”,是提供人们交往的基本结构,在整个人类历史上,人们通过这个基本结构来创造秩序并减少交换中的不确定性。因而,制度是“集体行动对个人行动的控制”;是包括个人之间的各种群体利益博弈的产物,也是解决冲突的博弈均衡点。均衡是各方都能接受的利益均衡点,虽然不是最理想的,但却是双方或各方都能接受最现实的最佳结果。因此,“实在之法”必须凭借人的主观能动性发现并认识客观规律即“应然之法”,并通过制度的变迁使“实在之法”符合“应然之法”而形成“生态实在之法”,即生态制度。所以,生态制度是近似的“应然之法”。同时,集体利益与个体利益矛盾中的集体利益包括两个方面,一是人与人之间社会关系的集体利益,二是人与自然之间社会关系的集体利益。其矛盾也就存在两类子矛盾,即涉及人与自然之间的集体利益与个体利益的矛盾,以及涉及人之间的集体利益与个体利益的矛盾。相应地,体现集体利益与个体利益均衡发展的生态制度也包括两个方面,一是体现人与自然协调发展的自然生态制度;二是体现人与人之间协调、均衡发展制度的生态制度。

二、生态制度研究方法的法统计学方法运用

集体与个体利益的矛盾统一体是相对的,是有其范围的系统,如地方区域经济相对全国经济体系而言是个体,而相对地方区域内部的经济个体而言,又是集体,是一个相对独立的经济系统。作为特定系统内部的近似的“应然之法”的生态制度研

究,必须要以探索、认识、分析并检验规律的统计分析方法来分析制度的生态规律,实现法统计学的生态制度研究方法创新。

(一)生态制度的法统计学内涵

制度又分为正规制度和非正规制度,其中,非正规制度是人们在社会实践中自发造成的调整人们行为的准则或规则,而正规制度则是原始部落或国家以维护其集体利益或集体中占主导地位小集团的利益并以集体或国家强制力保障的调整人们行为的规范。作为正规制度的法律制度,是由代表集体利益的机构国家制定并用强制力维护的正规制度,其作用之一就是调整及调和包括个人和社会在内的各种相互冲突的利益。因为,如果人类文明要得以维持和发展、社会要避免无序和解体,法律就要为利益提供支持。因此,法律制度应当是反映并体现“应然之法”的生态制度,是“引导、规范和强制”其他制度的制度,其目的是“旨在创设一种正义的秩序”。但是,客观规律是隐藏于客观现象背后的本质必然的属性。特别如生态的地方投融资制度,是典型的集体利益与个体均衡制度。传统的法经济学以效率为主难于计量公平;[1]法哲学强调的是“行而上”的“公平、正义”的分析,结构法学、历史分析法学等方法,但都很难度量和具体操作。因此,以法律制度及其相关的社会现象为研究对的法律及其制度统计分析即法统计学分析方法,就是探索、发现、分析并检验制度是否生态的方法,是生态制度研究方法的创新。

生态制度是符合集体利益与个体利益均衡发展的制度,而集体与个体利益对矛盾分类两类系统:一类是集体统一体为两个体组成;另一类是多数个体组成的集体统一体。生态制度法统计学的内涵条件为:合作创造的集体利益大于个体创造的利益并且利益的分配是公平的,其最终目的是实现个体利益的最大化。第一类生态制度用公式表示为:$\frac{1}{2}(a+b) \geqslant a$ 或 b;(2)$\frac{1}{2}(a+b) \in a$ 或 b。两个条件必须同时存在,才是生态制度。第二类生态制度的公示衍化为:(1)$\frac{1}{n+1}\sum_{i=1}^{n}(a_i+b) \geqslant a_i$ 或 b;(2)$\frac{1}{n+1}\sum_{i=1}^{n}(a_i+b) \in a_i$ 或 b。

(二)生态地方投融资制度中法统计学运用

地方投融资本质是地方人民运用地方财政资金“矫正天然市场失灵”的重要工

[1] “与市场一样,法律用等同于机会成本的代价来引导人们促进效率最大化”。参见[美]理查德·A.波斯纳(Richard A. Posner):《法律的经济分析》(第2版),蒋兆康译,法律出版社2012年版,第763页。

具，[1]“地方特定区域的人民”运用天赋的“政权”授权“地方政府”运用“治权”为优化区域产业结构和引导市场主体健康发展，是实现兼顾私人利益基础上的社会整体或区域集体利益最大化。地方投融资法律制度的关键问题是地方区域经济及其规划的生态问题、地方区域财税制度及投融资法律制度的生态问题以及地方投融资效果的生态问题。这些问题的生态化分析及效果的检测，都需要从大量的数据中运用历史分析法、回归分析法、大数定理分析、满意度调查分析法、相关度分析法等既能分析公平的秩序又能分析效率的统计学专业方法，从地方投融资及其相关的现象中抽样、收集客观数据，并对一些定性的东西进行量化，运用客观“数据说话”来探索、挖掘生态规律，矫正制度的“非生态化”。因此，地方投融资制度的生态化研究是法统计学方法运用的典型案例。

首先，在地方区域集体经济体系及规划的生态化检测的法统计学运用中，其一，运用客观的历史经济数据采用如回归法、概率法、协方差分析等专业的统计分析方法分析、预测或预警经济结构的变化及趋势，制度或修正区域经济政策、规划，以实现市场自然失灵风险的“软着陆”；其二，从规划制度来看，可运用回归分析、大数据分析，从自然生态和制度生态两个方面，制订生态规划。同时，既要防止规划超前，而造成浪费；又要防止滞后而导致“瓶颈效应”。

其次，地方投融资是一种公益性的不以营利为目的的地方区域“经济杠杆”，其投资资金及融资成本的分析最终来源于地方区域人民的税收来分摊。在地方财税制度及投融资制度的法统计学运用中，其一，投资及融资额度都需要对历史的财税状态、经济结构和融资区域影响进行法统计分析，制订生态的投融资预、决算及运营制度。其二，运用“数据说话”的统计分析、归纳方法，制订生态的投融资实施制度，矫正因地方政府及其官员的代表利益与个体利益冲突的非生态制度。例如，从下表全国经济数据统计分析可知，非生态的地方投融资政策、制度是地方债务、地方经济危机的潜在因素之一。[2]

---

〔1〕“‘权能分治’思想是孙中山民权思想最完整的体现。孙中山把国家的权力分为政权和治权两类，政权与治权相分离，一个是管理政权的力量，另一个是政府自身的力量，管理政府的力量即民权可以简称为‘权’，政府自身的力量可以简称为‘能’，政权应该直接放在人民掌握之中，治权则完全交到政府的机关之内。要把中国改造成为一个新国家，就必须把权和能分开，就必须以政权制约治权。”参见王立民主编：《中国法制史》，北京大学出版社2008年版，第289～290页。

〔2〕从该表可知，因金融危机影响，从2008年开始整个经济不景气，2009年达到低谷。为应对危机2008年10月12日，系列新政支持房地产，尤其是地方政府可自主出台救市政策，并且在“房地产支柱产业”错误观念的影响下，2009后半年后房价快速飙升，投机日盛。国内生产总值增速又创2008年以来历史新高，达到10.4%。参见周明勇、易丹辉、肖宏伟：《论民间借贷制度演化》，载《现代管理科学》2013年第9期。

年份	实际利用外资金额（亿美元）	对外直接投资净额（万美元）	国内生产总值增速（%）	工业产业拉动率（%）	第三产业拉动率（%）	经济活动人口（万人）	城市登记失业率（%）
2003	561.4	285,465	10	5.2	3.8	74,911	4.3
2004	640.72	549,799	10.1	4.8	4	75,290	4.2
2005	638.05	1,226,117	11.3	4.9	4.9	76,120	4.2
2006	670.76	2,116,396	12.7	5.4	5.7	76,315	4.1
2007	783.39	2,650,609	14.2	6.2	6.6	76,531	4
2008	952.53	5,590,717	9.6	4.2	4.3	77,046	4.2
2009	918.04	5,652,899	9.2	3.7	4	77,510	4.3
2010	1088.21	6,881,131	10.4	5.1	4.1	78,388	4.1
2011	1176.98	7,465,404	9.3	4.2	4.1	78,579	4.1
2012	1132.94	—	7.8	3.18	3.52	—	4.1

最后，在地方投融资效果及责任制度的法统计学运用中，因为生态制度包括自然生态和制度生态，所以地方区域投融资效果分析，既要分析自然生态效果，又要分析社会、经济效果，并作为调整规划和财税制度的依据。在责任制度的构建中，一是在建立中央与地方分别所有的前提下，建立了地方政府投融资一般整体经济责任制度，即 SW = ∑PW + ∑（地方政府投融资）+ a 法律。其中，a 为系数，SW 是指社会生态财富，PW 是指地方区域内个体财富。当 a = 0，市场为自由竞争市场，SW = ∑PW + ∑（地方政府投融资）；二是在明晰内部各部门或机构之间的事权与财权的基础上，建立健全地方政府投融资管理中的岗位责任制度，即 SW = ∑PW + ∑（地方政府投融资）+ a[（损失补偿性矫正法 + 惩罚性矫正法）]；三是在上述科学的考核和监管机制下，完善责任追究制度。同时，运用“大数定理”建立具有一定存款功能的地方政府投融资责任保险制度作为生态责任制度的补充。

融资性担保机构监管法律制度的完善

秦雅静* 罗钰巾**

在2008年金融危机之后,融资性担保机构呈现快速发展的趋势。随着我国融资担保行业的快速发展,融资性担保公司不规范经营问题越发突出,存在担保机构为中小企业提供担保时条件苛刻、担保机构管理不到位、政府监管不到位、我国法律对于融资性担保机构的监管主体和监管对象界定不清晰、立法尚不完善、法制不统一、相关的配套理论尚不成熟、信用和评价体系也不完善等问题。

一、国外融资性担保机构监管制度现状及其经验借鉴

(一)国外融资性担保机构监管制度现状

1. 美国融资性担保机构监管制度

美国制定了一整套完整的信用担保体系,依据美国《小企业法》的相关规定,担保机构的资金全部来源于政府支持,如果出现担保责任问题,由政府事后承担。为尽可能控制贷款风险,美国对融资性担保公司的市场准入有严格的要求,一旦贷款遭受损失,则由抵押物变现清偿债务,缺多少由小企业管理局负责补全,小企业管理局享有对企业债权的追索权。美国建立了较为完善的担保体系:第一,政府主导,由小企业管理局直接操作的全国性担保体系;第二,建立区域性专业担保体系,相关设立情况依据各地的特色;第三,为了实现富裕的目标,设立社区型中小企业担保体系。这种层层递进的信用担保体系已经形成了覆盖较广的局面。美国是世界公认的政策性担保公司监管法律法规最健全的国家,小企业管理局主要为政策性担保机构提供服务,要受到联邦政府的监管,同时全国性的担保行业协会也会对商业担保机构有指导作用。

2. 德国融资性担保机构监管制度

德国主要的信用担保机构是担保银行,主要监管机构是由股东大会选举产生的管理委员会,负责机构的日常监督。担保银行一方面重视内部控制,在程序和实质审查内容规定上较为严格。另一方面担保银行虽然不能进行存款和贷款的业务操

---

* 河北金融学院讲师,法学博士。研究方向:民商法。

** 河北金融学院法律系2011级本科生。

作,但是德国的法律明确规定了提供担保是银行的业务,担保银行要受到德国监管银行的各项制度监管。德国也在减免税收等方面给予了融资性担保机构充分的政策支持,可以筹集资金来实现资金融通。在立法方面,德国政府为融资担保机构的发展创造优良的法制环境,使融资性担保机构更好地发挥功能。在保证市场秩序等方面,有《民法典》《商法典》等规范,另外有《关于提高中小企业效率的行动计划》《中小企业促进法》《标准化法》《反限制竞争法》等法律对融资性担保机构的合理运行进行监管。

3. 日本融资性担保机构监管制度

日本于1998年制定了《新事业创出促进法》为融资性担保机构发展提供了有力的支持。日本成立了信用保证协会,通过信用保证来帮助中小企业获得资金支持,使其不断发展壮大。日本对信用保证协会的监管主要体现在两方面:一方面,严格控制市场准入;另一方面,由政府主管大臣对协会设立、变更和业务进行监管,同时下达事业报告书。信用保证协会实行会员制,资金大多数来自信用保险公库或政府财政支持,担保机构承担所有信贷风险,若贷款遭到损失,由保证协会清偿债务。另外,日本通过《担保协会法》《中小企业信用保险法》建立监管的法律框架。

(二) 国外融资性担保机构监管制度经验借鉴

1. 完善监管法律法规

美国十分重视融资性担保机构的法律制定问题,在《小企业法》实施以后,各个地方又有相适应的具体法律规范。另外,美国也致力于解决银行和融资性担保机构的信息不对称等问题。我国可以借鉴美国的经验,应尽快修改和完善相关的融资性担保机构监管的法律法规,进一步细化相关方法和实施细则,对于现有的《担保法》《中小企业促进法》等涉及融资性担保机构的法律做出相应的修改和完善,针对我国融资性担保机构的设立等相关问题进行合理规划。

2. 依据实际情况实施监管制度

美、日两国主要担保资金大部分来源都是财政出资,因此,政府财政部门对担保公司享有一定的监管权。但是美国的政策性担保机构是中央政府机构,而日本由于政策性担保机构是非营利性性质的,所以地方政府的监管权力仍然存在。中国在结合自身国情的基础之上,实施有效的制度,在中央实行宏观层面的监管,为相关监管措施的实行指明方向。另外,可以赋予地方相关部门一定的监管权,建立中央和地方相结合的有效地监管体制。

3. 政府要积极扶持和科学管理

从整体而言,各国对于融资性担保机构的政策上有一个共同点,那就是政府鼓励和支持担保行业的发展,为融资性担保行业的健康有序发展创造有利的外部环境。我国可以借鉴其发展模式,对于融资性担保机构的发展投入资金,运用经济手段和法律手段支持融资性担保机构发展。另外,政府可以采取金融机构切实可行的措施,协调好融资性担保机构以及中小企业三者之间的关系,这也是中小企业信用担保获得持续性发展的关键因素。

二、我国融资性担保机构监管法律制度存在的问题

我国第一家全国性担保机构在20世纪90年代诞生,中国担保行业开始进入到快速的发展时期。1995年我国《担保法》颁布,使规范融资性担保机构发展越来越规范化。1999年的《中央党政机关金融类企业脱钩的处理意见和具体实施方案》中担保机构是非金融机构,降低了担保机构的准入门槛,促进了担保行业的发展。21世纪初,国家颁布了一系列法律法规,2001年通过《中小企业融资性担保机构风险管理暂行办法》,2002年通过《中小企业促进法》,融资性担保机构越来越规范有序的发展。2010年《融资性担保公司管理暂行办法》的公布,对于担保行业提出了相应的管理框架。之后国家又陆续颁布了《融资性担保公司内部控制指引》《融资性担保公司董事、监事、高级管理人员任职资格暂行管理暂行办法》《融资性担保公司治理指引》等10部法律法规,我国融资性担保机构的监管进入规范监管时代。但是我国对于融资性担保机构的监管仍然存在诸多问题。

(一)监管法律体系尚不健全

目前对于我国关于担保机构所涉及的法律法规出台的时间都相对较早,尤其是涉及融资性担保机构的监管方面。[1] 许多立法层次较低,意思表达不够清楚,不能适应担保机构发展的需要,规定与现有经济脱节。比如,关于融资性担保机构更多是运用《担保法》《中小企业促进法》《公司法》《经济法》等相关法律法规,我国1995年颁布的《担保法》尚未对专业担保的市场准入与退出、人员从业资格、行业自律和政府监管等明确约定。2001年的《中小企业融资担保机构风险管理暂行办法》主要针对的是政府出资设立的担保机构的相关事项,对于一般的融资性担保机构没有具体的规定,范围较窄。

(二)法律法规存在冲突

从《中小企业促进法》颁布之后,国家相关部门也先后出台了一系列部门规章,但仍有法律法规存在冲突,缺乏强制约束力以及法律法规之间的规定不能统一等问题。例如,《公司法》和《担保法》等对于担保业务的范围尚不明确,出现了不统一的地方,如在不同的文件中关于担保机构的余额最高是注册资金的几倍。关于2010年公布的《融资性担保公司管理暂行办法》对于融资性担保的业务范围和禁止行为、内部控制制度、风险集中度管理、风险指标管理、关联方担保的信息披露、财务制度

[1] 参见薛菁:《论中小企业融资信用担保机构与银行的有效合作》,载《经济论坛》2012年第8期。

以及监管部门的法律责任都作了规定。但对于罚款的金额和幅度规定尚不清晰，缺乏执行力。另外，《融资性担保公司管理暂行办法》虽然经国务院批准，但仍然属于部门规章的性质。

（三）担保机构存在经营风险

首先，融资性担保机构的设立主要是为了给中小企业提供融资担保，但是有些机构通过担保套取银行信贷资金，进行证券投资等业务，不能为中小企业提供担保；其次，担保机构基于规模较小的原因，承担风险的能力较弱，因此会造成资金的流失；最后，关于政府设立出资的担保机构在一定程度上运用行政权力，存在行政干预，不利于市场竞争和机构风险的控制，使得相关的监管措施屈服在权力之下，对于融资性担保机构的正常有序发展存在隐患。

（四）监督职能和管理职能混合

我国融资性担保机构由银监会牵头，发改委、工信部、财政部、商务部、中国人民银行、工商总局、国务院法制办参加的融资性担保业务监管部联席会议负责监管。但在实际工作中，担保机构的监管是按照所担保的机构的类型，归所属的的各行业监管部门，这种监管模式使得权、利和责的界限不清，容易形成监管不力和管理不到位的现象。另外，监管者负责担保机构的行为是否符合相关规范，同时也是监管标准的制定者，容易导致行政权力的滥用，使监管不力和出现职责设置矛盾的问题。

（五）信用评级体制和信息披露机制不完善

目前，我国仍没有在全国范围内普及对担保公司的信用评级，企业和个人的信用评级体系和制度还不完善，缺乏相关的评级机构。对于银行了解担保公司对外担保余额的途径主要是依靠担保公司自觉向银行提供对外担保余额清单，因此，可能会出现担保公司的许多信息在各家银行的录入时资料不健全，或者信息已经过时却没有及时删除，导致银行数据和担保公司提供的数据出现不一致。信息的不完全使银行对于担保限额的计算方法也存在差别，对于相关机构之间的关系难以进行可靠的计算。因此，担保机构提供担保的标准不一，为了利益的追求，一些不合格的公司成为担保公司的担保客户。另外，大多数担保公司缺乏信息披露的动机，缺乏透明度，一方面加大了社会监督成本，提高监管的难度；另一方面加剧了担保业务开展的难度。

三、我国融资性担保机构监管法律制度的完善建议

基于中国融资性担保机构的发展过程和现状以及对于未来的发展要求，结合美国、德国和日本等发达国家的发展进程，运用法律的手段促进经济的发展是具有非常重要的意义，因此，需要将法律和担保行业的发展结合起来，使融资性担保行业能够健康有序的运行。

（一）健全监管法律制度

融资性担保公司对解决中小企业融资难问题，增强中小企业信用并促使其获得信贷支持，具有显著的积极作用。[1] 因此，针对目前融资性担保行业法律监管体系，笔者认为，可以在《担保法》中对于涉及融资性担保机构监管的法律条文进行补充和修改，使其适应不断发展的市场经济，针对某些不太明确的条款，由相关部门进行解释。另外，可以在《公司法》《中小企业促进法》等涉及担保机构的法律条文中增加一些条款，从而避免出现法律体系不协调的现象，破坏其整体结构。完成以上工作之后，笔者认为重点要放在制定针对性的法律法规与融资性担保机构监管的法律规范，解决多部门设立不同标准、监管空白、相互推诿的现象。

（二）确立权责明晰的体制

融资性担保行业的监管分工必须要明确，对于融资性担保机构所涉及的政府、银行和企业以及融资性担保公司的权限和责任要有明确的划分，使权、利和责能够在合理的法制范围内。政府要加强对融资性担保机构的监督管理，实行严格的审批制度和担保程序。政府的主要职能有制定融资性担保行业的发展战略规划，拟定其发展方针政策以及监管的规范性文件、法律法规和行业内的相关规章制度，审批融资性担保公司的成立。根据法律法规对融资担保机构以及担保从业人员不正当竞争等违法、违规的行为进行相关行政处罚，依法监管融资担保机构的代偿能力和经营行为。另外，为了确保融资性担保机构的独立性，避免行政干预过强，要加强政府对财政部门的监管。

（三）推行信用评级制度和信息披露制度

信用评级制度在许多发达国家是较为普遍的，有助于规范信用主体、传播信用信息、改善信用环境，我国也应该尽快在全国范围内推广这种制度。具体而言，是由监管部门主导和指定的评级机构行业协会进行的。由评级公司进行专业信用分析评价，为相关部门提供准确的信息，将进一步推动信息的透明度，促进担保行业的良性发展。通过报纸和其他媒体的宣传，鼓励担保机构参与的信用评级，提高担保公司声誉，给信用差的担保公司带来巨大压力，促进担保企业良性发展。信用评级高的担保机构可以获得更多公众和银行的认同，因此也就获得更高的收益和业务。融资性担保机构为了市场地位和经济效益，必须要约束自身的行为，遵守相关法律法规的约束，树立良好的信誉和形象。

（四）健全担保机构内部控制制度

对于融资性担保机构包括审查、监控和事后处理机制等，严格的程序设置对于融资性担保机构进行风险控制是必要的措施。对于审查方面，建立在银行系统的审

[1] 参见徐爱水：《融资性担保公司监管制度剖析——比较与功能的视角》，载《华北金融》2011 年第 7 期。

查机制基础上，业务员通过对公司的各项情况进行分析，出具审查报告，审查中小企业的资格，得出结论，决定是否提供担保。对于监控方面，可以对相关企业的相关状况经营管理进行追踪，从而对风险进行识别和处理，确保相应资金的安全。对于事后处理方面，如果企业没有及时还贷，担保公司负责赔偿后可以得到变现担保物权获得求偿的措施。另外，担保公司可以建立客户的信用档案，完善相关担保机构内部控制制度。

(五)细化市场准入和退出制度

目前，我国对信用担保行业可以参照一般金融机构，对准入、运营、退出和高管人员从业资格等各环节进行监管。市场准入应该从融资性担保公司的注册资本和审批程序两方面建立统一规范的准入机制。首先，明确最低注册资本限额。公司的最低注册资本是信用的保证，虽然500万元是《融资性担保公司管理暂行办法》中明确的最低注册金额，但又规定地方管理部门可以上浮调整，因此，存在同样的担保公司准入条件不同的局面。应将经营风险、资本金要求统一起来，保证公平，进一步明确这里所需制定的最低限额。其次，对融资性担保公司的退出机制进行设计规划，以保证担保行业的平稳运行，完善我国信用担保机构退出机制。第一，建立对担保机构风险经营能力的有效评价体系，明确担保机构退出担保行业的硬性标准；第二，明确处理原则和方法，严厉打击违规经营或违法犯罪，迅速化解个别担保机构的恶劣行为对担保业造成的信任危机。

四、结束语

本文通过对融资性担保机构法律现状的分析研究，结合发达国家的监管经验，提出了相关的建议。2009年国务院办公厅发布了《进一步明确融资性担保业务监管职责的通知》；2010年经国务院批准，国家银监会、发改委、工信部、财政部、商务部、中国人民银行以及工商总局联合发布了《融资性担保公司管理暂行办法》的配套制度；2011年6月《国务院办公厅转发银监会发展改革委等部门关于促进融资性担保行业规范发展意见的通知》的发布，标志着中国担保行业监管和行业规范化进入了新的历史时期，对于提高行业透明度和行业公信力，客观科学的评价融资性担保行业具有重要意义；2013年《温州民间融资条例》通过，在2014年3月1日正式实施，标志着我国民间借贷向法制化靠拢，能够给中小企业带来便利，为民间融资提供了相应的法律支撑。

首先，我国融资性担保机构的发展可以构建有效的风险管理体系，对冲代偿风险等问题，运用风险管理体系来识别、过滤风险，才有可能将相关成本负担转化为收益来源。此外，内外流动性兼备是担保公司持续经营的关键环节，保持适当的货币资金。另外，我们要实现担保业务创新，实现业务格局的多元化，从而推动相关法律制度的革新。

其次，对于相关法律人才的培养也是非常重要的，我们需要建立高素质法律人才队伍，因为专业的法律人才对于融资性担保机构的发展具有非常重要的作用。目前，国民教育计划和高级职业培训市场还没有将担保专业人才系列纳入其中，因此，培育融资性担保机构监管的法律人才显得尤为迫切。

再次，我国也可以借鉴一些发达国家的监管模式，成立独立的融资性担保监管机构，可以对相关行业的运作进行专业化的管理，避免出现制定者和被监管者一体的局面。依据融资性担保机构的不同发展情况，制定适合其运行和实行市场竞争的机制。

最后，我们在研究国情的基础之上，对于发展迅速、监管刚刚确立的担保行业，可以出台具有针对性的担保法律，对涉及融资性担保机构的条文进行解释。此外，我们可以借鉴国外发达国家的监管经验，完善相关的信用和评价体系，细化准入和退出机制等。目前，党的十八届四中全会召开，李克强总理对于融资性担保机构的规制又提出了新的监管要求，因此，笔者认为要把经济中出现的众多问题运用法律手段进行解决，把经济发展和法律制度的完善结合起来，完善融资性担保机构监管的法律制度，使法律制度更加科学和健全，促进经济新常态的转型升级。

科技型中小企业融资的法律制度研究

魏博洋*

一、科技型中小企业的界定

(一)科技型中小企业的概念

根据我国《中小企业促进法》,中小企业是指在中华人民共和国境内依法设立的有利于满足社会需要、增加就业,符合国家产业政策,生产经营规模属于中小型的各种所有制和各种形式的企业。科技型中小企业是指以科技人员为主体,主要从事高新技术产品的科学研究、研制、生产、销售,以科技成果商品化以及技术开发、技术服务、技术咨询和高新产品为主要内容,以市场为导向,实行"自筹资金、自愿组合、自主经营、自负盈亏、自我发展、自我约束"的知识密集型经济实体。[1]

(二)科技型中小企业的特点

科技型中小企业属于中小企业的一种,但它与一般的中小企业存在差异,主要体现在科技型中小企业的创新型、科技型和成长性3个方面。此外,科技型中小企业比一般的中小企业面对更大的市场不确定性和风险,其对抗风险的承受力较弱。一般情况下,我们将科技型中小企业发展分为三个阶段,即初创期、发展期和成熟期,不同阶段表现的特征不同。初创期,企业前期投入大、风险高,但创新动力最强。初始资金是否充足是决定这一阶段能否度过的关键因素。发展期,科技型中小企业的主要精力在于科技成果的转化上,科技型中小企业要努力使自己的新技术、新发明迅速地投入市场中,转化为生产力。这一阶段科技型中小企业发展速度较快,对资金依存度较高。成熟期,科技型中小企业已经形成了一定规模并具备了稳定的市场,这一时期对资金的依赖减缓。可见,科技型中小企业的生存与发展,主要动力科学技术的创新,核心问题是保障资金的充盈。

二、科技型中小企业融资过程中的主要问题

(一)"内忧"——科技型中小企业内源资金不足

初创期的科技型中小企业,在产品成熟度,销售渠道、市场风险方面,很难满足

---

* 河北金融学院副教授,硕士。研究方向:经济法、金融法。

〔1〕 参见我国《中小企业促进法》。

金融机构的贷款门槛。其资金往往来自企业创办者或者其亲属、朋友,这种方式虽为企业奠定了一部分资金基础,使企业能够顺利启动,但维持企业运营时间相对较短,缺乏稳定性和长久性。随着销售规模的扩大,自有资金很难满足生产需要,而且高昂的融资成本、狭窄的融资渠道、单一的融资方式,都使企业扩大再生产变得非常困难。

(二)“外扰”——科技型中小企业外源资金短缺

进入发展期和成熟期的科技型中小企业更加需要充足的资金保障,然而,在我国现有的融资方式中,对科技型企业的要求过多,给予过少,造成其外源融资困境,主要表现在以下几个方面:

1. 银行信贷

银行贷款是科技型中小企业最重要的资金来源。然而,在其建立初期,受到规模小、实力弱的限制,很难通过银行的信贷风险评估。近年来,尽管国家采取了多项措施,加大金融机构对科技型中小企业的扶持力度,但科技型中小企业获得银行信贷仍然存在一定的困难。

2. 资本市场

资本市场融资主要是面向社会公开发行债券和股票,以债券化和股份制的形式筹集资金,这种方式不仅可以解决企业内部资金紧缺的问题,增加现金流,而且还可以进一步为资本市场的运作打下良好基础。可是,按照我国现行证券法的要求,科技型中小企业想通过股票和债券形式融资难度极大。

3. 风险投资

风险投资主要是企业通过一定的方式获得风险投资基金的支持,来为企业筹集必需的资金。这种方式能够很好地为科技型中小企业提供所需资金,而不需要企业为此付出高昂的代价,承担巨大的风险。然而,风险投资往往青睐于科技先进,规模较大的企业用于扩大生产经营,而对属于中小企业行列的科技型中小企业而言,因为其科技实力不强,科技转化能力较弱、周期长、见效慢,往往被拒之门外。

4. 政府扶持

尽管国家近来通过产业政策,强化对中小企业发展的扶持,例如,通过营改增、减免所得税等税收方面的政策,对一些发展潜力大,市场前景好的创新企业给予重点扶持。但政府扶持资金毕竟有限,面对庞大的科技型中小企业队伍,往往是“僧多粥少”。同时,绝大多数科技型中小企业缺乏鲜明突出的科技成果,市场竞争内驱力不足,即便取得了部分政府扶持资金,也无法解决发展的根本问题。

三、完善科技型中小企业融资的法律制度

(一)完善中小企业内源融资法律机制

1. 建立产权明晰的现代企业制度

我国《民法通则》中明确了企业法人制度,其核心内容就是企业法人财产制度和法人的独立责任,企业以其独立的与其经营规模相适应的财产承担独立的民事责任。建立产权明晰的现代企业制度是中小企业发展内源融资的制度保证。

2. 完善内部财务管理制度

到目前为止,我国还未建立起适合科技型中小企业发展的会计制度。科技型中小企业有必要根据自身实际特点建立会计制度。科学合理的财务会计制度一方面可以通过监督内部经营活动,促进企业生产发展;另一方面可以通过披露真实、合法、正确的信息,以获得社会公信力。

3. 完善中小企业信用制度与信用担保体系

针对科技型中小企业发展不稳定、资金薄弱、信誉度低、银行信贷难等问题,我国应当建立健全中小企业信用担保制度,为中小企业,特别是科技型中小企业提供制度支持。比如,建立健全相关的法律、法规,营造良好的外部法制环境;建立风险分散的长效机制,降低银行和企业的信贷风险;吸收各方资本,拓宽中小企业担保机构的资金来源及融资渠道;加强中小企业担保机构的风险监控等,为科技型中小企业发展保驾护航。

(二)健全科技型中小企业外源融资法律制度

1. 推动银行体制创新,拓宽间接融资渠道

应根据实际情况,探索适合银行对科技型中小企业的贷款模式,加强资金的扶持力度。首先,从政府角度来讲,制定四大国有银行对科技型中小企业贷款比例的硬性规定,并给予一定的补贴或优惠政策。其次,改变银行对科技型中小企业的贷款模式。对于抵押物不足的科技型中小企业,银行可以通过为企业提供短期贷款来代替长期贷款,并减少单笔贷款额度。

2. 完善创业板市场法律制度

通过修订《公司法》《证券法》等相关内容,适度降低科技型中小企业进入创业板市场的门槛,完善适合我国国情的创业板市场法律制度。为规模小、实力弱、无法上市的科技型中小企业建立股份转让的途径,积极拓宽融资渠道。

3. 加强政府扶持力度

逐步建立科技型中小企业发展专项创新基金,用以支持科技型中小企业在高新技术领域自主创新,科技创新,增强企业竞争力。创新基金应根据科技型中小企业的不同特点,采取不同方式予以支持。

4.规范风险投资业务

风险投资是一种权益性投资方式,是我国融资市场的必要补充。我们应当充分发挥风险投资在科技型中小企业融资过程中的作用,可以借鉴发达国家风险投资的模式,规范和壮大我国的风险投资业,积极促进科技型中小企业发展。

金融监管存在的问题与对策

耿 平*

一、我国金融监管存在的主要问题

虽然我国在今年金融监管体制改革中取得了不小的成绩,但是这些成绩的背后还存在不少问题。要进一步加深我国的金融体制改革就不要沉迷于现阶段取得的成绩中,沾沾自喜,而是要发现这些成绩背后的问题,并对这些问题提出解决方案,确保这些方案获得落实。经过对我国金融监管体系的分析,笔者认为我国现行监管体系还存在以下几个方面的问题。

(一)金融监管和货币政策存在一定的冲突性

中国人民银行货币政策目标一般是指最终目标,包括币值稳定、经济增长、充分就业、国际收支平衡和金融稳定。这五大政策目标之间既有统一性,又有矛盾性。我国金融监管的目标包括维护金融业的安全与稳定、保护公众的利益、维护金融业的运作秩序和公平竞争。货币政策目标和金融监管存在相同的目标即金融稳定,但是在维护金融稳定方面中国人民银行和监管部门很可能出现意见不一致的情况。经济高涨时期,为了抑制通货膨胀中国人民银行往往会收紧银根,减少货币供应,实行紧的货币政策;经济衰退时期,为了防止通货紧缩中国人民银行会放松银根,增加货币供应,实行松的货币政策。相反,在经济高涨时期,银行经营的效益好,风险也较低,银行监管部门往往实行比较松的监管政策;在经济衰退时期银行业务开展困难,效益下降,风险增加,监管部门为了维护银行业的稳定往往会实行紧的风险约束。货币政策的逆周期性和金融监管的顺周期性,导致二者经常产生冲突。在经济高涨时期潜在的通货膨胀压力要求提高利率这就会导致银行经营成本增加,收益下降,给银行带来风险,与金融监管的目标不一致。经济衰退时期银行监管对银行的监管校验,对贷款的要求更加谨慎严格,从而不利于扩张的货币政策的实施。

(二)金融监管法律体系不够健全

我国目前的金融法律体系与市场经济体制、金融改革和发展、现代金融监管理念的要求还有相当大的差距。一是部分金融法律法规与现实情况不符,造成金融监

---

* 河北金融学院法律系副教授,硕士。研究方向:诉讼法。

管的法律基础不规范。二是金融法律法规不够系统。各种地方性法规、各金融机构系统内制定的各种规章制度较多，繁杂不系统，但多数又都具有法律效力，在监管过程中经常会出现因对某一问题认识上的不同而产生争议。三是缺少配套的金融监管法规和相适应的经济法规以及各项法律法规具体的实施细节。另外，目前国内各项金融法律法规与世界上其他国家的有关法律法规还不能有效地衔接起来。在已经加入 WTO 的新的金融环境下，做好与 WTO 组织各国尤其是发达国家的金融法律法规的衔接工作已经变得很重要。

(三)金融监管的相对独立性不够

金融监管的独立性是指在有效的金融监管体系下，各监管机构拥有各自明确的责任和目标，享有工作上的自主权并具备充分的资源，能够独立自主地履行监管职责，不受政治层面和其他势力的影响干扰。世界上绝大多数国家的金融监管机构都是隶属于政府的部门，设立完全独立于政府的监管机构的国家少之又少，因此，笔者这里只是从相对独立性的角度出发。从我国金融监管发展现状以及现行的金融监管体制可以看出，我国目前的金融监管独立性和世界发达国家还存在不小的差距，对维护我国金融稳定是个很大的挑战。

二、我国金融监管的政策建议

通过对我国金融监管现状以及国际上金融监管经验教训的分析，结合现阶段我国金融发展的现状，笔者认为可以从下面几个方面入手解决我国金融监管存在的问题。

(一)进一步完善金融监管法律体系

为适应我国加入 WTO，国家应该尽快出台相关的法律法规，在实现与国际接轨的同时保护我国的合法利益。另外，还要完善金融法律配套的金融监管法规与经济法规。对于已经出台金融法规，要尽快制定其实施细则，增强其可操作性。对于其中不符合现实的部分要进行及时的修订。对各地方法规和金融系统内的各种制度，要进行统一修订，对其中容易产生定性争议的问题要作出统一规定。针对我国金融机构市场退出机制不健全问题，还应以法律形式明确接管的具体程序及具体措施，明确金融机构的解散原因和程序，金融机构合并、分立、破产清算的形式、条件、程序及法律后果，保障债权人的合法权益。

(二)增强金融监管部门的独立性

在我国社会主义市场经济中，行政干预是必要的，但是不能过度而影响市场机制的运行。提升我国金融监管的独立性，同样需要减少行政干预。一方面，需要进一步发展中国人民银行的独立性；另一方面，需要提高金融监管机构的独立性。

现行的金融监管部门的薪酬水平相对偏低，一方面，使监管人员产生懈怠情绪；

另一方面，容易被金融机构俘获，不利于监管独立性的发挥。还要建立合理的问责制度，这是对提升独立性必要的约束条件，独立程度越高，越应该健全其问责制。赋予金融监管机构更大的权限，提升金融监管独立性的同时，需要建立有效的制衡机制。否则，金融监管机构有可能权力滥用，对金融甚至经济安全形成威胁。

（三）加强和完善金融监管主体自身建设

加强和完善金融监管主体自身建设，使其监管活动具有相对自主性，不断提升监管水平。我国目前金融业法定监管主体有中国人民银行、银监会、保监会、证监会。为适应后WTO时期的监管需要，应加强监管主体自身建设。一是塑造具有独立性和自主执法权的监管主体，防止地方政府及其他部门的干预；二是加强监管机构的队伍自身建设，提高监管的专业水平；三是为弥补法定监管主体的局限性，应补充监管主体，建立金融同业工会，借助同业自律补救现有法定监管的不力，以同业公会充实法定监管主体和完善监管，制约和防范法定监管主体权力的滥用。

众筹融资的规范问题研究

——以人人投与诺米多纠纷为例

穆玲芝[*] 赵 美[**]

众筹网站在国内发展已有几年时间,但是国内对互联网金融仍无相应的法律,关于众筹融资的法律框架很不健全,当众筹融资的行为触及相应已出台的法律时如《证券法》,监管部门会给予关注和管理,所以关于众筹的规范问题建设势在必行。在2015年出现了中国众筹第一案人人投与诺米多的纠纷,这是我国第一个在众筹融资方面发生的纠纷案件,人人投与诺米多纠纷涉及的法律问题具有一定的标志性意义,法院的处理及判决结果影响着以后的众筹融资道路,对他们的纠纷解决有指引和向导性作用。本文以人人投与诺米多的纠纷为切入点,深度分析我国众筹存在的问题及如何去解决这些问题,为我国的众筹融资道路打下夯实的法律框架基础。

一、从人人投与诺米多纠纷中看中国众筹融资的规范问题

(一)人人投与诺米多的纠纷

我国众筹发展面临很多困难和挑战,在我国实践中出现了中国众筹第一案,即人人投与诺米多的纠纷。该案件:诺米多与飞度这两家公司经过人人投融资平台筹资88万元人民币建立有限合伙企业——诺米多时尚餐厅,并签订了《委托融资服务协议》。人人投与诺米多达成协议并且签订协议以后,诺米多公司根据合同向飞度公司走了相关的成立流程,诺米多按照计划与合同约定在2015年4月15日正式开店营业。飞度公司也相应履行了自己应承担的义务。但是在之后的一段时间,人人投公司发现诺米多公司提供的项目所用房屋的性质和物业费全部与实际情况不对应,认为诺米多公司信息披露不实。在融资协议中规定的"房屋应当为平房"但是诺米多公司提供的是3层楼房,并且2层、3层属于违法搭建,诺米多公司无法提供房屋产权证。

根据上述内容,飞度公司要求解除与诺米多公司签订的合同,并不再履行相关

* 河北金融学院法律系副教授,硕士。研究方向:金融法、经济法。

** 河北金融学院2012级法律系本科生。

义务，请求法院判令诺米多公司缴付委托融资费4.4万元、赔偿违约金4.4万元及经济损失约19万元。诺米多公司要求解除合同并且返还诺米多公司向飞度公司支付的资金，赔偿经济损失5万元，因为飞度公司的违约。

法院裁判：该案中人人投与诺米多签订的《委托融资服务协议》是合法有效的，两个公司之间的合同性质属于居间合同。飞度公司做出解除合同的做法有充分的依据，诺米多公司负主要责任。据上，法院判令原告飞度公司理应赔偿诺米多公司委托融资费用2.5万元、违约金1.5万元；并驳回原告的其他诉求。判令飞度公司应在判决生效之日起10日内归还诺米多公司出资款16余万元；驳回诺米多公司其他反诉请求。

(二)从案例中看我国众筹融资中存在的规范问题

1. 出资者的资格规范不严明

在我国的法律法规层面上，关于股权众筹的法定定义没有正式出台，也没有制定出有效的股权众筹监管体系，这是法律法规层面上的一个缺陷，根据法律规定："有限合伙企业必须有2个以上且50个以下合伙人成立。"在人人投与诺米多的纠纷问题中，诺米多餐饮公司设立的有限合伙企业中投资者人数不符合法律规定，人数超过了50人的上限。这不利于裁判案件性质，同时也反映出了我国关于众筹融资法律法规的严重匮乏，建立相应的众筹规范制度势在必行。我国规模较大的众筹平台天使汇内部设有出资者的入门门槛，主要是审核出资者的职业化水平专业与否、过往投资的案例成功率高低及他们投资期间创造的业绩等，对出资者的财务状况及出资金额没有设定出具体限制。除了规定这些门槛，有些众筹融资平台是对所有的出资者开放的，对出资者呈现一个欢迎加入的状态，对他们没有太多的参与限制，长此以往，会出现出资者的姿态混乱，不易于推动以后众筹融资的顺利发展，给融资留下了隐患。

2. 筹资者的法律构架不够完善

当前国内众筹融资由于发展时间较短，在制度和规范上并不是很成熟，缺乏监管经验，也面临着很多法律障碍与法律风险。按刑事法律问题来说，筹资者主要涉及非法集资类、非法发行证券类、非法经营罪等。由于互联网带有不限空间和地域的特点，面对的对象具有不特定性特点，所以，在使用互联网方式进行股权众筹时，筹资者很容易就会被认定为非法集资。国内部分众筹平台对筹资者没有具体要求，在没有具体的法律条文下达前，如果筹资者发起虚假的项目工程，把出资者的资金携带出境或者进行非法买卖，这隐藏着巨大的非法集资风险。筹资者取得筹资后倘若变更资金的用途，挪用资金到其他非正规项目，会影响预期投资项目的进程，并且使众筹平台信用受到影响从而影响融资成功率。

3. 融资平台责任不够明确

在人人投与诺米多纠纷中，两家公司提出解除合同的理由各执一词，诺米多公司信息披露不真实，飞度公司违反合同约定，导致飞度公司不同意将融资款转移给诺米多公司。人人投作为一个众筹平台，“信息披露不实”能否可作为其解除合同的条件呢？依据我国《合同法》的规定，有效成立的合同就会受到法律保护，两家公司都应该按照合同履行相关义务，其中的一方不可以私自改变或解除合同。只有法律法规规定允许的条件下，变更或解除合同才合法。飞度公司提出的解除合同的理由是房屋存在违建的隐患，假定飞度公司不解除合同，那么，诺米多公司以违建的房屋经营可能面临违建房屋被拆除的风险，由此，就可能对投资者的利益造成损害。作为众筹平台，是否需要审查投资者提供的信息呢？投资项目的信息是投资者判断项目风险的基础，为了保证项目质量，众筹平台应当严把准入关，对融资者发布的项目信息进行必要的尽职调查。从这一点来看，众筹平台有责任审查投资项目的合法合规性。本案涉及众筹平台和投资者的纠纷可能需要法院裁判的进一步指引。

总体来看，众筹融资产业尚需要相关法律和监管规定进一步予以明确。

二、美国的众筹制度及对我国的启示

（一）美国的众筹制度

1. 设置出资者门槛，设定出资者人数和出资金额

美国的众筹制度发展迅速，其中有很多现行经验值得我们学习。出资者资格方面的认定问题，美国已经颁布的《工商初创企业推动法案》(Jumpstart Our Business Startups Act, JOBS 法案)中明文规定，参与众筹项目出资者必须被认可才有资格进行投资，如果想要得到认可参与众筹，只有具备下列两个条件之一：第一个条件，出资者应该有 20 万美元的年收入或者超过 100 万美元的净资产值；第二个条件，参与股权类众筹的出资者不具备资格，在一定条件下也可以参加，就是每年最多可以投入 2000 美元或者其年收入的 5%。美国作出这样的规定，在一定程度上保证了众筹融资的规范性，并不是所有人都可以参与到其中，为众筹融资减少了一定的资金风险性。另外，在出资者人数和金额上也作出了相应规定，在实践中，最多可以达到 95 人在各个融资项目的出资者，1000 美元出资金下限，这是美国融资平台 Angelist 做出的条款，目前国内还没有这种规定，人数最多为 99 人的出资者，100 美元出资金额下限，是 WeFunder 在规定出资者上开出的更大的宽松条件，上述的两款美国融资平台没有最大限度出资金额的相关规定是应该着重考虑的。设定出资人数和出资的下限金额，有利于美国开展对其的监管工作，更好地把众筹把握在可控范围之内。

2. 采取筹资者的信用保障措施

在筹资者方面，美国大多数网站没有对他们作出具体的要求与规范，如果没有

限制,就会涉及筹资者多方面问题。其中,筹资者的信用问题尤为关键,在没有具体的法律条文下达前,如果筹资者发起虚假的项目工程,把出资者的资金携带出境或者进行非法买卖,则隐藏巨大的非法集资风险。若筹资者取得筹资后变更资金的用途,挪用资金到其他非正规项目,那么项目就不会按预期完成影响项目进度,结果会给众筹平台带来信用上的不良风险,最直接的是给出资者带来经济利益上的损失。美国众筹融资平台监管系统针对这种风险还没有制定出具体的法律法规,应该采取何种信用保障措施是普遍面临的问题。

3. 保障融资平台的资金安全流转

融资平台作为出资者和筹资者之间的渠道,涉及的资金问题安全是非常重要的,如何保障融资平台上的资金安全流转,在美国实践中,有两个很好的例子值得参考。一是众筹平台 Angelist。它的角色定位是一个中立的机构,银行或者第三方平台是资金进行流转的必要通道,任何项目和相关的资金,投资融资平台自己本身都是不能涉及的。二是 WeFunder 成为企业的直接股东但它直接代表的是投资者,而投资者享有基金权益也是 WeFunder 对投资者的承诺,投资者的资金在筹资期间应通过第三方进行账户托管,在达到筹资金额后的一周内由第三方托管账户转给初创企业,WeFunder 不涉及任何的资金流转在整个筹资的过程中。总体来说,任何项目的投资以及相关资金,美国众筹平台都是不干预的,其作为一个完全中立的机构,起到了很好的风险隔离作用。

(二)美国的众筹制度对我国的启示

在美国众筹制度中,设置出资者门槛增加出资者的资金安全系数,并且让出资者的风险承受能力保持在可控的财务负担范围之内,在众筹产业刚刚起步的前提下,这避免了出资者因为对这个行业的认识不到位或者不熟悉而发生的风险,这种制度为出资者起到了屏障保护作用。需要注意的是,对出资者的入市门槛要有一个度,对他们有一定的限制条件,但是这个条件也不能太苛刻,太过于严格会导致众筹融资的效率低下,融资率降低。在筹资者方面国内外的情况类似,所以需要我国政府根据我国的众筹融资状况,从实际出发,找到法律的切入点,制定出符合我国的法律规范。在融资平台问题上,美国实践中平台 Angelist 的流转经验值得我们学习,让融资平台定位在一个完全中立的角色中,关于项目投资的资金让银行或者是第三方去周转,这起到了很好的风险隔离作用。但在责任明确和信息披露上,需要我们进一步进行探索。

三、促进我国众筹融资规范问题的建议

(一)加快众筹融资的法律法规建设

首先,有关众筹法律制度的工作应由我国相关部门尽快出台完善,众筹的概念、

众筹的标准、众筹与非法集资要明文规定出其中的区别，在它们之间做出明确的区分，为众筹模式今后在中国的发展奠定相关的制度基础，保证其发展的合法性、有序性，让我国众筹发展尽快有法可依，这样在一定程度上可以避免与非法集资犯罪的界限。其次，在出资者的问题上设置出资者的准入门槛，设定出资者的人数和出资金额，明确制定出法律法规细则，这有利于以后的众筹融资的规范，为众筹的发展提供良好的法制环境。最后，在众筹融资有了明文的法律规定，同时也要完全遵从法律规定，政府应当做到严格按照法律规定，对于侵犯法律者严惩不贷，让出资者、筹资者得到众筹融资法律制度的保护，保障融资平台上项目的顺利进行。

（二）完善众筹融资监管体系，构建并完善信用体制

众筹融资通过互联网实现了陌生人之间的借贷，完善众筹融资监管体系，构建并完善信用体制具有建设性意义。国内相应的对策必须得到完善，第一，建立对项目发起者的审核制度，融资平台必须严格按照审核制度执行，以确保出资者的利益；第二，相关部门要持续跟进融资项目的后续发展进而提高融资项目的成功率；第三，监管机构要做到对众筹平台的严加管控，同时给予众筹融资平台更大的权力并赋予其更大的责任。所以，融资平台应当在筹资人发起项目时认真审查，及时对筹资者的真实身份、项目可靠状况等做好严格的把关流程，避免不必要的风险。关于资金的存放，筹集到预期金额以后不应该一次性把款项资金打入筹资者账户，应根据筹资项目的进展情况来具体问题具体分析，可以分批、分次按比例打入筹资者账户，这样做有两点好处：一是可以防范筹资者的信用风险，避免出现资金挪用或者资金诈骗的情况；二是可以更好地掌握项目进展程度，并及时作出资金调整，在这种规范下可以更好地让项目预期完成，提升公众对于众筹平台、众筹模式的信任度。

（三）不断加强众筹融资平台建设

众筹融资平台要不断提升自身的服务建设能力，将更多优良优质项目吸引到平台，不断打造出高效益的融资模式，推动融资平台的快速发展。另外，根据美国众筹平台的发展经验，我国可以把众筹平台打造成一个完全中立的机构，资金的流转问题不会被融资平台干预，建立完善的众筹资金第三方清结算制度，由银行或者第三方经手，起到隔离风险作用，保证资金安全，让出资人的利益得到保证。融资平台资金与借贷资金成立两个独立的资金账户，他们之间是互不干涉的，这样做可以避免众筹融资资金被非法用于其他用途的风险。同时，众筹平台不担保任何项目可以融资成功，否则可能会给众筹平台带来连带责任风险。在信息披露上，实行完全的信息披露。众筹平台要承担起对出资者的信息保护责任，以及对筹资者的信息进行全面真实的审核，对相关事项做好审查工作，保障众筹融资的顺利进行。

农民住房抵押贷款中金融机构债权实现的困境与出路

刘 佳*

伴随着中央政策的大力扶持以及普惠金融时代的到来，农村融资需求逐年上升，各种形式多样的信贷业务、创新试点项目在江西、浙江和广东等地如火如荼地开展。然而，囿于农村社会结构的特殊性、农村金融信用体系建设的滞后性以及法律制度的束缚性，农民住房抵押贷款的发展并非一帆风顺。金融机构所享有的担保物权难以实现，借款债权也因此难以得到保障乃至清偿。因而有必要重申市场经济的信用观念和效率精神，依托法治进步与金融改革，开放和深化农村信贷业务的配套制度，实现农户与金融机构的互惠共赢。

一、我国农民住房抵押贷款的变革轨迹

（一）中共中央明晰农村土地改革方向

改革开放30余年，我国经济和社会实现跨越式发展，国民经济和国民收入显著提高。然而在城乡二元结构中，农村居民收入显然落后于城镇居民收入，农村与城镇之间的贫富差距已成为不争的事实。因此，为切实提高农村居民的收入水平、保障农民的合法权益、支持农民共享改革成果，党的十八届三中全会在其通过的《关于全面深化改革若干重大问题的决定》（以下简称《决定》）[1]中，一方面重申了继续坚持农村土地集体所有权制度，稳定农村土地承包关系，发展壮大农村集体经济，并将其作为我国农村土地改革的边界和底线；另一方面则秉承改革开放和市场经济的精神理念，强调在坚持和完善最严格的耕地保护制度前提下，除解禁土地承包经营权的流转，还要求保障农户宅基地用益物权，改革完善农村宅基地制度。此外，《决定》不仅明确了我国农村土地制度的改革方向，还为农村金融体系的建设指明了道路。《决定》提出选择若干试点，慎重稳妥地推进农民住房财产权抵押、担保、转让，

---

* 现供职于中国华融资产管理股份有限公司研究发展部。中国人民大学法学院经济法博士，研究方向：财税金融法。

〔1〕 陈小君：《我国农村土地法律制度的思路与框架——十八届三中全会〈决定〉相关内容解读》，载《法学研究》2014年第4期。

旨在释放农民财产的经济价值,探索农民增加财产性收入的合理渠道。

(二)政府制定农民住房抵押贷款实施办法

继《决定》充分展现了党中央推进农民住房财产权抵押的决心和魄力之后,政府及其职能部门开拓思路,积极研究如何制定并细化农民住房抵押贷款的法规草案。2015年8月国务院在充分调研和听取专家意见的基础上发布了《关于开展农村承包土地的经营权和农民住房财产权抵押贷款试点的指导意见》,决定由中国人民银行会同中央农办等11个部门组织开展"两权"(土地承包经营权和农民住房财产权)抵押贷款试点。历时半载,中国人民银行牵头相关部门共同研究起草试点办法,并于2016年3月联合印发《农民住房财产权抵押贷款试点暂行办法》(以下简称《办法》),确立了辽宁省铁岭县等59个试点地区调整实施有关法律规定,尝试开展农民住房抵押贷款业务。《办法》从立法宗旨、法律原则、适用范围、法定条件、尽职调查、风险管控、利益补偿、配套措施以及术语诠释等多方面,对农户和集体组织、金融机构、试点地区以及相关部门开展农民住房抵押贷款业务提供了明确的操作指引和政策要求。与此同时,为了减轻农户与金融机构的税收负担,支持和鼓励农村普惠金融发展,财政部和国家税务总局在全面"营改增"的大背景下继续对农户小额贷款的利息收入免征增值税。

(三)试点地区分别启动独具创新的农民住房抵押贷款模式

《办法》要求全部试点工作于2017年年底前完成,因此,试点地区作为农民住房抵押贷款的先行者,纷纷因地制宜地组织相关人员、筹备相关制度,快速落实政策,积极推进贷款落地,以期在农民住房抵押贷款的试验田中脱颖而出,继而作为先进经验推广全国。比如,中国农业银行在陕西、四川和甘肃等省市的分支机构率先发放本区域内的首笔农民住房抵押贷款,在遵循"依法有序、自主自愿、稳妥推进、风险可控"的原则下,严格准入条件和贷款程序,实现了贷款需求的实地考察和供需双方的精准对接。截至2016年8月,山东省肥城市农民住房财产权抵押贷款余额增至6194万元,其中公证抵押贷款余额6167万元,农民住房贷款余额27万元,扩大了享受抵押贷款实惠的农民范围。农民住房财产权抵押贷款的成功发放,标志着中央惠农政策的真正落地,不仅有效盘活了农民的固定资产,还在一定程度上帮扶农民消除了融资难问题,对于增进农民财产性收入、促进"三农"经济发展无疑具有重大的推动作用。

二、农民住房抵押贷款中金融机构债权实现的现实困境

随着机制体制改革的逐步深化,城乡居民收入差距逐步缩小。根据国家统计局公布的数据,2015年城镇居民人均可支配收入31,195元,农村居民人均可支配收入11,422元,城乡居民收入比为2.73:1,为15年以来最低值。如此不仅直观凸显了

改革开放思想战略的巨大成功,同时也侧面反映了农村收入的快速增长势头,农村消费需求亦随之上升。然而,囿于农村金融服务体系的滞后以及农村信用体系的欠缺,一方面农户的信贷需求难以满足,另一方面金融机构也会隐忧其担保物权的实现。农户住房抵押贷款的试点推广,不仅为农村普惠金融开拓了道路,也帮助国家和市场厘清了现实障碍,为农村金融改革路径提供了翔实的参考和依据。

(一)农村住房法律制度的束缚

农村住房法律制度肇始于1986年《土地管理法》的颁布,历经物权法律体系的规范,难免因立法技术的不统一而为法律冲突和现实困境埋下隐患。一方面,不同于城镇住房的建设用地制度,农村住房实行宅基地管理制度,要求农村住房必须建设于宅基地之上,不得私自扩建或侵占。国家通过实行"一户一处宅基地"的基本原则,保障农民居有定所但限制其过度开发房屋用地,以期保护农业生产用地不受侵害和流失。此外,《土地管理法》第62条第3款为严格维护"一户一处宅基地"原则,规定农村村民出卖和出租住房后,不得再申请宅基地,进而限制了农村住房和宅基地的转让与出租。另一方面,尽管城镇房地产的转让和抵押实行房随地走、地随房走的"房地合一"规则,但受制于《物权法》第184条和《担保法》第37条的规定,宅基地使用权不得设定抵押。因此,农户办理农民住房抵押贷款时不得抵押住房所附着的宅基地使用权,其宅基地使用权的流转因抵押功能的丧失受到极大限制。

当农户办理农民住房抵押贷款却无法偿还时,其所享有的农村住房将被金融机构依法拍卖。受上述法律制度的影响,单独拍卖或转让农村住房会造成房屋所有权与宅基地使用权的法律冲突与现实困境。其一,农户作为房屋的转让人虽丧失房屋所有权但仍享有宅基地使用权,仍有权在宅基地上建造住宅;其二,尽管房屋受让人依法获得房屋所有权,但因无法取得宅基地使用权而导致涉案房产成为"空中楼阁",无法实现产权的统一和完整;其三,即使农户和村集体组织同意住房和宅基地一并转让,但农户无法申请获批新的宅基地以供居住,其基本的生活保障和居住权利遭遇较大挑战,显然不利于建设社会主义新农村与和谐社会的良好愿景。因此,尽管《办法》允许宅基地使用权随农民住房一并抵押及处置,但"一户一处宅基地"的基本原则仍旧抑制着农户的抵押意愿,管束着农户的贷款需求,限制了农民住房抵押贷款的改革效用。如截至2016年4月底,纳入试点范围的黑龙江省方正县农村产权中心办理农村住房和宅基地抵押登记仅有10宗,贷款金额不足35万元,相反同期土地经营权抵押贷款余额已达2.85亿元。

(二)农民住房权属登记的缺失

清晰准确的房屋权属登记是开展农民住房抵押贷款的关键环节,也是金融机构实现担保物权的法律基础。然而,我国并没有实行统一的房屋权属登记制度,农民住房无法同城镇住房一样取得房屋所有权证。尽管2014年8月国土资源部等5部委联合下发文件要求加快推进宅基地和集体建设用地使用权确权登记发证工作,但农民住房权属登记依旧呈现零星开花的局面,仅有浙江嘉兴等部分县市为农户发放了房屋产权证。因此,目前办理农民住房抵押贷款时,宅基地使用权证转而错位成为证明农民住房的法律文件,同时也为金融机构实现担保物权埋下隐患。

其一,"一户多宅"现象突显。尽管法律规定了"一户一处宅基地"原则,但其中的"户"并没有严格的法律界定,可以囊括多个自然人或形成老中青幼的四世同堂局面。因而由于婚姻继承、赠与转让、规划调整和拆迁改建等原因,加之乡土社会的监督乏力和管理粗放,一户拥有多处宅基地已成为不争的事实。仅浙江宁波市的一户多宅农户已达8.86万户。其二,违规扩建现象常态化。无论租金利益驱使抑或改善居住条件,农民违规改变农村规划建设、非法侵占集体土地用于私自改建扩建的现象时有发生。扩建后的房屋一旦超过宅基地划定范围,属于非法建筑,应当予以拆除。然而监管的缺位会引发"公地悲剧"和"破窗理论",农户争相过度开发住房用地,寻求私益最大化的同时却漠视法律的威严。依据浙江慈溪市2011~2012年的统计数据,慈溪市个人违规建房用地面积已高达25.87公顷,违法扩建的不良后果令人担忧。其三,宅基地与房屋的权属关系复杂化。基于前述两项原因,一个农户可持有多个宅基地和房屋,加之农户各成员间人身关系的变动以及非法转让予非本村村民乃至城镇居民,宅基地使用权与房屋所有权无法形成简单的对应关系,宅基地使用权证也难以证明房屋的权属。如一块宅基地上附着多处房屋,可能因婚姻继承等原因,造成多人共有宅基地使用权和多个房屋所有权人的复杂局面,为农户办理农民住房抵押贷款和后续金融机构抵押权的实现添置诸多障碍。

(三)农民住房价值评估的障碍

诚如前述,尽管《办法》表述为农民住房财产权抵押贷款,但由于规定宅基地使用权随住房一并抵押和处置,因而农民住房抵押贷款的抵押物实际包括房屋所有权和宅基地使用权两大部分。而为农民办理住房抵押贷款的实际操作中,通常应当评估抵押物的市场价值或公允价格。但囿于房屋所有权和宅基地使用权性质和权能的巨大差异,导致抵押物的价值评估难以形成有效公允的市场结果。一方面,房屋所有权的私权属性,决定其享有独立完整的权能,可以在法定范围内抵押和处置。因此,对农民住房价值的评估并不复杂,按照重置成本、租金收益、折旧残值或市场比较等因素即可综合评定出房屋的公允价格。另一方面,宅基地使用权是农村集体经济组织给予农民的居住福利,属于农村集体土地所有权的衍生权利,具备一定的公有属性。因而《土地管理法》规定了实行一户一宅政策且禁止单独转让,并明确转让后不得再次申请,其结果则导致宅基地使用权不具备完整的入市权能,无法有序流转。权能有缺陷、转让有限制、受让有条件等因素造成宅基地使用权的评估障碍,难以获得较为公允且被市场认可的评估价格。总而言之,农民住房抵押贷款的抵押物难以形成公允的价值判断和评估价格，难以与市场中的交易价格有效匹配，显然不利于金融机构实现抵押权，有损其合法的债权利益。

（四）农民住房抵押变现的困境

抵押权能否实现、抵押物能否变现，是衡量金融机构债权利益能否保障的核心环节和关键步骤。借款人一旦无法偿还贷款，金融机构首选拍卖抵押物变现已是常态。但农民住房财产权的抵押变现受到法律法规的约束以及村规民约的影响，金融机构因诸多原因无法正常拍卖农民住房清偿债权，在发放农民住房抵押贷款与保障农民基本居住权中进退维谷。

其一，民生保障限制金融机构实现住房抵押权。住房是保障公民生存权的必要基础，是维护三农权益的基本条件，还是落实国家民生政策的主要方式。因此，通过市场化手段拍卖农民的唯一住房，会触及农民群体的根本性利益，使其居无定所，有碍社会和谐。这也是《决定》为何强调“慎重稳妥”、《办法》重申“保障农民基本居住权”的缘故。[1] 其二，法律禁止执行唯一住房制约了金融机构实现担保物权。金融机构申请强制执行借款人的住房时，一方面会受到《民事诉讼法》第244条规定的限制，即要求人民法院在财产执行过程中，必须保留借款人及其扶养家属的生活必需品。另一方面，尽管最高人民法院《关于人民法院办理执行异议和复议案件若干问题的规定》第20条规定，在金融机构按照当地廉租住房保障面积标准为借款人及所扶养家属提供居住房屋，或者同意参照当地房屋租赁市场平均租金标准从该房屋的变价款中扣除5~8年租金的情况下，人民法院可以强制执行借款人的唯一住房。但实践中，金融机构没有为借款人提供长期住房的意愿，人民法院也没有强制执行农民住房的倾向，意在防止激化矛盾。其三，受让人的缺失阻碍了金融机构担保物权的实现。依照《土地管理法》和国务院《关于深化改革严格土地管理的决定》（2004年）的规定，农民住房和宅基地只能在本村集体经济组织内流转，外村农民和城镇居民不得购买。因而，只有本村村民和村小组有权受让借款人的住房和宅基地。但由于农村社会的地域性和熟人性，且碍于村规民约，鲜有村民愿意接手。金融机构即便成功举行农民住房拍卖活动，也可能会因无人竞拍而流拍，进而无法保障债权利益。由此可见，担保物权的实现难问题增加了金融机构的贷款风险，降低了金融机构贷款意愿，也不利于农民共享金融体制的改革成果。

（五）市场化风险补偿机制的缺位

农民住房抵押贷款的借款人通常为农户或经营大户，贷款用途也应当优先用于农业生产经营。然而农业生产经营的未来收益具有较大的不确定性，容易受到自然灾害、疾病传染等不可抗力和市场价格剧烈波动的干扰。其中，不可抗力与市场波

[1] 植凤寅：《慎重稳妥推进农房流转》，载《中国金融》2014年第11期。

动对种植业、畜牧业和渔业等行业收入的影响颇为明显和直接,甚至造成农户绝收。因此,农业贷款具有较高的违约风险,加之前述农民住房和宅基地作为抵押物难以变现,金融机构的放贷意愿受到极大抑制。尽管《办法》提出鼓励设立农民住房财产权抵押贷款风险补偿基金、引导地方政府适当财政贴息、支持农业保险或农民住房保险等增信措施,但仍旧保持政府对资源配置的调控手段,并未实现真正的市场化运营。一方面,部分试点地区的经济水平不高、地方财力有限,所设立的风险补偿基金规模较小,难以持续助力农民办理住房财产权抵押贷款,难免陷入青黄不接的困境。另一方面,农业保险水平较低,水稻、棉油、母猪等行业尤甚。如2014年江西省水稻每亩承保额的上限仅为400元左右,不仅远低于每亩水稻的预期收入,还不足以弥补550元的种植成本。显然,缺少了风险补偿机制,以利益最大化为宗旨的金融机构自然信心不足,放贷的积极性大打折扣,农民住房抵押贷款业务也难以长期稳定发展。

三、农民住房抵押贷款中金融机构债权实现的未来出路

尽管农民住房财产权抵押贷款仍然存在些许法律桎梏和现实困境,但《办法》的颁布实施为农村普惠金融体系的建设提供了宝贵的改革经验,指明了未来亟待解决和改革的问题难点。单纯解决抵押物的转让变现和出租处置问题,并不能一劳永逸地解决农民住房抵押贷款中金融机构债权的实现难题。破解法律束缚和优惠法律制度,增强市场化和多元化的资源配置手段,方为正本清源的治理之道。

(一)远期寄望于立法调整和制度设计

1. 改良宅基地使用权制度

城乡一体化进程的提速,标志着传统城乡二元格局逐步受到冲击,展示了农村城镇化建设的改革方向。僵化的宅基地流转制度应当进行相应的立法调整,以此激活农民不动产的权能,促进农村房屋在本区域内的有序流转,为农民享受金融服务、提高收入水平、共享改革成果提供应有的制度保障。其一,继续坚持农村集体土地所有权制度和"一户一处宅基地"原则。通过立法严厉禁止外村村民和城镇居民购置本村房屋和宅基地,杜绝农民住房的非法转让行为,防止房屋买卖合同与现有刚性法律的现实冲突,减少对住房抵押贷款审批的干扰。其二,适当允许宅基地随农民住房一同流转和抵押。"房地合一"规则不仅是不动产物权变动的基本原则,也是设定担保权利的一般标准。因而,为防止房屋所有权与宅基地使用权因权属不一而为金融机构实现担保物权添置阻碍,有必要适度放开宅基地使用权流转制度,明确许可农民转让(抵押)住房时一并转让(抵押)宅基地使用权,释放宅基地使用权的制度活力和财产属性。其三,允许农民转让房屋后再次申请宅基地。农民出让房屋是实现其财产性收入的手段之一,允许农民出售房屋后继续申请宅基地则能够继续

保障其基本的居住生活权益。如此不仅实现了住房与宅基地的有序流转,也解决了农民失去固有宅基地后的住房问题,还为农民办理住房抵押贷款减少了后顾之忧。

2. 实行城乡不动产统一登记制度

不动产权属登记的公示力和公信力,是建立规范有序、健康稳定的房地产交易市场的核心环节,为不动产买卖提供定分止争的效用。鉴于农村住房与宅基地权属登记的混乱局面以及保障金融机构征信尽调的便捷和效率,因而有必要在全国范围内建立跨越区域和城乡的不动产统一登记制度,从制度上明晰不动产权属,维护交易公平。一方面,建立全国统一的不动产信息数据库,清晰掌握农民的房屋和宅基地信息。如此不仅简化了农民办理住房抵押贷款时提供不动产权属具体信息的证明手续,还为金融机构实现担保物权时提供极大便利,一目了然地知晓拍卖抵押物是否有损农民的基本居住权益。另一方面,实时更新农民不动产信息,允许宅基地使用权因婚姻继承关系的变动而析产。随着人口流动性加速和计划生育二胎政策落地,独立的宅基地上附着的房屋数量只增不减,因而房屋在婚姻继承关系发生变动时会出现一个宅基地使用权人与多个房屋所有权人并存的局面。固守一成不变的宅基地使用权显然已不合时宜,依照"地随房走"原则、根据房屋所有权归属重新划分宅基地使用权,保证农村房屋所有权和宅基地使用权的一致性,消弭金融机构变卖抵押物的权属困扰。

(二)近期着力于市场机制与金融举措

1. 多元并举提升增信手段

农民未来收益的不确定性和贷款的履约风险是抑制金融机构发放住房抵押贷款的主要考量因素。因而为提高农民的资信水平,提前防范违约风险,应当秉承市场理念,在现有法律框架内开拓思路,采取多种市场化的增信手段,帮助农民、政府与金融机构建立良好的信赖合作关系。其一,引入农户联保,即由农户提供具备偿付能力的保证人。保证人可约定在借款人不能到期偿还贷款时承担一般保证责任或连带保证责任。与此同时,保证人应不限定于本村范围内,凡自愿加入农民住房抵押贷款合同的外村村民、城镇居民均可成为保证人。值得注意的是,根据江西省会昌县等地的实地了解,农民住房抵押贷款合同中往往还附加了城镇商品房抵押条款,致使农民住房抵押贷款业务本末倒置。农民住房抵押贷款是国家落实普惠金融政策和激活农民财产活力,鼓励农民享受现代金融服务和提高收入水平的重要举措,应当不畏艰难继续开拓无人区,而非重复商品房抵押贷款的老路。其二,购买履约保证保险。地方政府提供优惠政策吸纳保险公司参与农民住房抵押贷款业务,为贷款农民或经营户提供履约保证保险。履约保证保险促使保险公司发挥担保功能,从而实现分散风险、共享收益的"双赢"效果。其三,设立农村担保合作社。尽管《担保法》禁止国家机关成为担保主体,但有关村集体经济组织或村委会能否成为适格的担保主体尚有争论。因此，为避免法律风险，村集体可因地制宜地出资设立农村担保合作社或集体所有的担保公司，为本村村民提供一定的信贷支持。

2. 迈向基层开展尽职调查

实践中，借款人的违约风险往往并未暴露于纸质材料之上，而是隐藏于真实的生产生活之中。因此，准确了解和掌握借款农户的生产经营状况和家庭资产情况，无疑有助于金融机构正常回收贷款、实现债权。其一，金融机构应当充分借鉴科学研究的"田野调查法"，深入农户居所和村委会，充分了解与核实借款农户的收入水平、生产状况、人口结构和抵押物状态。尤其在不具备房屋权属登记条件的地区，金融机构应当通过民政部门和公安部门，及时掌握借款农户的婚姻继承关系，明晰查验其住房的所有权归属，为发放贷款、按期还贷和实现抵押权提供坚实的法律基础。其二，主动联系贷款保证人，核查保证人的真实身份和保证能力，避免道德风险和法律风险。其三，信贷人员和金融机构分支机构应当准确掌握当地的土地住房制度、金融政策和司法环境。如 2016 年 3 月发布的《中国农业银行农民住房财产权抵押贷款管理办法（试行）》中已有较为具体的操作指引，包括当地政府对该业务的支持程度，农民住房和宅基地确权颁证的覆盖率，农民住房产权交易平台的建立运营，农民住房抵押权实现受当地司法机关保护，拥有具备政府背景的担保公司和风险补偿基金等增信措施。[1]

3. 设立农村资管公司处置不良资产

按期回收贷款本金或实现抵押权清偿贷款是金融机构发放农民住房抵押贷款的美好愿景。然而完美只得靠近却无法奢求，无法到期清偿贷款所引发的不良资产难以杜绝。按照市场化规律，金融机构的不良资产可以向金融资产管理公司转让并进行相关处置，既实现贷款成本的部分回收，还省却实现债权的经济成本和人力成本。因此，建议设立专门主体负责不良资产的管理和处置。[2] 可以考虑依托当地的农业担保公司和村集体组织组建国有性质或集体所有性质的农村资产经营管理公司，专门负责处置农民住房抵押贷款中形成的不良资产。金融机构依法欲实现农民住房抵押权时，可先在村集体经济组织的内部成员间予以流转，如果村集体经济组织内部无法受让和处置，则将该不良信贷资产向农村资产经营管理公司整体出售，从而在一定程度上避免与现行法律的直接冲突。

---

〔1〕 中国人民银行南昌中心支行课题组：《破解农村土地制度改革和两权抵押贷款试点的实践障碍与法律约束：江西视角》，载《金融与经济》2014 年第 9 期。

〔2〕 陈红霞等：《农村宅基地使用权流转实践与探索——基于宁波市的分析》，载《农业现代化研究》2016 年第 1 期。

金融服务者合同行为规制路径的比较研究

张 园*

理财作为一种现代人的生活方式变得越来越普遍,混业经营大门的打开又促使金融服务业得以通过推出多元化的金融创新产品,拉动金融行业的快速发展。在金融服务的方式和内容越来越人性化的过程中,金融消费已变得不可或缺。因此,有的学者将提供各种金融产品和金融服务的主体统称为金融服务业。[1] 与普通市场提供的商品或服务相比,金融产品具有以下特征:

第一,高度便利性。分布于全国各地的潜在客户分散在不同的地域,并对金融产品有多样且不同的要求,这迫使金融产品必须能够方便购买和管控。得益于电子信息技术的嵌入,分销渠道服务解决了这项问题。银联、ATM 自动提款机、自助银行、网上银行以及金融机构之间的跨地区客户服务应需而生,它能够非常便利地延伸和顾及顾客的各种需求。[2] 然而这大大提高了对交易安全的期待,配套规则的滞后性或多或少为风险埋下了隐患。

第二,无形性。金融产品和服务的标的无法简单以感官作为消费决策的基础。与生活中的实体产品相比,金融产品的内容本身是无形的,抑或说其本质或者使用价值在大多数情况下上是建立在主观认定之上的,没有任何的实体参照。人们无法看见触摸,因此,金融服务者不可能通过向金融消费者提供具体的感官感受来推介产品。[3] 换言之,金融消费者缔结合同与否很大程度上取决于对金融行业的认知程度。这意味着专业服务人士对产品的推介尽量详细而全面,并对金融消费者的问题答疑解惑。这种在将来某个时候才能兑现的新型消费,几乎所有缔约程序都建立在主观合意之上。再者,金融消费活动并不要求对具体资金的持有,只要对凭证进行保存即可。从风险角度来看,金融服务者是持有金融产品的主体,在双方信息严重不对称的背景下,金融服务者本着诚信原则对客户资产进行管理则显得尤为重要。倘若采取不负责任的态度,非常容易导致金融消费者的财产安全遭受风险和

---

* 河北地质大学讲师,研究方向:经济法。

〔1〕 参见文万强:《个人金融服务问题探析》,载《北方金融》2001 年第 12 期。

〔2〕 参见刘志梅:《金融市场服务特征的营销学研究》,载《中国流通经济》2004 年第 7 期。

〔3〕 参见何剑、冯宇彤:《金融服务营销的特征与策略运用》,载《商业时代》2005 年第 24 期。

损失。

第三,风险性。金融消费者购买的是一种无法预期的风险,结果或好或坏。可以说只要与金融业相关的产品或服务,都存在一定程度的风险。虽然存在风险,但应促使金融服务者通过自身的专业技能妥当地根据金融消费者的具体情况推介合适的金融产品。只有这样,才能使金融服务者的有偿服务与金融消费者的风险之间保持平衡的状态。生活中,金融机构经常会利用其信息的优势地位和法律的漏洞,在不知不觉中就将风险转移到毫无招架之力的金融消费者身上。

由此看来,金融服务者大有必要进行营销控制管理,提高职业操守,遵守诚信原则,净化整个金融市场的风气,促进我国金融业的健康发展。放眼全球,各国都采用了不同的法律手段对金融者的市场行为进行规范。不同法系国家都结合本国法律制度,寻求相应的规范路径。

一、大陆法的民法义务理论

(一)金融服务合同中的告知义务

在金融消费者进行交易时,双方的法律关系源自合同。不同学说将金融消费者与金融服务者机构之间的合同性质作出了定性,归纳起来最主要的观点为委托合同和代理合同。无论是何种性质,金融服务机构在履行合同中都负有关键信息的告知义务。尤其在信息稀缺的金融交易中,信息的告知则显得尤为重要。

如果金融消费者与金融服务之间是一种委托代理关系,那么根据《合同法》第401条规定:"受托人应当按照委托人的要求,报告委托事务的处理情况。委托合同终止时,委托人应当报告委托事务的结果。"因此,受托人负有向委托人报告委托事务情况的义务。实践中,金融服务机构在委托业务存续期间应当向客户提供相关资产的账单、投资工具的市场表现等相关材料以及决策计划投资收益的详细情况等报告行为,就可以视为合同中代理人报告义务的体现。需要注意的是,这里的报告义务属于合同的从义务之一,这个从义务不被认为是附随义务,因为附随义务在合同订立之时并没有形成具体的告知义务,只是针对合同履行期间可能出现的事项,基于诚信原则产生的。金融服务者在合同中的告知义务是合同订立时就当然存在的,双方对于告知的事项以及程度都有具体的约定,这项义务的履行与否直接与合同的违约判断相关。

(二)金融业格式合同中的行为控制

生活中,金融机构在业内一般都采用了相似的格式合同形式,以此与相对方确定双方的权利和义务。格式合同的广泛应用来源于它的高效性,这使金融服务者免受频频缔约的交易成本,从整体上降低商品或服务的价格,并使全社会的总体福利上升。然而,当效率成为一种优先考量因素,便催生了大量不恰当适用格式合同的行为,给社会带来巨大危害。

由于格式合同免去了双方协商的过程,金融消费者只能无奈成为合同条款的接受者;在追求效益目标最大化的商业环境中,合同提供者(即金融服务者)则较易通过事前操作来降低自身义务履行的标准,甚至以不合理的免责方式来侵害金融消费者的权利。对金融消费者而言,辨别产品风险已远远超出其能力范围。因此,金融服务者与金融消费者的合同内容主动权主要掌控在合同提供方手中,市场竞争的压力也时常逼迫金融服务者为了提高销售业绩和降低责任承担,拟订一些有利于自身的内容;即便金融消费者有表达接受或不接受的自由,但这种形式自由也无法掩盖一方权利被剥夺的先天不足。实践中,我们常见到一些不合理的风险分配条款被纳入内容专业晦涩的合同之中,普通的金融服务者难以发现问题,对自身权利的保护更无从谈起。

由于格式合同的提供者在经济地位上往往处于控制性的位置,合同相对方想要获得该种金融产品的使用价值,不得不接受这类合同条款。[1] 因此,即便格式合同的适用具有表面的自由性,但实质上是有违契约正义的。[2] 基于以上分析,金融服务者的市场行为必定应当受到规范,否则金融交易的公平、安全性难以得到实现。我国的《合同法》与《金融消费者权益保护法》都对格式合同有所规制,通过设立外部性限制促进双方的权利义务得以公平地对待,并在民法解释上采用倾向于保护合同接受方的处理方式。

(三)消费者保护法中的经营者义务

在大陆法国家的消费者保护中,经营者义务一般都包含对重要信息的告知义务,金融服务者的告知义务与消费者的知情权相互对应。信息分布的不均衡作为一种固有瑕疵,在选择专业性较强的金融商品中被进一步强化,缔约决策的做出很大程度上依赖于金融服务者的信息供给。我国《消费者权益保护法》第19条对经营者的告知义务作出了规定,[3] 根据该条规定,告知义务属于经营者的法定义务。这一义务来源于法律的直接规定,经营者不能通过双方当事人相互协商加以变更,也不能通过任何途径或声明排除这一义务。若有违反情况,应当受到相应的惩罚。对于后来出现的一些补充性义务,经营者也应当及时进行补充,并以明示的方式表达出来。由于法定义务是对经营者行为的一种基本要求,因此,当经营者自身没有做出更加严格的行为约束时,应按照法定的义务进行,否则就应在更加严格的约定范围

[1] 参见苏号朋:《定式合同研究——以消费者权益保护为中心》,载《比较法研究》1998年第2期。

[2] 参见王泽鉴:《民法债编总论》(第1册),台北,三民书局股份有限公司1996年版,第77页。

[3] 参见《消费者权益保护法》第19条规定:"经营者应当向消费者提供有关商品或者服务的真实信息,不得作引人误解的虚假宣传。经营者对消费者究其提供的商品或服务的质量和使用方法等问题提出的询问,应当作出真实、明确地答复。"

中做出行为。由于法定义务并非是源于意思自治，当相关行为履行不得当时，会产生法律的约束性，及经营者对告知义务的履行存在瑕疵时，需要负相关的责任。

笔者认为有需要注意的几个地方：首先，金融者不应拒绝告知义务，并且提供的信息应当真实。信息通过各种方式对外公布，如说明册、包装书等，口头传述也能算作告知，这些告知行为必须与商品或服务的真实情况相符。如果使用让人误解的方式进行告知，就构成了虚假宣传，如夸大其词、杜撰不存在的信息以及故意表达模糊。同时，应提供足以帮助决策的充足信息。当然，不能要求经营者的信息提供达到穷尽，应当视情况而定。判断信息是否充分的依据应当根据不同商品的性质和消费者的个体差异而定。其次，信息的告知应当以一种恰当的形式进行。适当的形式是指如果信息的提供是通过相关的载体来传播，那么该载体应当是可以触见的；如果信息的提供是以口头传输的形式进行，那么应当以一种消费者能够理解的形式进行表达。在消费者向经营者提问时，应当作出明确的答复；尤其是对于特别注意事项，应当进行专门告知。总之，金融服务机构的告知义务是金融消费者进行交易的必要辅助手段。

二、英美法系的信义义务理论

自从法律与经济学被当作分析工具，法与金融的研究分支就被开创了出来。[1] 研究人员认为普通法比民法更有利于经济和金融发展。此种提法遭到一些学者的质疑。孟德斯鸠说过："为某一国人民而制定的法律，应该是非常适合该国人民的，所以一个国家的法律竟能适合另一个国家的话，那只是非常的凑巧。"[2] 因此，对于法律移植而言，无论是否产生实效，其移植的效果都不可能一模一样。正如某些学者所言，想要证明普通法对金融行业发展的卓越影响力，就应当看看普通法在大陆法国家的使用情况，但无论如何移植的效果都不可能相同。[3] 郎咸平认为是英美法系中的信托责任起了很大作用，[4] 另一些学者则提出是金融服务者与金融消费

[1] See Shleifer, Andrei and Robert W. Vishny, "A Survey of Corporate Governance", *Journal of Finance*, 52, pp. 737 – 783, 1997; La Porta, Rafael, Forencio Lopezde Silanes and Andrei Shleifer and Robert W. Vishny, "Legal Determinants of External Finance", *Journal of Finance*, 1997, 32(3), pp. 1131 – 1150; La Porta, Rafael, Forencio Lopezde Silanes and Andrei Shleifer and Robert W. Vishny, "Law And Finance", *Journal of Political Economiy*, 106(6), 1998, pp. 1113 – 1155; La Porta, Florencio Lopezde Silanes and Andrei Shleifer, "Economic Outcome of Law Original", *Journal of Economic Literature*, 46, 2008, pp. 285 – 332.

[2] 孟德斯鸠著：《论法的精神》（上册），许日胧译，商务印书馆2004年版，第6页。

[3] 参见［美］柯提斯·J. 米尔霍普、咔嗒琳娜·皮斯托著：《法律与资本主义：全球公司危机揭示的法律制度与经济发展的关系》，罗培新译，北京大学出版社2010年版，第98页。

[4] 参见郎咸平：《现代公司治理和股票市场的理论与发展》，转引自李扬主编：《中国金融理论前沿Ⅲ》，中国社科学院出版社2003年版，第349～405页。

者之间存在的信义关系起到了作用,并对金融服务者违反信义义务应如何开展救济金融消费者的活动进行了研究。[1]

(一)信义义务概述

信义义务(fiduciary duty)一般情况下是指受益人对受信人施加信任和信赖,使其怀有最大真诚、正直、公正和忠诚的态度,为了前者的最大利益行事。[2] 有的学者另外将它翻译成诚信义务或者受信义务。信义义务是源自信义法(fiduciary law)的概念,为了受益人的利益,受信人有义务无私地付出。当受信人对受益人具有优势之时,并不得擅自不合理地利用其优势来损害受益人的利益。[3] 信义义务有时会被描述为一种无私义务,或者类似于受信人履行一项关心他人偏好(other-regarding preference)功能的义务。[4]

在英美法系体系下,对金融消费活动双方主体的规范是建立在信义关系的基础之上,信义法律关系能够使金融消费者权利得到保障,并从整体上促进金融行业的良性发展。信义关系在国外的很多现实情况中都有所体现。在英国的《金融服务和市场法》和美国的《多德—弗兰克华尔街改革与金融消费者保护法案》中就明确规定适用信义关系对金融消费关系进行调整,保护金融消费者的权利。在大陆法系国家中,日本对该制度进行了引进,其在《金融商品交易法》中使用了该理论框架对金融关系进行规制。我国在《信托公司管理办法》当中也对相关部分进行了制度引进。

如前所述,在金融消费关系中,交易双方虽然具有意思自治的表征,[5]但在对金融产品进行推介时确实存在交易地位的不平等。由于金融服务者在专业领域的技能、整体经济上的实力和各种资源优势,以及双方缔结的合约存在自由意志的不完全,对于普通的金融消费者,在多重不利条件难以证实的情况下,加之自身的理性有限,经常会被动接受各种金融服务者列出的条款。无疑从任何角度上来说,金融消费者都是处于弱势地位的群体,容易受到金融服务者的各种欺诈、误导性陈述、内幕交易、不知情等不公平待遇,最终导致风险演变成损害。从合同缔结到合同履行阶段金融消费者都在承担由金融服务者有可能引起的各种不良结局,美国次贷危机就鲜明地表现出了这一特点。在英美法系,通过信义关系来调整金融消费关系双方

---

[1] See Alastair Hudson, *Law of Finance*, Thomson Reuters Limited, 2010, pp. 93 - 105.

[2] 参见范世乾:《信义义务的概念》,载《湖北大学学报》(哲学社会科学版)2012 年第 1 期。

[3] See Lennar I. Rotman, "Fiduciary Doctrine: A Concept in Need of Understanding", *Alberta Law Review*, Vol. xxxiv, No. 4(1996), pp. 837 - 839.

[4] See Margaret M. Blair & Lynn A. Stout, "Trust, Trustworthiness, And The Behavioral Foundations of Conporate Law", 149 *U. Pa. L. Rev.* 1735, 1783(2001).

[5] 契约自由作为近代司法三大原则之一,作为司法自治的核心内容,强调契约约束力的根源在于当事人的意思和意愿,而不是外来力量的干涉。西方传统的契约自由主要包括缔约自由、选择契约相对人自由、确定契约内容自由、缔约方式自由。

主体的权利义务，将金融服务者和金融消费者之间的委托代理通过对金融服务者施加信义义务的方式进行治理。

(二)存在信义关系的判定条件

英美法系的衡平法是对普通法的一种补充和矫正。在衡平法中，信义义务(fiduciary duty or fiduciary obligation)就是整个法律的重心与灵魂，信义义务存在于信义关系(fiduciary relation)之中。[1] 按照信义义务理论，如果合作双方之间存在信赖关系，其中的一方就对另一方具有信义义务。由于在英美法中，到底需要何种条件才能形成当事人之间的信义关系，法律未作出明确的规定，因此，信义义务在判例法中得到了很大的发展。通过判例，可以认定为一方当事人由于处于对另一方当事人的信赖，而把自身的相关事务或财产类活动交托另一人的情况，那么在衡平法上就认为双方存在信义关系。[2] 交托事物的人被称为受益人，而负责管理交托事物的人则被称为受信人。在信义关系中，双方当事人之间在信息上是不对等的。受信人由于在有关领域的技能而备受一人委托，也正因如此，前者在信息上处于一种优势地位，受益人由于信息不对称只能被动地接受对方所做出的法律行为。这种信义关系在信托法上表现得尤为明显和典型。

在一般情况下，信义关系来源于法律的规定或者是既成事实。它并非是权利义务一一对等的关系，也不出自于双方的共同协商。来源于法律上的信义关系，主要是由于在法律文件中直接规定了双方的关系性质，便于对某一类法律关系进行调整。如委托代理关系、董事对公司的管理责任以及合伙人之间等，都依据法律的明文规定应适用衡平法上的信义关系。英美法中对金融领域内的基金持有人及基金公司就直接规定为信义关系。另一类从事实上认定为信义关系，是指法律并没有对其进行明文的规定，基于对一方当事人的信任，而使自己的合法权益有受到损害的可能。这种在事实上形成的信义关系也被称为推定信托。[3] 现实中，法官一般会通过对双方当事人各种实际情况的权衡和分析，判定是否属于上述居于事实的信义

〔1〕 国内有人翻译为信托责任、信赖义务、信托义务、受托义务与信托关系、信赖关系等，均不妥，应为信义义务和信义关系妥当些。参见[美]纽曼著：《新帕尔格雷夫法经济学词典》(第2册)，徐明月等译，法律出版社2003年版，第140～145页；薛波主编：《元照英美法律词典》，法律出版社2003年版，第55～56页。因为信义关系最成功运用于财产信托，所以国内常常把受信人称为受托人、信义关系称为信托关系。

〔2〕 See Hon Peter W. Young Ao, Clyde Croft, Megan Louise Smith, *On Equity*, Thomson Reuters Austrialia Limited , 2009, pp. 507 - 511.

〔3〕 推定信托是 Keech v. Sandford(1726) Sel Cas t King 61 一案所确立的，在此案中，出租人拒绝与信托续约，受托人以自己的名义续签了该市场租约，法院推定受托人为受益人的利益以信托方式持有新的租约。King LC 大法官言，这是一个应当严格执行的规则。该规则设计的主要目的是确保受托人尽量为信托利益续约。

关系再做决定。如果符合,依据衡平法总的信义关系理论,对受信人施与忠诚的注意义务。因此,基于事实的信义关系一般情况下都出自与法官的自由裁量。在英美法系对判例经验的长期积累过程中,形成了 3 个判断事实信义关系的参照标准,即信任标准(trust and confidence test)、[1] 承诺标准(undertaking test)[2] 和脆弱性标准(vulnerability test)。[3] 信任标准是指受托人应当是可以值得信赖的。在学说和早期判例的发展推动下,得出了倘若被施加信赖的一方出于各种目的未能尽到忠诚义务,滥用了别人对其的信任,那么无论双方之间的合作存不存在财产关系,依据衡平法的精神,都会给另一方一定程度的救济。经过长时间的发展,这个判断标准被进一步细化为 3 个要素:支持信赖利益的客观依据、双方当事人之间在合作方面的内容存在不对等的地位、信赖利益的表现形式是否利用了法律的手段。根据这三个标准,一个理性人在将一定利益托付给他人管理之时,首先,应当要求对方提供可以值得信赖的某种凭证或依据;其次,考量双方对于托付的事物是否存在某种信息不对称。综合这些因素,法官可以根据公平正义的法律精神,对新一个先做出判定并对受到损害的一方提供救济。而承诺标准是指,当受信人对受益人做出某种承诺时,衡平法会考量双方依承诺所做出的约定是否签订了合同、是不是有偿交换等因素。最后脆弱性标准主要单单指受益人一方。此标准也分别细化成了三个表现形式:受信人由于在对托付事物上具备一定的优势,在信息不对称条件下,它具有一定空间的自主决策权;受信人对自主决策权的行使会造成受益人在法律或事实上的利益变更;受益人由于在相关事务方面只能完全听从受信人而有极易受到损害的可能性。根据上述对信义关系判定的各种细化标准,法官能够有较为明确的指导方向对实践进行操作,也可以减少从前因为缺乏明确标准而造成的模糊不清、难以判定的情况。

在英美法大量的判案经历中,有很多是由判例确认当事人之间的信义关系。而且,在法律中信义义务的规定在历史上有很多都先是基于事实的信义关系,在漫长的发展过程中被定型到了法律里面。20 世纪中期开始,由于金融业的兴旺发展,导致英美法中对信义关系的认定延伸到了金融消费关系中。有学者提出,信义关系从根本上看是建立在人与人之间关系上的契约。[4] 对信义义务进行的一系列认定标

---

[1] Hospital Products Ltd. v. United States Corporation, (1984) 156CLR41 at 69.

[2] Finn: fiduciary Obligations, Law Book Co. , 1977, p. 467.

[3] LAC Minerals Ltg. v. International Corona Resources Ltd. , (1989) 61 DLR(4th) 14, p. 27.

[4] 关系契约是麦克尼尔提出的,他把契约分为个别性契约和关系型契约。个别性契约就是除了物品的单纯交换外当事人之间不存在关系。关系契约是有关规划将来交换的过程中当事人之间的各种关系,是非承诺性的。参见[美]Lan R. 麦克尼尔著:《新社会契约论》,潘勤译,中国政法大学出版社 2004 年版,第 1 ~ 32 页。基于事实的信义关系就是非承诺性的。

准是对现实交易中公平正义的矫正，该发展体现了自然法向前革新的态势。[1] 按照这些学者的观点，关系契约首先建立在一定的合同基础之上，但同时在合同内容上又不具有限于当中的条款，即在契约中不存在对具体事物做出意思表示的行为，双方签订的合同、甚至没有合同的签订都基于信赖而产生的一种关系利益，类似的关系利益有些类似于相邻关系中的容忍义务。

（三）信义义务的构成要件

在信义关系之下，衡平法对受信人义务的构成作出了相应的判定标准。其主要从四个方面归纳了信义义务的构成要件：受益人与受信人之间存在信赖关系；受信人对于相关事务作出了一定的承诺；受信人掌控着因信赖利益而托付的财产利益；受信人对信托财产的掌控权利有可能使受益人遭受损害。这4个构成要件与判断信义关系的几个方面较为接近，只要双方达成了信义关系，受信人手中就有处分信托财产的部分权利，而且受益人与受信人之间的权利义务不存在对等关系，因为受益人已经通过合同将部分的处分权转交给了受信人，因此，受信人对于受益人存在一些单方面的义务，而受益人则享受对方履行义务而带来的利益。[2] 应当注意的是，虽然受信人应当具有诚信的职业道德，但信义义务与大陆法中的诚信原则相去甚远，二者并非一回事，不能将其等同。因此，将信义关系体系放入金融消费关系中，就是金融服务者对金融消费者负有信义义务，对于受信人的信义义务履行，衡平法对其的规范与界定以一种灵活的方式存在，由于其涉及的范围较为宽泛，不仅应当按照既有的标准进行判断，更重要的是从其内核中把握双方关系的精神实质，体现了亚里士多德对于正义的理解。[3] 博登海默也曾说过："有着一张普罗透斯似的脸，变幻无常、随时即可呈现不同形状并具有极不相同的面貌。"[4] 总体来说，受信人应当忠实于受益人的委托，诚实守信，不能因为信息、地位或其他方面的优势而为自己谋取不正当的利益，使对方受损；也不能一人侍二主，与第三方主体有关联关系。同时，在对相关事务进行管理时，应当履行注意义务，在其职责范围之内行事，不能越权操作，除非得到受益人的授权或同意；排除自我交易行为，并应当为受益人着想，选择最有利于受益人的方案进行工作。这些要求都在相关的法律文件中有所

---

〔1〕 自然法理论经过了古希腊罗马的泛神自然法理论、中世纪神学自然法理论、启蒙时期的古典自然法理论、20世纪的当代自然法理论四个发展阶段。在现代科学理性光芒的照耀下，古典自然法理论和当代自然法理论除去了神性，建立在人的自然本性基础之上，更多地光复和挖掘了亚里士多德的正义传统，体现了对人性的深刻洞见。

〔2〕 See Alastair Hudson, *Law of Finance*, Thomson Reuters Limited, 2010, pp. 97 - 98.

〔3〕 参见[古希腊]亚里士多德著：《尼各马可伦理学》，谬申白译，商务印书馆2003年版，第130~164页。

〔4〕 [美]E. 博登海默著：《法理学：法律哲学与法学方法》，邓正来译，中国政法大学出版社1999年版，第252页。

体现,美国《1947 年退休员工收入安全法》中就强调了受信人的忠诚、注意义务。[1]

相比起合同法对经营者的义务,信义义务显得非常严厉,义务也非常繁重。在受益人因为对方违反信义义务而受损时,对受益人的救济方式多种多样,如禁制令、强制履行令、集团诉讼等,在惩罚手段方面也比较严苛。因此,英美法有关信义义务的内容在操作方面较大陆法系更加的详细,要求也更高。

(四)金融领域的信义义务

在金融领域中,英美法将忠实和注意义务纳入了金融服务者的行为准则中,并深化成了一种职业的信义义务。由于衡平法在相关方面的控制,金融机构在与金融消费者缔约之前都会进行一系列的深思熟虑,从这个意义上看是具有积极意义的。同时由于事后处罚的力度较大,金融机构也会谨慎行事,从整体上促进了全社会的福利提升。[2]

从金融领域的发展状况来看,历史早已证明了金融服务者在规避风险方面的"天分",他们为金融消费者设计的各种产品或服务,已再三被证实为超出现有法律能力所及。法律的推进难以跟上金融服务者在风险转移方面的速度,法律只能从一个一般、普遍的状态出发,对事物的发展过程进行一种外部的控制,即在事前、事中、事后设置一定的限制措施,从而达到规范金融服务者行为的监督作用。但信息不对称与金融机构经济与资源实力的雄厚是固然存在的,处于强势地位的金融服务者很容易对相对方产生一种控制力,这就要求从整个金融市场的角度,全方位的提高金融服务者的职业修养,并借助法律和相关配套措施的力量,牵制金融服务者的不确定性,在整体上实现双方利益的平衡。同时,还应当注意到,即便法律在各个方面作出了相应的控制性规定,但由于立法本身的局限性以及信息不对称的无法消除,法律不可能在事前对收信人所应当履行的义务一一做出统计并记载、规定,除了这种做法难以切合实际之外,还比较耗费司法资源。英美法在这种情况下将法律无法做到的这些漏洞让渡给了相关的法院或监管机构,这就是剩余立法权和司法权的问题。在实践操作中,法官具有对信义义务相关方面的解释权,通过法官的解释形成了一种造法运动,之后再根据结论交由相关部门进行执行。这种做法不仅在大的方面有法律的保障,还能应对不断变化的新形势,通过将强制性规定与任意性规定相结合,降低了司法成本,提高了法律在不同环境当中的适用度,具有较大的灵活性优势。最后,收信人在合理范围之内也能受到保护,英美法的法院在经济类的案件中,

---

[1] 美国《1974 年退休员工收入安全法》将投资组合理论和跑赢通胀用于谨慎投资人规则的规范。现在许多国家的基金法都将投资组合理论运用到注意义务中。

[2] 各国监管机构对银行的资本充足率监管、对券商、基金公司的净资本管理、对保险公司的偿付能力管理,都是实质遵循亚士多德的交换正义和矫正正义思想。

一般都会参考商业判断准则，[1]当收信人的行为尺度并没有超过该准则许可的范围之时，可以得到免责的保护。这种做法不仅保护了收信人的合法权益，同时还降低了社会的滥诉现象。

结合大陆法系与英美法系的相关法律制度可以看出，金融消费的特殊性确实导致了金融消费者与金融服务者合同关系的安全隐患。尽管依据的法理不尽相同，各国都依据民法原理采取了相应的调整和保护措施。不同法系所依据的法理基础并不存在优劣之分，因为制度的产生不仅仅需要先进的理念和技术，更不能忘记产生制度的本土文化。异化并不是问题，关键在于应让法律与问题的解决相得益彰。所以，无论依据何种法理进行调整，厘清金融消费者与金融服务者之间的法律关系，进而对其进行调整和完善才是应有之道。

三、我国金融服务者行为的路径选择

综观各国的现实实践和法律制度，金融服务者规范除了法律进行规定之外，还依靠行政监管来配合实现。通过行政手段进行监管，就是在有关金融业的行政机关或其他组织（我国如证监会、银监会、保监会）得到法律授权的前提下，对金融市场进行监督和管理。相关的机关组织以金融服务者的整个行为过程作为控制范围，对相关金融机构的市场资格、内部财务以及有关金融消费的相关制度都有权力进行调查控制。一旦发现其中存在违规甚至违法行为，可以进行相应的处罚。可以说，行政手段作为规制金融机构的方法之一，是比较有成效的，同时也可以通过这些外部控制达到保护金融消费者的作用。有关行政监管，鉴于文章篇幅不再赘述，本文主要通过对金融服务者与金融消费者的研究引出一个问题：我们应该如何通过立法实现对金融服务者的规范。

在各个行为环节中实现金融服务者行为的规范，是一种主动控制方法，而法律则是一种被动的规制工具，因为只有当金融消费中的某个环节出现问题并发生纠纷或损害时，法律的规定才能凸显出作用来。但无论采用哪种手段，都是来自于该手段的本源性质。通过法律进行规范，应注意着眼于金融消费的本质属性。民法的基础就是建立平等的交易关系，通过将金融消费关系纳入私法框架之下，结合金融市场自身的性质，通过法律法规等规范性文件授予金融消费者某种权利，矫正金融消费者与金融服务者之间的法律地位。同时，在必要的方面施与金融服务者予义务，

〔1〕 商业判断规则首先运用于董事对公司所负信义义务的免责条款，后来推广到所有受信人，成为安全港原则。这一规则既是一项假定，也是一项实体法规则。作为一项假定，是举证责任分配机制，原告必须证明董事的行为不是为了促进公司利益。作为一项实体法规则，是指董事被授权从事采取某种行动，而且行动时本着善意并以尽适当注意，那么这种行为给公司造成了伤害或损失，董事也不要为此后果承担责任。

减弱因为优势地位而带来的各种后续影响，维护金融消费关系的公平、公正。

如果依循行政手段来进行管制是有效率的，那么重视法律规范就是一种本源回归，从事物的根本杜绝金融服务者失范行为的发生。如前所述，首先，从长远来看，采取法律手段进行规范是可靠有效的。金融消费关系实质上是金融消费者购买行为的特殊化，本质上就是民法中的合同。比如，银行与客户之间的各类金融业务，金融消费者购买的是一种服务；保险公司与投保人之间很明显是保险合同关系。而金融产品是通过现在的交易对未来某种金融标的物交换的事前约定。[1] 这种金融消费交易合同本质上是一种买卖关系。而买卖关系是一种市场行为，只有通过制定恰当的行为准则并在长期实践中不断改良，当这种行为准则形成一种习惯或惯例之时，市场中的主体自然而然地会规范操作。依靠行政力量虽然在某种程度上具有快速解决问题的成效，但往往行政手段只是一时之需，长期执行之后还会产生新的问题，甚至还会成为行业发展的桎梏。因此，由于金融消费关系产生于市场，理应从此入手，理顺之间的利益关系，对症下药才是长远之计。其次，金融产品发展速度迅猛，并且品种繁多，行政管控固然有它的效果，但一味依赖行政行为是行不通的。出于专业知识、行政执行效率、行政资源的耗费等多方面原因，单单采取行政手段只会拖着金融市场发展的步伐，而且行政人员同样在金融专业知识上是出于信息不对称地位的。对金融服务者的监管需要付出较大成本，不仅需要配套机制的建立，更需要具备相关专业知识的人才加入。一旦这些方面的付出不足，整个监管将流于形式，甚至成为部分金融服务者隐藏失范行为的挡箭牌。同时，“父爱主义”的亲力亲为并非一定是好事，金融消费者的自我保护意识也比较重要，应注重培养自身的专业修养和健康的消费心态。同时，也对整个金融市场长期健康发展的帮助较小，金融危机的爆发就肇始于此。最后，仅仅依靠行政力量进行监管，从实践经验中来看，存在难以与金融机构抗衡的现象。专业的金融服务者与行政人员相比，更加懂得如何规避分类风险。

当然，笔者虽然强调通过专门立法对金融服务者进行规范，倡导金融服务者私法规范路径的回归，但并非完全否定行政监管在相关方面的作用，更不可能抹杀公法的保护作用。事实上，法律与行政手段的结合是并行不悖的。比如，有部分金融服务者的义务就是在最初行政部门中的规范性文件产生直至慢慢发展成为法律明文规定的事项；金融消费者在合法权益受损时，相关的行政部门就可以减缓司法资源的耗费，帮助进入诉讼阶段的人们处理各种纠纷和困难，通过公力救济提高整个社会解决问题的效率，降低诉讼的数量。再者，金融服务者行为的失范也有赖于相关部门的辅助制裁，因为其有可能会受到行政乃至刑法制裁等严厉的公法保护手

---

〔1〕 参见王旸：《衍生金融工具基础法律问题研究》，载《法学家》2008 年第 5 期。

段。因此，公法保护和行政手段介入金融消费市场是合理并且合法的。之所以要强调立法问题，是建立在我国目前的实践基础之上提出的。我国现有规范性文件尽管管制规定不少，但日常生活中的金融消费纠纷仍然屡禁不止，甚至有愈演愈烈的趋势。因此，应当在现有规范性文件的基础上，结合近年来对相关问题的经验总结，对金融消费关系进行立法规范，有效控制金融市场的规范运作，防止因问题迟迟未能解决而不断扩大金融市场合作网络的风险。总而言之，通过专门立法进行保护的路径，可以进一步明确金融服务者的行为底线，与现有的合同法、消费者法接轨，补充相关立法的缺失，保护金融消费者的权利，净化金融市场，从而使我国金融体系得以稳健发展。

证券内幕交易的法律规制研究

纪 翔*

一、证券内幕交易的概念界定

证券市场是为了满足现代股份公司大规模筹集资本以及规避商业风险的需求而出现的。股份公司的投资者可以通过证券市场中的股票交易机制,迅速变现持有的股份以收回前期的投资,为利用证券市场流动性进行投机活动的内幕交易行为的滋生提供了温床。2016年以来,证监会共公布了76宗案件的行政处罚决定。在证监会作出的行政处罚案件中,涉及内幕交易的案件数量较多,共有31宗,显而易见内幕交易占据了证券市场违反法律法规的大部分数额。

所谓内幕交易,是指证券交易内幕信息的知情人和非法获取内幕信息的人,在内幕信息公布前,买卖该证券或者泄露该信息,或者是建议他人买卖证券的违法行为。按照这一定义,证券内幕交易的主体主要有两类:一是内幕信息知情人;二是非法获取内幕信息的人。同时,还需具备三个条件:一是掌握内幕信息;二是在内幕信息公开前;三是从事相关内幕交易的活动。[1] 具体体现在三个行为上:一是交易相关证券;二是泄露内幕信息;三是建议他人买卖相关证券牟利。内幕交易简单说就是利用内幕信息进行交易,导致内幕交易与普通投资者的交易相比获得信息是不公平的,因此,这种行为在证券法中是明令禁止的。内幕交易者具有知悉内幕信息这一优势,并且利用这一优势,使普通投资者的利益受到损害。这种交易带有欺诈的性质,即使算不上欺诈至少也属于民事行为的重大误解,这就是内幕交易的本质含义。[2]

一般情况下,当有利好消息公布时,股票的价格会上涨。反之,当利空消息公布时,股票价格会下跌。然而,当内幕交易存在时,这种规律就会被打破。信息不能够及时、全面、公正地被披露,上市公司拥有自己的内幕信息,却秘而不宣,或者透漏给一些中介机构,又或者自己进行内幕交易。同时,内幕人员持有股份的信息披露制度也不完整,对于上市公司内幕人员和证券公司、律师事务所、会计事务所等中介机

---

* 河北经贸大学法学院经济法方向硕士研究生。

[1] 王宇:《论证券内幕交易的法律规制》,载《才智》2014年第20期。

[2] 孔康妮:《我国证券内幕交易法律规制现状与改进探析》,载《济南大学学报》2015年第4期。

构的内幕人员，以及持有公司股份达到百分之五以上的大股东，不能严格对其要求向上级部门申报持有股份的种类、数量和变动情况，并及时的公开披露。这些都导致了内幕交易的出现。内幕交易一方面会使普通投资者的财产受到损失，另一方面也使投资者感到自己被欺诈，其结果就是打击投资者对证券市场投入资金的积极性，证券市场的融资就会减少。

二、我国证券内幕交易法律规制的演进及创新

由于我国资本市场起步较晚，对于证券交易法律规制的研究也是从20世纪90年代开始的，以1990年11月26日上海证券交易所正式成立为起点，为规范证券市场，我国法律如《刑法》《证券法》《公司法》，行政法规如《股票发行与交易管理暂行条例》《期货交易管理条例》《关于依法打击和防控资本市场内幕交易的意见》以及中国证券监督管理委员会出台的一系列部门规章。另外，沪、深证券交易所发布的《上海证券交易所股票上市规则》《深圳证券交易所股票上市规则》《深圳证券交易所创业板股票上市规则》等自律规则，都对内幕交易行为作出了明确的规定。

我国首先以行政立法的形式对内幕交易进行了法律规制，国务院于1993年颁布的《股票发行与交易管理暂行条例》第72条对内幕交易的法律责任作了简单的规定，仅限于行政处罚。1997年10月1日起施行的《刑法》规定了证券内幕交易为犯罪行为，第一次以基本法律的形式明确了其刑事责任，从而为打击内幕交易提供了强有力的法律依据。2006年1月1日起施行的《证券法》第73~76条、第202条分别对内幕交易知情人范围、内幕信息的内涵、行为类型以及内幕交易的法律责任等内容进行了较为具体的规定。从2005年修订的《证券法》第76条可以看出，我国对于证券内幕交易的行为可分为三类：一是交易型，即内幕信息知情人或非法获取内幕信息的人直接买卖证券的行为；二是泄露型，即知情人将内幕信息泄露给他人，他人交易获利；三是知情人建议他人买卖证券的行为。2007年9月中国证监会颁布了《内幕交易认定指引》，对内幕人的认定进行了细化，补充了内幕人、内幕信息的范围。

2009年2月28日第十一届全国人民代表大会常务委员会第七次会议通过了《刑法修正案（七）》，将《刑法》第180条修改为："证券、期货交易内幕信息的知情人员或者非法获取证券、期货交易内幕信息的人员，在涉及证券的发行，证券、期货交易或者其他对证券、期货交易价格有重大影响的信息尚未公开前，买入或者卖出该证券，或者从事与该内幕信息有关的期货交易，或者泄露该信息，或者明示、暗示他人从事上述交易活动，情节严重的，处五年以下有期徒刑或者拘役，并处或者单处违法所得一倍以上五倍以下罚金；情节特别严重的，处五年以上十年以下有期徒刑，并处违法所得一倍以上五倍以下罚金。"

2012 年 3 月 29 日最高人民法院、最高人民检察院联合发布了《关于办理内幕交易、泄露内幕信息刑事案件具体应用法律若干问题的解释》。这是我国针对证券类犯罪的第一部司法解释。

为加强办理证券期货违法犯罪案件工作,完善行政执法与刑事司法的衔接机制,进一步依法有效惩治证券期货违法犯罪,2007 年中国证券监督管理委员会还专门制定了《证券市场内幕交易行为认定指引(试行)》(以下简称《指引》),对内幕人的认定、内幕信息的认定、内幕交易行为的认定、不构成内幕交易的情形、违法所得的认定、证明标准等作出比《证券法》更为详尽的规定。

迄今为止,我国法律体系中尚未形成一部专门对内幕交易进行规制的法律,我国对内幕交易的法律规制仅体现在极为有限的法律条文和"两高"联合发布的解释中,我国在内幕交易法律规制方面存在许多的不足。

三、完善证券内幕交易法律规制的对策

(一)明确界定内幕信息的认定标准

内幕信息是内幕交易三要素之一,也是证券内幕交易核心要素。2005 年新修订的《证券法》第 75 条对内幕信息定义予以规定,但实践中仍然对于内幕信息的认定存在歧义。这主要体现在内幕信息的两性的认定上,即非公开性和重大性的理解判断上。对于内幕信息的非公开性,《证券法》第 70 条规定:"依法必须披露的信息,应当在国务院证券监督管理机构指定的媒体发布,同时将其置备于公司住所、证券交易所,供社会公众查阅。"没有规定信息非公开性的判断标准,仅对信息披露的形式做了要求。笔者认为,应借鉴美国证券立法中关于内幕信息非公开性的规定,即认为只有在一般理性投资者对已披露的公开信息做出反应后或给予一定的合理的时间让一般理性投资者对已披露的公开信息进行消化后,才应允许原来的内幕信息知悉人员从事该证券的交易。如何判断信息已为市场所消化和吸收?多数国家以时间为据来判断市场是否消化了信息对于内幕信息的重要性,美国《联邦证券法》规定的时间为一周,我国台湾地区"证券交易法"规定的时间是 10 个交易日。

我国《证券法》第 75 条规定内幕信息为对该公司证券的市场价格有重大影响的信息,并对内幕信息的具体形态作了具体的列示,但是对于重要性的判断没有明确的认定标准。随后,中国证券监督管理委员会出台的《指引》除了对《证券法》中列示的内幕信息的具体形态作了重申外,其第 9 条还提出了"对证券交易价格有显著影响"的认定标准,从中可以看出我国的司法实践基本上采用了用价格敏感性标准来衡量信息的"重要性"。但是,理性投资者在作出投资决策的过程中会参考很多因素,如投资市场的宏观政策、市场环境、公司未来的发展前景等;而价格敏感性标准仅仅只考虑该信息披露后是不是"可能显著影响该证券的价格",不考虑其他方面的

因素。事实上,该证券价格在内幕信息公开披露之前就已经产生了大幅的波动,内幕交易行为人据此已经从中获利,但在信息公开披露后,由于内幕消息对证券价格的影响已提前在证券市场反应,其价格反而没有发生应有的波动。笔者认为,对于内幕信息的重要性的认定,更多应从"理性投资者"角度界定,即"凡对投资者投资决策有重大影响的信息,不论中国证监会有无规定,上市公司均应充分披露"。

(二)明确信息隔离墙制度的具体措施和程序

2010年年底《证券公司信息隔离墙制度指引》的发布,表明信息隔离墙制度作为证券公司合规管理的基本制度日益受到重视。要求证券公司应当建立信息隔离墙制度,通过防范信息的随意传播从而防止利益冲突和内幕交易行为的发生。《指引》规定了基本的跨墙管理要求。在界定工作人员墙上位置的基础上,要求"处于信息隔离墙两侧的业务部门及其工作人员之间对敏感信息进行交流的,应当履行跨墙审批程序",同时由证券商自行"制定跨墙管理制度,明确跨墙的审批程序和跨墙人员的行为规范"。但是该规定过于抽象,使其缺乏实际可操作性。笔者认为,如果要使信息隔离墙制度发挥出应有的作用,就应该通过立法来明确信息隔离墙制度的具体措施和程序,或者以司法解释的形式对信息隔离墙制度的内容予以细化,又或者直接授权证监会以发布管理法规的形式对其制度的具体措施和程序予以明确。虽然政府并不直接对证券公司的业务及其内部结构加以干涉,但是信息隔离墙制度毕竟是个自律性的制度规范,其实施与否以及实施效果如何都掌握在证券公司手中,这就难以确保以利益的追逐为最终目标的证券公司不会铤而走险。由于信息隔离制度能否控制内幕交易,很大程度上还依赖于事后的规制,也就是违法行为被发现的概率和惩罚的力度。如果证券公司的这种违法行为被客户和监管者发现的概率低,那么他们就更有动力冒险;如果对这种行为的惩罚力度不够,那么信息隔离墙制度有关的政策和程序所要求的标准也就难以被遵循。所以,应明确细化证券监督管理机构能够定期或不定期地对证券公司实施信息隔离墙制度的效果进行检查的监管措施和对违法行为的处罚,使信息隔离墙制度能够切实发挥其应有的作用。

从监管角度来说,我国监管单一独权,造成监管者自身可能成为内幕参与者。而在国外除了有证监会和法院,还有相关的中介机构和散户组织进行监管。这样就形成了全面的立法监管体系,监管部门分权可以互相监督牵制,防止监管者也成为内幕者。

(三)明确内幕人持股报告中内幕人的范围

在2005年《证券法》修订中,将第73条将中的"知情人员"改为"知情人和非法获取内幕信息的人",并在第74条列举了6项"知情人"类型以及第7项兜底条款"国务院证券监督管理机构规定的其他人",但该法律对内幕交易主体的认定还不够详细。《证券法》虽然规定被严格禁止持有、买卖和受赠证券的人员不得以化名、借他人名义持有、买卖和受赠证券，但是笔者认为，可以借鉴美国对于内幕主体的界定，即将内幕主体分为3类：(1)传统内幕人：主要包括公司董事、经理和大股东；(2)推定内幕人：指那些与证券发行公司关系足够密切以至于能够了解内幕信息的人被推定为内幕人，如公司雇用的外部律师、投资银行人员、会计师等；(3)内幕信息的知悉者：所谓知悉者就是无论通过什么途径，不管是主观的还是客观的，凡是了解内幕信息的人都是其范围，显然其规定的知悉者的范围最广泛，法律追诉也最严格。新《证券法》对内幕人员的认定还增加了一个授权性条款"国务院证券监督管理机构规定的其他人员"，然而却没有解释其他人员究竟是说哪些人。事实上，2007年中国证监会出台的《上市公司信息披露管理办法》和《中国证券监督管理委员会证券市场内幕交易行为认定指引》也都在实质上将内幕交易主体扩大至"任何人"。由于这两个文件仅是证监会部门规章和内部执法指引，并无司法适用效力，作为下位法也不具有修正上位法的能力。因此，笔者认为有必要在现有的法律文本基础上，将内幕人员定义在一个更加开放而详细的法律范围内，将内幕交易主体范围延伸至所有不当使用内幕信息的人员，从而更好地维护投资者获得信息的平等权，维护证券市场交易的平等性。

（四）明确内幕交易的归责原则和民事赔偿

我国的法律还未就证券内幕交易民事赔偿责任的归责问题进行规定，这种空白的现状不利于解决内幕交易纠纷，也不能为受内幕交易侵害的投资者提供有效的保护。由于内幕交易的手段种类较多，内幕人员尤其是证券市场的从业人员通常比较熟悉内幕交易的各种方式和操作手段，同时他们也清楚了解有关监管部门的调查程序。因此，如果他们在进行内幕交易的时候，肯定会反向思考，进而制定相当周密的防范措施。同时，内幕交易在行为方式上有很大的隐蔽性，受害者与内幕交易者之间存在巨大的专业、技术、信息上的差异性，受害者如依过错原则向法院提出诉讼也很难提供确凿的证据。笔者认为，采用过错推定责任能够兼顾公平与效率，更好地保护投资者的合法权益。

我国《证券法》第76条规定："内幕交易行为给投资者造成损失的，行为人应当依法承担赔偿责任。"但是内幕交易人应当在什么范围内对受害人承担损害赔偿责任？具体赔偿的标准如何？我国法律并没有明确的规定。美国联邦上诉法院确立了一项原则，即原告要求被告赔偿的金额不得超过内幕交易所能得到的利益或避免的损失，也就是说内幕交易者只对其行为所引发的证券价格波动导致投资者损失部分负责，而对其他因素造成的价格波动及投资者损失不承担责任。我国证券法可以参考美国的有关规定来进行相关设计，从而建立有效的内幕交易民事赔偿制度，切实保护好投资者的合法权益。

（五）制定专门性的法律进行规制

我国有关内幕交易的法律和法规主要散落于《刑法》、《证券法》、行政法规和相关司法解释中,由于缺乏统一的立法指导思想,尚未形成统一的、专门的法律体系。正是由于缺乏专门法律,导致我国在打击内幕交易时各部门往往各自为政,监管的力量也较为分散,缺乏集中统一的指导思想,无法达到各部门之间形成合力打击内幕交易的效果,出现无谓的耗损,使监管的效果大大降低。目前世界各国大多制定了专门的内幕交易法规,以加强对证券市场的监管。[1] 美国于1984年便通过了《内幕交易处罚法》,并于1988年颁布了《内幕交易及证券欺诈制裁法》,进一步加强对内幕交易行为的规制;欧盟于1989年出台了《欧盟内幕交易指引》;我国香港特区也于1990年制定了《证券〈内幕交易〉条例》。为了有效规制内幕交易行为,构建完善的内幕交易规制体系,我国宜借鉴发达国家成熟市场的做法,结合近年来的证券执法实践,并在对现有内幕交易的法律法规进行梳理的基础上,尽快出台一部从内幕信息的界定、内幕信息知情人范围、内幕交易的行为方式、内幕交易的归责原则、举证责任的分配、内幕交易的法律责任、各方的法律权利和义务等方面进行详细具体的规定《反内幕交易法》,通过对内幕交易的民事责任、行政责任、法律责任等方面作出明确而且具有可操作性的规定,确保实体规范的有效实施。[2]

---

〔1〕 朱轶:《试论我国证券内幕交易法律规制的完善》,载《法制与社会》2011年第9期。

〔2〕 曾洋:《证券内幕交易主体识别的理论基础及逻辑展开》,载《中国法学》2014年第2期。

论互联网理财产品的风险监管

——以“余额宝”为例

孔维振*

2013 年 6 月 13 日,支付宝携手天弘基金推出一款全新的互联网理财产品——“余额宝”,用户可以将支付宝账户中的闲置资金转到“余额宝”账户,并自动购买货币基金,获得比银行活期存款利息更高的收益。2013 年 7 月 1 日,“余额宝”推出仅仅 18 天,用户突破 250 万个。2013 年 11 月 15 日,“余额宝”规模突破 1000 亿元。[1]“余额宝”不仅让普通大众享受到了理财服务,而且对于金融创新、利率市场化具有重要意义。

党的十八届三中全会明确提出发展普惠金融,鼓励金融创新。2015 年《政府工作报告》提出,要大力发展普惠金融,让所有市场主体都能分享金融服务的雨露甘霖。国务院发布的《推进普惠金融发展规划(2016~2020 年)》指出,对于普惠金融,应坚持监管和创新并行。在有效防范风险的基础上,鼓励金融机构推进金融产品和服务方式创新,适度降低服务成本。对于互联网理财产品,遵循监管与创新并行的思路。一方面,在当前万众创新的背景下,应鼓励金融机构及互联网企业进行金融产品的创新,为经济发展注入源源不断的动力;另一方面,金融活动应以稳健为原则,不断完善对互联网理财的监管。

一、互联网理财产品的特点

互联网理财产品,即“第三方支付+货币市场基金”,其中第三方支付平台的作用不仅包括导入流量、接入客户,还包括基金销售支付。与之相比较为类似的概念为“互联网基金销售平台”。其中,一类平台具有第三方基金销售资格,如数米基金网,而互联网理财产品不具有基金销售资格;另一类互联网基金销售平台自身没有第三方基金销售资格,网络平台仅仅起到导入流量、接入客户的作用,如百度、网易、新浪等。

---

* 中国人民大学法学院硕士研究生,研究方向:经济法学。

[1] 参见孙冰:《余额宝 1 周年传奇:推出时正值钱荒 用户量超 1 亿问鼎全球》,载经济网《中国经济周刊》,http://www.ceweekly.cn/2014/0728/88244.shtml,最后访问日期:2016 年 9 月 10 日。

在互联网理财产品中,“余额宝”最具代表性,不仅推出最早,而且用户最多,有相当广泛的用户基础。凭借其宣传的“高收益”、操作简单等特点,迅速吸引了大量用户。购买“余额宝”实际上即购买天弘增利宝货币基金。而货币基金主要是投资于银行协议存款、国债等,是一种比较稳健的投资。虽然如此,货币基金还是不同于银行存款,不属于保本型投资,仍有亏损的可能。

货币基金在“余额宝”推出之前一直不温不火,部分原因在于货币基金公司依靠银行进行销售。货币基金虽然属于稳健型投资,但其收益还是要高于存款利息,由于担心货币基金分流银行存款,所以银行销售货币基金的热情并不高。随着“余额宝”等互联网理财产品的出现,开启基金触网潮流,改变了基金销售渠道,天弘基金一跃成为国内最大基金。根据天弘基金公布的数据,截至2015年12月31日,其资产管理业务总规模达10,742亿元,成为国内基金业历史上首个破万亿的基金公司,“余额宝”用户数达到2.6亿人,蝉联全球单只基金的用户数冠军。[1]

“余额宝”显著的特点在于:

第一,门槛低,受众广,让草根阶层也能享受理财。大型商业银行出于风险控制、追求资金回报等原因,将其客户群定位为有一定资金实力的个人以及资金实力雄厚的企业,商业银行乐于锦上添花,而难以做到雪中送炭。初创企业、小微企业很难从银行获得资金支持。刚毕业的大学生、中低收入者等难以从银行获得理财服务。与传统金融相比,互联网金融“生长点主要在‘小微’层面,具有‘海量交易笔数,小微单笔金额’的特征,这种小额、快捷、便利的特征,具有普惠金融的特点和促进包容性增长的功能,在小微金融领域具有突出的优势,一定程度上填补了传统金融覆盖面的空白”。[2] 这就为“余额宝”们留下了巨大的市场空间,使互联网理财产品能够为大众提供方便快捷的理财服务。对于在支付宝中留有少量余额的用户,可以将支付宝账户中的闲散资金投资到货币基金,虽然每一笔资金的金额可能不高,但通过互联网的集聚效应,基于支付宝庞大的用户数量,集腋成裘,聚沙成塔。用户在尝到收益的“甜头”之后,还会进而将自己的部分存款等其他资金充入“余额宝”,获取收益。互联网理财正是瞄准了被商业银行忽视的这一广阔的市场。

第二,操作方便,注重用户体验。首先,购买“余额宝”操作简单快捷,只需要在手机或电脑上进行简单操作即可完成,不需要到实体网点,也不用面签。其次,将资金转入余额宝的方式,不仅包括从支付宝余额中转入,还有其他很多方式可以选择。比如,“自动转入”,用户可以设置“保留余额”,如将“保留余额”设置为100元,用户支付宝余额超出100元的部分将于每日凌晨自动转入“余额宝”,为用户转入资金提

---

〔1〕 参见陈艳:《天弘成为首家破万亿基金》,载《京华时报》2016年1月5日,第38版。

〔2〕 刘士余:《秉承包容与创新的理念　正确处理互联网金融发展与监管的关系》,载《清华金融评论》2014年第2期。

供了更加便捷的体验。而支付宝中默认的“保留余额”为0元,可以预见到很多用户支付宝余额中的资金,在开通自动转入后,不必采取任何操作,将全部转入“余额宝”。再如,可以通过开通“快捷支付”服务绑定支付宝账户的银行卡,对“余额宝”直接充值。同时,“余额宝”能够随时消费支付、转账。用户可以用“余额宝”中的资金随时进行消费,“余额宝”里的资金就像是自己支付宝里的余额一样。“余额宝”的模式为“T+0”货币基金,即可以当日赎回,由“余额宝”可以实时转出到支付宝账户,在特定时间段内,可以在2小时内转账到银行卡。在这种模式下,只要不发生意外状况,对于用户的日常取款、消费基本没有影响。

此外,“余额宝”实现理财产品的“去中介化”,收益率相对较高,也是其能够吸引海量用户的重要原因。

二、互联网理财产品存在的风险及法律问题

“余额宝”作为一款互联网金融产品,有着互联网金融所具有的风险。2012年谢平、邹传伟在《互联网金融模式研究》一文中首次公开提出“互联网金融”的概念。[1] 郑联盛认为,互联网金融是“借助于互联网技术、移动通信技术实现资金融通、支付和信息中介等业务的新兴金融模式”。[2] 在陈志武看来,互联网金融交易的还是金融契约,不管线上还是线下,互联网带来的金融亢奋并不是“新金融”,而是金融的销售和获取渠道上的变化。[3] 笔者赞同该观点,互联网金融可以界定为一种利用互联网、移动通信技术进行资金融通的模式。由于互联网金融本质上仍是从事金融活动,所以其风险包括互联网固有的技术风险,以及金融风险,而互联网技术又为金融风险带来了一定的复杂性。

(一)“余额宝”等互联网理财产品的信息科技风险

关于信息科技风险的含义,银监会《商业银行信息科技风险指引》从商业银行监管的角度,认为其是指信息科技在商业银行运用过程中,由于自然因素、人为因素、技术漏洞和管理缺陷产生的操作、法律和声誉风险。上述定义对于明确该风险在互联网金融领域的涵义具有借鉴价值。互联网存在各种信息科技风险,比如,网络环境下充斥着计算机病毒、木马、钓鱼网站等安全隐患,以及各种潜在的导致信息系统无法正常运行的技术故障。互联网金融以网络为渠道,上述信息安全风险也存在于互联网金融之中。在信息科技风险中,安全风险多为用户所关注。在360公司联合多家专门机构发布的《2015中国移动支付安全绿皮书》中透露,在2015年第一季度中,支付购物类恶意程序达到1147个。尽管此类木马的数量不大,但其极具迷惑

---

[1] 参见谢平、邹传伟:《互联网金融模式研究》,载《金融研究》2012年第12期。

[2] 郑联盛:《中国互联网金融:模式、影响、本质与风险》,载《国际经济评论》2014年第5期。

[3] 参见陈志武:《互联网金融到底有多新》,载《新金融》2014年第4期。

性,普通用户很难识别,手机一旦感染这类木马病毒,将面临资金劫持、账号被盗及网银盗刷等一系列巨大风险,最终造成重大经济损失。[1]

互联网技术是一把"双刃剑",在为传统金融带来巨大变革,使互联网金融飞速发展的同时,也为互联网金融带来潜在技术风险,对用户的资金安全产生威胁。虽然在支付宝 Android 客户端向"余额宝"转入资金的页面下方,标明"资金安全由众安保险承保,极速全额理赔",但是在《余额宝服务协议》中称:"因下列原因导致本公司无法正常提供服务,使您无法使用或无法正常使用各项服务时,本公司不承担任何损害赔偿责任,该状况包括但不限于:……(五)因病毒、木马、恶意程序攻击、网络拥堵、系统不稳定、系统或设备故障……等原因,造成本服务中断或者延迟。"[2]由此可以看出,支付宝公司仅为客户资金被盗投保,而不为技术问题造成的支付宝系统无法正常运作而产生的风险买单。由于"余额宝"客户数量巨大,这种技术问题所造成的损失将会损害人数巨大的用户利益。现实中,也曾出现过用户资金被盗刷的情况。2013 年12 月11 日江门一位市民"余额宝"和支付宝上的6 万多元就被"木马 + 远程操控"的方式盗刷。19 日下午,支付宝全额赔付。[3]

(二)"余额宝"等互联网理财产品的流动性风险

"余额宝"的收益来源主要为银行的协议存款。由于协议存款可以提前支取且在2013 年资金面紧张时,提前支取没有利息损失,另外,协议存款收益性好、流动性佳,货币基金都大比例配置协议存款。"余额宝"上市之初可以维持高额收益(在2013 年年底七日年化收益率接近7%)的重要原因之一就在于2013 年下半年以来,协议存款利率的飙升。但随着资金面放宽,银行对存款的需求降低,货币基金公司相对于银行的谈判能力下降,而此时,中国人民银行要求协议存款提前支付罚息。这样一来提前支取协议存款相比以往收益将会大幅减少。基金公司做出了相应回应。据天弘增利宝货币市场基金2013 年、2014 年、2015 年年报,银行存款和结算备付金合计占比分别为92.21%、84.69%、69.5%。年报显示银行存款和结算备付金占比虽然逐年下降,但仍维持在较高比例。上述经济、政策变化对于与"余额宝"对接的货币基金来说,如何保证不发生流动性风险,将成为难题。美国首要储备基金(RPF)就曾关门倒闭,引发货币市场基金挤兑潮。

"余额宝"采取的"T+0"模式,以及"随时消费支取"的特点,本身也具有流动性

---

[1] 参见《2015 移动支付安全绿皮书发布　诈骗短信中冒充熟人最多》,载上海市人民政府网站:http://www.shanghai.gov.cn/nw2/nw2314/nw2315/nw17239/nw31693/u21aw1012673.html,最后访问日期:2016 年9 月10 日。

[2] 《余额宝服务协议》,载支持宝网站:https://cshall.alipay.com/lab/help_detail.htm? help_id = 258162,最后访问日期:2016 年10 月8 日。

[3] 参见《余额宝被盗刷6 万元　支付宝全额赔付》,载新华网:http://www.zj.xinhuanet.com/finance/2013 - 12/21/c_118651668.htm,最后访问日期:2016 年10 月8 日。

风险。货币基金为实现收益,要将资金投资到协议存款等有一定期限的产品上。而与此同时,"余额宝"承诺用户可以随时赎回资金,这种期限不匹配的问题很容易产生流动性风险。这就要求基金公司预先垫付资本。若在"双十一"等购物高峰期间,大量用户把"余额宝"资金用于购物消费,会产生巨额资金赎回,加剧流动性风险。财力雄厚的阿里巴巴可以在保证当日赎回的情况下,做到不发生流动性风险。但财力不及阿里巴巴的其他公司能够做到吗?

(三)"余额宝"等互联网理财产品的法律与政策风险

用户购买"余额宝",实际上是购买天弘基金与"余额宝"对接的增利宝货币基金。根据《证券投资基金销售管理办法》的规定,从事基金销售业务应当获得基金销售牌照。而支付宝只有基金销售支付结算牌照,没有基金销售牌照,不能代销基金。在这种情况下,支付宝将"余额宝"的业务模式设计为基金直销模式。支付宝方面介绍,"余额宝服务将基金公司的基金直销系统内置到支付宝网站中,支付宝用户将资金转入余额宝的过程中,支付宝已将用户的姓名、身份证号等基本信息传入天弘基金系统,完成基金开户、基金购买过程。也就是说,并非以支付宝名义开统一的账户,而是每个投资者有单独的账户"。[1]《余额宝服务协议》"特别提示"的第6条写道:"本公司(指支付宝公司)及其关联公司仅向投资者提供资金支付渠道,本公司及其关联公司并非为理财产品购买协议的参与方。"[2]这样,支付宝就将自己的作用严格限定于为基金网上直销提供支付结算服务,从而规避了自己没有基金销售牌照的难题。而支付宝"打擦边球"式的创新,必然会引起争议。"尽管支付宝方面宣称只是提供基金支付服务,但余额宝已经达到了第三方代销的实际效果。"[3]根据《证券投资基金销售管理办法》的规定,商业银行、证券公司等机构申请注册基金销售业务资格,应当具有健全的治理结构、完善的内控和风险管理制度,应当有与基金销售业务相适应的营业场所、安全防范设施和其他设施,有安全、高效的办理基金发售、申购和赎回等业务的技术设施,符合中国证监会对基金销售机构内部控制的有关要求。支付宝规避监管的直销模式不足以掩盖其没有基金销售牌照却实际上从事着销售基金的事实,这正是"余额宝"面临的法律与政策风险。

---

〔1〕 王可心:《余额宝实为基金直销 第三方支付介入理财需警示风险》,载腾讯网:http://tech.qq.com/a/20130618/003904.htm,最后访问日期:2016年5月10日。

〔2〕《余额宝服务协议》,载支付宝网站:https://cshall.alipay.com/lab/help_detail.htm?help_id=258162,最后访问日期:2016年9月10日。

〔3〕 宋滟泓:《支付宝染指基金销售 证监会认定余额宝有问题》,载《IT时代周刊》2013年第13期。

(四)"余额宝"弱化风险提示侵犯金融消费者合法权益

根据支付宝的统计:"2015 年移动支付笔数占整体比例高达 65%。"[1]笔者登录最新版(版本号9.9.3)的支付宝 Android 系统客户端,进入"余额宝"操作页面,占整个手机界面 1/3 以上篇幅的是红底的"昨日收益",下面则是"优化投资""资金管理",可以说,整个界面的主题就是向用户突出展示"余额宝"的收益。笔者在手机客户端向"余额宝"实际转入了一笔资金,整个操作过程都没有任何风险提示。即使在转入资金的页面中,也只有预计收益到账时间和资金安全已投保的文字描述。打开网页端的"余额宝"转入界面,直接显示的是转入资金和"余额宝"的安全保障,整个界面由橘黄色、绿色、蓝色、黑色的文字、图形构成,以对"资金转入"的信息突出显示。与此形成鲜明反差的是,风险提示信息在页面下方较为不起眼的地方,需要拖动滚动条才能发现,字体字号非常普通。笔者以很强的目的导向性,才发现风险提示。可以想见,通常情况下,该信息很难对投资者起到提示作用。[2]

虽然货币基金投资于风险较小的银行协议存款、国债、中国人民银行票据等项目,但风险小不等于没有风险。货币基金毕竟不同于银行存款,互联网金融公司也没有银行级别的风险控制体系保障。天弘"余额宝"货币市场基金的每份年报、季报的"重要提示"中,均写明"不保证基金一定盈利""投资有风险"。与"余额宝"类似的美国 PayPal 货币基金,年收益曾达到 5.56%,但好景不长,2002 ~ 2004 年勉强维持住超过 1% 的收益率。2008 年美国实行零利率政策,所有货币基金的业绩都很低,PayPal 货币基金规模逐步缩水,最终在 2011 年清盘。[3]

《证券投资基金销售管理办法》第 45 条第 1 款规定:"基金宣传推介材料应当含有明确、醒目的风险提示和警示性文字,以提醒投资人注意投资风险,仔细阅读基金合同和基金招募说明书,了解基金的具体情况。"该条第 3 款规定:"电视、电影、互联网资料、公共网站链接形式的宣传推介材料应当包括为时至少 5 秒钟的影像显示,提示投资人注意风险并参考该基金的销售文件。"现实中,金融消费者由于缺乏专业知识,对相关金融产品缺乏必要了解,互联网金融公司会通过利用客户的信息劣势开展业务,使客户处于不利地位。显然,"余额宝"未充分履行其风险提示的义务,对消费者的知情权、财产权等权益造成隐忧。

---

[1] 《支付宝晒年度账单:移动支付占比 65%》,载腾讯网:http://tech.qq.com/a/20160112/050885.htm,最后访问日期:2016 年 9 月 10 日。

[2] 这也反映了在互联网环境中,理财投资者获得和理解信息的难度大。投资线下的理财财产,人们可以通过销售人员的介绍来获得产品的信息。而在互联网环境下,投资者需要亲自查询、阅读相关信息,且很容易对产品理解存在偏差。参见于寒:《互联网理财投资者权益保护问题研究》,载《南方金融》2014 年第 8 期。

[3] 参见张怡姮:《镜鉴美日版"余额宝"》,载《金融博览(财富)》2014 年第 3 期。

三、对"余额宝"等互联网理财产品的监管

国务院制定的《推进普惠金融发展规划(2016～2020年)》指出,推进普惠金融,应坚持防范风险、推进创新的基本原则,坚持监管和创新并行。该规划同时指出,应发挥互联网促进普惠金融发展的有益作用,发挥网络金融产品销售平台门槛低、变现快的特点,满足各消费群体所在层次的投资理财需求。

"余额宝"等互联网理财产品具有很多创新之处,由于法律的滞后性,现有法律不能够全方位对其规制,也在情理之中。在推进金融体系改革的大背景下,我们应当包容、鼓励创新。但同时,也要认识到互联网金融带来的风险,并采取必要措施进行防范。"当金融交易的受众范围太大、参与交易的人数太多之后,金融市场里'星星之火可以燎原'的概率就会大增,不监管所引发的问题可能会超过监管本身所隐含的社会代价。"[1]互联网金融不仅所涉人数众多,而且其服务的客户大多缺乏相应的金融知识、抗风险能力较弱,容易受到误导。此外,"他们(指互联网金融投资者)的投资额小而分散,作为个体投入精力监督互联网金融机构的成本远高于收益,所以'搭便车'问题更突出,从而针对互联网金融的市场纪律更容易失效"。[2] 因此,有必要对互联网金融进行合理的监管。

(一)互联网理财产品风险监管制度现状

根据《关于促进互联网金融健康发展的指导意见》《货币市场基金监督管理办法》《非金融机构支付服务管理办法》等相关规定,互联网基金销售业务由证监会负责监管,货币市场基金运作活动由证监会、中国人民银行负责监管,第三方支付机构由中国人民银行负责监管,网络与信息安全由中国人民银行、银监会、证监会、保监会、工信部、公安部、网信办分别负责相关机构的网络安全保障与监管。中国互联网金融协会负责金融行业自律。

根据规定,基金销售机构及其合作机构的义务包括:第一,履行风险披露义务,不得违规承诺收益。第二,通过其他活动为投资者提供的收益,不得与基金收益混同,相关信息应全面披露。第三,基金管理人应采取措施防止流动性风险,相关措施包括货币市场基金应投资于证监会、中国人民银行认可的具有良好流动性的货币市场工具,不得投资于股票等证监会、中国人民银行禁止投资的其他金融工具。证监会、中国人民银行对货币市场基金的投资比例、投资组合均作出详细规定。第四,基金管理人应履行风险控制义务。在组合管理、分散投资的原则下,建立健全投资管理制度、风险控制系统与信息技术系统,提高从业人员风险防范能力,建立内部信用

[1] 陈志武:《互联网金融到底有多新》,载《新金融》2014年第4期。
[2] 谢平等:《互联网金融监管的必要性与核心原则》,载《国际金融研究》2014年第8期。

评级，与外部信用评级相结合，建立科学有效的压力测试系统等。针对银行存款提前支取的利息损失，基金管理人应使用风险准备金予以弥补。

第三方支付平台对于客户备付金应当做到专款专用，只能用于支付业务，不得垫付理财产品的资金赎回。

在现有监管框架下，上海推出了具有创新性的监管举措，成立负责互联网金融监管的联席会，联席会由上海市金融办、中国人民银行上海总部、上海市银监局、证监局、保监局等部门组成，对于没有明确监管部门的领域，或者同一主体开展跨行业、交叉性互联网金融活动，或者同一集团内取得多项金融资质的，由联席会牵头各部门进行监管。[1] 建立监管部门之间的会商机制，协同监管，有助于提高监管效率，消除监管盲区。

（二）对于信息科技风险的监管

阎庆民对互联网环境下银行业的信息安全风险进行了分析，互联网金融本质上仍是金融，只是将销售渠道放在了网络上，因此，该分析对于理解互联网金融公司面临的信息科技风险有指导作用。阎庆民认为，互联网环境下银行业的信息科技风险，按信息科技日常管理领域可以分为：开发风险、运维风险、信息安全风险以及外包风险、业务持续性风险等；按风险来源可以分为4类：自然原因导致的风险、系统风险、管理缺陷导致的风险、由人员违规操作引起的操作风险；按风险影响的对象可以分为3类：数据风险、运行平台风险、物理环境风险。[2] 对信息科技风险进行分类，能够使我们更好地理解该风险的内容。这些风险都是余额宝等互联网理财产品所面临的。

银监会《商业银行信息科技风险管理指引》可以为互联网金融公司的信息科技风险监管提供借鉴。信息科技风险管理的目标是通过建立有效的机制，实现对信息科技风险的识别、计量、监测和控制，促进互联网金融公司安全、持续、稳健运行。对于信息科技风险管理，互联网金融公司应制订符合公司总体业务规划的信息科技战略、信息科技运行计划和信息科技风险评估计划，确保配置足够人力、财力资源，维持稳定、安全的信息科技环境。互联网金融公司应根据信息科技风险管理策略和风险评估结果，实施全面的风险防范措施。上述指引对于策略还有更为详细的规定。监管部门可以运用上述手段，对互联网金融理财产品的信息科技风险控制进行监督。

---

〔1〕 参见杨晓宴：《上海互金整治成立联席会牵头监管，证监会要求自查》，载21世纪经济报道：http://m.21jingji.com/article/20160613/herald/618e80a89672cc692fcb5893ba4328a2.html，最后访问日期：2016年10月8日。

〔2〕 参见阎庆民、谢翀达、骆絮飞著：《银行业金融机构信息科技风险监管研究》，中国金融出版社2013年版，第4页及以下。

在立法层面,应当加快完善互联网安全立法,完善相关监管细则和技术安全标准。

(三)降低互联网理财产品的流动性风险

对于"余额宝"等互联网金融理财产品,可以通过压力测试估算在购物高峰期或货币市场大幅波动等特殊情况下,投资者的赎回金额,据此对互联网金融理财产品的流动性风险进行管理。潘庄晨等以金融机构的流动性风险压力测试模型为基础,结合货币市场基金的特点建立了基于现金流压力测试法的互联网金融理财产品流动性风险压力测试模型,识别风险触发因素,并在此基础上进行压力测试的情景设计,提出了对互联网金融理财产品进行流动性风险管理的途径:(1)强化负债端的稳定性管理,对互联网金融理财产品的负债端管理主要是对客户资金转入与转出的管理。(2)优化资产端的配置:①综合多项指标,合理预判市场资金面;②通过对资产配置结构的科学设计合理配置存款、债券和买入返售比例;③保持组合债券中流动性较好的债券持仓比例,提高组合的整体流动性。[1]

对于互联网理财产品的流动性风险,监管部门可以参考美国在本轮国际金融危机后对货币市场基金的监管措施:(1)要求这类产品如实披露头寸分布信息和资金申购、赎回信息;(2)要求这类产品满足平均期限、评级和投资集中度等方面的限制条件,确保有充足的流动性储备来应付压力情况下投资者的大额赎回。[2]

(四)互联网理财产品应注重对金融消费者权益的保障

互联网理财公司应当尽到充分的说明义务。首先,应当要求互联网金融公司加强信息披露,通过说明能够使投资者知晓自己投资的是什么产品;其次,能够使投资者知晓投资产品的风险,明白收益和风险的关系,不能进行所谓"保本"的宣传;最后,在互联网理财公司违反风险说明义务给投资者造成损失的,应当承担损害赔偿责任。

《证券投资基金销售管理办法》已经规定:"基金宣传推介材料应当含有明确、醒目的风险提示和警示性文字,以提醒投资人注意投资风险。"在日本,为了能够使消费者注意和理解合同中的重要事项,使投资者注意风险提示和警示性文字,对字体字号也作出了细化规定。《关于金融商品交易业的内阁府令》第79条规定,对于《金融交易法》第37条第3项所列出的必须记载的事项,应当使用日本工业规格Z8305规定的8磅以上大号字体,以明了易懂的语言加以正确记载。对于其中的(4)、(5)、(6)3项特别重要的事项,更要求以12磅以上的大号字体突出显示。[3]

---

〔1〕 参见潘庄晨、邢博、范小云:《互联网理财产品的压力测试建模与流动性风险管理——以余额宝为例》,载《现代管理科学》2015年第8期。

〔2〕 参见谢平、邹传伟:《互联网金融模式研究》,载《金融研究》2012年第12期。

〔3〕 参见何颖:《构建面向消费者的金融机构说明义务规则》,载《法学》2011年第7期。

但在互联网金融的语境下，规定字体字号对于保护投资者权益则稍显乏力，因为在手机、计算机界面上，琳琅满目的信息很容易淹没掉仅仅规定采用大号字体的信息。相比之下，我国的规定更为合理。监管部门要确保风险提示和警示性文字"明确""醒目"，能够使投资者注意投资风险，避免使投资者形成互联网理财产品永不亏损的错误预期。

四、结论

对于互联网金融，既要鼓励创新，也要防范风险，进行适当的监管。"在诚实守信的前提下，一切有利于包容性增长的金融活动、金融服务，都应该受到尊重。现阶段，在监管原则上，要鼓励互联网金融创新和发展，包容失误，为行业发展预留一定空间。"[1]以"余额宝"为代表的互联网理财产品，将基金等理财产品在互联网渠道上进行销售，与传统理财渠道相比，具有突出的科技信息风险，尤其是网络安全风险。互联网理财产品还面临着法律风险、流动性风险，并且弱化风险提示及说明义务，有侵犯金融消费者权益之嫌。互联网理财产品的投资者数量巨大且多为金融弱势群体，金融监管对于金融消费者保护具有重要意义。并且，互联网金融产业的健康发展也离不开合理监管。在监管过程中，应处理好政府监管和市场、创新的关系，使市场在金融资源配置中起决定性作用，更好发挥政府监管作用。

---

〔1〕 刘士余：《秉承包容与创新的理念 正确处理互联网金融发展与监管的关系》，载《清华金融评论》2014年第2期。

京津冀协同发展背景下创新金融的法治环境构建

陈梦琪*

一、当前京津冀协同发展背景下的金融概况

(一)京津冀协同发展存在的问题

自20世纪80年代中期国家将京津冀地区列为实施国土整治战略的“四大”试点地区之一,到21世纪初由国家发改委牵头达成了著名的“廊坊共识”,京津冀协同发展历史已历经几十年。2014年习近平主席在北京主持座谈会时强调,实现京津冀协同发展,是面向未来打造新的首都经济圈、推进区域发展体制机制创新的需要。然而当前京津冀协同发展仍存在很多问题:(1)产业结构雷同,资源利用分散,地区恶性竞争。尽管三地相互之间已经形成了产业分工协作体系,但受制于地理因素和历史传统,目前京津之间、北京新城与环京县市之间、河北各县市之间都存在不同程度的产业结构雷同,地区经济后期可持续增长缺乏足够动力。(2)京津冀内部城市体系结构性失衡问题突出。地区城市体系中顶层是北京、天津,然中间层的大城市数量过少,无法承接来自顶层的辐射,带动底层发展的能力也较弱,导致京津冀地区城市体系和社会发展失衡。(3)由于大城市与区域整合合作体系尚未建立,人流、物流、资金流等在区域间流通存在困难,恶性循环,又制约合作体系的建立。

(二)金融创新推动京津冀协同发展

结合党的十八大将“市场在资源配置中起决定性作用”作为改革方向,京津冀协同发展的重点之一便是推动要素市场一体化改革,包括金融一体化、土地要素市场一体化、技术和信息市场一体化等。金融作为现代经济的核心,则更是改革的重中之重。[1] 不可否认的是,近年来金融创新在推动京津冀协同发展方面发挥了举足轻重的作用。(1)为解决产业结构雷同问题,以北京为龙头,发挥北京在金融服务业难以匹敌的优势,对外吸引国际高端金融要素聚集、提升京津冀地区国际地位和知

---

* 中国人民大学经济法学研究生。

〔1〕 黄韬:《“金融抑制”的法律镜像及其变革——中国金融市场现实问题的制度思考》,载《财经科学》2013年第8期。

名度；对内利用资金优化区域资源配置。典型例子有：工行总行先后出台《京津冀一体化区域信贷指导意见》《关于京津冀协同发展综合金融服务的意见》，对京津冀协同发展提供政策支持。天津作为国际港口城市，依托本地金融发挥辐射作用，可带动周边城市协调发展，实现产业结构的优化升级。(2)互联网金融的发展，促进了人流、物流、资金流在区域间的流通。过去京津冀底层城市中中小企业难以解决的融资难问题，现在得益于网络P2P借贷而有所缓解；过去受制于资金支付而无法完成的跨地区贸易，现在通过电子支付可轻松实现物流的区域流通……金融创新，带来了贸易方式的创新和资源互换形式的创新，推动京津冀区域各城市合作体系的建立。(3)金融一体化是京津冀地区技术和信息市场一体化、交通一体化、土地要素市场一体化的重要前提之一。根据规划，未来几年，河北交通一体化到2020年预计投资1.5万亿元，新建23条城际铁路，总里程将达到3400公里，总投资近万亿元；张家口地区待建风电、光伏发电项目装机容量达到1330万千瓦，总投资1195亿元；河北旅游项目3年累计将完成投资1000亿元。种种政策和项目方案，需要银行业提供大量的金融支持和保障。而银行业已经不止于传统国有银行，而是包括民间私人银行、各种类银行机构等。中国经济发展到这一阶段，国家发展需借力于私人资本的力量，方能释放区域经济潜藏的活力。

二、当前京津冀协同发展背景下的金融法治环境

（一）法律思维仍以管制为主

由于我国的公有制传统和奉行国家深入干预市场的理念，相应的金融市场上向来实行严格管制政策；加之转型时期的特殊性和我国将“秩序”作为各类规则制定的优先价值，使在金融制度变迁的历程中基本是以政府主导或替代的方式进行。比如，针对民间放贷行为，我国法律设定了法定借贷利率上限、管制借贷资金的用途、限制放贷的经营范围等“金融抑制”措施。然而金融改革走到今天，传统的“金融抑制”战略恰恰是在扼杀以市场有效配置资源的可能性。仍以民间借贷为例，我国商业银行得益于利率管制而获得稳定的利差收益，但大量发展中的中小企业求贷无门，只能通过民间借贷进行融资，可现行民法、行政法和刑法的部分规则都以打击“高利贷”活动为目标，本质仍体现强化“管制”的法律思维。

从金融立法层面来看，以“管制”作为立法理念无疑将抑制各类市场主体的积极性和创造性，使市场经济的活力大打折扣。金融作为一个创新性领域，民间力量和社会原生性改革动力均是必不可少的，以松代管、以疏代堵才是正确选择。从部门执法层面来看，以“管制”作为执法理念可能导致行政部门以“维护市场秩序，保护公共利益”之名设租、寻租。政府与市场的边界未能界定清晰，将导致公权力的滥

用，也使国家成为市场中金融风险的最终承担者。[1]

（二）针对新型金融出现法律空白

金融业的复杂性和专业性，本就使正式的金融体系在立法层面上难以全部完成，再加上现代科技日新月异，更是让近年来出现的各类新型金融未被纳入法律监管体系，出现法律缺位现象。例如，这几年大热的互联网金融，至今仍没有正式法规出台予以规制，只在2015年出台了中国人民银行等10部门联合制定的《关于促进互联网金融健康发展的指导意见》，但该意见无论从法律性质上还是具体可操作程度上，都无法满足现今规范互联网金融的需要。

在金融立法上法律滞后过于严重，对合法经营者而言，法律无法给他们提供行业上的保护，违法者趁机游走于法律灰色地带谋取不当利益。遵守法律者竞争不过投机取巧者，长此以往会挫伤从业者积极性，不利于整个行业的健康发展。对金融消费者而言，缺乏法律救济手段意味着消费风险和投资风险的增加，而金融业的高风险性和社会性决定了一旦发生损害消费者权益的事件，一般都是牵涉范围广、影响范围大的社会性事件，不利于社会秩序的稳定和凝聚。

因此，将新时代下的新型金融尽早纳入法律规制，填补金融业立法空白，成为中国法治建设的应有之义。

（三）现行法律存在矛盾，监管缺乏统一标准

1. 我国对于金融领域的调整一向以政策先行，金融性政策代替法律在实践中起指导作用，这导致我国金融法规制存在不够全面的问题。对不得不诉诸法律调整的金融法律关系，被适用最多的竟是《民法通则》《合同法》《公司法》等民事法律中的基本规范而非金融法。近年来，京津冀协同发展下出现的新型金融法律关系要求更加专业的金融规则加以调整，司法部门匆忙呼应现实需求的后果便是司法解释与法律之间产生矛盾。典型例子是最高人民法院《关于审理借贷案件的若干意见》和《合同法》中关于利率规定的冲突。《关于审理借贷案件的若干意见》第8条规定：借贷双方对有无约定利息发生争议而又不能证明的，由各地人民法院根据本地区的实际情况掌握，但最高不能超过银行同类贷款利率的4倍。而《合同法》第211条规定：支付利息约定不明的，视为不支付利息。此类矛盾并非单纯依靠法律法规的位阶高低即能解决，具体而言就是不能简单以《合同法》作为法律则效力高于司法解释而认定适用《合同法》规定。新法与旧法的冲突亦应纳入考虑范围。究竟何种规定更符合新时代法律关系调整的需求？通过怎样的法律解释能解决新旧法矛盾？这些都是法律清理工作和法律体系构建过程中应予考虑的问题。

2. 中国目前已形成的金融规制和监管格局为“一行三会”（即中国人民银行、证

[1] 姚东：《法治金融在中国》，载《中国金融家》2014年第12期。

监会、保监会、银监会）和地方性金融部门，其中“一行三会”各自制定规则分别为实施《中国人民银行法》《银行业监督管理法》《证券法》和《保险法》等的具体内容，地方性金融部门主要制定地方性规则。由于缺少统一协调部门，“一行三会”在商议立法时往往从自身利益和管理需要考虑，或过于偏重自身专业性部分，或试图权力独揽，这使各规则之间产生摩擦或冲突的可能性增大。司法适用中，法官也常因个人价值判断的不同选择不同的法律法规，判决出现矛盾难以避免，损害了司法的权威和公信力。地方政府根据各地经济发展特色设立的地方性金融规则，虽然在一定程度上促进地方金融的发展，但由于缺乏与上位法的协调，其合法性亦有待商榷；而各地金融规制大相径庭，也让金融主体无所适从。现代经济中市场主体流动性日益增强，解决地方性金融规则和中央顶层设计的矛盾势在必行。

3. 金融监督管理机构的各行其是，使目前监管标准难以统一。新兴金融企业在审批环节往往要经历多个部门的来回扯皮，各部门之间审批标准不一，要求的申请材料各异，常令企业无所适从。这无端增加了企业经营成本和时间成本，影响经济运行效率。面对不同于传统金融业的新型金融，部门单方面出台管理标准，似违背“法无授权不可为”的行政原则。同时，审批过后对金融企业的后续监管过程，也由于缺乏明确标准而让行政部门有了更多的寻租空间，部门利益凌驾于社会经济效益之上，其后果不可谓不严重。

三、京津冀协同发展背景下的金融法治创新

（一）转换法律思维

1. 树立“权利主导”的法律监管观念

在我国当下对金融市场仍相对抑制以及党的十八大提出“让市场在资源配置中起决定作用”的语境下，民间新型金融市场应进一步开放，既重视对金融行业的创新型企业的松绑，尊重其在法律框架下的经营行为；又要加强对新型金融关系中的“弱势群体”——金融消费者权利的保护。具体而言，重视金融企业的权利体现在：（1）给予他们与传统垄断金融企业公平竞争的平等机会。市场需要竞争方能保证其活力。只有实行公平竞争机制，我国金融行业各类资源才能充分涌流。因此，要通过法律赋予民间金融从业者合法竞争地位。（2）金融创新绝不可能是一帆风顺的，在此过程中，若金融风险属于可控范围内，法律应保持谦抑性，尊重市场主体自己发现问题、自己解决问题的权利。政府将部分权力归还金融市场，使金融市场主体以更多的自主权利合法行事，符合党的十八大提出的法治要求。加强金融消费者权利的保护体现在：目前，法律上对金融案件中责任主体的制裁一般为通过刑法上定罪量刑的方法剥夺责任人的自由作为处罚，但金融消费者的财产权难以获得救济。因此，建议调整金融市场参与主体权利义务的制度规范，适当向金融消费者一方作权

利倾斜规定,突出对弱势群体的保护。

2. 树立金融法治思维

金融领域具有高度专业性的特征。这要求在进行金融立法时应树立金融法治思维,正确处理行政和市场之间的关系,超越墨守成规的部门思维和惯性思维,提高金融立法的科学性、独立性和公正性。一方面,金融立法应尊重市场经济的运行规律,客观反映经济发展要求,平衡协调各类市场主体的利益需求;另一方面,金融立法不应加入过多的政治考量和意识形态色彩,要摆脱以“政策代替法律”调整金融法律关系的政府主导思维,真正做到独立、公正地根据中国特色社会主义市场经济立法。[1]

(二)尽快制定相关法律,将新型金融企业纳入监管范围

1. 制定解决金融纠纷的民事法律

由于金融业创新速度日新月异,金融立法应注重开放性和灵活性,既覆盖现有金融市场上的金融商品和服务,又对未来可能出现的新型金融商品和服务作出原则性规定,可参考英国的《金融服务法》、美国的《金融现代服务法》、日本的《金融商品交易法》等,结合中国现今金融市场的特色,制定除刑法以外的针对金融纠纷的专门民事法律。

2. 可立法将部分监管权授予行业协会

为提高金融监管的管制效率,同时考虑到金融监管的高度专业性,在制定法律将新型金融纳入监管范围时,不应再由政府包揽监管权力。建议针对不同类别的金融风险设立不同的第三方监管机构,如可将部分监管权立法授予行业协会,实施自律性监管。并且,制定相关规范时应适当吸收该金融活动领域长期形成的交易习惯和自律性规范,使市场机制和第三方发挥主要监管作用。这样既填补了目前法律上对新型金融企业存在的监管空白,也会因对政府形成竞争而提高管制效率。

(三)完善现行法律和监管体系

1. 构建协调统一的金融法律体系

(1)做好法律解释和法律清理工作。上文提到的最高人民法院《关于审理借贷案件的若干意见》和《合同法》中关于利率规定的冲突,因两份法律文件都仍在施行阶段,要解决此类矛盾必须做好法律解释工作。具体法律解释权属于哪一机构,应由冲突的法律法规之位阶决定,或干脆设立一专门解释金融立法之结构,由法律专家、金融专家组成,保证解释的科学性。(2)制定更高位阶法律。比如,制定《互联网支付平台管理办法》及其实施细则规范电子商务中的金融业务,制定《借贷法》规范这几年火热的民间借贷、网络P2P借贷等新型金融借贷业务,制定《银行法》放宽

[1] 朱大旗、李慈强:《论存款保险立法中银行监管权的分配与协调》,载《北京行政学院学报》2013年第3期。

市场利率、规范除传统国有银行之外兴起的民间银行和类银行机构的市场行为……(3)金融投资者或消费者往往需要提供重要个人信息,信息又与重大个人资产绑定,所以在金融投资领域,金融市场主体的信用问题十分重要。[1] 因此,要构建协调统一的金融法律体系必须辅之以健全的社会信用体系建设,为金融创新发展提供良好的诚信基础。建议参照国际经验并结合京津冀地区具体情况,制定《个人信用征信管理暂行办法》《企业征信管理办法》等地方法规,促进京津冀地区社会信用体系的形成。

2. 进一步确立监管标准

(1)建议出台具体条例对金融实践中的监管标准作出规定,具体可包括金融机构准入条件、互联网金融营业牌照的发放、金融公司及其股东权利义务划分、金融公司经营范围的扩展与更新、资本账户允许对外开放的程度等。要通过具体条例提高抽象法律的可适用性,通过明确清晰的监管标准界定权利的归属和权力的范围。(2)对于形态各异、业务种类繁多的金融机构,应根据其不同的业务特点、风险类型、所有制形式等设立不同的监管标准。举例而言,国有金融机构具备公有制属性,其运营涉及整体社会利益,那么监管标准则宜紧不宜松;但对于非公有制金融机构的监管,为更好激发其在市场中的参与度,监管标准应进行适度松绑。(3)监管标准可具体划分为事前预防式监管和事后追惩式监管。事前监管标准要保持一定的灵活性和变通性,依赖信息公开主要进行形式上审查而非实质审查,以最大限度活跃金融市场、鼓励金融创新。事后监管标准既要有必要的信息公开,给予金融消费者充分的知情权;也要有相应的信息保密措施,防止某个金融领域常见的"多米诺骨牌效应",引起社会上群众不可控的恐慌情绪。

3. 明晰监管主体,提高监管主体整体素质

建议建立统一的政府金融规制机构,作为"一行三会"的监督者和规则解释者。该机构的职责主要为:立法阶段,构建各部门之间信息共享平台,使各部门在沟通充足的前提下进行有针对性的专业立法,避免以往金融立法的监管真空或监管冲突;执法阶段,在执法出现权力扩张或责任推诿状况时以中立第三方的角色进行解释,以统一规则的适用。

2015 年 3 月 15 日《立法法》修改以后,实际上地方政府单独制定正式金融规则的权力被进一步缩小。因此,建议地方政府及时清理与法律、国务院法规(包括决定、命令等)、司法解释相矛盾的地方性"立法",完善其中与法律法规相适应的部分。金融行业的跨区域性决定了过于照顾地方特色的地方性法规和规章有保护主义的倾向,根据《立法法》的精神应收回地方政府和地方性金融部门在这方面的

〔1〕 李慈强:《论金融消费者保护视野下金融纠纷调解机制的构建》,载《法学论坛》2016 年第 3 期。

权力。

除确立合适的金融法监管主体外,监管机构中人员整体素质的提高也是推进金融法治进程的重要环节。金融业的高专业性、科学性要求其监管人员必须同时具备法律知识和金融专业知识,只有这样才能从深层次理解金融从业主体的需求,从群众易于理解的角度推动金融法治和金融政策的贯彻执行。

信托投资新领域之农地信托法律问题研究

李 菲*

长期以来，我国一直坚持在家庭联产承包责任制的基础上发展农业经济，即我国集体组织掌握农地所有权，而农民仅享有土地承包经营权，这就是所谓的“两权分离”模式。但是，在此模式下，农业发展问题层出不穷，特别是近些年来农地发展面临更多挑战。尤其是进城务工之风席卷农村地区，非农收入成为农民收入的主要来源，导致农村劳动力匮乏，农地“抛荒”现象十分严重。所以，为了解决上述问题，党的十八届三中全会提出要将目前的土地承包经营权再次分离为土地承包权和土地经营权，形成农地所有权、承包权、经营权三权分置的格局，以更好地促进农村承包土地经营权的流转，实现农业产业化、规模化、现代化的发展。

一、问题的提出

党的十一届三中全会以来，我国农村一直实行家庭联产承包责任制，这种制度在当时的社会环境下确实增加了农民的归属感，很大程度上提高农民的积极性，促进了农业大丰收。但是，近些年社会环境急速发展，“农民”在社会生活中扮演起两种角色：农民和农民工，且后者似乎更胜一筹，导致农村劳动力缺位，严重影响了农业化进程。

在此大背景下，国家不断出台相关政策予以改善，特别是党的十八届三中全会的召开，为我国新一轮农村土地制度改革奠定了总基调。2015 年 11 月中共中央办公厅、国务院办公厅印发《深化农村改革综合性实施方案》明确提出“在农村耕地实行所有权、承包权、经营权‘三权分置’的基础上，按照依法自愿有偿原则，引导农民以多种方式流转承包土地的经营权，以及通过土地经营权入股、托管等方式，发展多种形式的适度规模经营”。[1] 总的来说“三权分置”就是要落实所有权，稳定承包权，放活经营权，让农民享有更多的农地经营模式，促进农民增收致富。

以此为契机，中国的信托行业纷纷涉足农村土地流转市场，创新农地流转方式，为农地规模化、产业化经营保驾护航。农地信托流转作为我国目前农村土地流转的

---

* 河北经贸大学法学院硕士研究生。

〔1〕 中共中央办公厅、国务院办公厅印发《深化农村改革综合性实施方案》。

新兴实践方式,社会中已存在很多成功典范,如"中信·农村土地承包经营权集合信托计划"下安徽省宿州的"混合模式"、[1]北京信托"股权+双合作社模式"等[2]社会反映普遍比较好。但是,由于农地信托流转方式尚在雏形以及初期的发展阶段,运营中存在的融资风险、农业风险等一定程度上限制了农地信托这种新型的土地流转形式不能更好地施展信托的优势。并且,法律法规的不完善也使农村土地信托无法可依,虽然私法领域内"法无禁止即自由"但是国家法律如果不能提供有效可循的依据也依旧使农村土地信托步履维艰。正是由于社会实践中存在很多问题阻碍农地信托业务的顺利运行与开展,特写此篇文章与大家分析探讨农地信托发展的理论构建与实践出路,以实现其更好、更快发展。

二、农地信托的定性与理论基础

凡言信托者,几乎无人不援引英国法学史家梅特兰的经典名句:"如果有人要问,英国人在法学领域取得的最伟大、最独特的成就是什么,那就是历经数百年发展起来的信托理念。我相信再没有比这更好的答案了。"[3]这无关乎信托宗旨与社会道德理念的契合性,而是因为其自身具有的灵活性与普遍性。信托制度作为一项古老的制度,不仅取得了现代的意义,更取得了世界的意义。于15世纪英国,为规避沉重税赋而生,历经数个世纪的沧桑,不断沉淀为适应时代发展的新型信托,并在法律界崭露头角,逐步为人民所接纳而成为一项世界性的财产制度。[4] 当下,人们对"土地问题"的关注度日渐升温,为寻求一个更好、更合理的解决方案,在充分考虑我国特殊"土地政策"的基础上,经多方思考研究,遂决定将"信托"纳入土地管理中去。

(一)农地信托的定性

"信托",总体而言,是"基于信任而委托"。对于英美法系与大陆法系传统的概念界定思维模式而言,英美法系是采"目的导向"或"效果导向"思维模式,更多关注的是其法律效果,而大陆法系因立法与司法工作的严格分明,更偏向于"要件导向"思维模式,强调在立法环节明晰法律行为的构成,从而更有利于司法活动的开展。所以,目前法律界对此制度的定性无法达成统一的标准,单是大陆法系的国家就有

---

〔1〕 姜雪莲:《农村土地承包经营权流转信托的法律问题——以中信安徽宿州农村农地经营权信托为中心》,载《北方法学》2014年第4期。

〔2〕 刘向东:《土地流转信托研究:创新先行降低风险是关键》,载凤凰财经网。

〔3〕 F. W. Maitland, *Selected Essays* (H. D. Hazeltine, G. Lapsley, and P. H. Winfield (eds.), Cambridge, Cambridge University Press, 1936) 129.

〔4〕 参见何宝玉著:《英国信托法原理与判例》,法律出版社2001年版。

制度说、行为说与关系说等观点,[1]但总方向不会变,即“信任义务的法律化”。根据我国《信托法》第2条的规定可知,我国是一个偏大陆法系的国家,即信托是指委托人基于对受托人的信任,将其财产权委托给受托人,由受托人按照委托人的意愿以自己的名义,为受益人的利益或特定目的进行管理或者处分的行为。上述规定很明显已经将我国的信托定位于“行为说”的行列,信托作为一种行为,尤其是能够产生法律效果的行为应当受到信托法的保护,以规范信托法律关系中当事人的权利与义务,这样更加有益于维护委托人的合法权益。

而我国信托制度与农村土地挂钩产生农地信托是在21世纪初期。2001年2月浙江绍兴进行的农村土地信托流转实践,开创了我国农地经营权流转的先河,带动了我国农村土地信托业的整体发展,被称为“绍兴模式”。作为一种新型的农地流转形式,农地经营权信托,从最直观的层面来说,是在农地生产经营过程中引入信托制度,将二者结合。与信托相比,是在共性的基础上谋求个性发展,因此,在其共性的信托概念基础上界定其内涵是合理的。根据我国《信托法》第2条的规定,可以将农村土地信托定义为:在坚持农民土地集体所有权和土地承包权不变的前提下,农村土地承包人基于对受托主体的信任,将其承包地的使用权信托给受托人,受托人以实现土地收益最大化为宗旨,以自己的名义对土地使用权进行管理或处分,而土地收益由土地承包人享有的民事行为。[2] 农村土地流转主要包括两方面:耕地的经营权流转与建设用地的流转,在此主要讨论前者即承包土地的经营权的流转。农村土地信托符合当下我国农村经济发展的现状,有利于打破土地抛荒现象,把农村劳动力从土地中解放出来,创造更多的财富。同时,顺应现阶段我国对农村的土地政策,保证农村农民增收创收。

(二)信托发展的理论基础

众所周知,信托具有无可比拟的灵活性与普遍性,为我国市场的繁荣昌盛做出很大贡献,将农地经营权以信托的方式流转,委托人将这项财产权利转移给受托人,受托人凭借自身的科学知识及优良技术来整合管理农村土地,并将土地收益交付于受益人从而获得报酬。这样不仅解放了农村劳动力,更为当前农村地区出现的“抛地荒”现象找到出路。那么,农地经营权的信托功能与优越性到底有哪些,值得我们认真研究探讨。

一方面,农地信托的设立,有助于实现农村土地专业化、规模化经营。在农村土地改革初期,为提高农民种粮积极性而采取农村土地联产承包责任制的管理模式,

---

〔1〕 大陆法系国家将信托的概念分为:制度说(认为信托就是一种制度),行为说(信托是一种基于信任而托付的法律行为),关系说(认为信托实际上是当事人之间形成的一种法律关系)。

〔2〕 参见柴振国等著:《农村土地承包经营权出资中若干法律问题研究》,中国检察出版社2011年版,第88页。

将土地分割给一家一户,但随着社会经济的发展,农村劳动力严重流失,导致土地抛荒现象屡出不鲜。为更好地解决这一社会难题,我们将在农业生产的基础上引入信托制度,实现规模经营。

另一方面,充分保障农民享有的财产权免于非法侵害。根据我国的土地政策及《物权法》的相关规定可知:农民对土地仅仅享有使用权,而不享有所有权。农民所享有的农地经营权是用益物权,是有限定的物权,处分权不归农民所有,那么就很难把握国家公权力对农民该项财产权的保护力度。并且在农村土地流转过程中,农民的该项财产权利极易受到损害,而一旦发生损害状况,我们首先要明确的就是侵权法律关系主体。在我国,农村土地的所有权属于农村集体,但对于农村"集体"概念的界定是极其匮乏的,很多学者在介绍农村土地所有权主体时经常用的词汇就是"主体缺位"。[1] 从法律层面来看,信托是一种法律行为,即接受委托人的委托,为受益人(委托人)利益管理、处分财产的行为。其为社会提供了一项优良的外部财产管理制度,从而保障失去劳作能力农民的基本生活水平。

三、农地信托的可行性分析与实践发展

(一)农地信托的可行性分析

每项制度的存在都有其深厚的经济基础和社会需求。党的十八届五中全会提出:大力推进农业现代化,加快转变农业发展方式,走产出高效、产品安全、资源节约、环境友好的农业现代化道路。这是继党的十八届三中全会,首次提出"鼓励和引导工商资本到农村发展适合企业化经营的现代种养业,向农业输入现代生产要素和经营模式"后的又一政策导向,基本上确立了新一轮土地制度改革的基调,为工商资本进入农村、参与农村土地流转提供了政策依据。在此背景下,农地流转就再次成为全社会关注的焦点。[2] "三权分置"制度的发展直接将土地流转制度的发展推至巅峰,从农地转包、出租、互换、代耕(或托管)、抵押等发展至农地信托,农地信托制度作为一种新的流转模式逐渐走进人们的视野。那么,推动农地信托业务不断发展的重要因素是什么呢?

首先,农村劳动力流失,农地抛荒现象严重,亟须一位管理者代为经营管理。在当下社会,消费水平逐步增高,但是农民收入却未增加,使农民种地入不敷出,且随着市场经济发展,劳动力需求量增大,因此,很多农民选择加入"农民工"的行列,造成农地抛荒现象十分严重。在此背景下,引信托入农地市场更符合农村市场需求,也能增加农民收入,这是推动农地信托开展的一大动力。

---

〔1〕 张先贵:《集体土地所有权改革的法理思辨》,载《中国土地科学》2013年第10期。

〔2〕 参见高圣平:《农地信托流转的法律构造》,载《法商研究》2014年第2期。

其次,农民的接受程度在很大程度上是决定农地信托能否成功推进的重要因素。很多人在研究农地信托的一个重大疑虑就是农民能否接受。这个问题是很现实的,但是并非无从下手。尤其是当下互联网信息化,各地开展的农地信托实例已经通过各种途径为农民所知晓,且再没有比抛荒更糟糕的事了。

最后,农地信托自身优势不可忽视。农地信托业务的开展,不仅能够为农地开发引进资金,还能提供优质的经营管理服务,完善基础设施建设及采纳新兴科学技术等,这些优势是农民个体经营所无法获取的,也是其他经营管理模式所不具备的,因此,引进农地信托是大势所趋。但是,当下一个重要问题就是信托公司缺乏相应的专业人才,这是值得重视与解决的重要问题。

(二)农地信托的实践发展

党的十八届三中全会的决定提出:"要赋予农民对承包地占有、使用、收益、流转及承包经营权抵押、担保权能。"[1]这一政策的出台为我国农地信托业务的实践工作提供了良好的发展环境。但是,由于我国农地确权登记工作一直未完成,使农地信托业务开展规模受限。但实践中不乏大胆者,已经有些许典范值得我们学习探讨。现阶段主要信托模式如下:

1. 个体委托人模式

2010 年中粮集团开始进行农村土地信托的尝试,地点选在黑龙江省肇东市五里明镇。信托模式为自益信托,其具体流转程序就是中粮集团从当地镇政府手中获得其创设的玉米种植合作社下的农地经营权以及取得当地农民姜晓波名下的鱼塘承包经营权,以此作为信托财产经营管理。但为了获得前期的运营费用,中粮集团将信托财产的收益权质押给了龙江银行,以此换取了质押型的农业贷款,凭借此中粮集团开展专业化的生产经营,并将所得收益分配给五里明镇政府和姜晓波本人,至此完成中粮集团主导下的自益信托。

以上农地流转模式的发展得到了质的飞跃,其中所包含的创新与突破不言而喻。一方面,通过此确立了以农地承包经营权为信托财产的农地信托,打破了信托财产必须是合法拥有所有权财产的传统;另一方面,这种流转模式通过将收益权设置权利质权获得生产资金,有效地缓解了农地融资问题,但这样就很容易使受益人的利益受损。

2. 政府委托人模式

农村土地信托中的政府委托人模式是指在信托开展过程中,直接享有农地经营权的农民并不直接接触受托人(一般为信托公司),而是将自己的农地经营权转包给政府,由政府出面商量信托事宜,即政府是农地信托的委托人。这项模式依具体内

[1] 中共十八届三中全会的决定全文,2013 年 11 月 15 日。

容又可称为“事务管理类信托 + 资金信托的模式”，在我国当属2013年中信信托在安徽省宿州埇桥区占据5400亩农田设立的首例银行参与的土地流转项目最为典型，设立期限为12年，设立名称为“中信 · 农地经营权集合信托计划”，引起了社会广泛关注。与此同时，中信管理人员期待设立打造的“土地农业银行”能否实现，更加备受关注。[1]

具体操作内容：首先，是事务管理类信托，主要解决农地经营权如何信托的问题。农民将自身拥有的农地经营权转包给政府，由政府出面与信托公司签订信托合同，政府将农民转包给他的农地经营权作为信托财产设立农地信托，并将由此获得的收益分配给受益人，待到信托业务到期时将农地承包经营权返还给委托人。其次，为实现农地专业化、规模化生产经营，会对农地进行统一归集整合，并进行大规模的基础设施建设，此期间的各项费用将会建立相应的资金信托计划来对接，从而更好地解决农地经营融资难的问题。最后，科学技术是中信信托实现农业专业化、规模化运营管理的根基。安徽帝元生物科技有限公司由安徽和元投资管理有限公司与中科院合肥物质科学研究院在合肥国家高新技术产业开发区共同创立。公司成立以来，深化产学研合作模式，致力于国际前沿科学离子束生物工程创新产品和环保科技成果的产业化运营。[2] 所以，未来安徽帝元生物研发公司将在农地信托运营管理中充任不可小觑的力量。

该项土地信托模式运行的具体流程，如下图[3]所示：

3. 合作社委托人模式

合作社委托人模式，顾名思义就是以合作社为委托人的农地信托模式，其具体流程我们以北京信托为例作一简单介绍。2013年11月北京信托以江苏省无锡市开展的“桃园村项目”采取了一种新的信托方式——“股权 + 双合作社”模式进入农村土地信托流转行业中，其具体运营步骤：首先，确权到农民个人，针对我国农地国有或集体所有的特色国情，实际享有使用权的农民权属不明，社会中很容易发生侵害农民权益的问题，因此，应当针对农民的农地经营权这一财产权利进行确权，并发放农地经营权证书；其次，入股到农村的专业合作社，农地经营权一旦确权到个人，那么拥有此权利的农民就有权处分该项权利，以该项权利出资；最后，委托给北京信托公司，这项委托事宜应当由农民共同出资所形成的专业合作社为委托人，将农民的出资即农地承包经营权设立信托，作为信托财产。

北京信托是继中信信托开展以来兴起的一种相类似的农地信托业务，不同之处

[1] 参见姜雪莲：《农村土地承包经营权流转信托的法律问题——以中信安徽宿州农村农地经营权信托为中心》，载《北方法学》2014年第4期。

[2] 参见宿州帝元现代农业投资发展有限公司，公司信息基本资料。

[3] 参见蒲坚著：《解放土地——新一轮土地信托化改革》，中信出版社2014年版，第234页。

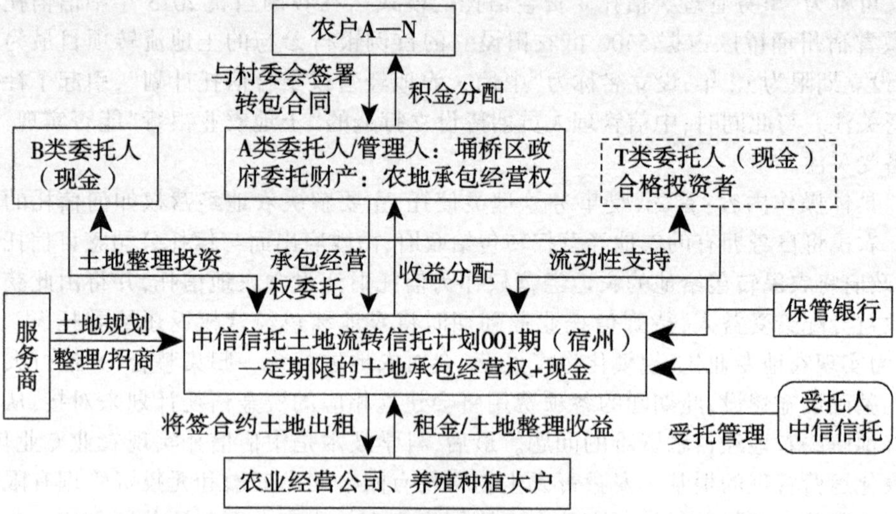

安徽宿州农地经营权信托交易结构

主要在于农业生产经营方面，在引入第三方的问题上，北京信托具有自身特有的方式，而不同于中信信托，其将农地承包经营权信托给桃园村自己设立的专业合作社，这些合作社的成员主要是本村拥有种植技术的农民，充分利用现有资源进行专业化、规模化的种植。这样不仅能够引入专业化、规模化生产经营的科学与技术，还在一定程度上解决了广大农民的就业问题，并充分利用农民多年的生产经验更好地管理农地生产，降低农业经营风险，实现效益最大化。[1]

4. 国外主要土地信托模式

在国外，尤其是作为信托法起源地之英国，信托业发展迅速，将信托引入土地结合运营已经多年，在社会实践中形成了多种各具特色的土地信托模式，下面主要介绍传承了英美法系与大陆法系特色的两种信托类型：

一是英美模式，主要是利用住房协会、信托机构和社区组织等实体组织设立永久性基金。具体做法为：开发者（委托人）购买一块生地，然后将该土地所有权信托给受托人，签订信托契约，受托人发行土地信托受益凭证，并由委托人销售该受益凭证给市场上的投资人，受益凭证代表对信托财产（土地所有权）的受益权，销售受益凭证所得资金用来改良土地，然后将土地出租给由该开发者组成的公司。受托人收取租金，负有给受益凭证持有人固定报酬的义务，并将剩余租金用来买回受益

〔1〕 参见刘向东：《土地流转信托研究：创新先行降低风险是关键》，载凤凰财经网。

凭证。[1]

二是日本模式，主要是通过建立土地信托银行参与土地信托业务。具体做法为：土地所有者将土地信托给受托人（土地信托银行），并从受托人治理和使用该土地的收益中获取信托红利。土地信托包括出售型和租赁型，前者是委托人将信托财产委托信托业者出售，受托人将出售所得，在扣除受托人的报酬及其他手续费用后，交付给委托人；后者是受托人无处分信托财产的权利，在信托期间，信托业者应定期给付委托人收益，信托终了时，委托人仍保有原土地的所有权。[2]

纵观国内外农村土地信托模式发展的典型案例可知，无论是在理论研究还是社会实践，这些模式或多或少都存在些许弊端，为了更进一步发展符合中国特色的农村土地信托流转模式，我们认为，在农村土地信托过程中采取合作社模式更为科学，但农地生产运营资金的融资问题可以借鉴个体委托人模式下的融资方式，并且日本模式中建立土地信托银行也是一个非常不错的构思。目前，农地信托在我国农地经营权流转中的应用地位日益凸显，但是与之相对应的理论基础和法律法规还未成熟，为了未来农地信托制度健康有序发展，我们亟须解决这一问题。

四、农地信托风险防范与保障机制

当下科技的发展与农业水平的提高，对农村土地流转形式提出了新的要求，而信托凭借自身所具备的融资功能与风险规避功能势必将超越目前正流行的土地流转形式而成为农地流转的首选，以便为农民保值增值。但由于农地信托在我国引入时间晚、根基不稳，相关法律法规还存在不足之处，尤其是法律对信托的保障力度不够，运营中的问题难以有效解决。为了未来更好地完善相关立法，解决信托实务中的难题，我们应当对这些问题明确化，从而找出化解难题的更优途径。

（一）农地信托中存在的风险

首先，农地种植风险难预测。在农地经营管理过程中，因为信托业务的介入使农地经营获得了专业化、规模化生产，在一定程度上提高了农地产量并提升了农地成果的质量，使农民创收、增收的渴望变为现实，进而步入正轨。但是，并非所有的问题都能依靠科学技术来解决，因为有些问题处于科技领域的空白点，无从适用。这些主要问题表现为，抗倒的麦子和玉米，科学家研究了那么久却只能达到缓解的高度，而始终无法根本解决这一问题。所以，在农地种植过程中有些风险是难以预测、难以估摸的，这就需要建立在风险发生时及风险发生后完备的救济机制。

其次，第三方的真实情况难核实。目前我国农地经营权信托刚刚起步，很多细

---

[1] 参见［日］三菱日联信托银行编著：《信托法务与实务》，张军建译，中国财经经济出版社2010年版，第11～12页。

[2] 同上，第12～14页。

节还不完善,存在些许漏洞,一旦发生损害那将是致命的打击。尤其是在信托业务关系中最终接手管理土地的人,在此称为第三人,第三人可以是集体组织内部成员,还可以是社会上的某些组织。对本村人民基本上知根知底,但是新进来的第三人,对其运营状况一无所知。并且我国已经取消最低注册资本,还未设立诚信机制,因此,农民对这些组织基本上处于盲点,只能根据现有资料了解他们,而具体情况如何,无人可以精确回答。

最后,委托人中途退出无保障机制。我国的农地经营权信托制度是在信托的基础上发展而来的,在很大程度上保留了信托的确定性规则,即信托关系一旦成立不得撤销,除非委托人在信托文件中保留了自己的解除权。[1] 同样道理,在农地经营权信托中,除非委托人在信托文件中明确保留了自己的解除权,否则不得轻易解除农地信托关系。若委托人对此视若无睹,执意单方解除农地信托关系,那么应当对单方解除给对方造成的损失予以赔偿。这显然是有利于受托人的。然而委托人退出时的保障机制法律却无明文规定,这是当下亟待解决的重大问题。

(二)农地信托风险防范与保障机制建构

首先,实行农地经营保险机制,加强风险防范。农地信托业务一旦开展,在风险预防上,应当引入保险机制。当下我国保险行业的发展比较成熟,相关的法律法规也比较完善,在设立农地信托之初,引入保险机制,可以有效预防风险并在信托财产毁损时凭借保险赔偿降低信托公司所承担的损失。另外,直接从事农业种植的第三方农业公司或种植专业户可以将其在特定土地上种植或养殖的动植物进行投保,一旦发生保险合同约定的保险事由发生致使保险利益受损时,就能够获得一定的赔偿。

其次,完善登记及相关制度,保证第三方真实可靠。当下我国设立农地信托的首要任务就是逐步完善农地确权的相关立法,并建立专门的服务机构负责农地确权登记工作,以达到公示公信的效果。一方面,应当完善我国《物权法》中的土地登记制度,建立全国范围内统一的农地确权登记机制。这样参与农地经营的市场主体不用再将心思或精力放在排查相对人是不是真正的农地承包经营权人问题上,而专心于农地的生产经营。另一方面,应当完善信托登记制度。我国信托法对信托登记制度的规定应当予以明确具体化,明确具体的信托登记机构、登记簿记载的事项、登记人员、登记程序,结合我国 2015 年 3 月起实行的《不动产登记暂行条例》对农村土地流转中登记的相关事项:其一,应当将农地信托登记事项交由县级以上政府主管部门,由其专门负责农地流转的登记事项;其二,应建立全国范围内统一的不动产登记簿,可以采用电子版也可以采用纸质版;其三,登记人员应当挑选高素质专业化的人

[1] 参见陈宇飞:《我国农村土地信托法律问题研究》,中国社会科学院 2012 年硕士学位论文,第 10 页。

才予以担任，并要定时定量予以培训教育；其四，应当本着便民利民的精神与理念设计农地信托的登记程序，必要时为了确保登记的真实性，登记人员可以进行实地的检查和测量。[1] 唯有如此，才能保证第三方的真实可靠，在一定程度上提高交易的安全性。

最后，强化农民权益的法律保护与法律监督。农民财产的保值增值始终是农村土地信托的出发点和落脚点。我国目前提出“三权分置”的土地政策以及社会实践中农地信托业务的不断试点，都是在为保障农民收入做准备，但这一切的根本前提是确保农民土地财产权的安全性，不被他人随意侵犯。

一是从立法角度完善农地信托对农民权益的保护。当信托与农地相结合，一项新的制度应运而生，这项制度需要人们专门立法予以保护，尤其是我国农业大国的本质使立法工作者在立法过程中不得不重视对农民权益的保护。在信托实务中，我们必须保证农地承包经营权设立信托后，受托人的善良管理义务；必须保证信托业务一旦终止，土地的承包经营权应当落入委托人即农民手中，因为土地是农民的命根子，是其安身立命的根基，如若收不回来，那么不仅农地的专业化、规模化生产无法达到预期目标，更使农民对社会丧失信心，这将造成可怕的后果。

同时，在未来的农地立法领域，我们应当考虑将农村社会保障专门立法，保证保障对象明确化、保障管理一致化、保障资金来源稳定化等，为设立农地信托做好充足的准备。因为，农民一旦加入农地信托的行列中，基本上就从土地中解放出来，大多会选择进城打工，而遗留在农村中的孤寡老人与未成年儿童的生活问题如何保障？这并非信托业务一设立就能覆盖的，需要政府出面予以帮扶，建立健全农村的社会保障来保障农民的生活。

二是从行政角度完善农地信托对农民权益的保护。开展信托业务，我们应当对政府进行准确定位，即政府要做农地信托的“服务者”，而非“参与者”。[2] 一方面，要时刻监督信托运营者对土地的生产经营，防止耕地挪作他用，以保障我国农地用途不变。如若发现有不法侵害者，擅自将耕地挪作他用时，定要及时制止，并积极引导、纠正这种错误的行为，推动农地信托的顺利开展，保护农民的合法利益不受非法侵害。另一方面，积极开展农地确权工作，保证每一块土地确权到人，每一本确权证书发到农民手中。俗话说“科学技术是第一生产力”，我国政府应当本着为人民服务的态度与精神，对农地信托中的第三人即真正经营管理土地的人提供技术支持、政策引导。另外，针对广大农民群众，有关农地信托的相应宣传教育是很有必要的，使农民更彻底地了解农地信托，更有信心参与农地信托实务。

三是从司法角度完善农地信托对农民权益的保护。司法途径是权利不完整者

[1] 参见庞亮：《构建我国农村土地信托制度的法律思考》，载《科学社会主义》2012 年第 5 期。

[2] 刘志仁：《农村土地保护的信托机制研究》，中南大学 2013 年博士学位论文，第 8 页。

维护自身合法权益的最后一道屏障，因此，务必保证其公平公正，防止权利受侵害的农民丧失对法律的信赖。在农地信托实务开展过程中，势必会遇到某些不法分子为谋求利益，恶意违背法律规定与当事人在信托文件中的约定，从而损害农民的合法权益。因此，一旦诉诸法院，法检系统应当时刻保持公平公正的态度，客观处理此类案件，防止横生腐败恣意。

同时，考虑到农民的实际情况，我国应当为其设立法律咨询机构与法律援助机构，一方面，普及农地信托法律知识，从根源上杜绝信托欺诈行为；另一方面，在农民遭遇侵权时，为农民这类弱势群体提供法律救济，帮助其维护自身合法权益，确保信托关系终止时信托财产即农地承包经营权归属于委托人即农民所有。

四是从法律监督角度完善农地信托对农民权益的保护。农地信托中的法律监督主要是国家政府极其有关部门以及社会力量对行政执法和信托运营状况进行监督察看。一方面，国家监督的实质是引起国家对农民权益的重视，规范执法行为、明确执法责任，保证执法的严格性及确定性，坚决杜绝滥用行政权力，坑害老百姓的做法。[1] 同时，司法机关要对行政机关的行政活动进行司法审查，辨析保障农民权益合法合理的行政行为。另一方面，社会监督是指动员社会中一切可拿来为农民服务的力量来监督农地信托的运营发展。例如，委托人有查账的权利，这在一定程度上是对信托业务运营状况的监督。同时，村委会也可以对信托机构和农业企业进行监督来确保农地合法的用途等。

五、结语

农地信托实务的开展是为了获得一个共赢的局面，尤其是保障委托人也就是农民的基本权益、扩大其收益。同时，以“三权分置”政策提出为契机，在农村土地中引入信托制度，以缓解当下愈演愈烈的“三农问题”。但是，尽管我们对农村土地信托的理论基础和法律依据进行了详细的阐述，并且在运行模式上进行了精心的设计，但要真正实现农村土地信托法律制度构建，也绝非一朝一夕能够完成，必须要在实践中不断探索才能逐步完善。

〔1〕 参见郭洁著：《土地资源保护与民事立法研究》，法律出版社2010年版。

地方政府债务重整机制研究

张思明*

一、地方政府债务风险与政府破产

在允许地方政府发债前,已经存在不少地方政府以各种形式变相公开发债,有的以各种名义和名目成立公司或者以行政摊派方式筹集资金;有的是以政府基金的名义由地方财政作担保向社会举债,形成政府的或有负债。该类负债虽能解决地方发展的一些现实问题,但因脱离政府财政体系的监督,实际运作中还需从财政列支,易引发潜在的财政风险。1994 年分税制改革后,在地方政府事权扩大的同时,财权却没能得到合理的配置,随着经济社会的发展变化,居民对地方政府承担的公共职能与公共服务的要求也有所提升。政府的财政支出因其承担的公共品范围的拓展而应然扩大,因此,举债即成为地方政府筹措建设资金,缓解其财政资金供需不平衡的有效方式。发达的市场经济国家大多许诺地方政府发债,以解决地方政府履行公共职能而产生的收支不均衡问题,地方政府举债在国家市场经济运行中发挥着较为重要的调节和稳定作用。如美国、法国、日本等国的地方公债市场较为发达,是债券市场的重要组成部分。地方公债能够发挥金融政策和财政政策的协同优势,在增强地方政府配置职能的同时扩充了资本市场的交易品种。

2014 年 5 月 19 日财政部印发《2014 年地方政府债券自发自还试点办法》,经国务院批准,2014 年上海、浙江、广东等 10 个省、市进行试点地方政府债券自发自还。积极推进地方政府发债试点改革,以建立规范的地方政府举债融资机制。从财政部代理发行地方政府债券,到开展部分省区自行发债试点,再到现在地方政府债券自发自还试点,这是一个大的突破。整个推进过程用了 5 年时间,表明国家对于地方政府发债相当谨慎、力求稳妥。根据 2014 年预算报告,2014 年地方财政收支差额为 4000 亿元,将由地方政府债券弥补,并列入省级预算管理。试点地区自发自还政府债券是包含在这 4000 亿元里的,但具体数额是多少现在还未明确。地方政府债券自发自还,有利于地方政府根据本地区实际情况募集资金,并作出偿债规划和安排。中央财政不再为地方债务“埋单”,地方政府成为债券的真正债务人,资金的责任主

* 民政部政策研究中心与清华大学社科学院博士后。

体和使用主体更加明确。这意味着地方政府在获得更大自主权的同时,也要相应地承担更多的责任。因此,必须建立规范的地方政府举债融资机制,有效防控风险,但政府举债存在一定的风险,潜在的债务危机易诱发政府破产。

根据2013年12月审计署发布的地方政府债务审计结果:截至2013年6月底,地方政府负有偿还责任的债务108,859.17亿元,负有担保责任的债务26,655.77亿元,可能承担一定救助责任的债务43,393.72亿元。根据近年来地方政府性债务在举债主体和融资方式上出现的新情况,本次审计,在政府负有担保责任的债务中,包括了全额拨款事业单位为其他单位提供担保形成的债务383.52亿元;在政府可能承担一定救助责任的债务中,包括了地方政府通过国有独资或控股企业、自收自支事业单位等新的举债主体和通过BT(建设—移交)、融资租赁、垫资施工等新的举债方式为公益性项目举借,且由非财政资金偿还的债务19,730.13亿元。地方政府性债务具体情况为:从政府层级来看,省级、市级、县级、乡镇政府负有偿还责任的债务分别为17,780.84亿元、48,434.61亿元、39,573.60亿元和3070.12亿元。根据这一统计结果,部分地方政府已经资不抵债、趋于破产,政府债务重整机制是协调解决债务政府与其债权人之间利益的合理选择。地方政府破产是指地方政府出现债务危机,其财政不能清偿到期债务的一种事实状态。地方政府债务重整机制是指对于因不能清偿到期债务而申请破产的地方政府,与债权人达成协议,通过一系列债务重整措施以获得更生,走出债务危机所采取的法律程序和措施,为地方政府与其债权人之间寻求各自利益最大化提供了一种程序化和公平清偿的法律环境。政府破产在世界范围内并不鲜见,1937年以来,美国有约600个地方政府申请破产;过去30年中申请破产的地方政府将近250个。2008年金融危机以来,就有约15个城市申请破产。20世纪80年代以来,各国发生或濒临发生地方政府债务危机的案例屡见不鲜:巴西在20世纪80~90年代先后爆发3次地方政府债务危机;1995年的比索贬值导致墨西哥许多地方政府陷入债务危机;印度在20世纪90年代末至21世纪初快速增长的财政赤字使许多邦政府一度处于债务危机爆发边缘;1998年~2001年俄罗斯89个区域政府至少有57个发生过违约。地方政府破产比较典型的有:美国的加州橘郡于1994年宣告破产、日本北海道夕张市政府于2007年宣告破产、美国拥有"汽车城"美誉的底特律于2013年12月宣告破产等。政府破产并不意味着政府的倒台。所谓破产只关涉财政方面,政府依然能够行使相应的行政职能。只是,在维持日常运转之余,政府主要的工作变为债务重整和平衡预算。

二、地方政府债务重整立法例与功能分析

地方政府债务重整机制是化解地方政府债务危机的有效机制,明晰的破产规则有助于投资者进行精确的风险定价和信用评级,使债权人有选择性地判断风险,合

理制订借款条件。很多国家都具有政府破产机制,由于各国经济环境与历史氛围以及建立破产机制的动机不同,实践中,破产机制的安排各国都不尽相同。美国现行破产法[1978 年《破产改革法》(Bankruptcy Reform Act)]中的第九章"市政当局债务之调整"规定的即地方政府破产问题。该规范与第十一章规定的企业破产债务重整相似,只是适用对象为市政当局。换言之,当市政当局申请破产时,应当适用重整程序。具体而言,在市政当局因资不抵债而向破产法院提出破产申请后,在 120 天之内享有提出重整计划的专有权利(在 120 天之后,任何债权人和其他有关方均可提出),该份计划应当包括对债权人和债券持有人的分组,并说明每一组成员可以获得何种清偿。同时,重整计划还必须从经营的角度说明市政当局打算采取哪些改组措施,并说明对这些措施前景的预测。当然,此时市政当局仍然被允许以自己的身份执掌政府。重整计划制订以后,必须经过债权人和债券持有人的表决、破产法院的批准两项程序方能生效。具体实施如下:(1)如果一项计划得到所有各组的批准,并符合破产法的有关原则,法院就必须批准这项计划;(2)如果这项计划得到某些组的批准,并符合破产法的有关原则,法院也有权批准;(3)如果这项计划未得到任何组的批准,法院就无权批准;(4)此处破产法的有关原则包括债权人最大利益原则、公平对待原则和绝对优先原则。如果重整计划不符合这些原则,则无论它获得多少组的同意,破产法院也无权批准这项计划。重整计划获得批准后,破产法院会监督计划的初期执行,因为大部分的改组措施都会在这个阶段完成;之后,法院将宣布法院程序的终结,由市政当局独立地按重整计划进行债务重组,直至破产的消除。[1]日本并未确认地方政府财政破产法制,但为了在陷入财政破产危机之中寻求债务重整的自治体,根据《地方财政再建促进特别措置法》,设置了债务重整团体制度。在日本,按照债务重整措置法规规定,地方政府被认定为债务重整团体,就可代表地方政府破产。[2]

地方政府破产本质上区别于企业破产,在保护债权人利益的同时,必须履行政府应有的公共服务职能。而在债权债务关系上,自然人破产与企业一般都涉及财产的扣押和清算,而为了维护政治稳定,确保基本公共服务,在涉及地方政府破产程序时,虽不能免除破产后的地方政府不能支付的偿债义务,但不需要考虑清盘,这很大程度上限制了债权人对地方政府资产的扣押权利。而中央政府也不会接管偿债义务,因为在地方政府陷入财政困境时,中央政府的无条件救助会诱发道德风险,导致地方政府的财政失责和肆意借贷,这样会导致地方政府财政动辄依赖政府破产,使破产机制失去意义。中央会通过监管,监督辅助其制订严格的债务偿还计划。基于公共利益的需要,不存在政府被破产清算之可能,最大限度限制债权人扣押和处置

---

〔1〕 参见潘琪著:《美国破产法》,法律出版社 1999 年版,第 239 ~ 240 页。

〔2〕 参见李晓新:《试论地方政府债务的破产法律解决机制》,载《学海》2012 年第 6 期。

地方政府资产的权利,摒弃以收购地方政府的方式作为解决债务危机的措施。因此,地方政府债务破产法律解决机制是一种债务重整机制。地方政府破产,虽然会严重损害其提供公共服务的能力,但是必要的公共服务必须得以维系,因而政府主体必须存在,地方政府的法人资格不允许被消灭。地方政府破产主要是指地方政府财政的破产,是指地方政府尝试通过债务重整,以缓解财政危机的法律措施。建立地方政府债务机制能够帮助无偿债能力的地方政府保持财政可持续性,从而确保提供公共服务的能力,最终实现债权人的利益最大化,推动新兴资本市场的发展。同时,通过建立公开透明的政府债务信息制度,有利于提升地方政府的诚信度。

三、地方政府债务重整程序

(一)债务重整程序的启动

债务重整程序启动的前提是宣布地方政府破产。地方政府因债务陷入财政困境时常发生,但政府破产毕竟会影响社会公共职能的充分实现,如果政府仍具有偿债能力,就不能轻易宣布破产。各国通常用偿债率指标来衡量财政危机的严重程度,具体指标含义差异较大。如巴西将偿债率定义为偿债支出占剔除转移支付后的经常收入之比重,哥伦比亚定义为偿债支出占经常性盈余的比重,秘鲁定义为偿债支出占包括转移支付在内的经常收入的比重,俄罗斯定义为偿债支出占总预算支出的比重。不同国家的财政责任法对偿债率设置了上限,超过这个上限的地方被认为濒临破产。申请破产者的资格要求也因国家而异。例如,美国只有市政府能申请破产,条件是无偿债能力、已经努力或尝试制定处理其债务的方案,以及获得州对于申请破产的授权,债权人不能违背市政府的意愿将其诉至联邦法院;南非和匈牙利则规定任何债权人均可起诉申请市政府破产。在启动破产程序以后,地方政府即进入债务重整阶段,目的是恢复地方政府财政的可持续性。地方政府破产的发生条件因不同国家规定不同而有所差异。例如,日本明确规定了实质赤字比率都道府县接近5%、市町村接近20%即为濒临破产;实质赤字比率都道府县超出5%、市町村超出20%即为发生破产。[1] 其他各国也通常用偿债率指标作为地方政府濒临破产和发生破产的评判依据,但是对于偿债率的定义却有所不同,这些参数的设计都表明一个共性的问题,即"导致政府破产的最主要原因是现金断流的问题,即政府缺乏足够的现金支付其必须承担的公共服务和债务偿还"。[2] 在破产申请人方面,不同的国家有不同的要求。所谓破产申请人,是指有权向法院提出破产申请的主体。有的国

---

〔1〕 参见李琦、王亮:《地方政府破产与债务重整的一般过程分析》,载《社会科学战线》2011年第5期。

〔2〕 宋凯、赵慧、戴正宗:《是什么导致了加州政府破产危机》,载《中国财经报》2009年7月9日,第A005版。

家规定只要是债权人就可以起诉地方政府破产，如南非和匈牙利规定任何债权人均可起诉申请市政府破产。有的国家赋予地方政府也可以自行申请破产，如美国。在破产受理方面，不同国家对于地方政府破产的受理方式也有所不同。大多数国家将地方政府破产的受理设在法院，如匈牙利和美国通过破产法院进行处置。健全的司法体系下专业破产法院的设立，有助于提高地方政府破产案件审理的效率。

（二）债务重整立法例

地方政府破产之后，为了维持现在及未来公共服务职能、满足选民的需要，需要尽快进行债务重整。从债务重整的方式上来看，主要分为两种：一是中央政府的援助。中央政府以帮助其从财政困境中尽快脱身，这种情况一般需要由地方政府向国家议会提出申请，如果予以批准，则动用国家力量予以重建，如日本夕张市的财政破产。二是自主重整。当国家议会未予以批准，或者是由于制度设计，中央政府或上级政府并无义务予以援助，则只能动用自身的力量予以重建，如美国橘县（Orange County）。从债务重整的手段上看，主要分为4种。第一，增加税费收入。开征新的税种或者调高原有税种的税率，增加某些公共设施和公共服务中使用者的付费或者提高付费额度。第二，降低政府财政支出。通过削减某些政府部门、裁减雇员、延付工程款项、扣减、延付职员工资，以削减部分公共服务、牺牲一定的福利标准，避免地方政府财政浪费，如美国加州削减多项社会支出和政府采购合同。通过招募无薪或低薪的志愿者承担本应由政府作为的某些公共服务项目，如日本夕张市破产时招募了大量的除雪自愿者。第三，地方政府继续发债融资。但是地方政府破产后的信用评级下降，融资难度也将加大，因此，有的国家由中央政府给予融资担保，如日本夕张市。第四，变卖地方政府资产。地方政府通过变卖其资产，以取得现金收入。如美国加州拍卖出售的资产包括曾经举行过两届奥运会的洛杉矶纪念运动场、圣昆丁州立监狱以及橘县的市集场所等。[1] 上述四种手段大都不会单一出现，根据实际情况，可以综合采用，如日本夕张市政府破产程序启动后，"市民的公共福利被大幅削减，公营住宅租金、水费等公共费用大幅涨价，政府的行政服务水平降低，免费服务将被大量削减，收费服务大幅提高，地方公务员的薪金减少，人员数量削减"。[2]

各国实践表明，上级政府对地方债务重整的行政干预范围通常很广泛，而司法在债务重整中的作用相当有限。如美国规定，一旦地方政府宣布进入债务危机，其所属州政府就必须建立一个债务重整计划和监督委员会，地方政府应当向其提交明细的债务重整方案，委员会有权审查地方政府的税收、借款政策及其支出计划和以保障符合债务重整方案。同时，上级政府规定的审计和预算报告的透明度是各国地

---

〔1〕 参见宋凯、赵慧、戴正宗：《是什么导致了加州政府破产危机》，载《中国财经报》2009年7月9日，第A005版。

〔2〕 国家发展改革委员会外事司：《一个日本小城市的破产》，载《中国经贸导刊》2006年第17期。

方债务重整中的普遍原则,这有利于地方政府能够重新进入资本市场,也有利于债权人为信用风险精确定价。巴西、秘鲁、哥伦比亚等国家将财会报告中的债务透明度视为地方政府债务重整中的关键要素。

(三)债务重整的主要措施

债务重整是化解地方政府债务危机,恢复其公共职能的前提。债务重整是政府破产机制的核心。破产受理机构通过破产申请后,为了在维护政府职能基础上达到未来收支平衡的结果,需要进行债务重整。债务重整计划的主要内容包括:第一,增加收入或减少支出的措施。地方政府的收入主要来源于中央转移支付和地方税,因此,增加收入的方案主要有:(1)增加中央对地方政府的转移支付,或者增加发放补助金的金额及其种类;(2)扩张税种,调高税率;(3)提高公共设施的服务手续费或使用费等;(4)出售部分政府资产。债务重整有必要缩减地方政府支出,倡导节约,避免浪费,除必须负担的法定开支外,可以削减对各种团体的补助,减少公共设施建设及其投入,裁减政府雇员,延迟支付或减少公务员工资津贴等。地方政府破产后的公共服务水平会降低到较低水准。债务重整中的地方政府对城市的基础设备无力进行再投资,与居民切身利益相关的公共设施如道路、学校设施则会中断或延迟。第二,通过中央协助重整和自主重整。中央协助重整的途径是地方政府已无力消除财政赤字,需要在中央的监督管理下推动债务重整。如日本,按照《财政再建促进特别措施法》进入破产债务重整的地方政府,就丧失了地方自治权。

(四)债务重整程序的终结

地方政府债务重整终结即是地方政府通过破产期间的债务重整措施,妥善解决了债权债务关系,走出债务危机,实现良性运作,向法院申请终结破产程序的法律状态。经过终结破产程序后,地方政府能够重新投资城市公共建设、获得再融资、购买相关公共资产,以及招募政府雇员等。因此,破产状态终结后,地方政府才会有一定的财政自由度,地方政府在破产重整期间只能维持最基本的公共服务功能。不过,终结破产程序只能是地方政府债务重整的初步成果,并非是其完全摆脱了债务危机,破产机制仍然是“上悬利剑”,还需谨慎履行财政职能。

(五)政府债务重整措施的保障

1. 非营利组织(Non-Profit Organization,NPO)及市民的积极参与

地方政府债务重整需要有中央政府和上一级政府以及债权人的监督,制订切实可行的重整计划。按计划减少财政支出。除保障必要的最低限度公共服务外,应尽可能暂停其他事业。地方政府破产会导致人口流失,老龄化增加,公共设施无人维修管理,政府的税率提高,公共服务费均会随之增加。破产重整中地方政府可以采用向居民增税、开征新税种、增加公共设施的使用费以及合并学校等相关措施。但是,地方政府债务重整的负担就落到了市民头上,这就有必要理顺政府与市民的关

系,营造具有契约意识与法治理念的市民社会。地方政府是市民的政府,政府发债是为了全体市民提供公共服务,市民才是政府真正的主人,当政府出现危机时,市民应当同政府一道渡过难关。因此,重整之路离不开市民的大力支持,政府公共服务质量的下降可以由NPO等民间组织予以补充,倡导市民积极参与社区志愿者活动,做一些如垃圾清运、街道清扫等的公共服务。而政府对于需要减弱或废除的公共服务项目,应当通过市民会议与市民对话进行协商确定。建立行业协会等自治组织,提高市民的自治水平,地方政府进入破产重整时,随着政府行政范围的缩小,具有自治功能的社会福利协会、行业协会、和观光协会等的公共服务机能即显示其重要性。

2. 上级政府的援助

政府债务重整计划的实施离不开上级政府的援助,但该援助并非是财政资金的资助,而是重整计划的制订、政府控制支出等相关措施的批准或指导,并对市民的基本人权以及社会弱者不可或缺的教育、基础福利等实行过程监督,必要时会由上一级政府或者中央政府代为履行陷入破产的地方政府职能。地方政府债务重整期间会裁减大量政府雇员,导致职能部门职员和政府公务员等的失业,这也需要获得上一级政府或者中央政府的援助,制定相关优惠的收入与就业对策,保障失业人员最基本的生存权利。

四、地方政府破产债务重整配套机制的完善

目前,我国尚未建立政府破产机制,但地方政府的债务风险客观存在。因此,有必要建立地方政府债务风险防范机制,避免出现政府破产危机,促使地方政府加强财政纪律约束,确保政府财政稳定和可持续。建立明确的地方政府破产法律机制,有助于强化地方政府的债务约束,促进地方政府完善有效的债务偿还机制和决策责任机制,减少地方政府债务风险。

(一)建立地方财政的硬预算约束机制

由于我国中央和地方政府的财权与事权划分不清,财政透明度不高,以及财政转移支付制度自身存在的某些问题,引发部分地方政府一定的债务危机,中央政府往往从维护地方稳定大局角度,以发行债券、财政支持或者债务免除等方式给予支持,这种软预算约束体制以及中央政府的特别救助易诱发较高的道德风险,导致地方政府的肆意借贷和财政失责行为,并使债权人无法正确评估政府的债务风险,以合理确定其借贷成本。

从美国的地方政府破产制度经验来看,州政府与州以下地方政府的公共服务水平与高效率,是建立在硬预算约束制度基础上的,从联邦政府到州政府往往都有明确规定,拒绝为债务危机的下一级政府提供紧急援助。1975年纽约州政府出现财政危机向联邦政府求援时,福特政府就拒绝救助,甚至明确表示任其“自生自灭”。州

政府对下级政府的破产危机同样坚持不援助原则。较为特殊的两次例外援助：一是1977年联邦政府对陷入债务危机的华盛顿特区的援助，主要是基于华盛顿特区特殊的经济与政治和地位考量；二是新泽西州对卡姆登市的紧急援助，主要是因为卡姆登是美国最贫穷的城市，该市有42.5%的居民生活在贫困线以下。并且犯罪率居全州之首，而且卫生、教育等不尽如人意，州政府主要试图通过救助以确保市民与儿童享有最基本的公共服务。

（二）建立政府债务信息披露制度

《美国宪法》第1条第9款规定“除依照法律规定拨款外，不得从国库中提出任何款项，一切公款的收支报告和账目应定期公布”。针对该款规定，美国于1870年通过了《反预算过度法》，明确了政府应该如何获得和使用预算，禁止政府超预算花钱，任何联邦公务员违反《反预算过度法》将被处以最高两年的监禁并罚款5000美元，当政府提出的预算得不到国会批准时，政府应当关门（紧要部门除外）。

具有地方政府发债的国家立法例，往往规定有十分严格的政府债务信息披露制度。如巴西规定，地方政府必须每4个月公布一次政府债务报告，该报告由地方官员签署且公之于众。地方政府的举债情况必须登记在“国家信息系统中心”，各级政府与银行都可以查到相关信息。在南非，地方政府在举债的整个过程中，对投资人或贷款人有实质性影响的所有信息均须予以披露，并务必对其准确性与真实性负责。我国的地方政府举债，尤其是在“自发自还”试点中，应当借鉴发达国家经验，建立政府发债信息披露制度，编制严格的政府债务收支计划，公布政府债务的相关风险指标，使地方政府的债务趋于显性。政府债务信息公开有助于推动建立地方政府举债的社会公众监督机制，同时能够为地方与中央政府提供债务风险预警。“信息的公开披露也可以抑制地方隐性债务和或有债务的形成，迫使一些隐性债务和或有债务显性化和直接化，这些都将有助于加强政府的债务管理以及降低地方政府的债务规模。”[1]提高地方政府发债透明度也有利于债权人对借贷信用风险进行精确定价。我国目前政府债务信息的公开透明度尚待提高，而建立公开透明的债务信息披露制度有赖于地方政府预算水准的提升。目前，我国地方政府的预算体制不甚健全，预算管理较粗，导致政府预算执行的随意性加大。因此，人大对政府预算有效地监督和约束亟待加强，杜绝政府举债过程中的不公平、低效行为。公开透明的政府债务信息披露机制能够为政府科学决策提供完整而真实的信息，更有利于人大与社会公众的监督。

（三）建立债务风险预警机制

国外地方政府破产重整制度经验告诉我们，地方政府的发债行为需要通过立法

---

〔1〕 车放：《化解我国地方政府债务风险的新思路》，载《中央财经大学学报》2008年第6期。

进行规范,逐步建立规范性、流动性的市政债券市场。客观上讲,地方政府发债就有可能触发其债务危机,因此,科学确定地方政府发债规模,建立政府债务风险预警防范机制是十分必要的。但更为关键的是要构建一个完善的政府债务危机处理机制。这一机制主要包括债务紧急状态与破产重整两个层面。债务紧急状态主要指当地方政府的偿债率达到一定的指标时,可以发出相关紧急状态宣告,并在预算发出宣告的一定时期内,政府会出现的资金亏缺情况,即有必要采取特别措施促使政府财政收支平衡。在此种情况下,政府将会采取某些财政紧缩措施,一般不包括对其债务的缩减。但当政府以债务紧急状态下所实施的特别举措仍然不能遏制其债务危机发生时,经过法定程序的批准,就可以宣布地方政府进入破产阶段,即实施必经的债务重整措施。

铁路行业社会资本准入程序[1]

亐道远*

培育竞争主体，吸引社会资本准入，实现铁路行业多元化投融资体制是铁路行业深化改革的重要举措。而要吸引社会资本准入，必须规范准入程序，为社会资本投资进入铁路行业搭建顺畅渠道。准入程序是矛盾的汇聚点，社会资本投资铁路行业将通过具体的准入程序实现，因此，准入程序是否规范和科学，直接决定着投资主体能否顺畅地投资进入铁路行业，也决定着投资主体对政府开放政策的满意度评价，决定着投资主体的投资信心，进而决定着国家鼓励社会资本投资铁路行业的政策成败。

一、铁路行业社会资本准入程序的宗旨

（一）保障投资主体权利

保障投资主体的权利是铁路行业社会资本准入程序欲实现的重要目标之一。准入领域制度和准入条件制度都从不同侧面对投资主体的权利进行保护，但最为直接的保护是铁路行业社会资本准入程序制度，具体体现为：

其一，准入程序制度通过对准入机关权力的严格限制进而有效避免其侵害投资主体的权利。社会资本投资铁路行业的最终目的是获得准入的资格。在此过程中投资主体遇到的最大困难就是准入机关的刁难。如果没有严格规范的准入程序限制，准入机关的具体工作人员可以任意扩大自己的权限，拖延审批期限，甚至对投资主体提出各种苛刻的要求，从中实现自己的私利。投资主体出于无奈也只能不断满足准入机关审批人员的要求，甚至还会不择手段，投其所好取悦于审批人员，其目的就是通过准入审批，获得准入资格。但是，如果设置了严格规范的准入程序制度，明确界定了准入机关的权力，并严格限定准入许可的期限，科学规范具体准入流程，准入机关具体负责人只能按照法律规定的权限和程序进行审查许可，否则就要承担相应的法律责任。因此，铁路行业社会资本准入程序制度的设置，可以有效地控制准

〔1〕 本文为2015年年度国家社会科学基金一般项目“高铁走出去的法律保障问题研究”的阶段性研究成果，项目编号：15BFX195。

* 法学博士，石家庄铁道大学文法学院副教授。研究方向：经济法、铁路法。

入机关的权力,最大限度地缩小准入机关任意自由裁量的空间,从而有效地保障投资主体的权利免遭侵害。

其二,准入程序公开操作的原则可以有效避免准入机关对投资主体权利的侵害。公开是设置铁路行业社会资本准入程序制度的重要原则,没有公开则无所谓正义,[1]"暗箱操作"是准入机关侵害投资者权利的主要原因。在没有公开规范的铁路行业社会资本准入程序制度的情况下,准入机关可以凭借神秘的准入审批权力,任意侵害投资者权利,而作为弱势方的投资者其救济途径却十分有限,一般只能忍气吞声。但是,如果建立了公开规范的准入程序制度,严格要求准入环节的过程公开。这样准入机关实施准入的权力受到社会公众的广泛监督,作为弱势方的投资者权利得到了社会公众监督的救济,双方之间的不平等地位得到有效平衡,准入机关也就不敢再任意侵害投资者权利。因此,通过铁路行业社会资本准入程序制度的设置,投资主体权利可以在较大程度上得到保障。

(二)提高社会资本准入效率

提高准入效率是铁路行业社会资本准入追求的重要目标之一,准入领域和准入条件制度可以在一定程度上实现该目标,但能够直接实现提高准入效率目标的主要是准入程序制度,具体体现为:

其一,准入程序制度可以降低准入成本。一方面,铁路行业社会资本准入程序制度的建立,将准入流程清晰明确地向社会公开,投资主体只需依据相关法律法规规定的程序进行即可,无须额外再花时间和金钱收集准入程序信息;另一方面,规范明确的准入程序制度严格限定了准入机关的权力,而且要求准入工作公开进行,投资主体只需依据相关法律法规要求进行即可,无须花费过多的人力、财力用于准入寻租,可以有效地节约准入成本;另外,铁路行业社会资本准入程序制度严格限定了许可的最长期限,投资主体可以节约准入时间,降低时间成本。

其二,准入程序制度可以降低准入机关的工作成本。由于准入程序制度限制了准入机关的权力,规范了准入机关的准入工作流程,同时也简化了社会资本准入不必要的烦琐程序。一方面,可以减少准入机关不规范的准入工作支出,避免以职权名义浪费;另一方面,通过科学规范的准入程序设置可以缩短准入期限,减少准入机关的工作量,进而节约准入机关的准入成本。

综上所述,铁路行业社会资本准入程序制度的建构可以有效节约投资主体的准入成本和准入机关的工作成本,缩短准入期限,可以有效提高铁路行业社会资本准入的效率。

(三)促进铁路行业健康快速发展

促进铁路行业健康快速发展是铁路行业社会资本准入的最终目标,准入领域和

[1] 参见[美]伯尔曼著:《法律与宗教》,梁治平译,中国政法大学出版社2003年版,第21页。

准入条件制度都可以从不同侧面和不同程度促进铁路行业的健康快速发展。但是，准入程序是准入矛盾的汇聚点，由准入机关直接面对投资主体。因此，铁路行业社会资本准入程序制度的合理建构更能直接保障投资主体权利，更能给投资者信心，也更有利于吸引社会资本投资，进而对促进铁路行业健康快速发展的贡献更大，具体体现为：

其一，有利于吸引社会资本投资，进而促进铁路行业健康快速发展。科学规范的准入程序制度可以有效地保护投资主体的权利，还可以降低投资主体的准入成本和准入难度，有利于增强投资主体投资铁路行业的信心，吸引更多的投资主体投资铁路行业。大量的投资主体投资铁路行业，一方面，扩充了铁路行业建设资金，有利于解决铁路行业建设资金短缺的问题，并且还有利于建构铁路行业多元化的投资主体结构；另一方面，增加了铁路行业的竞争主体，有利于铁路行业在一定程度上改善市场竞争结构，促进铁路行业的市场竞争。

其二，有利于建立铁路行业良好的竞争秩序，进而促进铁路行业健康快速发展。科学规范的铁路行业社会资本准入程序制度赋予准入机关相应的职权，准入机关可以根据铁路行业的市场竞争状况，通过业务经营资格许可权力合理调节铁路行业的竞争主体数量。在当下铁路行业竞争不足的情况下，准入机关可以尽可能多的许可符合条件的投资主体从事铁路业务，参与铁路市场竞争。而如果未来铁路行业竞争加剧，竞争市场快达到饱和时，准入机关可以通过铁路业务经营资格许可的控制，合理控制铁路行业的竞争主体，避免造成铁路行业过度竞争的状态。因此，铁路行业社会资本准入程序制度可以通过铁路行业竞争主体数量的合理调控建立起合理的竞争秩序，进而促进铁路行业健康快速和可持续的发展。

二、铁路行业社会资本准入程序内容界定

要建构一套科学合理的准入程序，需要在理论上认清准入程序的主要内容，只有清楚准入程序的主要内容包括哪些部分，并对主要内容进行科学合理的组合，才能建构出合理可行的准入程序制度。遵循投资准入的路径，在铁路行业社会资本准入程序制度设计中，需要解决的问题主要有：其一，谁来决定社会资本投资准入，即确定准入机关及其职权配置问题；其二，如何让社会资本投资准入，即建立具体的准入程序问题。而这些问题的解决，在铁路行业社会资本准入程序制度建构中都需要以权利（力）义务的形式表现出来。因此，铁路行业社会资本准入程序的内容主要应该包括投资主体的权义和准入机关的权义。

（一）投资主体权义

在铁路行业社会资本准入申请的过程中，为保障准入申请行为的顺利进行，从立法论的角度分析，投资主体的准入申请行为程序将会以权利义务的形式表现出

来，即一方面，法律需要规定投资主体申请准入享有的程序性权利；另一方面，法律还需规定投资主体需要履行的程序性义务。

1. 投资主体权利

在投资主体申请准入铁路行业的过程中，作为弱势一方的投资主体其权利极易受到侵害。因此，铁路法律应当赋予投资主体相应的自救权利，以便投资主体权利受到侵害时能够进行及时自救。主要包括：

其一，申辩权。如果在具体的申请准入过程中，准入机关或其聘请的专家对投资主体的情况作出不正确的理解或判断时，投资主体有权进行申辩。这是保障投资主体权利免遭侵害的及时救济渠道，它既可以避免准入机关基于不正确的理解或判断而作出错误的准入行为，又可以鼓励投资主体通过自己的努力及时保障自己权利。因此，应该赋予投资主体享有申辩权。

其二，申请行政复议权。当准入机关作出不予准入的决定时，对投资主体意味着准入申请失败，需要承担不利的后果。为保证准入行为的正确性，避免准入机关的片面观点导致错误的决策行为，应该在铁路行业社会资本准入程序制度的设计中赋予投资主体向准入机关的上级主管部门申请行政复议的权利。

2. 投资主体义务

在铁路行业社会资本准入程序制度设计中，为了保障准入工作的顺利进行，应该规定投资主体需要履行的程序性义务，主要包括：

其一，准备准入申请材料的义务。投资主体的准入申请行为最终都会演变为纸质的书面材料，对相关准入条件的审查一般也都需要通过纸质材料的描述进行审查。因此，准备准入申请的相关材料是投资主体必须履行的基本义务，无论在哪种类型的准入行为中都会涉及准备准入申请材料的义务。

其二，提请具体准入申请的义务。投资主体准备完相关材料之后，需要按规定要求向准入机关提出具体的准入申请。准入行为的性质决定了准入机关行为的被动性，如果没有投资主体的准入申请，准入机关不可能启动任何准入行为，只有收到准入申请后，准入机关的准入工作才会开始启动。因此，投资主体的准入申请行为是启动准入程序的必要条件，是投资主体必须履行的基本义务。

其三，修改或补充准入材料的义务。准入机关对申请材料进行审查后，如果发现申请材料不符合要求，则会要求投资主体修改或补充准入材料，这是保证准入机关质量和保证准入公平的必然要求，是投资主体必须履行的义务，否则将承担准入不能的后果。

其四，接受现场检查的义务。准入机关在行使准入职权审查准入材料的过程中，如果发现仅查看材料无法弄清事实真相时需要到现场进行实地查看，投资主体有积极配合准入机关现场检查，协助了解真实情况的义务，这是准入机关正确行使职权的必要保障。

其五，按要求进行答辩的义务。有些复杂的准入行为，单独依靠准入机关的能力难以作出公平准确的准入决定时，准入机关需要聘请相关专家作为评委，并组织现场答辩会，要求投资主体到现场参加答辩。这是准入机关顺利行使准入职权的重要保障，是投资主体必须履行的义务，否则将会视为投资主体自动放弃准入申请，将承担准入不能的后果。

以上这五种义务是投资主体申请准入铁路行业的基本义务，除此之外，为保障准入行为的顺利进行，可能会涉及其他相关义务，从立法论的角度分析，一般会以兜底条款的形式规定其他义务。

(二)准入机关权义

1.准入机关职权

准入机关是准入程序制度的核心，它代表国家决定是否让投资主体投资准入具体业务领域，是直接面对投资主体的国家机关，其准入权力行使行为直接决定着投资主体能否投资具体业务领域。所以，如果准入机关不明确，则投资主体不知道应该向哪些国家机关申请准入，而相关国家机关则可能会各自扩张自己的权力领域，要求投资主体向其申报准入申请；也可能会相互推让，使投资主体的投资准入申请无法获准，导致投资主体准入困难，投资渠道不畅通，影响准入效率，打击投资主体的信心。并且，如果准入机关过多，则投资主体需要层层审批才能投资具体业务领域，仍然会增加准入难度，进而阻碍准入政策目的的顺利实现。因此，在铁路行业社会资本准入程序制度设计中，应该科学合理地确立准入机关，它对国家成功实施吸引社会资本投资铁路行业的政策至关重要。

确定准入机关之后需要为其配置相应的准入职权。准入职权是准入机关开展准入工作的依据，没有配置准入职权则准入机关无法开展准入工作，而且，如果准入职权配置不合理还会影响准入工作的效率和效果。准入权力配置过多则会增加投资主体的负担，造成准入困难；而准入权力配置不足则会削弱准入机关的能力，导致准入工作无法保质保量地完成。因此，在铁路行业社会资本准入程序制度设计中，合理配置准入机关的职权是顺利开展准入工作的重要保障，是铁路行业社会资本准入程序制度的重要内容。

2.准入机关义务

为了保障铁路行业社会资本准入机关顺利开展准入工作，需要赋予准入机关相应的职权，但在具体的铁路行业社会资本准入申请过程中，准入机关和投资主体之间的地位并不平等，准入机关作为国家机关具有决定是否准入的权力，属于强势方，而投资主体则属于弱势方，投资主体的权利很容易受到侵害。为保证准入机关不任意侵害投资主体的权利，应该赋予投资主体相应的救济权利，但这不足以阻止准入机关任意侵害投资主体的权利,还需通过科学的准入程序设计,给准入机关设置特殊的程序性义务,防止准入机关任意侵害投资主体的权利。铁路行业社会资本准入机关的程序性义务主要包括:

其一,限期作出准入决定的义务。作出准入决定的期限长短直接关系准入效率的高低,也直接关系投资主体的利益。如果准入程序没有期限限制,什么时间作出准入决定完全由准入机关决定,一方面,准入机关可以通过准入期限的拖延,在具体准入过程中刁难投资主体;另一方面,为争取短时间内获得准入资格,投资主体只能通过寻租等手段贿赂准入机关负责人,这不仅容易滋生腐败,而且会严重打击投资主体投资铁路的信心,从而阻碍吸引社会资本投资铁路行业政策目的实现。因此,应该在铁路行业社会资本准入程序制度中对准入机关设置限期作出准入决定的程序性义务,要求准入机关最晚必须在多长时间内作出准入决定,否则需要承担相应的法律责任,避免准入机关通过准入期限的任意拖延侵害投资主体的权利。

其二,保证服务质量的义务。准入行为是准入机关向投资主体提供的公共性服务,公共性服务属于无偿服务,提供服务的主体不能向服务对象收取服务费用。因此,这种服务不存在竞争,不能通过竞争保证服务质量,只能通过强制性义务保证服务质量。在铁路行业社会资本准入的过程中,如果没有保证服务质量的强制性义务限制,在没有任何竞争压力的情况下,准入机关没有动力和压力保证改善服务质量,只有在铁路行业社会资本准入程序制度中规定保证服务质量的强制性义务,才能保证准入机关提供的准入服务质量。如目前国家简政放权改革推行的一个窗口服务义务,一次性修改材料义务等,皆属于保证准入机关服务质量的强制性义务。

其三,通知义务。准入决定做出后准入机关应该将准入决定及时告知申请人。如果作出否定性准入决定,还应当充分说明理由,并告知申请人享有的救济权利,这对保障投资主体的知情权非常重要。但是,如果铁路行业社会资本准入程序制度设计中没有强制性通知义务的设置,准入机关出于自身的便利或其他利益,可能会不及时通知申请人,尤其是作出否定性决定时,这种情况发生的概率可能会更大。因此,应该在铁路行业社会资本准入程序制度设计中规定强制性通知义务,以免投资主体的权利因此而遭到侵害。

三、铁路行业社会资本准入程序设计的模式选择

(一)准入程序行政管控手段选择

对私人经济行为进行行政干预在诸多场合均有其必要。[1] 铁路运输是居民出行和货物运输的基础性交通工具,是国民经济的大动脉,具有规模经济、范围经济和

〔1〕 参见蔡立东、李晓倩:《行政审批与矿业权转让合同的效力》,载《政法论丛》2011年第5期。

网络经济效益特征,兼具营利性和公益性。铁路行业的健康发展关系国民经济安全乃至国家安全。因此,在铁路行业通过行政管控限制经济自由具有合理正当性。通过行政管控,一方面,可以保障铁路运输安全以及铁路行业导致的国民经济安全乃至国家安全;另一方面,可以合理调节竞争主体的数量,积极培育铁路行业合理的竞争秩序,促进铁路行业的健康发展。但是,目的的正当性不能当然证明手段的正当性,〔1〕目的与手段应有适切的关系,侵越受保护的法益,不能逾越被认可的目的所必要者,即使目的应予肯定,所选择的手段亦不得逾合理的程度。〔2〕因此,在认可铁路行业社会资本准入程序中行政管控目的具有正当性的同时,还应该合理选择行政管控的手段。

在铁路行业社会资本准入程序中可选择的行政管控手段主要有三种:第一种是铁路企业设立登记行政管控手段;第二种是铁路业务经营资格许可行政管控手段;第三种是铁路企业设立审批行政管控手段。首先,登记是投资主体取得市场主体资格的必经程序,投资主体只有通过商事登记机关注册登记,铁路企业才能成立,才能取得市场主体资格。因此,铁路行业社会资本准入程序中必须包括商事登记机关登记的准入程序,即铁路行业社会资本准入程序中必须采用铁路企业设立登记行政管控手段,这不存在理论争议。其次,铁路业务经营资格许可是铁路运输安全的直接保障,也是世界各国在铁路行业社会资本准入程序中普遍采用的主要行政管控手段之一,几乎每个国家都要求铁路企业必须获得铁路业务经营资格许可才能从事铁路相关业务。如《德国通用铁路法》第6条第1款规定不经批准不允许公共交通运输企业从事铁路运输工作,不允许公共的铁路基础设施企业经营铁路线路、行车调度和列车控制系统或站台;〔3〕《加拿大运输法》第90条第1款规定任何无资质合格证书者不得建设或经营铁路;〔4〕《欧盟委员会95/18/EC指令》第4条第4款规定除非已得到提供铁路运输服务的相应许可证,否则,任何铁路企业不得提供本指令涵盖的铁路运输服务〔5〕等。铁路业务经营资格许可准入程序对铁路运输安全和铁路行业健康发展都极为重要,因此,在铁路行业社会资本准入程序制度中采用铁路业务经营资格许可行政管控手段已经是不争的事实,《外商投资铁路办法》和《铁路运输企业准入许可办法》中都已经设置了相关的铁路业务经营资格许可程序制度。

在铁路行业社会资本准入程序制度中确立了铁路企业设立登记行政管控手段

〔1〕 参见蔡立东:《行政审批与权利转让合同的效力》,载《中国法学》2013年第1期。

〔2〕 参见[德]卡尔·拉伦茨著:《法学方法论》,陈爱娥译,台湾“商务印书馆”2003年版,第282~284页。

〔3〕 参见曹钟雄主编:《国外铁路法律法规选编》,中国铁道出版社2003年版,第202页。

〔4〕 同上书,第98页。

〔5〕 同上书,第172页。

和铁路业务经营资格许可政管控手段之后,需要论证的是在铁路行业社会资本准入程序制度中是否还需要设置铁路企业设立审批的行政管控手段。《公司法》第6条第2款规定法律、行政法规规定设立公司必须报经批准的,应当在公司登记前依法办理批准手续。铁路企业设立是否属于应该办理审批手续的类型,目前《铁路法》和相关行政法规没有明确规定。但是,《外商投资铁路办法》第8条规定了申请设立中外合营铁路货运公司申请者需要经过相关部门审批后才能登记设立公司。[1] 国家铁路局2014年6月11日发布的《铁路运输企业设立、撤销、变更审批办法(征求意见稿)》[2]中,虽然整个条文中没有一条涉及铁路运输企业设立审批内容,条文内容规定的是铁路业务经营资格许可的相关内容,但从标题的表述推断,铁路运输企业设立需要审批,而且在实践运用中也需要审批。[3]

在铁路行业社会资本准入程序制度中设置铁路企业设立审批程序是否合理,需要从以下两方面进行判断。

其一,铁路企业设立时的登记行政管控手段和铁路业务经营资格许可行政管控手段是否能够实现铁路行业社会资本准入程序中的行政管控目的。铁路行业社会资本准入程序中行政管控的目的主要包括两方面:一是通过行政管控确保进入铁路行业的投资主体质量,保障铁路运输安全,以及通过行政管控,控制铁路行业的特殊准入领域,防止因社会资本投资进入铁路行业特殊领域从而危及国民经济安全乃至国家安全;二是通过行政管控合理调节铁路行业的竞争主体数量,确保铁路行业的合理竞争秩序,进而促进铁路行业的健康发展。

铁路企业设立登记行政管控手段和铁路业务经营资格许可行政管控手段是否能实现以上行政管控目的,需要进行深入分析。首先,在铁路行业社会资本准入程序制度中设置铁路企业设立登记准入程序,在核准登记时,登记机关必须审查拟设立的铁路企业是否符合铁路行业社会资本准入条件制度设置的准入条件。只有符合准入条件要求,才允许登记让其成为合格的市场主体,不符合准入条件要求的则

[1] 《外商投资铁路办法》第8条规定了申请设立中外合营铁路货运公司申请者该先向原铁道部提出申请,原铁道部决定批准的由原铁道部转报原国家发展计划委员会(发改委)审批立项,经审查符合中外合营铁路货运公司设立要求并批准立项的,再由原铁道部将合营合同和章程转报原外经贸部审批,并在原外经贸部办理《外商投资企业批准证书》。

[2] 2014年12月8日交通运输部正式发布时已经将名称改为《铁路运输企业准入许可办法》。

[3] 2014年2月国家铁路局公布的保留8项行政审批事项中包括铁路运输企业设立、撤销、变更审批。参见梁士斌:《国家铁路局公开8项行政审批事项 铁路运输企业设立撤销变更须经审批》,载法制网:http://www.legaldaily.com.cn/executive/content/2014-02/18/content_5286201.htm?node=32120,最后访问日期:2014年2月18日;2014年8月13日国家铁路局再次公布实施的行政许可项目6项中将其改为铁路运输企业准入许可,参见《国务院发布取消行政审批项目等事项的决定再取消3项铁路行政审批项目》,载国家铁路局网址:http://www.nra.gov.cn/zwzc/xwdt/xwlb/201408/t20140813_7587.htm,最后访问日期:2014年8月13日。表述上已经发生了改变,但在实践操作中还未变。

会被准入机关否定,无法成为合格的市场主体进入铁路行业。所以,通过铁路企业设立时的登记行政管控手段可以实现确保进入铁路市场的主体质量之目的。其次,在铁路行业社会资本准入程序制度中设置铁路业务经营资格许可准入程序,准入许可机关在具体的铁路业务经营资格许可时,将会审查申请者是否符合铁路业务经营资格许可准入条件。如果不符合许可准入条件,将会被准入许可机关否定,从而可以进一步确保经营铁路业务的主体质量,为铁路运输安全提供主体保障。再次,准入许可机关在实施具体准入业务许可时会根据铁路行业社会资本准入领域制度确立的禁入领域,否定社会资本投资设立的铁路企业获取禁止经营具体业务领域的经营资格,从而可以避免社会资本投资铁路行业特殊领域导致的国民经济安全和国家安全风险。最后,在具体铁路业务经营资格许可程序中,准入许可机关还会根据铁路市场的竞争情况合理控制铁路业务经营资格许可的数量,进而控制铁路市场的合理竞争结构。因为真正能够导致铁路市场竞争结构变化的是拥有铁路业务经营资格的铁路企业数量,而不是铁路企业设立的数量,所以通过控制铁路业务经营资格许可的数量更能调节铁路市场的竞争结构。

通过以上论证可以得出结论,在铁路行业社会资本准入程序中设置铁路企业设立登记准入程序和铁路业务经营资格许可准入程序可以实现铁路行业社会资本准入程序中的行政管控目的。

其二,在铁路行业社会资本准入程序制度中增设铁路企业设立审批程序是否符合行政法上的比例原则。行政法上的比例原则有三项具体要求:第一,行政机关拟实施行政行为,特别是实施对行政相对人权益不利的行政行为时,只有认定该行为对于达到相应行政目的或目标是必要的、必需的,才能实施;第二,行政机关拟实施行政行为,必须先进行利益衡量,只有通过利益衡量,确认实施该行为可能取得的公益大于可能损害的私益,才能实施;第三,行政机关实施行政行为,必须在多种方案中进行选择,择其成本最小的、收益最大的、对相对人权益损害最小的方案实施。[1]

首先,在铁路行业社会资本准入程序制度中设置铁路企业设立审批程序,必然会对投资主体的投资自由造成限制,属于对行政相对人不利的行政行为。通过前述的论证可知,铁路企业设立登记准入程序和铁路业务经营资格许可准入程序可以实现铁路行业社会资本准入程序中的行政管控目的,铁路企业设立审批程序对于达到行政管控目的并非是必要和必需,因此,它不符合行政法上的比例原则。其次,在铁路行业社会资本准入程序制度中增设铁路企业设立审批程序,其带来的公益非常有限,但它会对投资主体私益造成较大的损害。增设铁路企业设立审批程序,增加了社会资本准入的手续与社会资本准入的难度,同时也增加了权力寻租的可能性,会

[1] 参见姜明安主编:《行政法与行政诉讼法》(第3版),北京大学出版社、高等教育出版社2007年版,第71页。

打击社会资本投资铁路行业的信心，进而会损害铁路行业的健康快速发展。因此，从利益衡量的角度判断，增设铁路企业设立审批程序不符合行政法上的比例原则。最后，在铁路行业社会资本准入程序制度中增设铁路企业设立审批程序，会导致国家管理铁路行业社会资本准入工作的成本增加，同时也会导致投资主体投资铁路的准入成本增加，相对于在铁路行业社会资本准入程序中设置铁路企业设立登记准入程序和铁路业务经营资格许可准入程序的方案不符合经济学上的效益最大化原则，也不符合行政法上比例原则中的方案选择原则。因此，从行政法上的比例原则进行判断，在铁路行业社会资本准入程序制度中增设铁路企业设立审批程序不符合行政法上的比例原则，不应该设置。

综上所述，在铁路行业社会资本准入程序中设置铁路企业设立登记准入程序和铁路业务经营资格许可准入程序即可实现铁路行业社会资本准入程序中的行政管控目的，在铁路行业社会资本准入程序制度中增设铁路企业设立审批程序不符合行政法上的比例原则，无须设置。

(二)铁路企业设立登记程序与业务经营资格许可程序分置

在确立了铁路企业设立登记准入程序和铁路业务经营资格许可准入程序作为铁路行业社会资本准入程序中的行政管控手段之后，需要解决如何组合这两类程序的问题。《外商投资铁路办法》第 8 条设置了先取得铁路货运业务许可资格后才能登记中外合营铁路货运公司的前置程序制度。《民用航空法》第 92 条也规定设立公共航空运输企业，应当向国务院民用航空主管部门申请领取经营许可证，并依法办理工商登记。未取得经营许可证的，工商行政管理部门不得办理工商登记。但是，依据《铁路运输企业准入许可办法》第 2 条的规定，提出铁路运输许可申请的主体是在中华人民共和国境内依法登记注册的企业法人，该办法没有将获得铁路业务经营许可资格作为设立铁路企业的前置程序。

在铁路行业社会资本准入程序制度设计中是选择分开设置铁路企业设立登记准入程序与铁路业务经营资格许可准入程序，还是选择将获取铁路业务经营资格作为铁路企业设立登记的前置程序，需要从设置铁路业务经营资格许可准入程序的目的、铁路运输安全生产责任的主体、铁路业务经营许可资格主体、授予铁路业务经营许可资格时许可准入条件审查对象以及铁路业务经营许可资格申请人等方面进行考察。首先，铁路运输安全生产责任的主体是铁路企业，而不是投资主体。因此，铁路业务经营许可资格应该授予铁路企业，而不是投资主体。其次，授予铁路业务经营许可资格时应该审查铁路企业的许可准入条件，而不是投资主体的许可准入条件。最后，铁路业务经营许可资格的申请者应该是铁路企业而不是投资主体。如果将获取铁路业务经营许可资格作为铁路企业设立登记的前置程序，铁路业务经营许可资格的申请者是投资主体，授予铁路业务经营许可资格时审查的是投资主体的许可准入条件，铁路业务经营许可资格是授予投资主体而不是铁路企业，因为在铁路业务经营许可资格授予时，铁路企业还未成立，还不存在。这会导致承担安全生产责任主体与被授予铁路业务经营许可资格主体不符，达不到铁路业务经营许可资格准入程序的行政管控目的。相反，如果分开设置铁路企业设立登记准入程序与铁路经营业务资格许可准入程序。首先由投资主体到登记机关登记设立铁路企业，然后由铁路企业作为申请人申请铁路业务经营许可资格，铁路业务经营许可资格准入机关审查铁路企业的准入许可条件后，认为符合条件的授予铁路企业铁路业务经营许可资格，由铁路企业持有经营许可资格从事铁路业务经营，并由铁路企业负责安全生产责任。以此模式设计准入程序，铁路业务经营许可资格的申请人、准入条件审查对象以及铁路业务经营许可资格授予主体和生产安全责任主体一致，通过铁路业务经营许可资格准入程序可以顺利实现铁路行业社会资本准入程序中行政管控的目的。因此，在铁路行业社会资本准入程序制度建构中应该选择分开设置铁路企业设立登记准入程序与铁路业务经营资格许可准入程序的模式。

四、铁路行业社会资本准入程序制度建构

投资主体以购买股票、债券以及购买铁路发展基金份额等方式投资铁路行业的，只须依据《证券法》及其他相关法律规定的准入程序投资铁路行业即可，无须铁路法律单独设立准入程序；投资主体以购买股份等方式投资目前已经登记的铁路企业，只要遵循铁路行业社会资本准入领域制度确立的准入领域范围，只要不投资禁入领域，就应该尊重市场主体的意思自治，由投资者之间通过协议方式自行解决准入程序问题，无须法律作出强制性准入程序要求。因此，在铁路行业社会资本准入程序中，需要深入研究的是铁路企业设立准入程序和铁路业务经营资格许可准入程序。

（一）铁路企业设立准入程序制度建构

1. 铁路企业设立的准入机关确定及其职权配置

在铁路行业社会资本准入程序设计的路径选择中确立了铁路企业设立登记准入程序和铁路业务经营资格许可准入程序为行政管控手段，而且论证了铁路业务经营资格许可准入不应该作为铁路企业设立登记准入的前置程序，两类准入程序应该分开设置。因此，铁路企业的设立只须经过登记准入程序即可成为合格的市场主体，无须铁路业务经营资格许可准入机关批准，也无须其他准入机关审批。这就决定了铁路企业设立的准入机关是企业登记机关，并且企业登记机关是铁路企业设立的唯一准入机关，铁路法应该赋予企业登记机关为铁路企业设立的准入机关，并赋予核准铁路企业登记的职权。投资主体只须向企业登记机关提出设立铁路企业的申请，并经企业登记机关登记即可成立铁路企业，成为合格的市场主体，无须向其他

机关履行任何义务。

2. 铁路企业设立的具体准入程序

由于铁路企业设立只须履行登记准入程序，无须履行其他准入程序，而且准入机关是企业登记准入机关，所以在铁路企业设立的具体准入程序建构中，需要论证的是重新建构一套铁路企业设立的具体准入程序，还是适用一般企业设立的具体准入程序，需要分析铁路企业设立相对于一般企业设立是否有特殊要求。如果铁路企业设立有特殊要求，并且其特殊性足以达到需要单独设立具体准入程序的程度，则需要重新建构一套铁路企业设立的具体准入程序；如果铁路企业设立没有特殊要求，或者虽然具有一定的特殊性，但未达到需要重新建构一套铁路企业设立具体准入程序的程度，则无须重新建构一套铁路企业设立具体准入程序，只须适用一般企业设立具体准入程序即可。

由于在铁路行业社会资本准入条件制度中确立了铁路企业设立的特殊准入条件，所以铁路企业设立的准入条件与一般企业设立的准入条件不同，进而要求铁路企业设立具体准入程序中投资主体需要提交的准入申请材料与一般企业设立准入程序中申请人需要提交的准入申请材料不同。除此之外，投资主体需要承担的其他程序性义务、投资主体享有的程序性权利以及准入机关需要承担的程序性义务与一般企业设立准入程序中的要求并无不同。而单就投资主体需要提交准入申请材料的义务不同不足以要求重新建构一套铁路企业设立的具体准入程序，只需在铁路法律中规定投资主体设立铁路企业时需要提交的具体准入申请材料，并要求准入登记机关依据铁路法律的规定审核。

因此，铁路企业设立具体准入程序无须重新建构，只须适用一般企业设立具体准入程序，但应该在铁路法律中规定投资主体需要提交的具体准入申请材料。

(二)铁路业务经营资格许可准入程序制度建构

1. 铁路业务经营资格许可准入机关确定及其职权配置

铁路业务经营资格许可准入程序制度设置的目标主要在于确保铁路运输安全、避免铁路行业社会资本准入导致的国民经济安全乃至国家安全威胁，以及合理控制铁路市场竞争主体的数量，进而建构良好的铁路市场竞争秩序。实现这些目标的主要责任主体是国家铁路政府主管部门，因此，铁路业务经营资格许可准入机关应该是铁路政府主管部门。《铁路运输企业准入许可办法》第 2 条第 1 款确立了铁路货物运输和旅客运输业务经营资格许可的主体为国家铁路局。虽然该条第 2 款规定涉及地方铁路运营事项的，国家铁路局应当邀请申请企业所在地省、自治区、直辖市人民政府有关部门参与审查，但是，邀请参与审查并非将它们列为准入机关，《铁路运输企业准入许可办法》确立的是单一准入机关制度，符合铁路业务经营资格许可的单一准入机关职权配置需求。因此，在《铁路法》修改时应该将铁路业务经营资格许可的职权配置给国家铁路主管部门,从立法论的层面建构单一准入机关制度。

2. 铁路业务经营资格许可具体准入程序

铁路行业社会资本准入条件制度确立了按不同的铁路业务经营资格许可类型设置准入条件,这是否意味着也应该按不同的铁路业务经营资格许可类型设置具体准入程序,需要分析各类铁路业务经营资格许可准入程序的差异。如果各类铁路业务经营资格许可准入程序都有特殊要求,而且特殊要求达到了足以单独建立准入程序的程度,则应该分类建立铁路业务经营资格许可准入程序。相反,如果各类铁路业务经营资格许可准入程序的特殊要求没有达到足以需要单独建立准入程序的程度,则无须分类建立铁路业务经营资格许可准入程序。

由于铁路行业社会资本准入条件制度中确立了应该分开设置铁路业务经营资格许可准入条件,所以,投资主体设立的铁路企业申请各类铁路业务经营资格许可准入程序中需要提交的准入申请材料不同,即申请人具有不同的提交准入申请材料义务。但是,在各类铁路业务经营资格许可准入程序中,申请人需要承担的其他程序性义务和申请人应该享有的程序性权利,以及铁路业务经营资格许可准入机关需要承担的程序性义务并没有不同。而仅就申请人具有不同的提交准入申请材料义务不足以要求必须分类建构铁路业务经营资格许可准入程序,因此,在铁路业务经营资格许可准入程序建构中,除需要分类提出提交准入申请材料的具体要求外,只需建构一套统一的铁路业务经营资格许可准入程序,即可适用于铁路企业申请各种铁路业务经营资格许可准入的要求。

《铁路运输企业准入许可办法》已经设立了铁路货物运输和旅客运输业务经营资格许可的准入程序,但未规定铁路路网经营业务资格许可准入程序。并且,这并非铁路法律确立的铁路业务经营资格许可准入程序制度,只是铁路政府主管部门对自身工作的规范性要求,是铁路政府主管部门自己给自己定的准入程序规则。因此,从立法论的角度分析,应该借助铁路法修改的契机,从立法论的层面上建立铁路业务经营资格许可具体准入程序制度。首先,应该分类规定申请人提交铁路业务经营资格许可准入申请材料的业务要求;其次,应该从申请人提请具体准入申请的义务、修改或补充准入材料的义务、接受现场检查的义务和按要求进行答辩的义务,以及申请人享有的申辩权、申请行政复议权,还有铁路业务经营资格许可准入机关的限期作出准入决定义务、保证服务质量义务和通知义务等各个方面做出具体要求,建构科学合理的铁路业务经营资格许可准入程序制度。

在涉及铁路建设的实践审批程序中,所修建铁路的立项还需要我国发展改革委员会审批。即在实践中确立了铁路业务经营资格许可的多主体制度。这种多主体制度对应的是铁路业务审批经营的模式,不是铁路业务经营资格许可的模式。铁路业务经营资格许可是一种经营资格的赋予,只证明其有资格从事某项铁路业务的经营资格,它不是针对哪条具体的铁路修建、运营,也不是在哪条具体的铁路上从事铁路旅客运输服务或是货物运输服务。取得铁路业务经营资格的铁路企业要想在某条具体的铁路上从事其资格范围内的具体业务,则需要以招投标等市场化的方式取得,而不应该是通过铁路业务经营资格许可机构的审批获得。因此,铁路业务经营资格许可的主体应该是唯一准入主体,不应该由多主体参与。鉴于目前中国铁路监督管理体制的设置现状,铁路行业行使行政管理职权的机构主要是国家铁路局,所以应该将铁路业务经营资格许可的权力配置给国家铁路局。

需要说明的是,铁路属于国民经济的大动脉,铁路的修建应该在国家发展规划范围内,包括社会资本投资修建的铁路,也必须符合国家的发展规划。但是,第一,铁路建设业务资格许可准入程序授予铁路企业的是建设铁路的资格,而不是授予铁路企业具体修建哪条铁路的权利;第二,铁路修建的发展规划并不需要每条铁路修建的具体规划审批,可以由国家发展规划部门公布铁路修建的具体目录,在目录范围内以招投标等市场化手段决定由哪些市场主体负责修建具体铁路。李克强总理在十二届全国人大二次会议的政府工作报告中指出要在铁路等公用事业领域向非国有资本推出一批投资项目,说明国家已经向公布铁路建设规划目录的方向努力。

中国"影子银行"的监管套利与法律规制研究〔1〕

潘　静*

一、引言

"影子银行"体系(Shadow Banking system)概念源于太平洋投资管理公司董事保罗·麦考利(Paul Mc Culley)提出,意指游离于金融监管体系之外,从事类似于传统银行业务的非银行机构。〔2〕 2008 年纽约联邦储备银行、国际货币基金组织(International Monetary Fund,IMF)相继提出,"平行银行系统"(Parallel Banking System)〔3〕和"准银行"(Near-Bank),〔4〕与"影子银行"体系类似的概念。〔5〕 一时间"影子银行"备受关注,实务界和学术界对于"影子银行"的内涵和外延莫衷一是。其中,金融稳定委员会(Financial Stability Board,FSB)对"影子银行"的界定,目前最被广泛接受,即"在传统银行体系之外的信用中介体系,包括各种金融实体和业务活动"。〔6〕

目前,中国还不具有像欧美成熟金融市场那么庞大的"影子银行"系统,中国的"影子银行"体系规模相对于中国经济和银行体系的规模而言并不算大。但是,"影

〔1〕 本文得到河北省高等学校青年拔尖人才计划项目的资助,批准号:BJ2016055。

* 法学博士,河北经贸大学讲师。研究方向:金融法。

〔2〕 McCulley,"Paul: Teton Reflections",PIMCO Global Central Bank Focus, Sept. 2007, http://www.pimco.com/EN/Insights/Pages/GCBF%20August-%20September%202007.aspx.

〔3〕 Geithner,"Reducing Systemic Risk in a Dynamic Financial System",Federal Reserve Bank of New York,2008,http://www.newyorkfed.org/newsevents/speeches/2008/tfg080609.html.

〔4〕 Gorton, G. and A. Metrick,"The Run on Repo and the Panic of 2007-2008",Yale Working Paper,2009,http://www.doc88.com/p-07644187141.html.

〔5〕 参见李波、伍戈:《影子银行的信用创造功能及其对货币政策的挑战》,载《金融研究》2011 年第 12 期。

〔6〕 FSB,"Shadow Banking: Scoping the Issues",Back ground Note of the Financial Stability Board, 2011,http://www.doc88.com/p-903967193420.html.

子银行”的发展势头却不容小觑,[1] 其快速发展可能成为诱发系统性风险的原因,而系统性风险和监管套利正是“影子银行”对金融体系带来的主要威胁。[2] 对于“影子银行”的质疑声四起,认为“影子银行”体系对金融监管提出来颇为严峻的挑战。[3] 从金融监管视角来看,种种质疑,其实质可以归结为如下基本的追问:“影子银行”如何对金融监管实施套利?“影子银行”监管套利的原因何在?如何对“影子银行”监管套利行为进行法律规制?

以法律规制视角切入,将对上述追问给出具有制度实践意义的学理回应:基于传统金融监管模式缺陷和政府监管效率低下的双重原因,“影子银行”凭借其创新性、灵活性开拓了一条监管套利的路径。制度设计上应根据造成监管套利的不同原因选择有针对性的制度安排。针对规则导向监管模式诱发套利动机的事实,可引入原则导向监管模式和“自我承诺”类监管工具,实现全面监控和重点监管相结合;为弥补分业监管可能造成的监管空白和重叠,建构“影子金融”监管协调机制和宏观审慎监管框架;为提高政府监管效率,应充分利用市场约束机制的高效性弥补政府监管的效率缺陷。此外,由于“影子银行”体系庞杂,产品和业务众多,为行文方便,本文将选择银信合作理财这种典型的“影子银行”产品[4] 进行分析论述。

二、金融监管与影子银行套利之博弈:以银信理财为例

监管套利是市场主体利用制度间的差异性或制度内部的不一致性,为降低成本或获得利润而设计的一系列交易。[5] 具体而言,在其他条件相同的情况下,金融机构利用不同监管机构在监管规则和标准上的不同,选择监管环境最宽松的市场进行

---

[1] 据统计,2010 年中国广义“影子银行”的资金规模约为 18.3 万亿元,相当于当年 GDP 的 46% 或银行资产的 19%,换言之,“影子银行”在 2 年内规模几乎翻了 1 倍(增长 97%)。其中,理财产品规模从 2009 年的 1.7 万亿元增至 2012 年的 7.1 万亿元,3 年增幅达 318%(参见朱海斌:《中国的影子银行体系》,载财新网,最后访问日期:2013 年 5 月 20 日)。

[2] 参见袁达松:《对影子银行加强监管的国际金融法制改革》,载《法学研究》2012 年第 12 期。

[3] 巴曙光认为,“影子银行系统积累金融风险”。参见巴曙光:《加强对影子银行系统的监管》,载《中国金融》2009 年第 14 期;王达指出:“影子银行体系的发展对美国乃至全球金融体系的稳定产生了复杂的影响。”参见王达:《论美国影子银行体系的发展、运作、影响及监管》,载《国际金融研究》2012 年第 1 期。

[4] 中国社科院金融研究所对中国“影子银行”体系的跟踪研究报告显示,“中国的‘影子银行’主要指银行理财部门中典型的业务和产品”,并指出“在中国,规模较大的‘影子银行’是银信合作”。还有学者指出,国内“影子银行”体系可提供对传统商业银行业务的替代性、依附性及货币银行信用创造的特点进行确认,其中最有代表性的是金融业中的理财业务相关部门。参见袁增霆:《影子银行体系发展与金融创新》,载《中国金融》2011 年第 12 期。

[5] See Frank Partony:“Financial Derivative and the Costs of Regulatory Arbitrage”, *The Journal of Corporation Laws*, 1997.

经营活动,从而获得因降低监管成本、规避管制而获取的超额收益。[1] 从法理学的角度来看,监管套利具有形式合法、实质违法的特征,属于法律规避。对于法律规避行为的效力认定,学术界始终存在争议。本文暂不讨论监管套利的效力问题,而是从监管套利可能诱发金融风险角度出发,旨在探讨金融监管当局如何更有效的对于金融机构套利行为进行法律规制,以防止促发系统性风险。

对于国内金融业,监管套利易发于跨部门的交叉性金融创新中,银信合作理财业务正可谓是银行利用信托业较宽松的监管规则进行规避管制、降低监管成本的典型。借助信托的投资方式灵活、监管成本低廉的特性,银行与信托合作发行银信理财产品,以腾挪信贷额度和变相放贷,银信合作方式已成为实现信贷出表的重要工具。即使在监管当局收紧银信合作时期,银行依然通过金融创新转化产品结构、将贷款转化为投资等方式争取信贷额度。针对银信合作的监管套利行为,银监会在2009年、2010年、2011年连续3年对银信合作业务颁布专门的监管通知,2009年、2010年又分别对于银行信贷转让问题出台了监管通知。这些通知一般都规定了"禁止性"要求,在表面上看其起到了抑制银信理财产品过度膨胀的势头,但实质上的实施效果不佳。针对一系列的监管新政银信理财产品结构推陈出新,凸显监管制止与监管套利之间的紧张关系,具体表现在:

第一,最初的融资类银信合作产品扩张的主要原因:一方面,源于银行信贷规模指标控制,银行通过信托的融资平台腾挪信贷额度;另一方面,基于利率管制下的资金脱媒运转,近两年存款利率一直低于社会通胀率,银行通过银信合作的方式帮助客户实现保值增值。[2] 适度的融资类银信合作理财产品的发行对于银行、信托和金融客户都有益处,但这种融资类银信理财产品涉嫌"变相放贷"和"变相增息",过度扩张的发行将会影响货币政策的准确制定和实施、累积金融风险。

第二,2009年银监会制定了《进一步规范银信合作有关事项的通知》(以下简称2009年银信合作通知),规定银信合作理财产品不得投资于理财产品发行银行自身的信贷资产或票据资产。针对此规定,银行之间或者达成默契互相持有特定理财产品以保障自身理财产品的销售。[3] 或者采用"银银信"的模式规避监管制止。[4]

第三,2010年银监会颁布《关于规范银信理财合作业务有关事项的通知》(以下简称2010年银信合作通知),明确指出"自本通知发布之日起,对信托公司融资类银信理财合作业务实行余额比例管理,即融资类业务余额占银信理财合作业务余额的比例不得高于30%。上述比例已超标的信托公司应立即停止开展该项业务,直至达

〔1〕 参见时辰宙:《监管套利:现代金融监管体系的挑战》,载《新金融》2009年第7期。
〔2〕 参见王勇、韩雨晴:《对我国影子银行的思考及建议》,载《国际金融》2012年第5期。
〔3〕 参见朱小川:《近年银信合作监管政策的变化、效果及挑战》,载《上海金融》2011年第7期。
〔4〕 参见伍戈:《信贷规模规避与货币政策调控》,载《财经科学》2010年第9期。

到规定比例要求”。针对此监管制止,金融监管研发出衍生融资类银信合作产品,即引入其他非银行金融机构加入银信合作链条,其作为融资类银信合作的中介。有银行委托其与信托公司先成立信托计划,用于受让本行或他行信贷资产,而后由银行受让第三方信托受益权。衍生融资类银信合作业务通过添加参与方的产品设计,变相腾挪银信信贷资金通道,突破了2010年银信合作通知中对于融资类银信产品比例的限制。

第四,2010年银信合作通知还规定“商业银行和信托公司开展投资类银信理财合作业务,其资金原则上不得投资于非上市公司股权”。为规避此规定对公司融资的影响,非上市公司委托信托公司设立“收益权信托”,将股权收益权作为信托财产进行变相融资,股权持有公司承诺在理财到期后按照约定的价格溢价回购股权收益权。同时,2010年银信合作通知明确指出“商业银行应严格按照要求将表外资金在今、明两年转入表内”,原计划直接抑制银信合作业务的源头,以降低银信合作规模,但针对此规定银行又研发出“信托受益权”的新型模式进行变相放贷。可见,股权收益权和信托受益权都为银信合作突破监管新政,实现变相放贷提供了便利。

第五,2011年银监会发布《关于进一步规范银信理财合作业务的通知》(以下简称2011年银信合作通知)指出,各商业银行应当按照此通知要求在2011年年底前将银信理财合作业务表外资产转入表内。各商业银行应当在2011年1月31日前向银监会或其省级派出机构报送资产转表计划,原则上银信合作贷款余额应当按照每季至少25%的比例予以压缩。对商业银行未转入表内的银信合作信托贷款,各信托公司应当按照10.5%的比例计提风险资本。为应对监管当局的严控,金融机构迅速做出反应,其监管套利方式为交互购买信贷资产和信托收益权转让,以压缩表外资产,实现变相转表。

第六,2009年银监会发布了《关于规范信贷资产转让及信贷资产类理财业务有关事项的通知》(以下简称2009年信贷通知),规定商业银行在进行信贷资产转让时,转出方不得安排任何显性或隐性的回购条件;禁止资产转让双方通过即期买断加远期回购协议等方式规避监管。2010年银监会又发布了《关于进一步规范银行业金融机构信贷资产转让业务的通知》(以下简称2010年信贷通知)明确提出银行业金融机构开展信贷资产转让应该遵守的“三原则”,即真实性原则、整体性原则和洁净转让原则。对于买断式的银信合作业务,银行和信托公司为规避监管当局的禁止条例,开始采取口头协议的方式由银行到期进行回购。

由此可见,银行与信托公司之间的理财产品不断翻新、日趋复杂,可以规避《中国人民银行法》和《商业银行法》对银行贷款规模的强制性限制,违反国家利率管制政策进行变相高息揽储,突破2009年、2010年、2011年银信合作通知和2009年、2010年信贷通知政策对于银信合作的制约以实现监管套利。近几年,金融监管当局持续出台限制银信合作业务的条例、通知，旨在限制银信合作产品规模扩张，但是效果不佳。从2012年9月至2013年3月的银信理财产品发行数量和规模走势图就能得到证实，2012年9月银信产品发行规模约为230亿元，到2013年3月其已接近400亿元，仅20周银信产品发行规模增长近74%。[1]

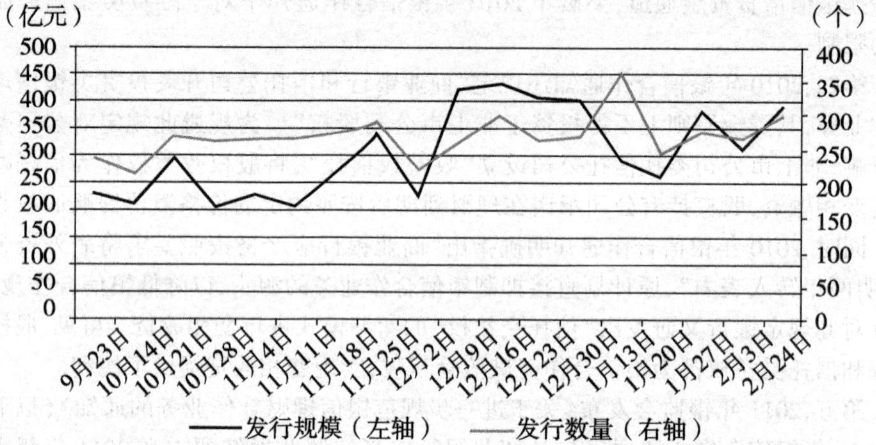

图1　2012年9月至2013年3月近20周银信理财产品发行数量和发行规模走势

资料来源：用益信托工作室。

据统计，2012年上市银行中报有9家银行投资了金融机构发行的理财产品，共涉规模达2932亿元，并且理财产品最终指向为信托贷款。[2] 在2932亿元理财的背后，隐约闪现的则是银信合作在表内实现“变相放贷”的套利路径。可见，近几年出台的一系列监管规则表面上看抑制了银信合作规模，但并未起到控制银信合作放贷比例，限制金融系统性风险的目的。

三、“影子银行”监管套利的双重原因

尽管监管当局已实施了一系列“禁止性”新规，但从监管成效来看，对“影子银行”套利行为的监管效果总体不佳，目前仍有诸多存在重大风险的“影子银行”业务或活动（如引入信托受益权、收益权信托、交换购买信贷资产等）游离于金融监管之外。我们对政府监管和套利行为之间博弈的过程进行梳理，发现“影子银行”监管套利原因有二：规则导向、微观审慎和分业监管模式无力应对“影子银行”混业营业现

〔1〕　数据来源：http://www.yanglee.com/YYXTGZS/。

〔2〕　参见蔡真：《中国影子银行：特征、模式与监管》，载《银行家》2012年第11期。

状;政府监管效率低下和公共执法资源稀缺给监管套利行为预留空间。

(一)传统金融监管模式存在缺陷

1. 规则导向监管模式激发“影子银行”套利动机

目前,政府监管多采用规则导向模式,以上述银监会规则监管与银信理财套利行为之间博弈的表现为例,监管部门针对“影子银行”的套利产品或业务颁布监管规则,只要监管细则一出台,金融工程师、会计师、律师等专业人员便可针对新规研发规避监管的方法,“影子银行”机构迅速开发出新产品或业务予以套利。随着数量模型和计算机等现代技术的发展,开发复杂的金融工具和业务变得越来越容易,从而成功实现从现存的规则中套利。[1] 针对监管套利的新规多是禁止性的,而禁止性规则更易诱导新的套利动机,银信合作理财产品的不断翻新以规避禁止性规则的过程就是实证。监管部门这种“头痛医头、脚痛医脚”的治理模式,势必无法阻却“影子银行”的监管套利机会。

2. 微观审慎监管产生监管真空

中国现行的金融法律监管模式是对单一的金融机构、金融业务进行微观审慎监管,这种模式的监管目标一般仅在于针对单个金融机构或金融业务风险问题的克服,其存在重大的风险敞口和监管真空地带。迄今为止,大多数微观审慎法律措施和政策工具都没有对总体的信贷扩张进行有效抑制,金融机构之间或金融机构与金融市场之间的相互风险承担和潜在的连锁效应也未得到充分考虑。[2] 尤其是随着“影子银行”体系中产品和业务的表现形式越来越多样化,传统的微观审慎监管仅针对单一产品进行法律规范,而对于迅速翻新的变型产品的风险难以有效识别,更无力对夸机构和行业的金融主体进行的监管套利行为作出及时充分的反应。

3. 分业监管存在监管盲区

我国金融业实行“一行三会”的分业监管模式,在现行的监管体制下,不同类型的金融机构和监管业务面临不同的监管规则,时常导致监管当局的管理陷入监管重叠和监管真空的困境之中。而“影子银行”业务一般实行混业经营,创造的金融工具可以突破金融系统和市场之间的边界,打破监管当局部门之间各司其职的格局,活跃于监管盲区之中。分业监管的职能部门对于游离于监管之外的融资机构,缺乏相应的监管权限和监管手段。因此,“影子银行”机构和业务多利用监管部门的专门性缺陷进行监管套利。

例如,银监会负责对于银行业和信托业进行监管,为控制银信业务风险,限制融

---

〔1〕 参见昌忠泽:《我们需要什么样的金融监管——对美国金融危机的反思》,载《学术月刊》2010年第10期。

〔2〕 参见陈雨露、马勇:《宏观审慎监管:目标、工具与相关制度安排》,载《经济理论与经济管理》2012年第3期。

资类信托业务占银信合作业务余额的比例不能超过30%,而大部分参与银信理财业务的信托公司该项业务比例都超过80%,[1]对于这些直接融资类银信合作业务而言,设定30%的上限相当于直接叫停。但是,对于衍生融资类银信合作产品,银监会的监管对策就不那么受用。衍生融资类银信合作产品中的受托机构不是信托公司,而是引入其他非银行金融机构,其加入银信合作链条的作用是替代信托公司作为转移信贷资产的通道,使融资链条更长、结构更复杂、融资功能和意图更隐蔽。银监会对于部分非银行金融机构(如保险类公司、证券类公司)不具有监管权,衍生融资类信托业务通过引入非银监会监管的参与方,为银信信贷腾挪通道。可见,混业经营的"影子银行"业务,利用分业监管所产生的监管盲区,绕道实现监管套利。

(二)政府监管资源和效率不足

1. 公共执法资源稀缺

相对于金融机构和产品日趋繁多,金融监管的另一个硬约束为:公共执法资源颇为稀缺。从机构设置到工作人员,各地金融监管机构的实际配置普遍反映执法资源对于监管绩效的严重掣肘。例如,地方金融办人员编制少、权力配置不足和监管基础能力建设经费投入不足。根据我们近期调研的资料来看,以S省金融办为例,S省政府授权省金融办负责小额贷款公司和担保公司的审批和行业管理。截至2013年2月S省已批准的小额贷款公司共255家,担保公司共509家,但金融办的机构编制为20人,实际检查人员也不过半数,即每个金融办的业务监管人员要对至少80家的小贷公司或担保公司进行监督检查,而每家公司的差异性较强,业务组成、资金来源和交易对手等非常复杂,监管的难度和效果可想而知。

银行业监管机构对于银行理财产品具有审查的责任,银监会以及派出机构共37家,其要面对发行数量与日俱增的理财产品的核查、监控。普益财富数据显示,2012年针对个人发行的银行理财产品数量达28,239款,2013年第一季度理财产品的发行量每周有400~500款,4月理财产品数量有所下降,每周新发行的理财产品也达到300多款。可见,已告不足的公共执法资源,与繁杂的执法负荷相叠加,则更显稀缺。截至2010年年底,银监会以及派出机构担负着25部法律、16部行政法规、46部规章以及569份规范性文件,还有最高人民法院发布的司法解释93份,共计749部银行业监管相关法律法规文件的监管执法任务。[2]

2. 政府监管效率低下

由于"影子银行"具有高效、复杂等方面的特征,因此,相对于"影子银行"的变

---

〔1〕 参见江西江南信托股份有限公司用益工作室:《2010年信托理财市场回顾与展望》,第6页,2011年11月。

〔2〕 参见中国银行业监督管理委员会:《中国银行业监管法规汇编》(修订版),法律出版社2011年版,第188页。

化而推出的政府监管对策就凸显出滞后性。金融活动始终在创新,监管当局总在试图修正监管规则来适应最新的金融产品结构和业务的变化,金融监管总是滞后于金融活动。“影子银行”的金融创新、自由化和复杂化帮助金融机构能够很容易地绕过相关监管当局的现行政策。例如,银信合作通过引入第三方信托受益权、收益权信托、交换购买信贷资产等方式来掩盖“变相放贷”的目的,监管当局即使察觉这些监管套利行为,也往往无法对违法的金融机构进行及时惩处。中国的金融监管现状侧重于官方监管,金融机构一出现问题,社会各方都强调加大监管力度,但往往忽视监管效率。如果政府监管机构一味将本应由市场发挥作用的问题揽于一身,不但消耗巨大的监管成本,而且会催生金融机构更加强烈的监管套利动机。

四、监管制度的回应与变革

由于金融监管模式存在缺陷和政府监管效率低下,致使金融监管在与“影子银行”套利行为的博弈中趋于不利地位。加之相当不充裕的公共执法资源,多重因素的合力决定了规制监管套利行为的制度设计既需要变革金融监管模式,又必须讲求政府监管效率,力求在现有的约束条件下最大限度实现对于潜在监管套利行为的规制目标,推进执法优化。在制度变革中,要双管齐下,一方面,针对传统政府监管模式提出新的制度创新路径;另一方面,在执法资源稀缺的现实条件下,引入市场约束机制,提高政府监管效率。

(一)政府监管模式的变革

中国“影子银行”监管套利的一大重要原因是传统政府监管模式存在缺陷。中国目前施行以传统微观审慎监管为基础的分业监管模式,而“影子银行”在运作中早已突破银行业、资本市场、货币市场、保险市场等市场的界限,其套利行为具有联动性,使中国现行的监管模式捉襟见肘、难以应对,因此,要对现有的政府监管模式进行变革。

1. 在“影子银行”领域引入原则导向监管

从金融监管与“影子银行”套利博弈的过程来看,金融监管只有跟上“影子银行”创新的步伐,才能对其监管套利行为进行规制。但是,“影子银行”的复杂性使政府监管新规总滞后于金融创新。想要有效规制灵活多变的“影子银行”监管套利行为,金融监管模式要加强其灵活性,原则导向监管模式就具有此特点,较之于规则导向监管,其能够更好的应对不断翻新的监管套利行为。美联储主席伯南克于2007年发表的演讲中就提道:“监管最好的选择就是用持续的、原则导向和以风险为本的监管方法来应对金融创新。”[1] 监管当局若采取以原则导向而非针对具体套利行为

---

〔1〕 廖岷:《从美国次贷危机反思现代金融监管》,载《国际经济评论》2008 年第 4 期。

的规则导向监管模式，则能有效减少“影子银行”针对具体规则进行规避监管、寻求套利的动机。监管当局根据原则导向实施结果监管，而不是将目光锁定在与“影子银行”的监管博弈中，这种模式不但使监管当局脱身于不断制定反套利新政的困境，节约立法和执法成本，而且符合法律法规应具有持续性和稳定性的原则。

2. 引入“自我承诺”类监管工具实现分类监管

对于“影子银行”监管套利行为的频发区域，如银信、银证、银保合作和金融控股公司等业务交叉领域，可推行“自我承诺”类监管工具。要求金融交叉领域易出现套利行为的机构承诺：在开展的新业务中实施适当的风险管理，不单纯为追求套利而设计新产品。同时，监管机构通过指标跟踪和测算，在承诺期结束后对于金融机构的承诺履行情况进行评估。评估结果能够给监管者提供有效的分类监管信息，使监管重点和监管效率得以提高。对于完成承诺的金融机构给予激励，而对于未完成承诺的机构采取严厉的监管和矫正措施。这种“自我承诺”类监管工具，不但能够对“影子银行”的监管套利行为形成威慑，又能激励金融机构进行自我约束，降低监管机构的执法成本。

3. 实施全面监控和重点矫正相结合的策略

强化金融机构的全行业风险管理和信息披露意识，要求“影子银行”机构及时、严格测算新业务对于监管指标的影响程度，通过促进“影子银行”机构规范经营和推进信息的对称化，来遏制监管套利动机，为研究制定监管原则提供有力依据。同时，要区分对待“影子银行”，疏堵有别。既要发挥“影子银行”作为金融渠道的补充作用，也要有效防止其风险，对于未完成承诺指标的影子银行施行重点矫正，重点监管以套利性融资为核心的业务创新，如银信合作通过引入信托受益权、收益权信托、交换购买信贷资产等行为以实现变相信贷的行为。对于违规套利行为，不但要及时矫正，而且要充分扩大通报影响，对于其他“影子银行”的监管套利动机形成威慑和预防效应。

4. 健全“影子金融”协调机制

“影子银行”监管套利的突出表现是其利用银行、证券、保险、信托监管机构在监管规则和标准上的不同，选择监管环境最为宽松的市场进行经营活动，特别是在金融业务的交叉地带，“影子银行”的套利活动最为活跃。金融危机充分证明，对于交叉业务部门的金融创新所产生的风险，很难由一家监管机构独立进行监测、预警，而银行、证券、保险监管部门具有各自的监管标准，一时间又难以完全统一。如在银保合作中，银监局和保监局对银保合作业务分别具有现场检查权，但是银监局的权力又仅限于银行范围，对保险公司无检查权。若在检查过程中发现问题，银监局只能去函告保监局，至于保监局是否采纳，银监局将无权干预，这种割裂的监管模式会增加合作的难度，不利于识别套利行为后快速采取矫正措施。

因此,为有效规制“影子银行”的监管套利行为,各相关监管部门要进行充分协调,建立“影子银行”的协调实体。若没有实体化的监管协调机构和可操作性强的协调实施办法,监管协调机制就没有权威可言,对于“影子银行”监管套利的规制更无从谈起。例如,“三会”之间早在2003年就召开了三方监管联席会议,并联合起草了《金融机构分工合作备忘录》,其目的是加强三方合作,就重大的、跨行业的监管问题进行磋商。但是,由于联席会议缺乏具有决策权的实体协调机构和法律法规,协调结果往往陷入部门利益之争。因此,应设立“金融协调委员会”,其部分职责是负责“影子银行”中交叉业务的监管协调,这样能有效规制金融机构混业经营中的监管套利行为。值得注意的是,由于“一行三会”具有较大的权威,为防止“金融协调委员会”形同虚设,在其设立之初需做好两方面的工作:一是委员会要得到法律授权,由分管金融的国务院领导主管,该委员会成员可由“一行三会”以及财政部等相关部委的负责人组成;二是明确“金融协调委员会”与“一行三会”的职权边界,“金融协调委员会”主要负责金融监管协作工作,特别是督导“影子银行”中跨部门监管协调,但不能干预“一行三会”负责的日常监管工作,如主体市场准入与行为的合规性等。

5. 建立宏观审慎监管制度

宏观审慎监管是相对于微观审慎监管的概念,是指金融监管当局为了降低金融危机发生的概率及其带来的财政成本、产出损失和维护金融稳定,从金融体系整体而非单一机构角度实施的监管。[1] 对于规制“影子银行”监管套利行为而言,传统的微观审慎监管之所以屡遭突破,根源在于一种微观视角的理念从一开始就无法对归属于宏观层面的监管套利行为实现真正的规制。识别、防范和控制监管套利行为需要一种与其相匹配的宏观政策工具,这也是推动金融监管从传统的微观审慎走向宏观审慎的原动力。目前,应构建包含“影子银行”在内的宏观审慎监管框架,强化“影子银行”系统风险预警与动态监测,在宏观层面上预防和应对“影子银行”监管套利行为。

同时,明确这种新制度的建立需要法律先行,根据我国《立法法》的规定,有关金融事项尚未制定法律的,全国人民代表大会及其常务委员会有权作出决定,授权国务院可以根据实际需要,对其中的部分事项先制定行政法规。[2] 由于现行的微观审慎监管模式面对“影子银行”混业经营已暴露出显而易见的缺陷,其对于单一机构

---

〔1〕 参见刘明康主编:《中国银行业改革开放30周年》(上册),中国金融出版社2009年版,第437页。

〔2〕 《立法法》第8条规定,下列事项只能制定法律:……(八)基本经济制度以及财政、税收、海关、金融和外贸的基本制度;第9条规定,本法第8条规定的事项尚未制定法律的,全国人民代表大会及其常务委员会有权作出决定,授权国务院可以根据实际需要,对其中的部分事项先制定行政法规,但是有关犯罪和刑罚、对公民政治权利的剥夺和限制人身自由的强制措施和处罚、司法制度等事项除外。

实施监管已无法防止监管套利和系统性风险的促发。因此,全国人大及其常委会有必要授权国务院,建立有关“宏观审慎监管”的行政法规。具体而言,宏观审慎监管要把监管边界扩展到“影子银行”体系,把游离在现有监管体系之外的“影子银行”的监管套利交易纳入政府的监管框架中;从宏观角度对金融属性相同或相似的机构和业务制订统一的监管标准,以防止“影子银行”通过监管标准差异进行套利。

(二)强化市场约束的制度构建

“影子银行”体系监管套利行为猖獗的又一重要原因是政府监管效率低下和公共执法资源稀缺。那么,在公共执法资源紧缺的约束条件下,如何提高政府监管实效将是破解规制监管套利行为的关键。按照预防论的分析路径,监管效果取决于查处的概率和处罚的严厉程度。两个变量之间具有此消彼长的反向关联:如果查处的效率不高,就需要有严厉的处罚相匹配,这样才能保持威慑力;只有当查处的效率提高时,才能降低处罚的严厉程度。[1] 厘清这一点对于提高金融监管实效具有突出的现实意义。金融监管是一项针对复杂、重要经济主体的执法活动,监管放松会引起金融风险,而监管过于严厉或扼杀金融创新、阻却金融业发展,或激发“影子银行”监管套利频发。可见,运用严厉处罚提高监管实效具有较大难度。那么,通过制度构建来增强另一变量——监管效率,则可以将监管的威慑力提高到合理的水平,阻却潜在的机会型套利。而效率的提高又取决于一系列复杂的制度、技术、人员要素,在现有物质技术水平的制约下,分业监管盲区、执法资源稀缺、政府发现监管套利行为滞后等状况,难以在短时间内得到实质性变化。问题的关键在于,如何提高金融监管效率?

1. 市场约束机制提高“影子银行”政府监管效率的原理

“市场约束”作为提高政府监管效率的重要制度进入我们的视野。市场约束(Market Discipline)的运作机制主要是“依靠利益相关者的利益驱动,包括存款人、债权人、金融机构股东等在内的金融机构利益相关者出于对自身利益的关注,会在不同程度上关注其利益所在金融机构的经营情况,并根据自身掌握的信息和对于这些信息的判断,在必要的时候采取一定的措施”。[2] 市场约束作为《新巴塞尔协议》的“三大支柱”之一已被国际银行界广泛认可,市场约束在建立高效的金融监管体系,弥补传统政府监管的缺陷等方面的重要性日益凸显,即逐步在以政府监管为主的体系中恢复市场约束,以实现政府监管与市场约束的最佳配合。

有效的市场约束在一定程度上可以弥补官方监管面临的缺陷。一方面,其会激发利益相关人对金融机构进行监督的动机降低监管成本;另一方面,还可弥补官方

〔1〕 参见[美]理查德·A. 波斯纳著:《法律的经济分析》,蒋兆康译,中国大百科全书出版社 1997 年版,第 292～301 页。

〔2〕 巴曙松著:《巴塞尔新资本协议研究》,中国金融出版社 2003 年版,第 168 页。

监管滞后于金融创新的不足。Kane 认为,恢复市场约束的核心任务在于向社会和监管者提供金融机构及时而准确的信息。[1] Flannery 指出政府监管中充分运用市场是必需的,其中主要是市场信息与政府监管信息的系统结合,这样可以缩短认识和行动的时滞。[2] 根据 Flannery 的理论对于“影子银行”业务监管套利行为的分析如图 2 所示:

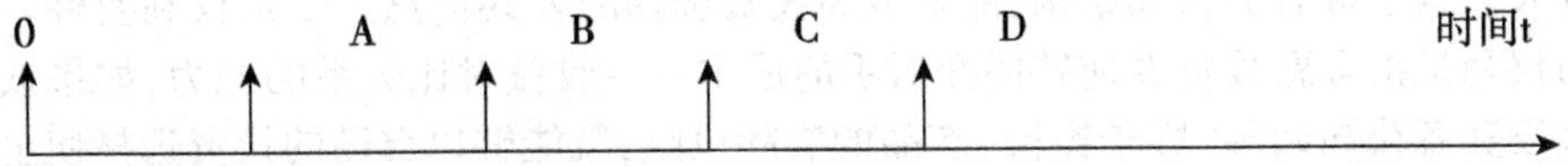

图 2

图 2 反映了市场约束所提供的信息到金融监管机构中后,监管当局对“影子银行”监管套利行为反应时间的变化。A、B、C、D 分别表示引入市场约束后监管当局发现问题的时间、单纯官方监管发现问题的时间、引入市场约束后监管当局采取行动的时间、单纯官方监管采取行动的时间。在时间 t 为 0 时,“影子银行”采取了一项监管套利行为,当时监管当局对此毫不知情,但金融监管部门力图对套利行为尽早发现问题并采取措施。假设监管当局在时间 t = B 时发现问题,则监管当局认识问题的时间滞后为 B。但是,由于“影子银行”产品或工具具有复杂性,监管当局并不会在发现问题的当下——B 时,就采取行动,而是当监管当局将其问题甄别清楚且研究出对策之时——D 时采取行动,从 B 到 D 之间的时滞可能是由于法律法规的原因,或是实施监管的程序限制。

市场约束是利益相关者从自身利益出发,考察金融机构的经营情况和风险状况,根据自身所了解的信息,通过金融市场对金融机构的经营产生约束作用,[3] 市场具有极强的敏感性,能够早于监管机关认识到金融机构经营状况的变化。[4] 则将“影子银行”监管套利的信息引入监管当局的认识范畴的时滞将缩短到 A(A < B),加之市场主体的反应要比监管当局迅速且准确。因此,致使监管部门作出对策的时滞从[B,D]缩短为[B,C](C < D)。可见,市场约束在建立高效的金融监管体系,弥补传统政府监管的缺陷等方面的重要性非常明显。尤其在“影子银行”的金融

---

〔1〕 See Kane, E. J., “Three Paradigms for the Role of Capitalization Requirements in insured Financial Institutions”, *Banking and Finance*, 1995 (19): 431 – 459.

〔2〕 See Flannery, M. J., “Using Market Information in Prudential Banking Supervision: A Review of the U. S. Empirical Evidence”, *Money, Credit and Banking*, 1998 (8): 273 – 305.

〔3〕 See Demirgüc — Kunt & Huizinga, “Market Discipline and Financial Safety Net Design”, Dec. 1999. http://papers. ssrn. com/sol3/papers. cfm? abstract_id = 223081.

〔4〕 See Berger, Davies & Flannery, “Comparing Market and Supervisory Assessments of Bank Performance: Who Knows What When?”, 1998: 106 – 123.

创新不断深化的时期,政府监管和市场约束在"影子银行"金融监管的过程中应互为补充,相互促进和优化。

2. 市场约束机制发挥作用的社会条件

在金融市场中,有效的市场约束机制发挥效用需要有严格的社会条件,概而言之有三:一是信息要件。"影子银行"产品或业务的收益和风险的信息,必须能够及时进入金融投资者的认知结构,能够成为投资选择的公共信息。二是权利要件。这里的权利是指金融投资者逆转博弈对手的成本——收益对比关系的能力,如果众多金融投资者获知购买"影子银行"产品的实际风险,就能够以自己的投资选择使金融机构减轻产品风险、改善经营环境。三是时间要件。金融机构和投资者之间进行长期博弈,"影子银行"机构经营不利的行为可以借助双方再次相遇而得到惩罚。

从时间维度来看,企业本身就是重复博弈的组织安排,与投资者之间无法回避的、未来再次相遇的前景保证了后者实施惩罚的可能性,[1]金融机构作为企业,与金融投资者之间形成重复博弈。从权利来看,绝大部分金融产品处于竞争市场,具有种类繁多的替代性和近似性产品,金融投资者可以采取"退出投资"、转向其他竞争者的策略来制裁某一金融机构的违约行为。吸收融资是"影子银行"业务获取利润的"生命线","退出投资"的策略一旦从个体延及群体,不异于颠覆"影子银行"业务的成本——收益对比关系,甚至殃及退出此"影子银行"业务的金融机构的其他业务。

那么,问题的关键就在于信息要件是否具备,信息的集中发布并不必然意味着符合前述的信息要件。以银行理财产品的信息披露为例,据 2013 年普益财富银行理财数据显示,第一季度进入排名的 67 家银行中,有 35 家银行未对旗下运行期内产品公布任何投资运作信息。未披露理财产品投资运作信息率为 52.2%,并有接近 6 成的银行在产品运作期间未通过公开渠道对运行期内的产品信息进行披露。即使银行对新发售理财产品进行说明,也仅侧重对理财计划本身的表述,而对可能影响投资者决策的信息(如与该理财挂钩的资产内容比例等),未作全方位充分地阐述,甚至存在故意隐瞒、遗漏的行为。可见,中国金融业的信息披露状况不理想,缺乏必要的信息要件,市场约束作用有效发挥的社会条件部分缺失。

3. 制度设计:运用市场约束机制促进政府监管

金融业的市场约束能够弥补政府监管盲区,促进金融机构信息披露,提高政府监管效率,但目前,我国金融业的市场约束状况不佳。将中国金融业嵌入市场约束的社会条件进行考察,就不难发现中国的金融监管效率仍未获得市场约束的提速作用,其问题的关键就在于金融市场信息还未能够流动顺畅和发布均匀。因此,想要

---

[1] See Robert. Ellickson, *Order without Law*: *How Neighbors Settle Disputes*, Cambridge and London: Harvard Unicersity Press, 1991:178 - 180.

市场约束在中国金融业市场发挥作用，提高政府监管效率，改进监管机构对"影子银行"监管不力的现状，就要充分优化信息环境。

首先，建立信息共享机制，加强"影子银行"信息披露。充分发挥中央银行、金融监管机构、政府职能部门、交易所和各行业协会的作用，定期监测、汇总和分析市场数据。提高金融产品和金融市场的透明度，针对各类金融消费人群，借助广泛的信息发布平台，向利益相关者和公众公布"影子银行"机构的系统性信息。且注意避免信息渠道过窄的缺陷，在现有的专业性信息发布平台之外，还应该选择金融消费者最经常接触的媒介，进一步扩大信息流动渠道。

其次，信息披露应当清晰、易懂。按照共享程度的高低，信息可分为专业型与常识型两类。当前的金融机构多采取专业型信息的发布模式，这种模式对于大多数普通金融投资者来说，如果没有恰当的注解和说明，他们的信息接收成本必定十分高昂。从知识社会学的规律来看，能否正确理解某一信息，能否对之正确解码，关键取决于对问题的熟悉程度。[1] 在日常的信息披露中，金融机构和监管部门应当避免过度专业化，对于专业术语加以必要的常识性说明，使金融信息清晰、易懂，确保投资者了解基础产品的风险、交易结构以及相互关联性。

再次，加强对信用评级机构的监管，维护投资者的合法权益。"影子银行"产品具有专业性和复杂性的特性，金融企业信用认定过程不可观察，普通投资者想要了解不断创新的金融产品具有一定的难度，大部分公众对于自己职业知识以外的其他信息都存在一定的认知盲点。进而，投资者想要深入、正确了解金融机构和产品，对于信用评价机构的依赖度较高。本属于"公共物品"的信用信息变成了信用评级机构可以操控的"私人信息"，其可能借助选择性地公布不良信息，或调整金融机构信用评级，寻求非法的信息租金。因此，应当建立公众、监管机构、上级主管部门三方共同组成的监管体系，定期对信用评级机构的运行情况进行公开监督和评判。

最后，基于中国银行业的特殊的股权结构问题，继续推进国有银行股权多元化也至关重要。逐步降低商业银行国有股权比重，增加国有商业银行进行"影子银行"活动的风险防御意识。且有效矫正由于隐性保险制度嵌入公众意识中的"大而不倒"的预期，特别是增加大额投资者、机构投资者的风险意识，进而激励他们进行市场监控，促使金机构监管与市场约束实现激励兼容。

五、结论

"影子银行"具有少监管或不受监管、复杂性、创新性等特征，而我国的金融监管

---

〔1〕 参见[美]理查德·A.波斯纳著：《超越法律》，苏力译，中国政法大学出版社2001年版，第588页。

侧重于官方监管,金融机构一出现问题,社会各方都强调加大监管力度,但往往忽视监管效率。如果政府监管机构一味将本应由市场发挥作用的问题揽于一身,不但消耗巨大的监管成本,而且会催生金融机构更加强烈的监管套利动机。"影子银行"的产品和业务为获得更大的利润空间始终在创新,以实现监管套利,监管当局总在试图修正监管规则以适应最新的金融产品结构和业务的变化,金融监管总是滞后于金融活动。在金融监管与"影子银行"套利的博弈中,政府监管往往处于不利地位。我们从监管模式和效率的角度切入,分别提出改革监管模式和引入市场约束机制,以提高法律规制对"影子银行"监管套利行为的实效。因此,我们要一改规则导向、微观审慎和单纯分业监管的传统模式,在宏观审慎监管框架下,引入原则导向监管模式和"自我承诺"类监管工具,设立"影子金融"协调实体。同时,在完善官方监管的基础上适当引入市场约束机制,加强信息披露、建立信息共享平台、完善信息评级制度、改造中国银行业特有的股权结构问题、逐步矫正隐性保险制度的不良影响,充分发挥市场约束机制对于政府监管的辅助作用。

操纵证券市场行为民事赔偿制度研究

薛洪增*

我国2005年10月27日修订的《证券法》首次规定:“操纵证券市场行为给投资者造成损失的,行为人应当依法承担赔偿责任”,2008年2月4日最高人民法院颁布的《民事案件案由规定》,也首次将“操纵证券交易市场赔偿纠纷”作为民事案件案由。但操纵证券市场行为民事赔偿案件在司法实践中应该如何审理、民事赔偿责任应该如何分担等一系列问题,最高人民法院至今未出台司法解释。笔者代理的国内首例操纵证券交易市场赔偿纠纷案,曾将这类案件引入司法实务。本文仅就操纵证券市场行为导致的民事赔偿责任和民事赔偿诉讼中的相关法律问题进行简要分析,并提出自己的观点,以抛砖引玉。

一、操纵证券市场行为的民事赔偿主体

(一)操纵证券市场行为的民事赔偿责任主体

我国《证券法》第77条第2款规定:“操纵证券市场行为给投资者造成损失的,行为人应当依法承担赔偿责任。”但该行为人包括哪些,证券法没有作出明确规定。实践中,操纵行为人往往利用自己实际控制的公司证券账户或借用其他单位和个人的证券账户操纵证券交易价格或成交量,但在追究刑事责任或行政责任时,往往不处罚出借证券账户的单位和个人,如中核钛白被操纵案,从而引发了出借证券账户给行为人是否应当承担赔偿责任的争议。一种观点认为,出借证券账户的单位或个人对投资者的损失不承担民事赔偿责任。理由主要为出借证券账户给操纵证券市场行为人,出借人本身并没有直接实施操纵行为;出借人不是刑事判决或行政处罚所认定的责任人,不能作为操纵证券交易市场赔偿纠纷的被告。[1] 另一种观点认为,出借证券账户的人虽没有直接实施操纵行为,但出借证券账户行为本身为《证券法》所明令禁止;出借证券账户人为操纵行为人的操纵行为提供了便利,在主观上存

* 北京大成(石家庄)律师事务所高级合伙人,大连海事大学法律硕士。研究方向:证券法、公司法、金融法。

[1] 北京市第二中级人民法院在首例操纵证券交易市场赔偿纠纷案中曾以此为由要求原告变更起诉书中的被告。

在一定过错,应当承担赔偿责任。[1]

笔者认为,操纵证券市场民事赔偿责任人应包括间接实施操纵证券市场行为或为操纵证券市场行为提供帮助或便利的人。比如,明知他人实施操纵行为而仍为之提供资金、协助散布虚假信息、透露内幕信息、提供证券账户、出借营业执照等。这些人虽然没有直接实施操纵证券行为,但生效刑事判决书或行政处罚决定书所认定的事实均已证实他们在操纵证券市场过程中起到帮助作用,故也应承担赔偿责任。

(二)操纵证券市场行为的民事赔偿权利主体

笔者认为,这里的权利主体是指在证券发行或者交易过程中,因操纵证券市场行为而遭受投资损失的善意投资者。所谓善意投资者是指在不明知证券将被操纵或已被操纵的情况下因买入或者卖出该证券或者操纵行为实施前买入被操纵证券且持有到操纵行为被揭露后并遭受损失的证券投资人。如果明知某证券已经被操纵,仍然跟风买进或者卖出的,即使投资遭受了损失,也不能成为操纵证券市场民事赔偿的权利主体。在举证方面,让证券市场投资者证明投资时自己主观上是善意的确实存在困难。笔者认为,立法和司法实践中应当确立善意推定原则,即除非操纵行为人能够充分证明投资者知道或者应当知道操纵行为存在而仍进行投资,否则应推定投资者的投资行为是善意的。[2] 但也有学者认为,权利主体是否明知操纵行为的存在并不影响其损害赔偿请求权,因为操纵市场行为本身具有严重的社会危害性,此种危害性并不因原告知悉而有所减少,我们的目标不是要求人们在知道有操纵行为的情况下不进行交易,而是要求人们不能从事操纵行为。[3]

二、操纵证券市场民事责任

(一)操纵证券市场民事责任构成要件

几年来,我国操纵市场行为十分严重,投资者深受其害,社会危害性极大。为维护证券市场的正常秩序,保护投资人尤其是中小投资人的合法权益,必须严厉打击操纵证券市场行为。如果规定非常严格的责任构成要件,且举证责任由原告方负担,必然无法充分有效地保障受害人利益,无法充分有力地遏制操纵市场行为。笔者认为,我国操纵证券行为民事责任构成要件应当为:(1)被告实施了操纵行为,且主观上具有影响证券交易价格或者交易量的目的。如果不强调操纵行为的主观目的,仅从股票价格或成交量变化上很难将操纵市场行为与正当交易行为分开;(2)原告投资被操纵证券且遭受了损失;(3)原告投资损失与被告操纵行为之间具有因果

[1] 上海著名证券投资维权律师宋一欣持此观点。

[2] 参见陈洁著:《证券欺诈侵权损害赔偿研究》,北京大学出版社2002年版,第195页。

[3] 参见王利明:《证券市场民事赔偿责任与中小投资者利益保护研究》,上海证券交易所2001年版。

关系。这里的因果关系原告只需要证明其投资损失与被告操纵行为之间具有关联性，无须证明两者之间的必然性。除非被告举证证明原告的投资损失系操纵行为之外的原因所致，否则法院应当推定投资损失与操纵行为之间存在因果关系。

(二)操纵证券市场行为的归责原则

这里的归责原则是指操纵证券市场行为人承担民事责任所应具备的主观要件。我国《证券法》对操纵证券市场民事行为的归责原则没有明确规定，只是规定了“行为人应当依法承担赔偿责任”。笔者建议，最高审判机关应该尽快制定司法解释并明确：操纵行为人只要实施了影响证券交易价格或者证券交易量的行为，除非能够充分证明其没有过错外，应当推定其主观上具有过错，即实行过错推定原则。这样可以最大限度的打击操纵证券市场行为，保护证券市场广大投资者的利益。

修订后的《证券法》删除了1998年《证券法》中关于“获取不正当利益或者转嫁风险”这一目的性要件，但《证券法》第77条列举的几种操纵证券市场行为，均突出强调了“影响证券交易价格和交易量”这一目的。所以，如果操纵行为人有证据证明其实施的交易行为在主观上不具有“影响证券交易价格或者交易量”的目的，则不应当认定其行为具有操纵性质，也不应当追究其法律责任。如“某人购置一大批股票的目的只是为了长期投资，或者为了占有相当的股权比例，即使他明知他的举动会影响市场的价格，他的行为也不构成违法”。[1]

(三)操纵证券市场行为民事责任形式

我国《民法通则》第134条规定了10种民事责任形式，但根据操纵市场行为特点以及证券市场集中撮合交易的特殊性，只有赔偿损失这种责任形式才最适合证券民事赔偿案件。

赔偿损失是法律强制民事违法行为人向受害人支付一定货币或等价物，以弥补受害人因民事违法行为所受到的损害。民事损害赔偿责任具有的补偿性和惩罚性，把对受害人的补偿和对违法行为人的制裁两种作用有机结合。所以赔偿损失是法律制裁违法行为、保护受害者合法权益最常用与最有效的手段。其他民事责任方式在操纵证券市场民事赔偿案件中鲜有适用。

三、操纵证券市场行为的诉讼程序

(一)诉讼前置程序

2002年1月15日最高人民法院发布了《关于受理证券市场因虚假陈述引发的民事侵权纠纷案件有关问题的通知》，创设了法院受理证券民事赔偿案件的诉讼前置程序。该通知第2条规定：“人民法院受理的虚假陈述民事赔偿案件，其虚假陈述

[1] 高如星、王敏祥著：《美国证券法》，法律出版社2000年版，第286页。

行为,须经中国证券监督管理委员会及其派出机构调查并作出生效处罚决定。当事人依据查处结果作为提起民事诉讼事实依据的,人民法院方予依法受理。”2003 年 1 月 9 日最高人民法院又下发《关于审理证券市场因虚假陈述引发的民事赔偿案件的若干规定》,该规定第 6 条重申,投资人提起民事赔偿诉讼须依据有关机关的行政处罚决定或者人民法院的生效有罪刑事判决书。

人民法院将行政机关的行政处罚决定书或人民法院的生效有罪刑事判决文书作为法院受理案件的前置程序,在一定程度上减少滥用诉权和减轻投资者举证责任的作用,但同时也剥夺了投资者的诉讼权利。2015 年 12 月 24 日最高人民法院民二庭庭长杨临萍在谈《关于当前商事审判工作中的若干具体问题》时指出,根据立案登记司法解释规定,因虚假陈述、内幕交易和市场操纵行为引发的民事赔偿案件,立案受理时不再以监管部门的行政处罚和生效的刑事判决认定为前置条件。这意味着证券民事赔偿的诉讼前置程序有望成为历史。

笔者认为,人民法院不应将行政机关的行政处罚决定和人民法院的生效有罪刑事判决书作为受理案件的前提条件,但可以作为直接认定行为人存在操纵证券市场违法行为和事实的证据。除此之外,其他能够证明操纵证券市场行为存在的类似法律文件也可以直接作为行为人存在操纵证券市场行为的证据,如证券交易所等作出的公开谴责决定、操纵行为人发布的自认存在操纵市场行为的公告或声明、证券业协会作出的行业处理决定,等等。投资者据此向人民法院提起诉讼的,人民法院不但应当受理,而且应当视为原告完成了行为人存在操纵证券市场行为的举证责任。

(二)诉讼管辖

操纵证券市场行为引发的民事赔偿诉讼,具有涉及人数众多、金额巨大、法律关系复杂,并且直接影响证券市场稳定和健康发展等特点。该类案件的审判对审判人员的综合素质、专业知识都提出较高要求。目前,我们基层法院或普通中级人民法院的审判经验、人员素质、知识结构等尚很难胜任该类案件的审判工作。所以因操纵证券市场行为引发的民事赔偿案件宜由省、直辖市、自治区人民政府所在的市、计划单列市和经济特区中级人民法院管辖。结合《民事诉讼法》第 28 条规定:“因侵权行为提起的诉讼,由侵权行为地或者被告住所地人民法院管辖”的法律规定,笔者建议最高人民法院制定该类案件司法解释时应确定:因操纵证券市场行为引发的民事赔偿案件由被操纵上市公司所在地省、直辖市、自治区人民政府所在的市、计划单列市和经济特区中级人民法院管辖。前述法院可以设立金融证券法庭专门审理这类案件。

(三)诉讼方式

虽然我国《民事诉讼法》规定了单独诉讼、人数确定的共同诉讼和人数不确定的共同诉讼三种诉讼模式,但在司法实践中,各地法院绝大多数采取单独诉讼的方式受理案件，只有个别法院如青岛中级人民法院采取了限定人数的共同诉讼方式受理案件。国内首例操纵证券市场民事赔偿案件的受理法院——北京市第二中级人民法院也是采取单独诉讼的方式受理。

操纵证券市场民事赔偿案件具有诉讼标的系同一种类；诉讼依据、公共证据完全相同；被告基本相同；原告人数众多，地域分散，到诉讼时效届满前有多少投资者会提起诉讼具有不确定性；投资者损失总额巨大，而单个投资者损失金额比较小；受害者与侵权人经济实力相差悬殊，绝大多数中小投资者无能力单独提起民事诉讼等特点。这些特点决定了单独诉讼不应成为证券民事诉讼的主流诉讼方式。

笔者认为，人数确定的共同诉讼模式是能体现最大限度保护广大中小投资者利益、节约司法资源、降低司法成本、提高诉讼效率、简化诉讼程序、保障司法公正和裁判统一的最佳证券民事赔偿诉讼模式。证券民事赔偿诉讼中，绝大多数中小投资者的投资损失数额较小，有的损失几千元甚至几百元，且分散在全国各地，如果采取单独诉讼的方式，诉讼费用和差旅费用等诉讼成本太高，即使案件能够胜诉，诉讼收益也无法弥补诉讼成本。单独诉讼无疑会限制绝大多数投资者的诉讼热情，变相剥夺了这些人的诉讼权利；相对于受理法院和侵权行为人来说，单独诉讼也会带来繁重的工作量，浪费司法资源。

四、操纵证券市场行为的损失赔偿

（一）损失赔偿范围

我国《证券法》中没有明确规定操纵证券市场行为所应承担的赔偿范围，目前也没有相关司法解释对此作出规定。最高人民法院《关于审理证券市场因虚假陈述引发的民事赔偿案件的若干规定》中规定了虚假陈述案件的民事赔偿范围包括投资损失、佣金和印花税损失、利息损失，而没有包括因诉讼而所产生的其他费用和支出。笔者认为，投资者因诉讼所支付的必要费用也应当由侵权行为人来承担，如因诉讼而支付的合理差旅费、公证费、审计费、查询费、复印费、律师费等。证券民事赔偿诉讼不但专业性强，而且每个投资者损失的金额相对较小，如果仅赔偿投资者的投资损失、佣金印花税和利息损失，投资者因诉讼而支付的费用有可能严重超出胜诉后所获得的赔偿，这必然不利于中小投资者利益的保护。例如，某哈尔滨投资者因操纵市场行为而损失2万元，操纵证券民事赔偿案件的诉讼管辖地如果在海口市，在法律规定不赔偿投资者因诉讼而支付的必要费用情况下，该投资者提起诉讼后即使胜诉，其实际所获赔偿预计不足以支付诉讼成本和费用。这无疑是对操纵证券市场行为的一种变相纵容。

（二）投资损失计算方法

证券市场因操纵行为而引发的民事诉讼中，投资者损失的计算是一项十分重要的工作，在实践中也因投资者频繁交易且被操纵的证券存在送股、配股、分红、债转股等情况而十分复杂。笔者认为，因操纵行为遭受损失的证券投资者投资损失的计算方法是：(1)投资者在操纵行为终了之日的下一交易日至基准日期间卖出证券的，其投资损失以买入证券平均价格与实际卖出证券平均价格之差，乘以证券数量计算。(2)投资者在基准日之后卖出或仍持有被操纵证券的，其投资损失以买入证券平均价格与操纵市场行为终了之日的下一交易日至基准日期间每个交易日收盘价的平均价格之差，乘以投资人所持证券数量计算。前述基准日，参照最高人民法院《关于审理因虚假陈述引发的证券民事案件若干问题的规定》，可以确定为操纵证券实施行为终了之日起，至被操纵行为影响的证券累计成交量达到该证券可流通股份的100%之日，但通过大宗交易协议转让的证券成交量不予计算。(3)投资者在持股期间所获送股、红利、公积金转赠股等属于投资者作为股东所应当享有的股东利益，该部分收益不应当折抵投资者的损失。佣金、印花税和利息损失的计算方法，是根据计算出来的投资损失数额乘以国家规定的佣金、印花税和利息比率即可。投资者因操纵证券市场行为给投资者造成的其他损失，应当凭正式票据据实结算，并由原告承担举证责任。

证券市场因操纵行为引发的民事赔偿案件是一种专业性较强的新型证券类案件，目前我国各地各级法院多没有审判先例和经验，案件中涉及的许多专业问题尚有待于研究、探讨和考证，更需要最高人民法院及早出台司法解释予以规范和引导。笔者相信，随着法律逐步完善，投资者维权意识逐步提高，证券市场必将更加规范，包括操纵证券市场在内的证券民事赔偿诉讼必然迎来一个快速发展的春天。

从金融法治创新看 P2P 网络贷款的法律监管

李跃利* 孙赛楠** 吴红颖***

一、我国 P2P 网络借贷发展中存在的问题

近年来,“普惠金融”成为热词,在中央和地方政府出台种种政策促进普惠金融的情境下,P2P 网贷作为民间借贷的新模式也随着社会闲散资金的激增而发展迅猛。时下热门的 P2P 网络借贷是起源于英国的一种依托互联网平台来实现个人高效便捷地借贷资金的新兴业务模式,2005 年 3 月第一家网上贷款平台 Zopa 在英国伦敦问世,随后这种借贷模式迅速风靡世界。[1] 我国网络金融 P2P 借贷平台于 2006 年应运而生,10 年来在发展迅速的同时也面临着体系不完善、亟待监管和法律规范等问题,金融法治创新已势在必行。

在我们的生活中,P2P、网贷、互联网金融等众多新名词频频见诸报端,打着低门槛、高收益旗号的众多理财公司、理财产品已让人司空见惯,真正给大家留下深刻印象的反而是一些问题案件——前不久警方公布了“e 租宝”非法集资 500 多亿元。回顾这个号称专注于融资租赁的互联网金融平台,自 2014 年上线运营以来,以高收益为诱饵,声称预期年化收益率在 9.0% 到 14.2% 不等,受到了众多投资者的追捧。仅仅在 1 年以后,“e 租宝”就因涉嫌违法经营活动接受有关部门调查,根据警方公布,其虚构融资租赁项目非法集资,实际吸收资金 500 多亿元,涉及投资人约 90 万人。“e 租宝”事件再次将网络 P2P 贷款平台推向了风口浪尖。

“e 租宝”事件绝非偶然。近年来,互联网金融领域以其低门槛、高收益的特色吸引了众多投资者,截至 2016 年中旬,全国正常运营的网贷机构就达到了 2349 家,借贷余额 6212.61 亿元,相比 1 年半以前,分别增长了近 50% 和近 5 倍。不可忽视的是,问题网贷平台从 2013 年的 76 家到 2015 年 896 家,3 年内平均增幅已超过 300%。仅 2016 年上半年,出问题的网贷平台就有 515 家,因为“跑路”、提现困难、

---

* 河北工业大学法律系教授、硕士研究生导师。研究方向:商法。

** 河北工业大学法学系硕士研究生。研究方向:民商法。

*** 河北工业大学法学系硕士研究生。研究方向:民商法。

〔1〕 参见柳立:《完善 P2P 网络借贷的法律监管体系》,载《金融时报》2013 年第 3 期。

经侦介入等各种姿势退出这一领域的,就有268家。借用银监会的话说,"行业规模增长势头过快,业务创新偏离轨道、风险乱象时有发生"。

野蛮生长的P2P网贷为借贷双方提供了更多机会的同时,也暴露了体系不完善,监管缺失,尤其是立法缺失的问题。当前与网贷相关的法律规制主要是《合同法》关于"借款合同"的规定及中国人民银行根据《中国人民银行法》《商业银行法》等有关法律规定发布的《贷款通则》、最高人民法院发布的《关于人民法院审理借贷案件的若干意见》。直到2016年8月,由银监会和工信部、公安部、网信办等部门联合发布的《网络借贷信息中介机构业务活动管理暂行办法》(以下简称《暂行办法》)正式出台,结束了网贷行业"无门槛、无标准、无监管"的"三无"局面。[1]

尽管《暂行办法》一定程度上对P2P网贷的发展现状有了一定的改善,但仍应看到这其中蕴含的问题:首先,《暂行办法》只是构建了对P2P网贷监管的基本框架,还需要一些具体的配套制度,才能落地运行。其次,《暂行办法》中的一些制度是原则性和创新性规定,还需要通过实践不断检验。《暂行办法》只是由银监会等四部委联合制定,经国务院批准的、尚处于不成熟的"暂行"阶段,并且尚不具备严格意义上的法律效力。

二、我国P2P网络借贷兴起原因及蕴含风险

尽管以上数据触目惊心,互联网金融仍不应被谈之色变,P2P网络贷款暴露出众多问题也能反映出其在金融市场中的佼佼者地位。P2P网络贷款作为互联网金融的一个重要组成部分,尚处于起步阶段就受到了极大的关注度,这表明这一新事物在我国的发展前景是不可估量的,其既便利了借贷双方,也填补了商业银行对于中小型融资需求者的忽视。新生事物的发展总是曲折前进的,网络借贷目前暴露出的种种问题也不容忽视。

(一)P2P网络借贷的优越性

想要解决当下P2P网络贷款的现有问题,就要追溯到网络贷款时兴的原因。相比于传统银行较为落后死板的服务状况,网络借贷的优越性更为突出。

1.低门槛

相比较于传统的融资方式,以银行贷款为例,掌握着社会中绝大部分金融资源的商业银行在选择信贷客户时往往倾向于选择实力背景雄厚的大型公司企业。这导致小微企业、个体工商户、个人等群体的贷款融资需求得到满足的难度加大,贷款需求者转而寻找其他融资方式,从而一定程度上促进了民间金融的发展壮大。同时,由于银行贷款信贷产品的种类有限性,提供抵押担保的要求严格,也使许多贷款

[1] 参见郭田勇:《民间借贷应双线多头监管》,载《高层视点》2011年第11期。

需求者望而却步。而P2P网络贷款的多数业务都面向中小规模的贷款需求者,存在种类多、门槛低的优点,相比较而言具有更大的吸引力和更广阔的市场。

2. 快捷方便

网络借贷平台为用户提供从信息注册到借贷成功后的还款付息全程的服务,而这些"一站式"的服务仅需要借贷双方注册成为借贷平台的用户并在网上完成身份验证,相比较于银行贷款,P2P网络借贷信用评级的依据范围更宽:电话账单、银行流水、租赁合同、工作证明等材料均可以成为获得贷款额度的依据。尽管这样宽松便捷的贷款过程暴露出了网络贷款存在许多的漏洞,为许多不法分子提供作案机会,但不可否认的是,与放款时间长且审查严格的银行贷款相比,P2P网络贷款更能为急需资金周转的中小规模借款人提供更为快捷方便的贷款渠道。

3. 高回报

随着经济的迅速发展,社会闲散资金的增加,大部分居民手中的积蓄都选择进行再投资,一般网络借贷平台所宣称的提供贷款年化收益率10%~25%,无疑带来了极大的诱惑力。同时,网络借贷平台的门槛较低,如果将其作为投资产品,无须具备数额巨大的资金,对于想要投资但有资金有限的投资者来说不失为一个好的投资途径。

(二)网络P2P借贷蕴藏的风险性

第一,借贷的门槛低意味着实力背景不那么雄厚的小微企业和个人也能容易地获得所需资金,在便利贷款者的同时也意味着借款人受到偿还的风险加大了,中小企业运营的风险性使资金受到偿还的可能性下降,这其中也不乏运营吃力的企业采用"拆东墙补西墙"的方法来维系资金链,其中的风险可想而知。

第二,在看到网络贷款平台一站式贷款过程的便捷的同时,也应该注意到用户身份审核宽松所带来的风险:用户通过网络提交的资料可信度并不高,一些作为贷款额度依据的所谓证据材料也存在极大被伪造的可能性,但大多数网络平台出于追求用户量的增加或其他原因,不去追究这些材料的真实性,为提供贷款的用户埋下了无法追讨的祸根。

第三,在许多网络贷款公司打着高收益的旗号招徕客户时,一些盲目的投资者会被作为诱饵的高回报率所诱惑,他们在网络贷款公司充满鼓动性的广告文案中忽略了高收益性和高风险性并存的事实,最终导致血本无归。

第四,许多网络贷款公司没有建立完善的资金托管机制,增加了网络贷款的中间账户监管缺位风险。暂时存放在网贷公司账户中的大量资金缺乏监管,面临着被挪作他用或被转移甚至被携款潜逃的风险。此外,在许多网络贷款公司中存在"挂羊头卖狗肉"的现象,即表面上作为为借贷双方提供交易机会的平台,实际上利用双方交易资金发行金融产品,破坏了我国互联网金融的发展秩序,严重者甚至触犯刑法,面临着非法集资和诈骗的罪名。[1]

第五,关于网络借贷及互联网金融的立法相对模糊,监管也不明确,导致网络借贷可能为犯罪提供有利条件。例如,不法分子通过注册出借人和借款人两个身份,轻松实现洗钱或转移资金等犯罪行为。另外,互联网金融的一些服务形式本身就游离在合法行为和犯罪行为之间的灰色地带,稍一越界就有可能触犯非法吸收公众存款、非法集资等犯罪行为,甚至直接触犯刑法。

三、完善P2P网络借贷法律监管的建议

在对网络借贷领域的规制中,政府作为引导者,应当重视市场的自我调节功能,尽量通过法律手段、市场手段而非粗暴的行政手段干预P2P网络借贷的发展。聚焦时下网络贷款这一新生事物,不难发现要实现其规范发展,不仅需要引入行业自律监管,更重要的是法律的引导和制约。目前互联网金融行业自律机构已初具规模,2013年12月初,中国人民银行下属中国支付清算协会牵头成立了互联网金融专业委员会,其中除包括央行清算中心和征信中心外,还有18家商业银行、10家P2P网贷平台。2014年1月由中国人民银行牵头建立的互联网金融协会获得国务院批准成立。

而在法律监管方面,仍然存在立法模糊、监管不明的现状,现针对如何利用法律来规范P2P网络贷款领域的发展提出如下对策:

(一)完善立法

要清理现行法律中的不适条款,加快关于网络贷款相关法律法规的制定。清理现行法律中对互联网金融,尤其是网络贷款发展进行限制和禁止的内容,同时修改可能被利用于进行互联网金融犯罪的一些滞后的法律条文。由于互联网金融发展的迅速,使有关于其的立法领域存在较多空白,相对滞后。相比于较为成熟的证券法、保险法等起到了相关行业的引领者和制约者作用的法律而言,缺少明确清晰的法律规制也是互联网金融业尤其是P2P网络贷款领域出现乱象的重要原因之一。由此不仅要加快相关法律法规制定,也要修改如证券法、银行法等一些生效年限距今较久的法律里与互联网金融和网络贷款发展不相适应的条款。

2016年8月由银监会和工信部、公安部、网信办等部门联合发布的《暂行办法》正式出台,结束了网贷行业“无门槛、无标准、无监管”的“三无”局面。这是网络借贷乃至互联网金融领域向有法可依迈进的重要一步,《暂行办法》明确了银监会、工业和信息化部、公安部等相关业务主管部门在网络借贷业务中的监管职责和相关法律责任,也对网贷机构的业务范围和禁止行为进行了明确。《暂行办法》的出台是网

〔1〕 参见黄震、何璇:《P2P网络借贷平台法律风险及防范》,载《金融电子化》2013年第2期。

络借贷领域相关法律法规趋向完善的标志之一，在一定程度上填补了这一领域的立法空白。

由于互联网金融发展的迅速性，使法律规范很难与其发展保持同步，因而在为网络贷款提供合法地位的同时，也要适时修改相关法律，谨防不法分子利用现行立法的漏洞，以网络贷款为手段实施犯罪活动。

（二）将网络借贷接入征信体系

网络借贷平台的便利性固然为借贷双方提供了方便快捷的交易，但极易伪造的身份验证和资信状况加大了用户的受偿风险，造成网络借贷行业的混乱。因此，不但要通过法律法规强制统一P2P网络贷款行业用户的准入系统，还要接入国内居民征信体系，不偿还或过期偿还将被个人信用报告记录在册，从而加大违约成本，降低偿还风险。

在P2P网络借贷平台发展较为成熟的欧美发达国家，具备成熟完善的个人征信体系是其发展成熟的原因之一。例如，在英国，借款人在P2P网络借贷平台注册需输入与个人信息、银行账号等相关的社保账号，偿还记录直接关系到其银行账户和个人履历，违约成本极高。在美国，P2P网络借贷公司会审慎考察客户的社会保障号、银行账号、信用记录、个人税号等，并通过不同信用等级的用户间相互监督的办法来使坏账率保持在较低水平。[1]

加强网络借贷公司和金融征信体系的合作不仅有利于国内居民征信系统的建设，还将促进行业间的信息共享，增强行业间的互相监督，使网络借贷领域趋向于规范化。

（三）用法律手段规范网络借贷违约惩戒

P2P网络借贷的实质是民间借贷，但与传统的民间借贷有所不同，传统民间借贷通常由出借人和借款人直接达成借款协议，而P2P网贷的出借人和借款人则是通过中间网络平台达成借款协议。由于P2P网络借贷所涉及金额大多为小额贷款，因此当借款人违约时，一些网络平台购买出借人的债权，采取雇用打手等破坏治安的暴力催债的方式，严重者甚至违反《治安管理处罚法》和《刑法》；一些出借人采取法律手段进行维权，最终以高昂费用换来得不偿失。如何保护出借人的权益需要法律出面，规范网络借贷的还款行为，建立网络借贷违约的惩戒机制是使其顺利发展的重要条件。

（四）用法律手段规范P2P网络借贷平台的准入和运作

P2P网络借贷平台以其广泛的用户群带动着巨大的资金量，在规范的P2P借贷交易中，网络借贷平台仅作为提供给交易双方交易机会的中介机构，不作为借贷关

---

〔1〕 参见官大飚：《我国P2P网络借贷发展存在的风险及其监管对策》，载《台湾农业探索》2012年第5期。

系中的任一方当事人,并且不接触借贷双方资金。而目前不少P2P网络借贷平台却自身以直接或间接的方式参与到P2P网络借贷的业务运营中,由此面临非法集资等罪名和虚假宣传的风险。

根据1998年颁布的《非法金融机构和非法金融业务活动取缔办法》规定,“非法金融业务活动是指未经中国人民银行批准,擅自从事非法吸收公众存款或者变相吸收公众存款等金融活动”。我国《刑法》第174条规定了擅自设立金融机构罪是指“未经中国人民银行批准,擅自设立商业银行、证券交易所、期货交易所、证券公司、期货经纪公司、保险公司或者其他金融机构的行为”。可见,明确P2P网络借贷平台的主体资格显得尤为重要,否则该平台会陷入法与非法的灰色地带。[1]

首先,由于行业门槛低,缺乏外部监管,P2P网络借贷平台极有可能将用户资金吸纳入自己账户,突破资金不进账户的底线,在未经批准注册的情况下非法发放贷款,发行金融产品,甚至演变为非法集资和诈骗;其次,在目前的经济形势下,网络借贷平台所宣称的提供贷款年化收益率10%~25%无疑带来了极大的诱惑力,在缺乏第三方监管、进驻门槛低的情况下,许多网络借贷平台以虚假的高额利率为诱饵吸引投资者提供贷款,并采用在前期借新贷还旧贷的“庞氏骗局”模式积累一定资金后携款“跑路”,若放任网络贷款公司虚假宣传高收益率,就是听任投资者误入歧途。监管部门需要对这一行业的准入和运作作出明确法律规范,划清合法与非法的界限,引导行业的健康发展。

四、结语

在当今飞速发展的社会中,金融创新无疑是一把“双刃剑”,激发了潜藏的市场活力的同时也带来了更多的风险。P2P网络借贷是互联网金融发展的产物,既繁荣了借贷市场,也缓解了中小规模主体融资难的问题。新生事物的发展总是曲折的,P2P网络贷款的发展虽然尚处于起步阶段,但其所暴露的问题仍然不容忽视。随着2016年8月由银监会和工信部、等部门联合发布的《暂行办法》正式出台,传递出一个由国家引导P2P网络借贷行业规范发展的信号,相信会有更多更健全的法律法规在这一新生领域中发挥自己的作用,推动互联网金融乃至社会主义市场经济的繁荣发展。

[1] 参见刘宇梅:《P2P网络借贷法律问题探讨》,载《法治论坛》2013年第29期。

我国乡村区域融资生态制度研究[1]

黄文凯* 盖建兵**

引言

乡村区域融资生态制度近似于"应然之法"。在乡村区域融资制度发展的过程中,存在集体利益与个体利益的矛盾博弈:一方面,乡村区域金融秩序的整体稳定有利于国家宏观政策的实现,它代表着集体利益;另一方面,乡村区域群众日益增长的融资需求,需要一个合理的融资制度体系来规范,它代表着局部利益或个人利益。在特定时间和范围内,这对矛盾是相对均衡、静止的。因此,"应然之法"是集体利益与个体利益矛盾运动规律的相对静止的外在表现,这是生态制度的本质属性。[2]

一、我国乡村区域融资"非生态化"问题的根源

我国乡村区域融资制度存在许多危机现象,比如,乡村金融机构资金规模小,融资渠道相对匮乏;乡村金融机构风险因素复杂,防范体系还未形成;乡村区域民间借贷之风盛行,风险凸显、监管缺失,等等。

就以上种种现象,究其原因,笔者认为可归结为以下三方面:其一,财政预算中支农资金落实不到位、管理体制不完善问题;其二,贷款主体缺乏有效的担保物问题;其三,金融监管缺失问题。这些原因的形成都有深厚的社会根源,需要我们从社会实践中寻找答案。

(一)财政预算中支农资金落实不到位、管理体制不完善问题

在这个问题中包含两个方面:一是财政预算中支农资金充足,但落实不到位;二是财政支农管理体制不完善,效率极低。

---

〔1〕 基金项目:河北省科技金融协同创新中心、河北省科技金融重点实验室开放基金项目"京津冀冀乡村旅游区域 PPP 融资制度法治化研究"(项目号:HBTFKL201516);2015 年保定市科学技术研究与发展指导计划(第二)项目"京津冀冀区域经济制度生态化研究"(项目号:15ZR066)。

* 河北金融学院法律系 2013 级本科生。

** 河北金融学院法律系 2013 级本科生。

〔2〕 参见周明勇:《生态制度研究方法创新研究———以地方投融资为例的法统计学方法创新》,载《现代管理科学》2014 年第 11 期。

1. 财政预算中支农资金充足，但落实不到位

一是财政支农资金“非农用化”现象突出，据统计，农业投入资金实际用到农业上仅占一半左右，另一大半资金则是流向了科研院所、工业企业、农业管理部门、国有流通部门等，农民最终得到的很少；二是支持农村可持续发展的投入有限，如农村义务教育、农村医疗卫生、农村社会保障、农村环境保护等，与我国全面建设小康社会的标准还存在很大差距。

2. 财政支农管理体制不完善，效率极低

其一，财政支农的管理部门多、项目杂，且项目之间交叉重复、相互脱节、投入分散等情况屡见不鲜，很难让有限的资金形成规模效益；其二，不同资金由不同部门掌握，导致很多情况下政府有关部门不能集中资金解决与农民生产经营的真正困难，时常出现“多人管理无人负责”的现象，导致支农资金被挤占、挪用，进而导致财政支农效率低下。

（二）贷款主体缺乏有效的担保物问题

在乡村区域，向金融机构贷款的主力军毫无疑问是农民，而农民身份的特殊性导致了如下问题：一是农民资信状况不良；二是农民能够用于担保之物较少。

1. 农民资信状况不良

一是农民生产经营大多以家庭为单位，封闭性较强。农业在整个社会经济发展中的重要性置疑，但受到农民自身局限性的限制：首先，农民以小农经济为生产模式，对市场关注度有限，市场信息闭塞；其次，农民“靠天吃饭”，生产不稳定、经营手段固化。二是大多数农民经济力量薄弱，资信状况不良。[1] 由于各方面的限制，很难争取到有关单位或个人的担保。金融部门为防范系统性风险，避免道德风险发生，对农民贷款的条件非常苛责，因此“农民贷款难，银行难贷款”的现象时常发生。

2. 农民能够用于担保之物较少

农民能够用于担保之物有：农作物、土地承包经营权以及未来的受益。其中，比较实在的是农作物，但它价值较低，担保额度有限；土地承包经营权作为抵押担保物还处于试验阶段，各种制度还不完善，不免会出现许许多多的问题，实用性较差；还有未来的受益，更是一种不确定性的担保物，风险极大，很少有单位或个人愿意接受这种担保物。

（三）金融监管缺失问题

目前，我国金融机构体系是以中国人民银行、银监会、保监会、证监会为监管主体，以银行金融机构及非银行金融机构为监管客体的金融机构体系。[2] 对于乡村

---

〔1〕 参见孙维、闻学颖、于德运：《我国农村融资难的症结及其化解》，载《农村经济》2015 年第 1 期。

〔2〕 参见罗明雄：《当前我国金融监管体系》，载 http://www.stock.sohu.com/20141021/n405318961.shtml，最后访问日期：2016 年 6 月 10 日。

金融机构,主要由银监会负责监管。但它们很少认真对乡村金融机构进行全方位的监管,笔者认为主要有以下两方面原因:

1. 监管机构职责不明

在金融监管机构设立之初,立法者主要是针对大型商业银行的监管问题,他们的理念为:只要大型商业银行监管到位,不出问题,那么整个金融秩序就能基本保持稳定。至于后来发展起来的各种乡村金融机构,虽然对监管职责进行了细化,但总体来看还不完善,监管真空地带较多,使得乡村金融机构的发展无序。

2. 乡村金融机构数量众多、分布广泛,很难面面俱到

就目前的发展状况来看,乡村金融机构大都遍布在县域及下面的乡镇,涉及面之广、数量之多,给金融监管机构带来了异常大的难度。有的金融机构的设立并非通过完整的程序,金融监管机构因此遗漏就存在很大的可能性,进而导致监管缺失的问题。

二、我国乡村区域融资生态制度的完善

要完善我国乡村区域融资生态制度,笔者认为要从以下三方面着手:其一,改革和创新乡村融资担保法律制度;其二,逐步推进乡村资金互助社融资制度;其三,大力发展"草根"融资制度。通过这些制度的补充或完善,相信乡村区域融资"生态化"有望实现。

(一)改革和创新乡村融资担保法律制度

要改革和创新乡村融资担保法律制度,笔者认为应从以下三方面着手:一是用农村土地承包经营权担保;二是用宅基地使用权担保;三是用林权担保。这三者融资担保在乡村区域可行性较强。

1. 农村土地承包经营权融资担保

对农民而言,农村土地承包经营权是价值较高、较为稳定的财产性权利之一。目前,我国已在多地开展以土地承包经营权作为融资担保的试点,其模式有以下三种:

(1)农民直接用土地承包经营权担保进行融资

允许土地承包经营权自由流转,使农民增加了获得收益的机会,由银行直接面对农民,这有利于提高银行对农民产生信任感。另外,通过对土地承包经营权进行抵押登记、颁发土地确权证等措施,更有利于农村土地承包经营权融资担保的实现。

(2)农民以担保公司为中介进行融资

农民用土地承包经营权作为抵押物抵押给担保公司,在此基础上担保公司为农民提供担保。换言之,银行在给农民提供贷款时所要求担保公司提供担保物,而非直接要求农民提供担保物。此外,当事方的权利义务以及纠纷解决方式等内容也要

作详细规定，从而建立起一套切实可行的融资机制。

(3)农民以行业协会为中介进行融资

土地承包经营权抵押协会由农民自发组织成立，农民将一定比例的土地承包经营权转给协会作为入会资本自愿加入，每位会员各自提供一笔资金作为共同债务基金。农民向银行贷款额度和期限不能超过协会章程的规定，若农民到期无法偿还贷款，协会便可以将他入会时转给协会的土地承包经营权转给债权人，以此偿债。当然，贷款还清后还有机会重新获得转给债权人的那部分土地承包经营权。这种方式充分发挥了行业协会的中介作用，尊重民意，并且符合熟人社会的现实情况，具有极大可行性。

2. 宅基地使用权融资担保

由于现实的需要，地方政府在实践中发现以农房及宅基地所有权作为抵押物为农户提供贷款是一个现实可行的办法，主要做法如下：

(1)制定相关文件，明确责任及遵守程序

无规矩不成方圆，要实现宅基地使用权融资担保，就需要一个完善的制度规范才能顺利进行。比如，四川省成都市锦江区政府于2011年颁发《锦江区集体建设用地房屋抵押登记工作实施意见》、重庆市于2012年颁布的《重庆市土地房屋权属登记条例》，这些规范性文件的共同目标都是促进宅基地使用权融资担保法律制度进步。

(2)融资担保模式要因地制宜，与当地实情相联系

农村金融机构可以试行用农房抵押贷款，申请贷款的农民可以持相关证书作为抵押证明，经审核后估价再向农民提供贷款。这促进了相关市场配套机制的建设，有利于乡村区域融资担保方式多元化。

3. 林权融资担保

林权融资担保指合法持有“林权证”“果园证”的自然人，以其林木所有权向林业部门申请评估，以林木经营权等作为抵押物，借款人以其评估价格向当地金融机构申请贷款。[1] 作为乡村融资担保的创新形式之一，已在多地开展。

具体做法如下：县级以上的行政区划内设立相应的机构，专门负责对林权的抵押登记、贷款的担保、林权的交易及资产评估等。由政府出资组建担保公司，建立起银行、担保公司、企业与农民之间的合作平台。担保公司接受林权作为抵押物，使林权资本化，进而达到融资的目的。

(二)逐步推进乡村资金互助社融资制度

要创新发展乡村资金互助社融资制度，笔者认为应从以下三点着手：一是扩大

---

〔1〕 参见刘中杰：《论我国农村融资担保法律制度的改革与创新》，载《农业经济问题》2013年第1期。

农村本土化资金比重；二是推进融资机构改革，增强自身信用度；三是加大政府扶持力度。

1. 扩大农村本土化资金比重

我们不难发现，农村资金往往会流往城市。由于各方面的原因，正规商业银行等金融机构，通常不愿意向经营规模小、资金不足的乡村金融机构提供信贷服务，而农民基于保险的心理更愿意把钱存入商业银行。因此，乡村资金互助社的本土化资金严重不足，很难维持下去。要改变现状，必须想方设法扩大农村本土化资金比重。

2. 推进融资机构改革，增强自身信用度

在乡村区域，群众由于自身的金融知识有限，不理解什么叫民营金融。民营金融是经营权非国有、由国家工商行政管理部门批准设立的各种金融组织和实体。[1]乡村资金互助社就属于民营金融的一种，在我国乡村区域，融资需求量大而民营金融的供给不足普遍存在。在乡村区域，由于信息闭塞，口头相传成为重要途径，这种信息交流方式很容易造成错误的认识。如果个别金融机构出现"危机"的消息迅速扩散，若处理不当，当地正规的资金互助社也会在一片质疑声中逐渐失去群众的信任。

3. 加大政府扶持力度

借鉴外国成功经验，他们的农村合作金融大都得到了政府的大力支持。比如，日本的农协。政府通过扶持政策、发放政策性贷款、利息补贴、税收减免等措施，发展农村合作金融。我国的农村资金互助社融资制度起步晚，相关的配套制度也不完善，政策支持还未真正实行。因此，加大政府的扶持力度对乡村资金互助社融资制度的建立尤为重要。

（三）大力发展"草根"融资制度

"草根"，本是社会底层的代名词，在这可以理解为与乡村区域现实的情况相契合的制度。发展"草根"融资制度，笔者认为应从以下三方面着手：一是鼓励发展小额贷款公司；二是规范引导民间融资；三是建立和发展新型乡村合作金融组织。

1. 鼓励发展小额贷款公司

小额贷款公司的出现给乡村区域融资注入了新的活力，政府应出台相应政策引导小额贷款公司的发展。比如，放宽小额贷款公司从银行融资的杠杆比例，允许小贷公司发优先股，允许发私募债等。[2] 据调查，山东境内共有小额贷款公司400余家，注册资本500亿元左右，且大有上升趋势，发展前景良好。

---

[1] 参见王建文、雷睿：《论我国农村资金互助社的融资制度创新及其法律保障》，载《北方法学》2014年第3期。

[2] 参见李永健：《发展"草根"金融，缓解小微企业融资难》，载《经济研究参考》2014年第50期。

2. 规范引导民间融资

民间融资风险丛生,主要原因是监管不到位。因此,规范设立民间资本管理机构、民间融资登记服务机构,将民间资本更多地纳入阳光化、规范化运行轨道。

据调查,截至2015年年底,山东省建立了民间资本管理机构471家,民间融资登记机构57家,注册资本分别为272亿元和1.9亿元,自政策以来,非法集资案发数量、涉案金额、犯罪人数呈明显下降趋势。

3. 建立和发展新型乡村合作金融组织

按照中央对乡村地区改革的指示精神,大力发展乡村合作金融组织,人民群众在自愿的基础上依靠自身的力量解决日常经营中遇到的困难,坚持社员制、民主管理、一视同仁和不以营利为目的的原则。建立起一种切合实际、运行规范、监管有力的新型农村合作金融组织,对乡村地区融资问题的解决有重要意义。

校园贷的法律风险及其规制

刘 昕[*] 陈爱江[**]

一、校园贷概述

（一）校园贷概念

校园贷，是指 P2P 网络借贷平台为在校大学生提供的贷款服务，主要针对大学生的消费、教育培训、创业等方向。目前主要分为三类：一是大学生分期付款购物平台，即大学生在该平台无须使用信用卡，办理相关手续后，可通过分期付款的方式，购买商品；二是传统电商平台，如阿里和京东，可以提供商品分期付款的服务；三是面向大学生的 P2P 网贷平台，这类平台直接针对大学生的消费、创业、助学等贷款。

（二）校园贷发展原因

1. 政策驱动

2009 年银监会发布《关于进一步规范信用卡业务的通知》，2016 年 3 月中国人民银行、银监会联合印发《关于加大对新消费领域金融支持的指导意见》，政府在限制大学生信用卡办理的同时，支持消费金融的发展，从而促进了校园贷的发展。

2015 年国家推出支持“互联网 +”的政策，促使互联网金融的发展更进一步，校园贷成了发展的热点。

在政府鼓励大众创业的大环境下，大学生近年的创业数量增加，融资需求随之增加。由于申请贷款程序复杂、周期较长等因素，校园贷成为创业大学生一个很好的选择。

2. 市场发展空间大

在校大学生接受新生事物的程度较高，因此，比较容易建立超前消费的理念。此外，大学生普遍有非理性消费的倾向，同学之间容易盲目攀比，加之庞大的客户群基数，使校园贷具有巨大的市场发展空间。

3. 平台的利润驱动及发展策略

纯 P2P 学生网贷平台借款年化利率大多介于 10% ~25% 之间，分期付款购物平台的年化借款利率大于 20% 。这相对于年化收益率 3% 的“余额宝”而言，校园贷平

* 河北金融学院金融学专业 2016 级硕士研究生。

** 河北金融学院继续教育部主任。

台的收益率相当可观,直接推动了校园贷的发展。

从发展战略角度来看,校园贷客户未来会发展成为白领客户来源。这主要是由于消费具有黏性,学生作为消费的起点,形成黏性后,未来毕业后的消费、家庭装修、婚庆等方面的贷款可能会继续在该平台完成,从而开拓平台的业务量。因而,校园贷是作为平台发展不可或缺的一部分。

4. 技术发展迅速

互联网金融的信用体系和风控体系的建设都基于大数据的发展。因此,互联网技术、大数据、云平台的发展,进一步推动了校园贷向更加便捷和安全的方向发展。

二、校园贷存在的法律风险分析

(一)系统引起的风险

当前我国的互联网金融未纳入中国人民银行的征信体系,可能造成校园贷重复授信的风险。一方面,学生可以在不同的校园贷平台上贷款,贷款额度会超出其本身的还款能力;另一方面,学生可能在一个平台上逾期,在另一个平台上仍可借款,以偿还逾期贷款,造成"庞氏骗局"。

(二)借款人引起的风险

大学生容易在过度消费的诱惑、平台业务员的鼓动以及盲目消费攀比心理的情况下,过度贷款。而且大部分大学生缺乏理财知识,对贷款成本及逾期费率缺乏理性认识。同时,大学生由于没有认识到个人信用档案的重要性,缺失个人信用和契约精神,在获得贷款后,一些大学生拖欠还贷甚至不还贷款。各种因素综合起来导致借款人可能存在信用违约风险。

(三)校园贷平台引起的风险

1. 网贷平台缺乏贷款资质

校园贷平台业务必须经过银监会授予资质,才可以进行贷款,未获得贷款资质的平台,是非法经营,涉嫌擅离金融机构罪,而大多数消费分期平台并未获得经营许可。

2. 贷款审核程序存在漏洞

大学生通过互联网平台或校园代理人获得校园贷,而平台审核程序存在漏洞及代理人缺乏专业性训练。互联网平台审核程序过于简单,包括注册及信息验证、借款申请、完善资料获取额度、平台电话核实,借款人不需要提供担保人信息,只需要提供身份证、学信网信息等,即可进行贷款审核。校园代理人,通常是借款人身边的同学、朋友,缺乏专业的信贷培训。贷款审核程序存在漏洞、代理人不专业会降低针对借款人的风险识别能力,最终可能导致网贷平台坏账率高。

3. 损害借款人的知情权

一些校园贷打着"零利息,零首付"的夸张虚假信息吸引学生贷款。实质上收取高额的平台服务费,变相代替利息费用,收取保证金,变相代替首付。此外,平台对借款人的风险提示不够,大部分平台在宣传时说明借款人各期需要偿还的本息和,没有明确告知借款人费用标准和逾期费率,导致学生不了解逾期后果。信息不对称会损害借款人的知情权,误导借款人做出不当的贷款策略。

4. 贷款额度过高

大学生获取的贷款额度,应该与其还款能力相匹配。而当前校园贷平台,没有严格按照贷款额度和还款能力相匹配的原则,给予大学生过高的贷款额度,会直接引发借款人的违约风险。

5. 损害借款人的公平交易权

校园贷平台利用监管真空和大学生攀比心理及金融弱势群体缺乏借贷知识,自行设立高收费标准。平台向借款人收取高额的利息费用、中介服务费、平台管理费等,综合各种费用,校园贷年利率高达20%。高息重费,损害了借款人的公平交易权。

(四)校园贷的衍生风险

1. 损害借款人的人身财产安全

大学生如果未及时偿还贷款,校园贷平台通常会雇佣专业的催收平台。这些平台会通过联系学校的同学、朋友、老师,在学校内张贴欠款的大字报,在社交网络上发布学生欠款的信息,甚至是打电话恐吓等。通过这样的方式,给学生造成极大的精神心理压力,有些学生难以解决还款问题,甚至选择以自杀的方式结束借贷合同关系,这种催收方式给社会造成了不良影响。

2. 信息泄露

学生在申请校园贷时,不可避免地需要提供相关信息,包括个人和父母的身份证号、电话、住址、银行卡号、学信网等信息。如果平台没有保护客户信息或是在利益驱动下,出卖这些信息给他人,会造成借款人的隐私泄露,甚至被不法分子利用这些信息,从事违法犯罪活动。

3. 骗取贷款

一些大学生法律意识淡薄,为了超前消费,满足自己的攀比心理,伪造个人信息,甚至用同学信息借贷。这种行为会造成校园贷平台的利益损失。

三、校园贷法律风险的规制

(一)完善校园贷的监管

首先,互联网金融应该纳入中国人民银行的征信体系,使校园贷各平台能够获取学生正面和负面的授信信息,从而给予学生合理的贷款额度。同时,可以共享校园贷平台信息,规避重复授信的风险。

其次,需要明确监管主体及其职责。互联网金融行业目前是按照具体的业务分类进行监管。校园贷属于互联网消费金融,同时也涉及商品的销售、售后服务等,所以需要多个部门包括银监会、工商、公安、工信等共同监管,并且明确其具体的职责。

再次,完善相关的法律法规。2016 年 8 月 24 日银监会颁布了《网络借贷信息中介机构业务活动管理暂行办法》,对校园贷采取"五字"方针——"停、转、整、教、引",10 月 13 日颁布的《P2P 网络借贷风险专项整治工作实施方案》中,明确将校园贷作为整治重点。我们需要在此基础上,进一步出台具体针对校园网贷的规范指引,规范校园贷平台的准入规则、细化贷款审核标准、减少信息不对称增加平台透明度、打击高息高费和出卖客户信息的行为,维护消费者合法权益。

最后,成立行业协会,建立行业费率标准。通过成立行业协会,增强校园贷平台的自我约束意识,学习高效率平台的运营模式,提高其经营效率。建立行业的费率标准,降低校园贷的利率和费用,减少逆向选择的风险,增加平台的业务量。

(二)规范校园贷平台的运营

首先,提高校园贷审核标准。完善校园贷审核机制,除现有的审核过程外,应该增加视频审核或是线下审核,严格确保贷款人和贷款证件相一致,杜绝伪造信息和冒用他人信息贷款事件的发生。并且通过严格的审核标准,提供符合借款人还款能力的贷款额度,从根本上减少校园贷平台的坏账率。

其次,增加平台信息的透明度。在借贷过程中,明确贷款人的责任,包括还款期限、借款利息、逾期费率,明确告知借款人逾期还款的后果。

(三)加强学生的针对性教育

高校需要向学生普及金融理财知识,让学生有能够识别风险的能力和对借贷有明确清晰的认识。同时,培养学生正确的消费观念,摒弃盲目攀比的心理。此外,加强对学生的法制宣传教育,保护个人的合法权益。

四、总结

校园贷为在校学生的消费、助学、创业提供了很好的融资平台,然而,在带来便利的同时,也存在诸多的风险,需要监管部门、校园贷平台、借款人三方共同努力,防范风险,确保校园贷未来能够以更加稳健的方式运营。

P2P 网络贷款存在的问题及应对政策措施

高　杨* 　王立涛**

一、P2P 网络贷款特点和现状

(一)P2P 网络贷款概述及特点

P2P(Peer to Peer)网络贷款是指个人与个人之间的小额信用借贷交易,借款者需借助电子商务专业网络平台自行发布借款信息,包括金额、利息、还款方式和时间,实现自助式借款;借出者根据借款人发布的信息,自行决定借出金额,实现自助式借贷。简单地说,就是有资金并且有理财投资想法的个人,通过有资质的中介机构牵线搭桥,使用信用贷款的方式将资金贷给其他有借款需求的人。P2P 的社会价值主要体现在三个方面:满足个人的小额资金需求、发展个人信用体系和提高社会闲散资金利用率。

(二)我国 P2P 网络贷款的现状[1]

1. 我国 P2P 行业起步早,发展快,但仍处于初创时期

近 5 年,我国 P2P 行业快速发展。据估计,2015 年年末全国 P2P 网贷贷款余额为 5582.20 亿元,比 2014 年年底增长 302.55%。但是 P2P 公司规模普遍不大,贷款余额超过亿元的很少,绝大部分尚未达到盈亏平衡点。

2. 当下平台经营资产规模差异较大,负债率较高,杠杆率高。

P2P 平台贷款余额增长较快,贷款集中度相当高。如果以中国人民银行《贷款通则》中前十大客户贷款风险的要求衡量,现在大多数 P2P 公司,只要几个重要的借款人发生问题,就可能就会陷入困境。现在 P2P 平台不能做到有效风险分散,原因是平台规模太小,做不了分散。目前,借款期限开始变长。2016 年第一季度之前,中国 P2P 平台的借款期限大多数在 3 个月内,现在借期放得更长,能够达到 1 年甚至 1 年以上。

3. 根据小微企业及个人的信贷特征开展中介服务,是典型的微金融 P2P 平均每

---

* 河北金融学院金融学专业 2016 级硕士研究生。

** 河北金融学院校办公室主任。

〔1〕 参见陈道富、朱鸿鸣:《我国 P2P 行业发展的现状、问题及政策建议》,载《重庆理工大学学报(社会科学)》2013 年第 4 期。

笔借款额小，线上 P2P 的平均贷款额低于线下 P2P。

二、P2P 网络贷款面临的主要问题

P2P 作为一种互联网金融业态，在缓解小微企业融资难、满足民间资本投资需求等方面发挥了积极作用。但近年来，网贷行业风险有所积聚，爆发了一系列风险事件，严重损害了广大投资者合法权益，对互联网金融行业声誉和健康发展造成较大负面影响，给金融安全和社会稳定带来较大危害。2011 年至今，已经相继发生了"哈哈贷""淘金贷""众贷网""网赢天下"等多例 P2P 网络借贷平台的倒闭事件，这些无疑都给想通过 P2P 网络借贷平台融资的小微企业发布了风险提示。以下分析由于 P2P 自身特点导致的问题。

（一）行业准入门槛低且自律性差，行业规范性有待增强[1]

我国 P2P 行业的准入门槛非常低，一般企业只要愿意都可以很容易地进入这个行业。在一股投机风潮之下，大量企业冲着可以从事类银行业务而涌入 P2P 行业。有的 P2P 公司建立了较为完善的投资者保护机制，如信而富、冠群驰骋、融宜宝都建立了风险准备金制度，畅贷网则引入了第三方担保机制，由出借人自主决定是否投保；有的公司则没有建立相应的投资者保护机制。有的 P2P 公司在经营合规性方面投入很大，聘请会计师事务所和律师事务所对本公司提供相应鉴证服务，畅贷网要求第三方支付平台微调支付系统程序以防止 P2P 公司擅自提取出借人资金跑路，防止 P2P 公司运营资金与出借人资金的不完全分离；有的公司则在经营合规性方面投入不多。

（二）组织机构存在缺陷，交易机制有漏洞。

网贷平台风险理念不同，会导致平台风险意识的差异。这使风险意识较弱的平台公司组织机构不够完善，甚至没有设立风险评估或者法律合规部门，对投资人造成巨大的风险。网贷平台的创设者职业素质的良莠不齐，是当前 P2P 平台存在组织缺陷的主要原因。交易机制是 P2P 网贷业务的核心，良好的交易制度可以避免出现或减少很多风险点。交易机制设定不合理，就会出现投资的信用判断失误，导致出现坏账和投资者的损失等问题。

（三）风险管理简单，内控机制未建立

目前，国内大部分 P2P 网贷平台风险控制手段仅仅停留在线下征信、引入第三方担保机制、提取风险金等相对单一的办法，尚未建立起风险的量化指标体系和风险的动态评估系统。由于 P2P 网贷处于行业的起步阶段，采用的风险管理手段简单化、零散化，缺乏更多系统、科学的风险管控方法。只有建立在完善的公司治理基础

---

[1] 参见叶湘榕、唐明琴：《P2P 行业发展问题研究》，载《南方金融》2014 年第 7 期。

上具备严密的内控组织、独立的业务部门、清晰的职能分工、完善的会计控制体系、严格的授权审批制度、合理的业务集合制度,有效的员工管理制度、先进的信息化管理系统,才是一个有效的内部控制机制。网贷平台显然不具备。

(四)法律体系不完备导致监管主体不到位

到目前为止,国内对于 P2P 的定义、准入、信息披露等都处于立法的空白境地。我国涉及民间借贷的法律和司法借鉴只有《合同法》《民法通则》和最高人民法院《关于人民法院审理借贷案件的若干意见》。根据这些法律和司法解释,网络借贷平台的接待活动属于民间借贷,而法律规定的民间借贷利率不得超过中国人民银行公布的同期银行基本利率的 4 倍。但现实情况中超过的比比皆是,这些行为没有被有效的纳入监管框架之中。

三、解决我国 P2P 问题的政策措施[1]

为促进 P2P 网络贷款行业健康发展,引导其更好地满足小微企业、"三农"、创新企业和个人投融资需求,各相关部门出台了一系列规章制度。2016 年 8 月四部委联合发布《网络借贷信息中介机构业务活动管理暂行办法》,2016 年 10 月中国银监会制定了《P2P 网络借贷风险专项整治工作实施方案》。

(一)确立网贷监管体制,明确网贷监管各相关主体的责任

促进各方依法履职,加强沟通、协作,形成监管合力,增强监管效力。按照"依法监管、适度监管、分类监管、协同监管、创新监管"的原则及中央和地方金融监管职责分工的有关规定,以及"双负责"的原则,《网络借贷信息中介机构业务活动管理暂行办法》明确银监会及其派出机构负责对网贷业务活动实施行为监管,制订网贷业务活动监管制度;地方金融监管部门负责本辖区网贷的机构监管,具体监管职能包括备案管理、规范引导、风险防范和处置工作等。《网络借贷信息中介机构业务活动管理暂行办法》还明确了工业和信息化部、公安部、国家互联网信息办公室等相关业务主管部门的监管职责以及相关主体法律责任。

(二)明确网贷业务规则,坚持底线思维,加强事中事后行为监管

根据"鼓励创新、防范风险、趋利避害、健康发展"总体要求,为网贷机构提供充足的发展和创新空间,进一步释放市场活力,引导其回归信息中介、小额分散、服务实体以及普惠金融的本质,《网络借贷信息中介机构业务活动管理暂行办法》以负面清单形式划定了业务边界,明确提出不得吸收公众存款、不得归集资金设立资金池、不得以自身为出借人提供任何形式的担保等,并根据征求意见,增设不得从事的债

〔1〕 参见彭进、杨峥嵘:《小微企业民间融资法律风险及其防范》,载《湖南商学院学报》2014 年第 2 期。

权转让行为、不得提供融资信息中介服务的高风险领域等内容，旨在对打着网贷旗号从事非法集资等违法违规行为，坚决实施市场退出，按照相关法律和工作机制予以打击和取缔，净化市场环境，保护投资人等合法权益。

（三）完善资金担保及托管服务

目前，P2P平台还亟须完善资金担保及资金托管服务。对于P2P全行业而言，亟须"第三方资金托管"的服务，而银行基于成本、风险等考虑，一般不愿接受，如果P2P平台要改变这种局面，就应扩大在银行、担保公司等其他金融机构及法律界拥有的资源配置与银行合作，或者引入其他管理严格的资金托管机构，明确规定P2P平台不能搞资金池，也无权擅自动用在第三方托管的资金。而监管部门也应该对第三方开展资金托管的情况进行监督，发现违法情况及时予以纠正。在资金担保方面，除极少数平台不提供担保服务外，P2P网贷平台的担保服务一般有如下两种模式：（1）实体就是专业担保公司，对所有投资人的借贷提供连带保证，以安心贷为代表；（2）与第三方担保机构合作，遇到坏账，由担保机构代偿，如有利网。而据业内专家估计，在现有的3500家P2P平台中，为借款提供担保的可能占到60%左右。

图书在版编目(CIP)数据

金融法学研究 / 王儒靓,秦菊香,李艳红主编. —
北京:法律出版社,2017.4
ISBN 978 - 7 - 5118 - 4773 - 7

Ⅰ.①金…　Ⅱ.①王…②秦…③李…　Ⅲ.①金融法
—法学—文集　Ⅳ.①D912.280.1 - 53

中国版本图书馆 CIP 数据核字(2017)第 088998 号

金融法学研究
JINRONG FAXUE YANJIU

王儒靓　秦菊香　李艳红 主编

策划编辑 沈小英
责任编辑 沈小英　刘晓萌
装帧设计 汪奇峰

出版 法律出版社
总发行 中国法律图书有限公司
经销 新华书店
印刷 北京京华虎彩印刷有限公司
责任校对 杨锦华
责任印制 吕亚莉

编辑统筹 财经出版分社
开本 720 毫米 × 960 毫米　1/16
印张 19.5
字数 375 千
版本 2017 年 6 月第 1 版
印次 2017 年 6 月第 1 次印刷

法律出版社/北京市丰台区莲花池西里 7 号(100073)
网址/www.lawpress.com.cn
投稿邮箱/info@lawpress.com.cn
举报维权邮箱/jbwq@lawpress.com.cn
销售热线/010 - 63939792
咨询电话/010 - 63939796

中国法律图书有限公司/北京市丰台区莲花池西里 7 号(100073)
全国各地中法图分、子公司销售电话:
统一销售客服/400 - 660 - 6393
第一法律书店/010 - 63939781/9782
西安分公司/029 - 85330678
重庆分公司/023 - 67453036
上海分公司/021 - 62071639/1636
深圳分公司/0755 - 83072995

书号:ISBN 978 - 7 - 5118 - 4773 - 7
定价:58.00 元